金 融 学

（第3版）

主　编　牛建高　杨亮芳
副主编　王千红　吴庆田

东南大学出版社
·南京·

图书在版编目(CIP)数据

金融学/牛建高,杨亮芳主编. —3版. —南京:东南大学出版社,2021.8
ISBN 978-7-5641-9443-7

Ⅰ.①金… Ⅱ.①牛…②杨… Ⅲ.①金融学 Ⅳ.①F830

中国版本图书馆 CIP 数据核字(2021)第 027430 号

○ 本书有配套 PPT,选用该教材的教师请联系 niujiangao@126.com,或 LQChu234@163.com

金融学(第3版)
Jinrongxue(Di-san Ban)

主　　编:	牛建高　杨亮芳
出版发行:	东南大学出版社
社　　址:	南京四牌楼 2 号　邮编:210096
出 版 人:	江建中
网　　址:	http://press.seu.edu.cn
电子邮件:	press@seu.edu.cn
经　　销:	全国各地新华书店
印　　刷:	江苏徐州新华印刷厂
开　　本:	787mm×1092mm　1/16
印　　张:	20.25
字　　数:	510 千字
版　　次:	2021 年 8 月第 3 版
印　　次:	2021 年 8 月第 1 次印刷
书　　号:	ISBN 978-7-5641-9443-7
定　　价:	49.00 元

本社图书若有印装质量问题,请直接与读者服务部联系。电话(传真):025-83792328

第三版前言

《金融学(第2版)》自2010年8月出版以来,广大师生继续给予了充分肯定,这对我们不断完善本教材是极大的鼓舞。为充分反映金融学的研究、教学和实践变革方面的最新进展,本着与时俱进的原则,在保留原有逻辑框架和结构的基础上,我们组织相关高校专家教授,对教材进行了删改和补充,以满足打造"金课"、实现金融学教学高质量发展的内在要求。具体修订内容如下:

第一章:删除了"案例实证 电子货币发展中带来的风险"和"专栏1-4 中国的汽车消费信贷",增加了"专栏1-1 中国的移动支付与无现金社会""专栏1-5 中国的'月光族'与消费信贷",重新编写了"专栏1-4 银行信用在现代经济中的主导作用"。

第二章:删除了"专栏2-1 中外利率体系比较",增加了"专栏2-1 我国利率市场化大事记""专栏2-2 保值贴补债券(TIPS)使得美国实际利率成为可以观测的变量"。

第三章:增加了我国可转让定期存单的最新发展情况以及"专栏3-1 商业承兑汇票的要素",删除了"专栏3-1 美国次贷危机中的金融工具"。

第四章:修订了"金融市场的主体"相关内容,更新了"专栏4-1 我国金融市场的发展",删除了"保险的基本原则"。

第五章:删除了"知识扩展 金融机构反洗钱知识问答",增加了"知识扩展(一) 中国银行保险监督管理委员会"和"知识扩展(二) 国务院金融稳定发展委员会成立"。

第六章:主要删除了"专栏6-1 贷款损失准备金",增加了"专栏6-1 我国商业银行的发展趋势""专栏6-2 贷款呆账准备金制度",修订补充了巴塞尔协议等内容。

第七章:主要增加了"专栏7-2 中央银行独立性的价值""专栏7-3 既防'黑天鹅',也防'灰犀牛'""专栏7-4 中国的金融监管体制",更新了"中国、美国、欧洲、日本等4国中央银行的资产负债表",修订了金融监管的理论依据等内容。

第八章:删除了"专栏8-1 正确认识价格指数"和"专栏8-2 全球通货膨胀压力加大",增加了"专栏8-1 高通胀敲响委内瑞拉经济警钟"和"专栏8-2 全球较高增长、较低通胀与主要发达经济体货币政策正常化",更新了我国的通货膨胀问题等内容。

第九章:主要更新了"专栏9-1 我国的法定存款准备金政策"和"专栏9-2 我国再贴现政策的现状"等内容。

第十章:主要增加了"专栏10-2 人民币汇率弹性化调整大事记""专栏10-3 如何避免在风险中沉浮?人民币汇率新形势下企业外汇风险管理方略",删除了"专栏10-2 旅游外汇风险的重要影响",更新了汇率等数据。

第十一章:依据国际货币基金组织出版的《国际收支手册》(第六版),更新了国际收支平衡表及相关内容。

第十二章:增加了"专栏12-1 绿色金融与经济发展""专栏12-2 普惠金融""专栏

12-3 金融科技与金融创新"和"专栏 12-5 全球系统重要性金融机构"。

同时,对各章思考练习题进行了补充,对案例分析题进行了更新,对第 2 版中表达不够准确和不够清晰之处进行了完善。

本次修订仍然主要由原来 7 所高校的教师承担,具体分工如下:中南大学吴庆田、河北地质大学宋朝利修订第一章;河北地质大学李军峰、牛建高修订第二章;华东师范大学张万朋修订第三章;中南大学盛虎修订第四章;上海杉达学院牛淑珍修订第五章;东华大学王千红、张芹修订第六章;福建农林大学张小芹修订第七章;河北地质大学郝志军、翟丽艳修订第八章;山西大学张腊凤修订第九章;河北地质大学杨亮芳,东华大学崔俊峰、刘晓君修订第十章;河北地质大学吕宝林、许冀艺修订第十一章;河北地质大学李军峰、宋朝利和山西大学梁红岩修订第十二章;全书最后由河北地质大学牛建高修改并定稿。

在本书修订过程中,我们参考了大量文献,本书均已列示做了交代,在此向这些作者表示衷心感谢。当然,对于书中所涉及的知识产权责任以及所有可能发生的错误,均由各位作者本人承担。尽管付出了努力,但本次修订肯定会存在一些疏漏和不足之处,敬请广大读者惠予指正,使本书日臻完善。

编 者
2021 年 5 月

目 录

第一章 货币与信用 (1)
  第一节 货币的起源与职能 (1)
  第二节 货币制度 (10)
  第三节 信用的产生与发展 (17)
  第四节 现代信用形式 (21)

第二章 利息与利息率 (31)
  第一节 利息及其计量 (31)
  第二节 利息率及其决定因素 (37)
  第三节 利率决定理论 (46)
  第四节 利率的期限结构理论 (54)

第三章 金融工具 (59)
  第一节 金融工具概述 (59)
  第二节 基础性金融工具 (62)
  第三节 衍生性金融工具 (70)

第四章 金融市场 (80)
  第一节 金融市场及其要素 (80)
  第二节 信贷市场 (83)
  第三节 证券市场 (93)
  第四节 保险市场 (101)

第五章 金融机构体系 (107)
  第一节 金融机构体系概述 (107)
  第二节 银行类金融机构 (110)
  第三节 非银行金融机构 (113)
  第四节 我国的金融机构体系 (115)

第六章 商业银行 (126)
  第一节 商业银行的产生和发展 (126)
  第二节 商业银行的业务 (130)
  第三节 信用货币的创造 (141)

第四节　商业银行的经营与管理 …………………………………………… (144)

第七章　中央银行与金融监管 ……………………………………………… (153)
　　第一节　中央银行的产生与类型 …………………………………………… (153)
　　第二节　中央银行的性质与职能 …………………………………………… (157)
　　第三节　中央银行的业务 …………………………………………………… (159)
　　第四节　金融监管 …………………………………………………………… (168)

第八章　货币供求及其均衡 ………………………………………………… (179)
　　第一节　货币需求 …………………………………………………………… (179)
　　第二节　货币供给 …………………………………………………………… (185)
　　第三节　货币均衡 …………………………………………………………… (190)
　　第四节　通货膨胀与通货紧缩 ……………………………………………… (192)

第九章　货币政策 …………………………………………………………… (211)
　　第一节　货币政策的目标 …………………………………………………… (211)
　　第二节　货币政策工具 ……………………………………………………… (218)
　　第三节　货币政策的传导机制与效应 ……………………………………… (226)

第十章　外汇与汇率 ………………………………………………………… (233)
　　第一节　外汇与汇率概述 …………………………………………………… (233)
　　第二节　汇率的影响因素与汇率制度 ……………………………………… (238)
　　第三节　外汇市场 …………………………………………………………… (247)
　　第四节　外汇风险 …………………………………………………………… (253)

第十一章　国际收支与国际储备 …………………………………………… (264)
　　第一节　国际收支概述 ……………………………………………………… (264)
　　第二节　国际收支平衡表 …………………………………………………… (267)
　　第三节　国际收支失衡及其调节 …………………………………………… (274)
　　第四节　国际储备及其管理 ………………………………………………… (279)

第十二章　金融与经济发展 ………………………………………………… (291)
　　第一节　经济金融化与经济发展 …………………………………………… (291)
　　第二节　金融与经济发展的相互关系 ……………………………………… (295)
　　第三节　金融创新与经济发展 ……………………………………………… (299)
　　第四节　金融危机及其防范 ………………………………………………… (305)

参考文献 ……………………………………………………………………… (316)

第一章　货币与信用

【学习要点】本章介绍不同理论中对货币起源的认识,以及形形色色的币材和从实物货币到电子货币的货币类型的发展;货币在经济生活中所执行的价值尺度、流通手段、支付手段和储藏手段的职能;货币制度的构成要素及世界各国先后采用的四种本位制的演变;信用的含义和基本特征及其产生和发展,并联系金融的概念加以理解;商业信用、银行信用、国家信用、消费信用及国际信用的特点及作用。

【重点难点】本章重点是马克思的货币起源说、货币的职能、货币制度的发展,现代经济社会中信用的含义和经济职能以及几种主要的信用形式。本章学习的难点在于理解和把握货币的本质,货币支付手段职能作用的两面性,现代经济社会中信用的深层次含义,商业信用与银行信用的关系,消费信用对经济的作用。

【基本概念】货币　信用货币　价值尺度　流通手段　支付手段　货币制度　格雷欣法则　信用　商业信用　银行信用　国家信用　消费信用　国际信用

第一节　货币的起源与职能

货币的产生与发展是一个社会历史现象。人类社会在地球上已经存在有一百多万年了,而货币却仅有数千年的历史。那么,在人类的经济社会生活中,货币是怎么产生的,它有哪些职能呢?

一、货币起源理论

(一)古代的货币起源说

关于货币的起源,古今中外有种种学说。有人认为货币是发明或协议的产物,是人人同意的结果,人类祖先为了交易的方便协议使用货币。有人说是圣贤规定的,如中国的传说中,伏羲收集天下的铜铸成货币,黄帝把金铸成货币等。概括起来,中国古代的货币起源说主要有两种具有代表性的观点:一是以管子为代表的"先王制币说"。《管子·国蓄》中有"先王为其途之远,其至之难,故托用于其重,以珠玉为上币,以黄金为中币,以刀布为下币。三币握之……先王以守财物,以御民事,而平天下也"。也就是说,先王为了进行统治而选定某些难得的、贵重的物品为货币。二是司马迁的货币起源说,他在《史记·平准书》中说:"农工商交易之路通,而龟贝金钱刀布之币兴焉。"也就是说,货币产生于交换的发展之中。

亚里士多德在描述了物物交换之后说:"一地的居民有所依赖于别处居民的货物,人们于是从别处输入本地所缺的货物,为抵偿这些收入,他们也得输出自己多余的产品,于是'钱币'就应运而生了。这种钱币是'中介货物',是'某种本身既有用而又便于携带的货物'。"

(二)马克思的货币起源说

马克思对货币理论的系统研究开始于19世纪40年代,并且在货币理论史上第一次对货币问题做了系统的理论阐明,揭开了"货币之谜"。

1. 货币产生的基础

按照马克思的货币起源说,货币是在商品交换发展的漫长历史过程中自发产生的,是商品内在矛盾发展的必然结果。马克思的货币起源说科学地阐明了货币产生的客观必然性。他从商品及其价值二重性与货币产生的联系出发,论证了货币是价值形态和商品生产、交换发展的必然产物。

货币是商品交换发展的必然产物,是为满足商品交换的需要而产生的,所以自从有了商品交换就有了货币的萌芽,货币产生的基础也就是商品产生的前提。

商品是为交换而生产的劳动产品,在什么条件下劳动产品才能为交换而生产呢?应有两个前提条件:

(1) 社会分工。该条件下人们生产的劳动产品都不一样,所以劳动产品需要交换。

(2) 私有制。该条件下劳动产品归劳动者个人所有,所以劳动产品才可能用于交换。

这也是货币产生的两个基础。

2. 价值形式的发展与货币的产生

货币的产生与发展和商品交换是分不开的。商品交换的基础是价值的等价交换,但价值是看不见摸不着的,一种商品的价值只能通过交换才能表现出来,通过交换价值找到了看得见摸得着的外衣,这就是价值形式问题。价值形式的发展过程就是货币产生的过程。

(1) 简单或偶然的价值形式。原始社会末期,还没有专门的商品生产,只是偶然有了剩余产品而进行交换,因此,交换发生得非常少,带有偶然的性质。那时的交换可以写成"A=B",表示产品A很偶然地和商品B发生了一次交换。产品A的价值只是偶然地通过商品B表现出来,所以称为简单或偶然的价值形式。

(2) 总和的或扩大的价值形式。随着社会分工、私有制的出现,商品交换越来越频繁,交换已成为经常的现象,这时一种商品不再是偶然地和另外一种商品进行一次交换,而是可以经常地、有规律地和很多种商品进行交换,从而促使价值表现链不断拉长。这样,产品A的价值不仅表现在一种商品B上,而且表现在一系列其他商品(如商品C、商品D等)上。马克思称之为总和的或扩大的价值形式。

(3) 一般价值形式。物物交换有极大的局限性,必须是双方同时需要对方的产品,且要有足够的可用于交换的数量才可以,这使交换的发生非常困难。人们在交换中发现有一种商品在交换中出现的次数非常多,因为它的使用价值是被广泛需要的,如果有了这种商品再去交换自己需要的产品会很容易。当各种产品都频繁地要求用这种商品表现自身的价值时,这种商品就成为所有其他产品价值的表现材料,成为所有其他产品的等价物,而这种商品一旦成为所有其他产品用来表现价值的等价物,它就具有与所有产品相交换的能力。

这样,直接的物物交换就发展为通过媒介的间接交换。这个用来表现所有产品价值的媒介,马克思称为一般等价物。这时,商品交换就分解成了两个步骤,即先用自己的产品换成一般等价物,再用一般等价物交换自己需要的产品。用一般等价物表现所有产品的价值,马克思称之为一般价值形式。

(4) 货币价值形式。一般价值形式的出现,说明商品生产关系正逐渐确立,但那时的一般等价物是不固定的,不同地区、不同时间充当一般等价物的商品都不一样,一般等价物的不唯一阻碍了商品交换的进一步发展和扩大。商品交换的发展需要统一的一般等价物,当一般等价物固定于某种特殊的商品上,并为社会所公认时,就出现了货币商品。这种以货币为媒介的商品交换称为商品流通。此阶段可写成商品 A＝货币＝商品 B。因此,货币是从商品中分离出来、固定地充当一般等价物的特殊商品。

二、货币的发展

纵观货币的发展历史,它随着商品生产和商品交换的发展而发展。同时,随着人们对货币在经济中的作用的认识的深化和科学技术的进步,货币经历了一个不断从自发演化到人为掌握的发展过程。总的说来,货币的发展包括货币形态(即币材)、货币类型和货币制度的发展三个方面。关于货币制度将在下一节讲述。

(一) 货币形态(币材)的发展

在人类发展史上,货币形态十分庞杂,并且经历了由低级到高级不断演变的发展过程。人们在漫长的交易发展过程中了解到,作为货币的商品一般要求具有六个特征:一是价值比较高且稳定,这样可用较少的币材完成较大量的交易,交易价格稳定是货币的先决条件,货币价值若波动剧烈,就会损害货币的功能。二是易于分割,即分割之后不会减少它的总价值,以便于同价值高低不等的商品直接进行交换。三是易于保存,即在保存过程中不会损失价值,无须支付额外的费用等。四是便于携带,以便于在较大区域之间进行交易。五是具有普遍接受性,这是货币的基本特征。若不能被人们所接受,则不能成为货币。六是具有供给弹性,即货币供应量要随社会经济的发展、人口的增加作弹性的供应,这样才能满足不断发展的商品经济的需要。随着交换的发展,对这六个特征的要求越来越强。当然,并不是货币自产生开始就同时具有以上六个方面的特征,而是货币在不断适应和满足交换的发展过程中,逐步接近这六个特征和要求。

1. 形形色色的商品作为币材

在人类历史上,有过许多用交换中大量出现的商品作为货币的币材。在古代欧洲的雅利安民族以及古波斯、印度、意大利等地,都有用牛、羊作为货币的记载;埃塞俄比亚曾用盐作货币;在美洲,最古老的货币有烟草、可可豆等;在太平洋的雅浦群岛上,人们曾经用巨大的难以搬动的轮形石块作货币,在全岛范围内,获得货币的人作为所有者只需凿上自己的印记即可,无须搬走石块。中国最早的货币是贝,其单位是朋,一朋十贝,以贝作货币大约在两千年前。迄今为止,汉字中很多与财富有联系的字都带有"贝",如货、财、贸、贵、贱、贫、贷等等。

随着商品经济的发展,人们逐渐发现这些实实在在的商品充当货币,存在着体积笨重、不便分割、易腐烂变质等缺点,而金属在交换中具有同质性、可分性和易于保存等特点,于是出现了以金属充当币材的货币。

早期作为货币的金属都是贱金属,如铜、铁,后来才逐渐过渡到贵金属金或银。中国是世界上最早使用铜钱也是使用时间最长的国家,自商代开始直到20世纪30年代,有三千多年的历史。黄金作为货币在中国始于商代,而在东南亚地区至公元4世纪才出现,在西欧公元13世纪出现,到18、19世纪占主要地位,到20世纪初,世界主要国家币材均由黄金垄断。在中国,白银在西汉时就已出现,并自宋代以后与铜并行流通,成为主要的币材,直至20世纪30年代才终止。

2. 纸作币材

随着商品交换规模的扩大和地域的延伸,金属货币在携带、运输、分割、称重、鉴别成色上都存在一定的缺陷,人们开始以纸制的货币代表金属货币流通。最初的纸币完全是金属货币的代表物,纸币与金属货币能保证完全自由兑换。但由于金属货币生产量跟不上日益扩大的商品生产和商品交换发展的需要,纸币与金属货币之间由完全兑换发展到部分兑换,并最终完全脱钩。中国是世界上最早使用纸币的国家,北宋的"交子"是典型的纸币。

纸作币材是人类货币形态发展史上的第一次标志性变革,货币由足值货币发展为非足值货币。

3. 存款通货——可签发支票的存款

尽管纸制货币与商品货币相比在携带、运输、资源占用等各方面都要优于金属货币,但是,在现代化大规模生产和流通过程中,现钞的印刷、清点、运输、保管仍然不便,其支付转移在时间上也难以满足当今瞬息万变的经济社会。因此,随着现代银行的出现,一种新型的纸制货币的代表——支票存款账户应运而生。银行的客户只要通过在银行的活期存款账户,就可以支票作为凭证进行任意规模的收付结算。这种可使用支票的存款也被称之为"存款通货"。

4. 电子数据作币材

随着现代计算机网络信息技术的发展,人们开始大量地利用计算机网络来进行金融交易和货币收付活动,货币由记在纸制凭证上的金额演变成了存储在计算机系统中的一组组加密数据,出现了电子货币。以电子数据作币材具有安全保密、运用广泛、使用方便快捷等特点,适应了现代经济规模迅速扩张所带来的资金流空前增长的需要,节省了大量的现金流通,加速了资金的循环周转,对人们的货币观念和商业银行的运行模式、管理方式、经营理念均产生了巨大的影响。因此,电子货币的出现是人类货币形态发展史上的第二次标志性变革,货币由有形货币发展为无形货币,由实物货币发展为虚拟货币。

(二) 货币的类型

与货币币材的发展相适应,货币的类型经历了实物货币、金属货币、代用货币、信用货币和电子货币这样一个由低级到高级的发展历程。

1. 实物货币

实物货币是指由普通商品充当货币币材的一种货币,是人类历史上最早出现的货币。实物货币具有无法消除的缺陷：体积大而笨重,不便携带与运输；质地不匀,极难分割；容易腐烂变质,难以贮存与作为价值标准。因此,随着经济的发展与交易规模的扩大,实物货币逐渐被金属货币所替代。

2. 金属货币

以金、银、铜等贵金属为币材的货币即为金属货币。贵金属本身具有充当货币材料的天然优良属性：一是其价值稳定,不易腐烂变质,易于携带与保存；二是质地均匀,易于分割与计量；三是货币材料供给稳定,取之不易而价值含量较高,供给量相对稳定且不至于使货币供给过分短缺。显然,贵金属的天然属性使其逐步取代实物货币而独占货币地位。

金属货币的流通也有其缺点：一是称量与鉴定成色十分麻烦；二是金属货币流通时极易磨损,携带也不安全,流通费用较高；三是金银数量有限,开采不易,币材的供应无法适应市场交易不断扩展的需要。因此,随着经济的发展,出现了代用货币。

金属货币实质上是实物货币的一种形式,两者统称为商品货币,因为它们既可作为商品使用,也可作为货币使用。同时它们也统称为足值货币,因为它们作为非货币用途的价值,与其作为货币用途的价值相等。金属货币是实物货币发展到较高阶段的产物。

3. 代用货币

代用货币是金属货币的代表物,它通常是由政府或银行发行代替金属货币流通使用的纸币。这种代用货币实际上是一种可流通的实质货币收据,如早期的银行券。代用货币是一种不足值的货币,其之所以可在市场上流通,为人们所接受,是因为其背后有充足的金银货币作为准备,且持币人可自由地向政府或发行银行兑换足值金属货币或与其相等的金属条块。

代用货币在某些方面与足值的金属货币相似,人们对其充满信任,但其发行量取决于金属货币。代用货币较金属货币具有明显的优点：一是代用货币发行成本较低,可免铸造费用；二是携带方便,可节省运费；三是便于流通,无需鉴定重量、成色,可免铸币长时间流通后的磨损等。但代用货币也有其缺点：一是代用货币须有十足的金属货币作为准备,其发行量受制于金属货币的准备量,这一机制虽能防止货币的过度发行,但却限制了流通中货币需求量的增长,不利于市场交易的扩展；二是大量的发行准备被闲置,实际上也是一种资源的浪费；三是代用货币本身是纸币,极易被伪造,且容易遭受水、火灾害损坏,给流通带来困难。因此,随着现代市场经济的扩张,金本位崩溃,代用货币又被现代信用货币所替代。

4. 信用货币

信用货币是一国政府或金融管理当局按照信贷程序发行的不兑现的货币,是代用货币进一步发展的产物。信用货币只作为信用关系的产物,不再作为金属货币的代表物,不能与金属货币相兑换,是纯粹的货币价值符号,因而它是一种债务型的货币。20世纪30年代,因经济危机与金融危机的影响,各国先后脱离金本位,纸币成为不可兑换的信用货币,目前已是世界上几乎所有国家采用的货币形态。

信用货币之所以能产生并被公众接受,主要基于以下几个原因:一是货币的性质为信用货币的产生提供了可能性。货币在执行交易媒介职能时只是起价值符号的作用,只要政府与货币当局合理控制信用货币发行量,货币价值稳定并被人们普遍接受,即使没有充足的货币发行准备,货币仍然能正常流通和保持价值。二是不受资源的有限性限制。金属货币、代用货币均受金属商品数量的限制,而金属商品数量又受其资源和利用能力所制约,难以满足日益增长的交易需要,但信用货币的发行可根据经济运行的实际需要而投放。三是现代商业银行在保持其信誉的条件下,只需保持一部分现金准备,其余部分用于投资放款,银行体系仍可保持稳定。

5. 电子货币

电子货币作为一种新型的货币,是现代经济,特别是现代高科技发展的产物,是指在零售支付机制中,通过销售终端、不同电子设备之间以及在公开的网络上执行支付的"储值"和"预付支付机制"。所谓"储值"是指保存在物理介质(硬件或卡介质)中可用来支付的价值,如信用卡、智能卡等。所谓"预付支付机制"是指存在于特定软件或网络中的一组可用于支付的电子数据和数字签名,可直接在网络上使用。

电子货币有四个方面的特征:① 以既有的实体信用货币为基础而存在;② 是虚拟的货币;③ 以电子化方式传递和流通;④ 具有多家发行机制。与其他货币形式相比,电子货币既具有携带方便、易于储存、支付转移快捷等优点,也有易盗、保密性差、对科技发展要求较高的缺点。可以肯定的是,电子货币是未来货币的发展趋势。

总的说来,货币的发展经历了由有形货币到无形货币,由实物货币到观念货币,由足值货币到非足值货币再到代表(表征、符号)货币,由金属货币到纸币再到电子货币的转变与发展阶段。

专栏 1-1

中国的移动支付与无现金社会

在中国,电子货币交易时代正迅速到来。始于互联网交易的IT大企业的支付方式也扩展到了实体店。由于中国现有金融机构提供的服务还不够便利,因此集金融与IT技术于一体的"金融科技"新型服务显示出了优势。

《金融时报》旗下研究服务部门"投资参考"对1 000名中国城市消费者的一项调查显示:98.3%的人说,他们在过去3个月中使用了移动支付平台,城市规模、年龄群体或收入水平对人们使用移动支付平台的影响不大。目前,使用移动支付平台的人要多于使用信用卡(45.5%)、借记卡(30%)和现金(79%)的人。

> "不必在乎钱包里有没有钱,只要手机电池电量充足就行",在全球最大电子商务企业阿里巴巴集团所在地浙江省杭州市流行着这种说法。因为能用电子货币进行支付的"支付宝"覆盖了城市各个角落,顾客只要有手机就可以进行支付。支付宝是2003年由阿里巴巴集团推出的结算服务方式,最初是为支持刚刚兴起的电子商务。为了解决"买家付了款但商家不发货"等问题,阿里巴巴集团以第三方身份用电子货币方式保管买家款项,等到买家收到商品后再向商家付款。此后,支付宝的客户群越来越大。从2009年开始,买家也可以通过智能手机支付,客户总数超过了4.5亿人。2013年,腾讯公司也进入电子货币支付领域,让用户近7亿人的"微信"具有了支付功能。2016年2月,美国苹果公司推出"苹果支付"服务,但短期内难以撼动支付宝(七成多)和微信(近两成)的市场地位。
>
> 在中国城市的餐馆里,如果用餐者买单,他们更有可能拿出手机而不是钱包。在餐厅聚餐时,消费者中一人用手机结账后,其他人也可以用手机向其转账,不用支付现金就能"平摊"餐费,这反映了移动支付平台的迅速扩张。这类平台的流行对银行信用卡的使用造成了巨大冲击。中国人民银行的数据显示,截至2015年底,中国人均持有信用卡由往年的0.34张下降到0.29张。中国由此正在变成一个无现金的社会,并在这个进程中似乎要跳过信用卡时代。
>
> 资料来源:英国《金融时报》网站,2016-05-20;日本《朝日新闻》,2016-06-04

三、货币的职能

货币职能是货币本质的具体表现。关于货币的职能有多种概括,如交换媒介、核算单位、贮藏手段等三个;也有概括为交换媒介、延期支付的标准、核算单位、价值贮藏等四个。马克思将金属货币(金)的职能概括为:价值尺度、流通手段、贮藏手段、支付手段、世界货币等五个。我们认为货币在经济生活中主要执行四大职能:

(一)价值尺度职能

货币作为尺度用以衡量和表现所有商品和劳务价值时,货币执行价值尺度职能,即货币是一种尺度,一种单位。货币价值尺度职能的作用是为各种商品和劳务定价。所有商品和劳务的价值都可用货币来表示,以货币单位表示的价值,即价值的货币表现就是价格。价格的倒数是货币购买力,价格指数与货币购买力成反比。价格水平越高,单位货币的货币购买力就越低,这里的价格指全部社会产品的价格而不是某种商品的价格,总体价格水平的波动幅度即通货膨胀率,货币购买力的波动幅度与通货膨胀率的波动幅度成反比。货币在执行价值尺度职能时,具有两个特点:

(1)必须是十足价值的货币。因为货币只有本身具有价值,它才能表现其他商品的价值和衡量其他商品价值量的大小。

(2)货币执行价值尺度职能时,并不需要现实的货币。即商品生产者在给商品规定价格时,只要是想象中的或观念上的货币就可以了。因为货币只是发挥其计量标准的作用,商品生产者给予商品价值以价格形式时,并没有将商品转化为货币,而是用货币来衡量商品的价值,并以此作为交换的依据。在商店里的商品只要被贴上一个标明货币数量的标签就可以了,并不需要在商品旁边放上相应的货币。

(二) 流通手段职能

当货币在商品交易中起媒介作用时充当流通手段的职能,即货币充当交换媒介。商品生产者首先将自己的商品拿到市场上换成货币,再用货币在市场上买进自己需要的商品,这时交换的方式是一种间接的过程,即"商品—货币—商品"的形式,在这个交易过程中,货币作为流通手段在发挥作用。

货币的流通手段职能有两个显著特点:① 充当流通手段的货币必须是现实的货币,而不能是观念上或想象中的货币。② 执行流通手段的货币可以是足值的,也可以是不足值的。因此仅代表货币符号的纸币可以充当流通手段。

在行使流通手段职能时,货币的作用具有两重性:① 它克服了物物交换的困难,促进了商品流通与市场的扩大。在货币作为流通手段的条件下,买与卖的过程分开了,货币作为一般等价物成为人们普遍乐于接受的媒介,从而使交易过程变得顺利,交易费用也大为降低。② 将交换过程分离为买、卖两个环节,出现了买卖脱节、供求失衡的可能性。由于买和卖在时间上、空间上以及需求上都有可能发生不一致,会使一部分商品卖不出去,包含着发生危机的可能性,只是这种可能性在简单的商品经济中难以成为现实,但在现代生产关系下,这种可能性是容易发生的。

作为流通手段的货币在交换中转瞬即逝。人们注意的是货币的购买力,只要有购买力,符号票券也能做货币。纸币、信用货币因此而产生。

价值尺度和流通手段是货币的两个最基本的职能,商品要求把自己的价值表现出来,需要一个共同的一般的尺度,用该尺度表现并交换商品需要等价交换,所以需要一个被社会公众所公认的交换媒介,这两个最基本的要求由一种商品表现出来时,这种商品就是货币。

(三) 贮藏手段职能

货币退出流通领域被人们当作独立的价值形态和社会财富的一般代表保存起来时发挥了贮藏手段职能。人们之所以愿意贮藏货币,是因为货币是一般财富的代表,贮藏货币等于贮藏社会财富;货币具有与一切商品直接交换的能力,可随时购买商品。问题是没有任何实际价值的纸币是否可以执行贮藏手段职能,应该说在币值稳定的条件下是可以的。人们之所以愿意贮藏货币不外乎四个方面的目的:贮藏财富,为购买或支付作准备,为投资积累资本,为预防不测之需或其他目的。

货币在执行价值储藏职能时,必须是现实的、足值的。货币要较好地发挥价值贮藏功能,其本身的价值必须稳定。在金属货币流通条件下,因金银本身价值不易遭贬损,所以有较好的保值功能。而在现代纸币流通情况下,物价与币值的稳定则成为货币发挥价值贮藏职能的关键。如发生通货膨胀,物价不稳,货币不断贬值,货币便丧失了价值贮藏手段的职能,人们只能选择其他形式的资产来作为保值工具。

货币的贮藏手段职能,在不同的货币制度下的作用不同。在金属货币制度下金属货币价值贮藏起着蓄水池作用,可自发调节货币流通量;在信用货币制度下信用货币的贮藏形成部分储蓄,影响即期购买力。

(四)支付手段职能

货币作为独立的价值形式进行单方面转移时执行支付手段职能。货币支付手段职能的特点是:没有商品(劳务)同时同地与之做相向运动,是在信用交易中补充交换过程的独立环节。

货币的支付手段最早起源于赊买赊卖的商品交换,即起源于商业信用。在现实的经济活动中,除了商品交易过程中需要货币充当媒介外,货币还可为信用交易活动与借贷活动充当延期支付的标准。当商品交易过程中出现先售货后付款的情况时,商品的出售者以赊销形式向购买者提供了信用,而购买者则按约定日期向出售者支付货币,这就是延期支付。货币的支付手段还扩展到商品流通以外的各个领域,如纯粹的货币借贷、财政收支、信贷收支、工资和其他劳务收支等。它使货币收支在时间上、数量上不一致,进而改变了一定时期的货币流通量。

货币支付手段的作用具有两面性,其积极的一面表现为:① 能使收支抵消,节约流通费用;② 通过非现金结算,加速资金周转;③ 促进资金的集中与有效利用。其消极的一面表现为:① 使买卖环节进一步脱节,加大供求失衡的可能性;② 形成经济主体的债务链条,出现债务危机的可能性;③ 出现财政超分配和信用膨胀的可能性。

而对于某些货币,随着国际贸易的发展,能够超越国界,在世界市场上发挥一般等价物的作用,从而能够在国际间发挥价值尺度、国际支付手段、国际购买手段和财富国际转移的作用,如美元、欧元、日元等。

专栏 1-2

美元在国际经济中地位的变化

二战后,建立了以美元为主导的"布雷顿森林体系"。其核心是美元与黄金挂钩、各国货币与美元挂钩的"双挂钩"模式。"双挂钩"模式确立了美元与黄金具有同等地位的储备体系,美元也成为最主要的储备资产和国际货币。布雷顿森林体系的建立符合当时的世界经济形势,维持了战后世界货币体系的正常运转。美国向世界输出大量美元,客观上起到扩大世界购买力的作用。同时,固定汇率制消除了汇率波动,有利于国际贸易的发展。

但是,该体系存在着清偿能力与信心之间不可克服的矛盾,即"特里芬难题"——美元供给太多就会有不能兑换的危险,从而发生信心问题;美元供给太少就会发生国际清偿力不足的问题。随着战后各国经济的恢复,美国的国际经济地位相对变弱,直接影响到美元的地位。由于美元危机的爆发,1971年美国宣布停止履行各国政府用美元兑换黄金的义务,从而美元与黄金脱钩。1973年后,布雷顿森林体系彻底崩溃,美元失去了与黄金等同的特殊地位。

布雷顿森林体系之后,达成了《牙买加协议》,世界进入浮动汇率时代,会员国可以自由选择任何汇率制度。在这一体系下,依仗着美国雄厚的经济实力,美元的霸主地位仍得以保留。直至现在,美元仍是主要的国际计价单位和支付与储备手段。此后的国际货币制度实际上是以美元为中心的多元化国际储备和浮动汇率的体系。在这个体系中,虽然美元在诸多的储备货币中仍居主导地位,但其地位在不断削弱,而马克、日元等的地位则在不断加强。

1999年欧元的诞生是世界货币制度发展的一个重大事件。由于近年来美国经常项目赤字和财政赤字等原因,美元持续贬值。虽然美元贬值可以减少美国的国际债务、增加出口,但却导致其他国家和地区的美元储备资产大幅缩水,从而引发其对美元的不信任。而欧元区不仅同样拥有庞大的经济规模,还有一体化的金融市场等优势,而且经济也保持着较快的增长速度,这些都促使欧元对美元持续升值。从而在国际货币储备体系中,美元势必面临来自欧元的挑战。据调查表明,美元在主要外汇储备的构成中的比重有所下降,而欧元则有所上升。欧元对美元的升值动摇了美元的霸权地位。

但是,美元在国际货币体系中的地位,并不会因为美元受到来自欧元的挑战及全球金融危机的爆发而改变。美国经济仍然是世界经济的主要推动力,美国现行的金融系统的发达程度无人可比,美国的教育和科研水平全球首屈一指……虽然美国国力相对下降,其他经济体实力相对上升,但只要美国作为全球唯一超级大国的地位不发生改变,美元在全球货币体系中的地位就不会动摇。

第二节 货币制度

一、货币制度及其构成要素

(一)货币制度的含义及形成

货币制度是指一个国家以法律形式及相应的章程条例规定的该国货币流通的结构和组织形式。

在前资本主义时期,世界各国先后出现了铸币。如公元前7世纪,小亚细亚西部古里底亚(今土耳其)即出现了货币,后传入希腊和波斯。但由于当时自然经济状况和诸侯割据的状况,货币的发行权较分散,各种货币的适用区域狭小,铸币种类繁多,成色、重量下降,货币流通十分混乱。分散、混乱的货币体系,不利于正确计算成本、价格和利润,不利于建立广泛而稳定的信用关系,不利于商品流通的扩展以及大市场的形成,阻碍了经济的发展。为了扫清经济发展中的障碍,创造有秩序的、稳定的货币流通体系,各个国家先后颁布法令和条例,对货币流通作出各种规定,从而形成了相对统一的、稳定的货币制度。显然,货币制度是人们在充分认识商品货币关系的基础上,由国家制定并主要通过国家法律强制保障实施的,它体现了国家在不同程度上从不同角度对货币所进行的控制。

(二) 货币制度的构成要素

货币制度的构成要素也是一国货币制度的主要内容。不同国家及同一国家在不同经济时期货币制度的内容都不同,但不管怎样,一国货币制度必须包括以下几个方面的内容:

1. 规定流通中的货币种类及其法定偿付能力

确定流通中货币的种类是一国货币制度的重要内容。流通中的货币,即所谓的通货,一般包括本位币与辅币。

本位币也称主币,是一国的基本通货,是法定的计价与结算货币。本位币有两个特点:第一,它具有无限法偿能力。所谓无限法偿,是指法律规定某种货币具有无限制支付的能力,每次支付的数量无论多大,也不论是属于何种性质的支付,即不论是购买商品或劳务,还是结清债务、缴纳税款等,支付的对方均不能拒绝接受,否则被视为违法;第二,是最后的支付工具,即在用本位币进行支付时,对方不得要求改作其他种类的货币。在金属货币流通时期,本位币是用法定货币金属按国家规定的规格经国家铸币厂铸成的铸币,铸币的代用货币自然也是本位币。在信用货币流通时期,本位币就是纸币。

辅币则是本位币以下的小额通货,主要用于辅助本位币完成日常小额零星交易或找零,其面值为本位币的十分之一或百分之一。辅币由贱金属铸成,不足值,铸造收益归国家,辅币与本位币的兑换比例由国家规定。辅币是一种有限法偿货币,即法律规定辅币在每次支付中,超过一定的金额时,收款人有权拒收,支付能力不受法律保护,但在一定的金额内,其支付能力则受法律保护。如美国规定,10 美分以上的银辅币每次支付限额为 10 元;铜镍所铸造的分币,每次支付限额为 25 美分,但在向国家纳税及向银行兑换时,不受数量的限制。辅币是一种不足值货币,在金属货币流通时期和信用货币流通时期均存在。

2. 规定制作货币的材料

确定货币材料就是规定用何种商品充当一国本位币的币材。究竟选择哪种或哪几种商品为币材,是由国家通过法律机制确定的,同时也受客观经济需要的制约。货币材料的确定实际上是对已经形成的客观现实从法律上加以肯定。如果把现实生活中起不了币材作用的商品硬性规定为币材,或不准现实生活中正在起着币材作用的商品发挥货币的作用,不仅行不通,而且还会造成混乱。从理论上而言,任何商品均可确定为币材,但事实上,除贵金属外,其他商品不充分具备币材的特性,因而在历史沿革中,贵金属成为基本的货币材料。初期,白银曾广泛地被各国规定为货币金属。当黄金大量进入流通后,许多国家又把金、银均确定为货币金属。此后,在经济的进一步发展中,黄金排斥白银占据统治地位,大多数发达国家便只将黄金确定为币材。现在各国实行的均是信用货币,确定货币材料已无经济意义。

3. 规定货币名称和单位

在确定货币材料后,就需要确定货币单位,包括规定货币单位的名称与规定每一货币单位所包含的货币金属的重量两方面,也称为价格标准。货币单位的名称最初与货币商品的自然单位和重量单位是一致的。后来,由于种种原因,货币单位的名称逐渐与自然单位和重量单位相脱离。如英国的货币单位定名为"镑",按1816年5月的铸币法例,其单位含金量为113.0016格令;美国的货币单位定名为"元",按1934年1月的法令规定,1美元所含货币金属黄金的量为0.888671克。当黄金非货币化后,流通中只有不可兑换的信用货币,确定货币单位的值就转变为如何维持本国货币与外国货币的比价。它可能要求波动幅度不超出一定范围,也可能要求自己的币值偏低或偏高。

4. 规定货币铸造或发行的权限与流通程序

在金属货币制度下,货币的发行与流通表现为金属货币的铸造与管理。金属货币中的本位币通过自由铸造制度进入流通。所谓自由铸造,是指公民有权把经法令确定的货币金属送到国家造币厂铸成本位币,其数额不受限制。自由铸造对社会货币流通量的自动调节起着很重要的作用:当流通中货币量超过货币必要量时,本位币的市场价值有低于其所包含的金属价值的趋势,公民可根据自由铸造制度的规定,将本位币熔化成金属条块贮藏起来,这相当于使部分货币退出流通;当流通中货币量少于货币必要量时,出现本位币的市场价值高于其所包含金属的价值的趋势,公民则可把贵金属通过造币厂铸成本位币投入流通,从而增加货币流通量。这种调节机制确保了本位币的市场价值与所含金属的价值保持一致,货币流通量与货币必要量自动地趋于一致。

辅币则多由贱金属铸造,为不足值货币。之所以采用贱金属铸造辅币是因为辅币流通频繁,磨损较大,若用贵金属铸造,损耗太大,对社会资源来说这种损耗是种虚耗。辅币之所以铸成不足值货币,是因为辅币只是本位币的一个可分部分,如果辅币按其包含金属的价值流通,随着生产力的提高,主币和辅币两种不同金属的价值发生变化,主币和辅币的固定兑换比例就不能保证,辅币就会失去其作为辅助货币的作用。另外,若辅币铸成足值货币,当辅币币材价格上升时,大量辅币就会被私自熔化,将造成辅币数量不足。因此,辅币按面额流通时,只能依据法律规定的与主币的固定兑换比率,不能依据其所含金属的价值。由于辅币为不足值货币,名义价值高于实际价值,故铸造辅币可得到一部分收入,即铸造利差,因此辅币的铸造权由国家垄断,不实行自由铸造制度。当然限制铸造还可防止辅币充斥市场,排挤主币。

在信用货币流通时期,贵金属铸币退出流通,自由铸造制度自然也就不存在了,但辅币的铸造流通制度仍被保留了下来。纸币由政府或中央银行印制,通过银行贷款程序进入流通。基本程序一般是中央银行贷款给商业银行或其他金融机构,银行等金融机构再贷款给企业和个人。企业和个人从银行得到贷款后,首先是其账户上增加了同样数额的存款。有了存款,就可以开出现金支票提取现金,这样铸币、纸币通过贷款投入流通;有了存款,还可以开出转账支票,由银行将一个存款账户上的存款转账到另一个存款账户上,这样就出现了支票存款通货的流通。由此可见,无论是现金通货还是存款通货,都是通过银行贷款程序投入流通的,这与过去的金属铸币通过自由铸造投入流通有着根本区别。

5. 货币发行准备制度

为了稳定货币,各国货币制度中都包含有发行准备制度的内容。在金属货币流通时期,国家利用准备金扩大或收缩金属货币的流通,以保证国内货币流通的稳定,同时作为国际支付的准备金和支付存款及兑换银行券的准备金。在当前世界各国不兑换的信用货币流通条件下,准备金不再作为国内货币的准备金以及支付存款和兑付银行券的准备金,而只作为国际支付的准备金。尽管目前各国中央银行发行的信用货币不再兑换黄金,但许多国家仍然保留着发行准备制度,规定银行发行货币要有十足的准备金。如日本规定日本银行发行货币时,要有同等的资产作为保证,可充当保证的资产有公债、3个月到期的商业票据、外汇、生金银等。瑞士规定,瑞士国家银行在发行货币时,至少要有40%的黄金准备,而且要存在国外,其余准备可以是短期公债、国库券及商业票据等。规定货币发行准备制度的目的主要是:① 作为国际支付的准备;② 调节外汇市场;③ 应付急需。

二、货币制度的演变

由于货币材料的确定在货币制度中处于核心地位,某种或某几种商品一旦被规定为币材,即称该货币制度为这种或这几种商品的本位制。通过货币本位制的演变分析,即可认识货币制度的演变发展过程。从历史发展过程来看,世界各国先后采用过以下四种货币本位制:银本位制、金银复本位制、金本位制和信用本位制(参见图1-1)。

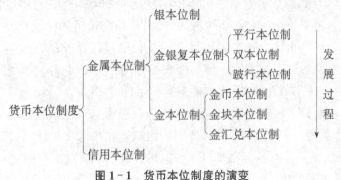

图 1-1 货币本位制度的演变

1. 银本位制

银本位制是以白银作为本位币币材的一种货币制度,其主要内容包括:① 以白银作为本位币币材,银币具有无限法偿能力;② 银币是足值货币,其价值与其所含白银的价值相等;③ 银币可自由铸造,银币代表物可自由兑换银币;④ 白银和银币可以自由输出输入。

在中世纪相当长的时期里,由于当时商品经济不发达,商品交易主要是小额交易,白银价值较黄金低,适合这种交易的需要,许多国家都实行银本位制。但银本位制在世界各国实行时间都不长,主要原因在于:① 当社会经济发展到一定阶段后,大宗交易不断增加,而白银价值较小且体积大,在大宗交易中使用银币,给计量、运输等带来诸多不便。② 随着勘探、冶炼等技术的发展,白银供应量大幅增加,导致白银的价值发生了很大变动,白银价格波动加剧。因此,白银已难以符合"货币单位价值相对固定"这一货币制度对稳定性的要求。在20世纪初,除印度、中国、墨西哥等少数经济落后国家外,许多国家相继放弃银本位制,转而实行金银复本位制或金本位制。

2. 金银复本位制

金银复本位制是指金和银两种金属同时作为一国本位币币材的货币制度,其主要内容包括:① 以金和银同时作为本位币币材,金币和银币都具有无限法偿能力;② 金币和银币均可自由熔毁、自由铸造;③ 两种本位币均可自由兑换;④ 黄金和白银都可以自由输出输入。

在16世纪至18世纪,金银复本位制是被新兴资本主义国家广泛采用的较为典型的货币制度。这种货币本位制下,由于黄金与白银并用,货币材料充足,不至于出现通货不足的现象;金币和银币在交易中可以相互补充,大宗交易使用金币,小额交易则可使用银币,大大便利了商品流通。因此这种货币本位制对商品经济的发展起到了一定的促进作用。但是,这种货币本位制存在着重大的缺陷,这种缺陷可通过对金银复本位制具体运行过程的分析得到对其的认识。

金银复本位制曾有三种类型:平行本位制、双本位制和跛行本位制。平行本位制是银币和金币均按其所含金属的实际价值流通和相互兑换的一种复本位制。即,金币与银币的价值由市场上生金银的价值决定;金币与银币之间的兑换比率国家不加以规定,而是由市场上生金银的比价自由确定。如1663年英国铸造"基尼"金币,与原先的"先令"银币同时使用,两者的兑换比率随金银市价的变动而变动。在平行本位制下,市场商品出现了两种价格,由于市场上金银比价频繁变动,金币与银币的兑换比率也不断变动,用金币、银币表示的商品价格自然也随市场金银比价的波动而波动,这在一定程度上引起价格紊乱,金币银币难以有效发挥价值尺度职能,因而它是一种不稳定的、不能持久的货币制度。为克服这一局限性,双本位制便应运而生。

所谓双本位制,是指国家依据市场金银比价对金币与银币规定固定的兑换比率,金银币按法定比率流通。如1803年法国规定金银法定比价为1:18.5,1792年美国规定金银法定比价为1:15。双本位制是复本位制的主要形式。双本位制在一定程度上解决了平行本位制所造成的价格混乱问题,但又产生了新的矛盾。在双本位制下,当金银法定比价同市场比价不一致时,金属价值高于法定价值的良币就会被熔化或输出国外而退出流通,金属价值低于法定价值的劣币则会充斥市场,发生"劣币驱逐良币"的现象。这种现象由16世纪的英国铸造局局长格雷欣最早发现,故又称"格雷欣法则(Gresham's Law)"。因此,在复本位制下,虽然法律规定金币银币可同时流通,但在某一时期,市场上实际流通的主要是一种铸币,两种货币很难同时流通。

在复本位制末期,英、美等国家为继续维持银币的本位币地位以及金银币之间的法定比价,停止银币的自由铸造,以消除劣币驱逐良币所造成的货币流通混乱。这时,金币和银币都规定为本位币并有法定兑换比率,但金币可以自由铸造而银币则不能自由铸造,这就是所谓的跛行本位制。在跛行本位制下,由于银币限制铸造,银币的币值实际上不再取决于其本身的白银市场价值,而取决于银币与金币的法定比率,银币实际上已演变为金币的符号,起着辅币的作用。从严格意义上来说,跛行本位制已经不是金银复本位制,而是由复本位制向金本位制过渡的一种货币制度。

3. 金本位制

金本位制是以黄金作为本位币币材的货币制度。金本位制在其发展过程中采取了金币本位制、金块本位制和金汇兑本位制三种具体形式。金币本位制是典型的金本位制,而金块本位制和金汇兑本位制则是残缺不全的金本位制。

金币本位制是指法律确定金铸币为本位币的货币制度,其特点有:① 以黄金为币材,金币为本位币;② 金币可自由铸造和熔毁,具有无限法偿能力;③ 代用货币可以自由兑换金币,准备金全部是黄金;④ 黄金可以自由输出输入。由于金币可以自由铸造,金币的面值与其所含黄金的价值就可保持一致,可自发调节流通中的货币量;金币可以自由兑换,各种代用货币能稳定地代表一定数量的黄金进行流通,从而保证币值的稳定;黄金可在各国之间自由转移,这就保证了本国货币与外国货币兑换比价的相对稳定。因此,金币本位制是一种比较稳定、健全的货币制度,它促进了信用制度的发展,促进了国际贸易发展和资本输出,从而推动了资本主义生产和商品经济的发展。

金币本位制也存在缺点:① 流通中的货币需要量随经济运行的需要而变动,但金币受黄金数量的严格约束,缺乏弹性,无法满足经济发展的货币需要。② 资本主义各国经济的发展不平衡,使世界黄金存量分配极不均衡。到1913年末,英、美、法、德、俄5国拥有世界黄金存量的2/3,绝大部分黄金为少数强国占有,削弱了其他国家金币本位制的基础。③ 在第一次世界大战爆发后,不少国家为了应付战争的需要,政府支出急剧增长,大量发行银行券,从而逐渐破坏了银行券自由兑换的条件。欧洲各参战国首先停止了银行券的可兑换性,以便于将黄金集中于国库用来向国外购买军火,并且依靠发行不兑换的银行券弥补军费开支的不足。④ 到帝国主义时期,垄断资本为获得高额垄断利润,往往限制外国商品进口,被限国出口商品受阻,只得以黄金进行贸易,但黄金大量外流又会影响本国代用货币的兑换,因此许多国家宣布禁止黄金自由输出。这样,金币本位制到1914年就崩溃了。

1918年一战结束后,由于恢复经济和支付战争赔款等原因,形成了巨额财政赤字,各国未能恢复金币本位制。1924—1928年期间,西方各经济进入相对稳定时期,各国的货币流通也先后恢复了相对稳定。但因发展不平衡及各国黄金存量分配不平衡,各国未能恢复战前那种典型的金本位制——金币本位制,它们或是建立金块本位制,或是建立金汇兑本位制。

金块本位制又称生金本位制,是国内不铸造、不流通金币,只是发行代表一定重量黄金的银行券来流通,银行券又不能自由兑换黄金,只能按一定条件向发行银行兑换金块。这种有限制的兑换有效地节省了国内黄金的使用,大大节约了纯粹的货币流通费用,使货币量能在一定程度上摆脱了黄金数量的约束,满足了经济发展对货币量的需要。1925年后,实行金块本位制的国家主要有英国、美国、法国、荷兰、比利时等国。但由于1930年世界经济危机的冲击,黄金减产,这些国家又先后被迫放弃此制。

金汇兑本位制又称虚金本位制,其主要内容是:① 货币单位规定有含金量,但国内不铸造、不流通金币,而是以发行的银行券作为本位币进入流通;② 规定本国货币同另一实行金币(块)本位制国家的主币的兑换比率,并在该国存放黄金或外汇作为平准基金,以便随时用来稳定法定的兑换比率;③ 银行券在国内不能兑换黄金,只能按法定比率用本国银行券兑换实行金币(块)本位制国家的货币,再向该国兑换黄金。这是一种间接使货币与黄金相联系的本位制度,它既节省了一国国内的黄金,也节省了国际间的黄金,从而大大缓解了黄金量对货币量的制约。

金块本位制和金汇兑本位制都是削弱了的、残缺不全的金本位制。这是因为:① 这两种货币本位制都没有金币流通,货币作为价值储藏的职能丧失,金币本位制中金币自由铸造所形成的自发调节货币流通量并保持币值相对稳定的机制不复存在。② 银行券虽然仍规定有含金量,但其兑换能力大为下降。在金块本位制下,银行券兑换黄金有一定限制;在金汇兑本位制下,银行券的兑换要先通过兑换外汇才能进行,银行券兑换黄金的能力大为下降,从而动摇了银行券稳定的基础。③ 实行金汇兑本位制的国家,一般将本国货币依附于他国货币,并把黄金或外汇存储于他国,一旦他国经济动荡不定,依附国的货币也将发生波动。这就使得金汇兑本位制具有很大的不稳定性。这种脆弱的本位制,受1929—1933年世界经济危机的冲击,很快就瓦解了。德国于1931年7月首先放弃金汇兑本位制。同年9月,英国放弃金块本位制,接着一系列与英镑有联系的国家与地区相继放弃金汇兑本位制。1933年4月美国放弃金块本位制,于是其他各国也纷纷放弃金块本位制或金汇兑本位制,代之而起的则是信用本位制。

4. 信用本位制

信用本位制是一种以政府或中央银行发行的不兑现黄金的信用货币为本位币的货币制度。这是当今世界各国普遍推行的一种货币制度。信用本位制有如下几个特点:① 流通的是信用货币,它一般由中央银行发行,并由国家法律规定赋予其无限法偿能力;② 信用货币不与任何金属保持等价关系,不能兑换金属;③ 货币发行不受黄金数量限制,而是视本国经济发展需要而定,其流通基础是人们对政府维持币值相对稳定的信心;④ 国家对货币流通的管理和调节日益增强,各国都把货币政策作为实现宏观经济目标的重要手段。信用本位制的这些特点使得政府一方面可以根据经济发展的实际需要调节货币供应量,不受贵金属对货币发行的约束;另一方面由于信用货币不受准备金的约束,不存在黄金对货币流通量的自动调节机制,极易导致通货膨胀。因此在这种货币制度下,政府必须严格控制货币的发行量,否则将导致货币信用基础的动摇。

专栏 1-3

我国的货币制度

我国的人民币制度是从人民币的统一发行开始的。1948年12月1日,中国人民银行正式成立,统一发行在我国流通的人民币。从发行程序看,它是通过收购金银、外汇或分散发行的货币而成为我国境内统一流通的货币,其流通数量随着生产和流通规模的变化而伸缩;从信用关系看,人民币的发行是中国人民银行的负债,社会公众得到人民币也就是得到了索取价值物的凭证,人民币持有者是债权人,这种信用关系的消除是通过人民币持有人以稳定的价格得到相应价格的商品和劳务而得以"兑现"。人民币的统一发行与流通，标志着我国人民币货币制度的建立。

人民币的发行原则是：① 集中统一发行原则。人民币发行权高度集中统一，由国家授权中国人民银行发行货币。② 经济发行原则。人民币的发行必须根据国民经济发展和适应商品流通的需要发行。③ 计划发行原则。中国人民银行根据国家批准的货币发行量，制订人民币发行计划，调节货币流通。

人民币是我国的法定货币。国家规定人民币是我国唯一的合法通货，禁止金银和外币在国内市场计价流通。人民币以现金和存款货币两种形式存在，现金由中国人民银行统一发行，存款货币由银行体系通过业务活动投入流通。

人民币作为本位币是无限法偿货币。以人民币支付我国境内的一切债务，任何单位和个人不得拒收。同时人民币是不兑现的信用货币，没有规定法定含金量，也不能自由兑换黄金，是代表一定价值的货币符号。

人民币发行的准备是商品保证。国家所掌握的能按照稳定价格投入市场的商品是人民币发行的准备资产。人民币发行量增加，意味着国家掌握的商品物资增加；人民币回笼增加，意味着国家掌握的商品物资相应减少，中国人民银行的负债减少。同时，国家掌握的大量的黄金、外汇储备也是人民币发行的准备。

我国现阶段具有"一国多币"的特殊性。1997 年和 1999 年，香港和澳门相继回归祖国后，出现了人民币、港币、澳元"一国多币"的特有的历史现象（我国台湾地区使用新台币）。由于这些货币是在不同的地区流通，所以不会产生"格雷欣法则"效应。一旦人民币实现了资本项目的完全可兑换，"一国多币"的现象就会逐步消失。

——摘编自：裴少峰. 货币银行学[M]. 广州：中山大学出版社，2006；
年志远，王晓光. 货币银行学[M]. 北京：中国时代经济出版社，2003

第三节 信用的产生与发展

信用和货币一样，既是一个古老的经济范畴，又是金融学中一个十分重要的概念。它是商品经济发展到一定阶段的产物。信用制度的产生和深入发展促进了商品经济的飞速发展，并使现代商品经济进入以多种信用参与者、信用形式和信用工具为纽带而连接在一起的信用经济阶段。

一、信用的含义和特征

信用（Credit）一词我们并不陌生，几乎人人都使用过这个词。在日常生活中我们使用信用这个词也有多种含义，有的是从道德规范角度使用，如形容某人讲信用、遵守诺言等；有的是从心理现象的角度使用，如形容某人可信任、可靠等。从经济学的角度看，信用是一种体现特定经济关系的经济行为,并有其作为经济范畴的特征。

(一)信用的含义

在西方各国文字中,信用一词均源于拉丁文 Credo,意为相信、信任、声誉等。在现代经济社会中,信用指不同所有者之间建立在信任基础上的以偿还本金和支付利息为条件的借贷行为。所谓借贷行为,是指商品或货币的所有者,把商品或货币暂时让渡出去,根据约定的时间,到期由商品或货币的借入者如数归还并附带一定数额的利息的行为。

信用是借贷活动的两个方面,与债权债务是同时产生的。在借贷活动中,当事人一方是货币或商品的多余方,将商品或货币贷出,称为"授信",是债权人;另一方是货币或商品的短缺方,接受债权人的商品或货币,称为"受信",是债务人。

(二)信用的基本特征

信用作为商品货币经济的范畴,不论其形式如何,都具有以下共同特征:

1. 信用以相互信任为基础

信用作为一种交易行为和交易方式,必须以交易双方相互信任为条件,如果交易双方相互不信任或出现信任危机,信用关系是不可能发生的,即使发生了,也不可能长久持续下去。

2. 信用是有条件的:偿还本金和支付利息

在市场经济条件下,借贷行为受等价交换原则的约束,借贷必须偿还本金和支付利息。贷者之所以贷出,是因为有权取得利息;借者之所以可以借入,是因为承担了支付利息的义务。无利息一般不是信用关系(如一些互助友爱、互通有无的社会关系的无利息的借贷行为),但并不是所有无利息的借贷都不是信用行为,如政府为达到某些目的的借贷或银行活期存款,可以视为利息为零。

3. 信用是价值运动的特殊形式

价值运动的一般形式是通过商品的直接买卖来实现的。在买卖过程中,一般卖者让渡商品的所有权和使用权,取得货币的所有权和使用权;而买者刚好相反。信用关系所引起的价值运动是通过一系列借贷、偿还、支付过程来实现的,信用关系存续期间,信用标的的所有权和使用权是分离的。贷出方只暂时转移或让渡商品或货币的使用权,所有权仍掌握在信用提供者手里;相应地,借入者只有暂时使用商品或货币的权利,并不能取得商品或货币的所有权。同时,从当期看,信用是价值单方面的转移,且偿还时是非等额回流,即超值归还。当信用关系结束时,信用标的的所有权和使用权才统一在原信用提供者手里。

4. 信用以收益最大化为目标

信用关系赖以存在的借贷行为是借贷双方追求收益最大化或成本最小化的结果。从借贷关系双方来看,授信人将闲置资金或商品贷出,是为了获取闲置资金或商品的最大收益,避免资本闲置所造成的浪费;受信人借入所需资金或商品同样是为了扩大经营或避免资金不足所带来的经营中断,从而获取最大收益。

【背景知识】

信用在现代经济中含义的延伸及其重要性

现代信用的内涵可以从三个意义上来理解：首先，它是指一种遵守诺言、实践成约的道德品质；其次，它是一种约束人们在权益交换中，必须遵守诺言、实践成约的规范；最后，它是一种以交易主体遵守诺言、实践成约为基础，以偿还为条件的特殊的价值运动方式。

与传统信用观相比，现代信用观不仅注重从道德的角度来理解信用，更强调从法律和经济的角度对信用进行解读。

从道德的角度来看信用，即守信承诺的一种道德品质，及由此建立起来的信誉和信任。而随着商品经济的发展，信用的内容远超出了道德伦理的范畴。从法律的角度来看信用，是指民事主体所具有的偿还债务的能力，从而获得相应的评价和信任。

当信用危机迫使融资成本和交易成本提高，严重影响经济的秩序和稳定发展时，信用就不仅仅是一个道德原则或简单的借贷活动了，它同时成为了一个极为重要的经济学概念。它的含义也就进一步地转化和延伸，而且被赋予了更多的经济内涵。首先，信用是可以创造财富的无形资本。主要有两层含义：一是信任与偿付能力；二是借贷活动的一种特殊形式。而且，信用美德也是一种商品，可与劳动力、生产工具等结合在一起，投入再生产过程。其次，信用是个人利益和公共利益的双赢。交易双方秉承信用原则，形成规范化的交易关系，有助于彼此利益最大化的实现。信用既是对交易对手合法权利的维护和尊重，也是对自身合法权利的维护和尊重。也只有在使他人充分受益中才能使个体利益最大化。最后，信用是基于人们理性计算的功利选择。为了保证交易安全，任何交易主体总愿意与有良好信用记录的企业或个人发生交往。

在现代经济中，信用已经作为一种无形资产，成为现代经济发展的强劲动力。由于信用能够加快资金的流通，从而能够保证现代化大生产的顺利进行。在利率引导下，通过信用实现资本转移，可以自发调节各部门的发展比例。同时，信用还可以节约流通费用，加速资本周转，也为股份公司的建立与发展创造条件。但是也应该看到信用不利的一面，在信用膨胀的情况下，可能导致泡沫经济，从而对经济产生极大的破坏作用。

因而，我们要从以下几个方面加强管理：首先，要在全国范围内宣传信用理念；其次，要规范并维护信用关系；最后，要建立并完善企业和个人的征信体制。只有加快信用建设，形成良好的信用环境，才能使信用为我国的经济发展发挥出最大可能的作用。

——摘编自：翟相娟.中国现代信用观的诠释及其构建：基于道德、经济和法律的视角[J].哈尔滨工业大学学报(社会科学版),2008,10(1):81-84

二、信用的产生与发展

信用作为一种借贷行为，它的产生、发展同商品经济紧密相连。商品经济的发展，特别是货币支付手段职能的发展是信用赖以存在和发展的坚实的基础。

（一）信用的产生与发展过程

信用最早产生于商品交换之中，如果没有商品买卖，就不会有赊欠，没有赊欠就谈不上信用。

1. 信用产生的一个前提条件是私有制的出现

人类社会最早的信用活动起始于原始社会末期，社会生产力的发展促使了两次社会大分工的出现，即畜牧业与原始农业的分工、手工业与农业的分工。这两次社会大分工促使了商品的生产和交换，加速了原始社会公有制的瓦解和私有制的产生。私有制的出现，造成了财富占有的不均和分化，从而出现了贫富差别。这样，贫穷且缺少生产资料和生活资料的家庭，为了维持生活和继续从事生产，不得不告贷于富裕家庭，通过借贷调剂余缺，信用就随之产生了。

2. 实物借贷与货币借贷

人类最早的信用是实物借贷。实物借贷不可避免地会遇到像物物交换时所遇到的重重困难，而使信用关系难以获得广泛的发展。货币的产生与发展克服了物物交换的困难，并逐渐在信用领域里成为主要的借贷工具。但在自然经济占主导地位的前资本主义社会里，货币借贷一直未能全然排除实物借贷，因此，信用在很长一段时间以来一直以实物借贷和货币借贷两种形式存在。只有当资本主义生产关系确立并不断渗透到城乡经济生活的各个角落，商品货币关系在经济生活中无所不在的时候，实物借贷才被货币借贷取代。

货币借贷有一个量的界定，其规模大小，最终不取决于有多少可供借贷的货币，而是取决于有多少可供借贷的资源。从一个社会来考察，不是有了货币就一定能够借贷。货币借贷只是整个信用活动的表现形式，有没有可供借贷的资源才是整个信用活动的结果或内容。人们取得货币，不外是取得"索取资源的权力"。如果取得的货币不能获得所需的资源——生产要素或生活要素，即有钱买不到东西，那就意味着货币借贷超过了信用对资源的需求。因此，欲保持合理的信用关系，还须掌握好信用的数量界限，避免信用的"强制性"发生，使货币借贷与资源借贷趋于统一。这是整个金融理论自始至终都必须关注的课题。

3. 金融范畴的形成

信用和货币在很古老的时候就有密切的关系，但在发达的资本主义制度形成以前，两者还是各自独立发展的。一方面，货币在经济生活中的广泛运用为信用的发展提供了条件，货币的余缺需要信用进行调节，单一的货币作为借贷的对象使约束信用关系的规则易于形成；而信用关系的发展促进了货币的发展，信用使债权人手中的闲置货币流动起来，使金属货币的不足可由信用货币的创造得到补充，促进了信用货币的出现。另一方面，通过金属货币制度长期独立于信用关系之外可以看出，金属货币制度的发展，不同本位制的更替主要原因在于制度本身的缺陷，而非不适应信用的发展。因此，信用的发展相对于货币的运动是独立的。

随着资本主义经济的确立和信用货币的普遍使用，又由于信用货币本身就是以信用为基础的,货币借贷又独占了信用领域,这就使信用和货币不可分割地连在了一起。在这种情况下,任何独立于信用活动之外的货币制度已不复存在。相应地,任何信用活动也同时都是货币的运动。信用的扩张意味着货币供给的增加,信用的紧缩意味着货币供给的减少。当货币和信用两者不可分割地连接在一起时,就产生了一个由原来独立的范畴相互渗透所形成的新范畴——金融。当然,金融范畴的形成并不意味着货币和信用两者已不复存在。所以说,现代金融业就是信用关系发展的产物。信用交易大大降低了交易成本,提高了交易效率,扩大了市场规模。现代市场经济乃是一种建立在千头万绪、错综复杂的信用关系之上的经济。现代市场经济是信用经济。

(二)信用关系产生的三要素

信用关系的发生,必须具备三个基本的构成要素:

1. 债权债务关系双方

任何信用的发生,必须至少有两方当事人:债权人与债务人。债权人为授信人,债务人为受信人。债务是将来偿还价值的义务,债权则是将来收回价值的权利。债权和债务是构成信用关系,组成信用这一经济现象的第一要素。离开了债权债务关系,就无所谓信用。

2. 一定的时间间隔

信用关系不是买卖关系。买卖关系是一手交钱,一手交货,钱货两清,不存在时间间隔。信用关系则是一方提供一定的价值物或价值符号,另一方只能在一定的时期内归还价值物或价值符号,并加付一定的利息。因此,信用是价值在不同时间的相向运动,价值转移的时间间隔,是构成货币单方面让渡与还本付息的基本条件,若无授受信用在时间上的适当配合,信用活动难以正常进行。

3. 信用工具

无信用工具即无凭证,口头协议尽管有简便、灵活的特点,但容易引起争端,安全性较差,难以维护债权人应有的权利。因此,信用关系应以正式的书面凭证即信用工具为依据。此外,信用工具还可在市场上转让,有较大的流通范围,有利于扩大信用规模,促进信用经济的发展。

第四节 现代信用形式

现代信用的形式繁多,可以按照不同的划分标准对信用形式进行分类。这些标准包括期限、地域、信用主体以及是否有信用中介参与等。以期限为标准可分为中长期信用与短期信用;以地域为标准可分为国内信用和国际信用;以参与信用的主体为标准可分为商业信用、银行信用、消费信用、国家信用等等,其中,商业信用和银行信用是现代市场经济中与企业的经营活动直接联系的最主要的两种形式;根据是否有信用中介参与可分为直接信用和间接信用。信用还有许多特殊形式,如高利贷信用、资本信用、保险信用、合作信用等等。信用形式还在不断发展中。本节重点介绍几种主要的信用形式。

一、商业信用

1. 商业信用的概念

商业信用是指企业之间相互提供的、与商品交易直接相联系的信用形式。它可以直接用商品提供,也可以用货币提供,但它必须与商品交易直接联系在一起,这是它与银行信用的主要区别。实际上典型的商业信用包括两个同时发生的经济行为:买卖行为和借贷行为。即一方面是信用双方的商品交易,另一方面是信用双方债权债务关系的形成。就买卖行为而言,在发生商业信用之际就已完成;而在此之后,他们之间只存在一定货币金额的债权债务关系,这种关系不会因为债权人或债务人的经营状况而发生改变。

2. 商业信用的提供方式

商业信用的提供方式多种多样,包括企业之间以赊销、分期付款、委托代销等方式提供的信用,以及在商品交易的基础上以预付货款(或定金)等方式提供的信用,还包括工程类项目中的按工程进度预付工程款等方式提供的信用。典型的商业信用是赊销。

3. 商业信用的自然基础——社会化大生产

商业信用的自然基础是指只要某种基础条件存在,不需要任何人为因素的作用,更不需要政府管理者的干预和要求,商业信用就会以不同的形式自发地表现出来。马克思认为,商业信用赖以生存的自然基础是社会化大生产。只要存在着社会化大生产,商业信用就一定存在。这是因为,一方面社会化大生产使各个生产者或企业形成了彼此依赖、共求生存的发展关系,共同构成一个社会经济整体,不论是哪个环节的生产要素或消费资料,都要求能保质、保量、准时得到供应;自己的产品也要求及时推销出去,以实现价值的补偿,保证再生产的顺利进行。但另一方面,商品生产者的产销条件各不相同,商品生产的时间有长有短,销售地点的距离有远有近,不同商品的产销还具有季节性因素,这就必然出现商品生产者之间的买和卖在时间上不一致,从而出现商品实体的转移与现实货币清算相分离的情况。这样以延期付款、分期付款、预付货款(或定金)等方式出现的商品交易,便构成了社会再生产过程中以商业信用为基础的信用制度。因此,商业信用成为连接社会生产的纽带,在钱、货不能两清的情况下,能保证买主顺利进行资本周转。

4. 商业信用的特点

商业信用的特点大致可以概括如下:

(1) 必须以商品交易结合在一起。商业信用是信用的借贷,同时也是商品的买卖。没有商品交易为基础的信用不是商业信用,企业之间的货币借贷也不属商业信用的范畴。

(2) 债权人和债务人都是商品生产者或经营者。企业与个人间的赊销、预付不是商业信用,企业与银行之间、企业与政府之间都不存在商业信用。

(3) 商业信用直接受实际商品供求状况的影响。一般来讲,当实际商品供过于求时,商品供应者为了产品能及时销售出去,会更多地以赊销、分期付款等相对优惠的销售方式卖出产品,或者寻求更多的代理销售商委托代销;当实际商品供不应求时,商品生产者可能会为自己的产品销售提出更有利于自己的条件,如要求预付货款(或定金)。

(4) 具有自发性、盲目性、分散性的特点。商业信用赖以生存的自然基础是社会化大生产。只要存在着社会化大生产,商业信用就会以不同的形式自发地表现出来。商业信用的这种自发性必然导致它的盲目性、分散性的特点。

5. 商业信用的作用

(1) 对经济的润滑和促进增长作用。商业信用直接为商品生产和流通服务,保证生产和流通过程的连续顺畅,加速了商品的流通,促进了商品经济的发展;同时,供求双方直接见面,有利于加强企业之间的横向经济联系,协调企业间的关系,促进产需平衡。

(2) 调剂企业之间的资金余缺,提高资金使用效率,节约交易费用;也是创造信用流通工具的最简单的方式,因而是企业解决流通手段不足的首选方式。因此,就企业间的信用活动而言,商业信用是基础。

(3) 商业信用的合同化(或票据化),使自发的、分散的商业信用有序可循,有利于银行信用的参与和支持商业信用,强化市场经济秩序。

6. 商业信用的局限性

虽然商业信用在调节企业之间的资金余缺、提高资金使用效率、节约交易费用、加速商品流通等方面发挥着巨大作用,但它存在着以下五个方面的局限性:

(1) 严格的方向性。商业信用是企业之间发生的、与商品交易直接相联系的信用形式,它严格受商品流向的限制。比如说,织染厂可向服装厂提供商业信用,而服装厂就无法向织染厂大量提供商业信用,因为织染厂的生产不是以服装为材料的。

(2) 产业规模的约束性。商业信用所能提供的商品或资金是以产业资本的规模为基础的。一般来说,产业资本的规模越大,商业信用的规模也就越大;反之,就越小。商业信用的最大作用不外乎对产业资本的充分利用,因此它最终无法摆脱产业资本的规模限制。

(3) 融资期限的短期性。商业信用提供的主体是工商企业,工商企业的生产和经营要循环往复地进行下去,其资金就不能长期被他人占用,否则,就有可能使生产中断。

(4) 信用链条的不稳定性。商业信用是由工商企业相互提供的,可以说,一个经济社会有多少工商企业就可能有多少个信用关系环节。如果某一环节因债务人经营不善而中断,就有可能导致整个债务链条中断,引起债务危机的发生,甚至会冲击银行信用。

(5) 增加了政府宏观调控的难度。商业信用是企业间自发分散地进行的,国家难以直接控制和掌握它的规模和发展方向。当货币政策当局估计不足时,易造成过多的货币投放,引起信用膨胀;而当货币政策当局估计过高时,易造成货币投放不足,引起通货紧缩。

由于上述局限性及商业信用的自发性、分散性、盲目性的特点,所以它不可能从根本上改变社会资金和资源的配置与布局,从而广泛满足经济资源的市场配置和合理布局的需求。因此它虽然是商品经济社会的信用基础,但它终究不能成为现代市场经济信用的中心和主导。通常使用商业票据贴现的方式,将它转化为银行信用以克服其局限性。

二、银行信用

1. 银行信用的概念

银行信用指银行或其他金融机构通过货币形式,以存放款、贴现等多种业务形式与国民经济各部门所进行的借贷行为。银行信用是在商业信用基础上发展起来的一种更高层次的信用,它和商业信用一起构成经济社会信用体系的主体。

2. 银行信用的特点

与其他形式的信用相比,银行信用具有以下几个特点:

(1) 广泛性。一般来说,银行是信誉相对较好的信用机构,它的债务凭证具有广泛的接受性,被视为货币充当流通手段和支付手段。因此,银行信用不仅因数量相当大而成为主要的信用形式,而且是其他信用得以正常运行的支柱。同时,银行提供信用的方式多种多样,可以以存款、放款、贴现、有价证券投资等多种业务形式提供,被国民经济各部门广泛接受。

(2) 间接性。银行信用的发生是以金融机构为媒介的。金融机构可以运用的资金并不是它的自有资金,而是它的债务,如银行吸收的存款。银行信用表面上是发生在金融机构与企业之间,实际上是银行把资金盈余方的资金贷给资金短缺方,银行在此仅充当资金融通的中介,因而其信用具有间接性。

(3) 综合性。银行通过业务的开展,与国民经济各部门广泛联系,将国民经济各部门的业务都记录在账册上,可综合反映国民经济的情况。

(4) 创造性。银行信用具有最强的创造性。其他经济实体要进行货币借贷,必须一方先获得货币才能提供信用,唯有银行能创造货币提供信用。银行信用的这一特点,使银行处于非常有利的地位。因为创造货币的成本极微,通过创造货币提供信用无异于"无本经营",使银行有可能以较低的利息提供信用。

(5) 稳定性。银行和其他金融机构可以通过信息的规模投资,降低信息成本和交易费用,从而有效地改善信用过程的信息条件,减少借贷双方的信息不对称以及由此产生的逆向选择和道德风险问题,其结果是降低了信用风险,增强了信用过程的稳定性。

此外,由于银行信用的客体是游离于再生产过程之外的货币资金,它可以不受个别企业资金数量的限制,聚集小额的可贷资金满足大额资金借贷的需求。同时可把短期的借贷资本转换为长期的借贷资本,满足对较长期限的货币的需求,而不再受资金流转方向的约束。可见,银行信用在规模、范围、期限和资金使用的方向上都大大优于商业信用。因此,商业信用的局限性在银行信用里是不存在的,银行可以吸收短期资金用于长期贷放,可以聚集小额资金用于大额贷放,下游企业的资金可以贷给上游企业使用。

银行信用的上述特点,使它在整个社会信用体系中处于核心的地位,发挥着主导作用。商业信用也越来越依赖银行信用,银行的票据贴现、抵押等业务将分散的商业信用集中统一为银行信用,为商业信用的进一步发展提供了条件。同时银行在商业票据贴现过程中发行了稳定性强、信誉高、流通性强的银行券,创造了适应全社会经济发展的流通工具。

专栏 1-4

银行信用在现代经济中的主导作用

现金流顺畅是企业生存发展的重要条件之一。拥有充足的资金流量,企业才能采用先进的技术手段,雇佣高水平的专业人士,实施有效的管理程序,从而实现企业价值,继而有助于实现宏观经济的增长。通常企业是通过直接融资和间接融资得到资金的,前者主要是通过发行债券或股票,后者主要是通过银行信用借贷资金。大多数国家的企业融资都是通过银行信用来实现的。随着我国社会主义市场经济体制的建立和完善,债券市场和股票市场不断发育,市场在金融市场资源配置中的决定性作用不断确立,随之直接融资比重不断上升,间接融资所占比重则相应下降。然而,通过银行信用发挥作用的间接融资仍然在我国现代经济中居于主导地位。(参见表 1-1)

表 1-1 2002—2018 年我国社会融资规模(增量)及结构

年份	间接融资/亿元	直接融资/亿元	直接融资占比/%	年份	间接融资/亿元	直接融资/亿元	直接融资占比/%
2002	18 686	995	5.06	2011	105 694	18 035	14.58
2003	32 548	1 058	3.15	2012	127 387	25 058	16.44
2004	26 882	1 140	4.07	2013	146 389	20 332	12.20
2005	26 944	2 349	8.02	2014	130 326	28 167	17.77
2006	38 002	3 846	9.19	2015	112 124	35 851	24.23
2007	51 961	6 617	11.30	2016	135 719	42 440	23.81
2008	59 458	8 847	12.95	2017	181 265	13 180	6.84
2009	120 957	15 717	11.50	2018	146 397	46 213	24.00
2010	120 265	16 849	12.29				

资料来源:各年度《中国统计年鉴》,中国人民银行网站

从表 1-1 可知,2002—2018 年直接融资所占比例虽然在波动中不断上升,由 2002 年的 5.06% 增加到 2018 年的 24%,但是间接融资在融资总量中占主导的地位没有发生根本变化。由此可以看出,银行信用在我国经济活动中的作用要远远大于其他融资方式。

三、国家信用

1. 国家信用的概念

国家信用是指以国家及其附属机构作为债务人或债权人,依据信用原则向社会公众和国外政府举债或向债务国放债的一种形式。国家通常以债务人的身份出现。国家信用

又称公共信用,是一种古老的信用形式,伴随着政府财政赤字的发生而产生。随着经济的发展,各国政府的财政支出不断扩大,财政赤字已成为一种普遍现象。为了弥补财政赤字和暂时性的资金不足,向社会公众发行债券或向外国政府举债成为各国政府的必然选择。目前世界各国几乎都采用发行政府债券的形式来筹措资金,形成国家信用的内债。

2. 国家信用的工具——国债

国债有国库券和公债的区别。国库券是期限在一年以内的,通常用于解决财政年度内先支后收的暂时困难的一种信用工具。公债是期限在一年以上的用于弥补财政赤字的信用工具。两者的区别表现在:

(1) 期限不同。国库券期限短,为一年以内;公债期限长,为一年以上。

(2) 用途不同。国库券是用于解决财政先支后收困难的;公债是为了弥补财政赤字,或用于进行大型项目建设的。

(3) 担保不同。国库券的偿还以税收为担保;公债的偿还,如果用于弥补财政赤字,就无担保,如果用于进行大型项目建设,以建成后的收益为担保。

(4) 审批不同。国库券的发行由财政部审批;公债的发行由政府决定。

3. 国家信用的作用

(1) 弥补财政赤字,平衡预算,解决财政困难。财政弥补赤字的办法有:动用历年结余、增发货币、向央行透支、增税、发行债券。其中,发行债券是最好的选择。

(2) 是筹集经济建设资金的工具。政府以信用的方式筹集资金,为社会提供公共产品、服务和承担风险较大的投资项目的建设。

(3) 是调节经济活动的重要经济杠杆。调节积累和消费的比例,国债资金的再分配将消费资金转化为积累资金;调节投资结构,优化产业、经济结构,为经济活动创造良好的社会条件;调节金融市场,维护经济金融的稳定。政府债券也成为经济发达国家的中央银行进行公开市场操作、调节货币供给和实施货币政策的主要工具。

(4) 政府债券是金融资产的一种形式,为社会创造投资生息的机会。由于政府债券具有较高的流动性、安全性和收益性,因而成为西方经济发达国家各阶层和经济实体普遍喜爱的投资工具。因此,政府债券被称为金边债券。

四、消费信用

1. 消费信用的概念

消费信用是指企业或金融机构向消费者提供的,用以满足其消费需求的一种信用形式。现代市场经济的消费信用是与商品和劳务,特别是住房和耐用消费品的销售紧密联系在一起的。其实质是通过赊销或消费贷款等方式,为消费者提供提前消费的条件,促进商品的销售和刺激人们的消费。这种信用形式在西方国家已非常普遍。

2. 消费信用的种类或提供方式

现代市场经济的消费信用方式多种多样,具体可归纳为以下几种主要类型:

(1) 赊销。直接以延期付款的销售方式向消费者提供的信用。与商业信用的赊销类似,是向消费者提供的一种短期的消费信用。银行和其他金融机构向个人提供信用卡,消费者以信用卡透支,实际上是一种典型的赊销方式。一般来说,赊销是一种短期消费信用形式。

(2) 分期付款。即消费者与企业签订分期付款合同,消费者先付一部分货款,剩下的部分按合同规定分期加息偿还,在货款付清之前,商品所有权属于企业。这种付款方式在购买耐用消费品中被广泛使用,是一种中期消费信用形式。

(3) 消费贷款。即银行或其他金融机构直接贷款给消费者用于购买耐用消费品、住房以及支付旅游费用等。按贷款发放对象的不同,它可以分为买方信贷和卖方信贷,前者是对消费者发放贷款,后者是对商品销售企业发放贷款。消费贷款属于中长期信用。

3. 消费信用的作用

消费信用的作用一般表现为以下几点:

(1) 促进经济增长。消费信用实际上是向那些目前并不具备消费条件的个人提供信用,使其消费愿望提前实现。这种提前了的消费,扩大了当前社会总需求,促进了消费品的生产和销售,因而促进了经济的增长。据估计,在经济发达的国家,特别是美国,其消费信用占全社会销售总额的1/3乃至1/2。另据估计,若不采用分期付款这一消费信用方式,西方国家的汽车销售量将会减少1/3。

(2) 对新技术的应用、新产品的推销及产品更新换代具有一定的推动作用。在新技术、新产品的应用和推广过程中,采取赊销、分期付款、消费贷款等消费信用这种优惠的促销形式会更有利于推销。

(3) 信用卡的创造和使用,给消费者带来了极大的方便与安全感。这也是信用卡得以迅速发展的重要原因。

但是,若消费需求过高,生产能力有限,消费信用会加剧市场供求紧张状态,使物价上涨。

专栏 1-5

中国的"月光族"与消费信贷

在中国,"月光族"是精通网络科技的年轻中产阶级中的一个群体,他们之所以被称为"月光族",是因为他们几乎每月都会花光收入。与他们谨慎消费、努力储蓄的父母不同,"月光族"喜欢贷款消费。对寻求经济增长新引擎的中国决策者而言,这无疑是个好消息。在中国经济增速降至近年来的最低水平、零售业面临压力、工业生产严重过剩的背景下,决策者敦促贷款机构放宽对消费信贷的限制。研究中国市场的投资策略师安迪·罗思曼说,中国决策者正在努力推动消费信贷水平,这类似于20世纪初美国以信贷推动的消费繁荣。"这是很好的措施,但需要深思熟虑、谨慎实施,否则,正如我们在美国所看到的,这些措施会被滥用并带来麻烦。"

> 网络贷款平台"我来贷"的创始人说:"千年一代的消费习惯大为不同,他们更加追求即视满足感。"他还说,对千禧年一代来说,中长期财务规划是次要的。许多"月光族"都入不敷出。27岁的田雪(音)在上海一家国企任职,她说自己属于"月光族"。她将钱存在网络钱包中,这些网络平台往往也提供贷款。她每月一般花费两三万元,这远远超出自己每月6 000元的收入水平。
>
> 像田雪这样的年轻消费者可以通过各种渠道获得贷款,诸如传统的信用卡、个人对个人的借贷(P2P)以及阿里巴巴和京东等电商企业提供的信贷平台。25岁的庞雨(音)是北京的一名铁路检票员,她说:"我用淘宝购物时,自动弹出的对话框告诉我,我可以用蚂蚁花呗支付。"阿里巴巴旗下的这个平台允许消费者在购物后的次月还款。利用该平台的消费信贷和信用卡额度,庞雨每月最多能获得2万元贷款,这比她和男朋友的总收入还高。
>
> 尽管世界银行的最新数据显示,中国的总储蓄率仍位居世界前列,但情况正在迅速发生变化。中国的消费信贷总额已达到近20万亿元,是2010年的3倍。自2008年以来,中国的家庭负债率翻了一番,达到近40%。在一个监管宽松的信贷体系中,如此迅速的增长也许会给信贷质量带来风险。经济学家说,中国的高储蓄率是抵御消费信贷风险的天然屏障。这意味着一旦出现风险,那些节俭度日的父母也许会用他们的储蓄帮助"月光族"子女渡过危机。
>
> 资料来源:路透社北京/上海,2016-04-13

五、国际信用

1. 国际信用的概念

国际信用是指国与国之间的企业、经济组织、金融机构及国际经济组织相互提供的与国际贸易密切联系的信用形式。国际贸易与国际经济交往的日益频繁,使国际信用成为进行国际结算、扩大进出口贸易的主要手段之一。

2. 国际信用的种类

国际信用的种类繁多,归纳起来可分为以下几种主要类型:

(1) 出口信贷。出口信贷是国际贸易中的一种中长期贷款形式,是一国政府为了促进本国出口、增强国际竞争能力而对本国出口企业给予利息补贴和提供信用担保的信用形式。根据补贴和贷款的对象不同,又可分为卖方信贷和买方信贷两种。卖方信贷是出口方的银行或金融机构对出口商提供的信贷。买方信贷是由出口方的银行或金融机构直接向进口商或进口方银行或金融机构提供贷款的方式。

(2) 国际银行信贷。国际间的银行信贷是进口企业或进口方银行直接从外国金融机构借入资金的一种信用形式。这种信用形式一般采用货币贷款方式,并事先指定了贷款货币的用途。它不享受出口信贷优惠,所以贷款利率要比出口信贷高。在遇到大宗贷款时,国际金融市场往往采取银团贷款方式以分散风险。

(3) 国际市场信贷。国际市场信贷是由国外的一家银行或几家银行组成的银团帮助进口国企业或银行在国际金融市场上通过发行中长期债券或大额定期存单来筹措资金的信用方式。随着国际金融市场的一体化,这种方式愈来愈普遍。

(4) 国际租赁。国际租赁是国际间以实物租赁方式提供信用的新型融资形式。根据租赁的目的和投资回收方式,可将其分为融资租赁和经营租赁两种形式。

(5) 补偿贸易。补偿贸易是指外国企业向进口企业提供机器设备、专利技术、员工培训等,待项目投产后进口企业以该项目的产品或按合同规定的收入分配比例清偿债务的信用方式。它实质上是一种国际间的商业信用,在发展中国家得到广泛使用。

(6) 国际金融机构贷款。这主要是指包括国际货币基金组织、世界银行在内的国际性金融机构向其成员国提供的贷款。

【能力训练】

一、辨析题

1. 纸币的出现是货币发展史上第一次标志性的变革。
2. 信用的本质是一种债权债务关系。
3. 纸币之所以能成为流通手段,是因为它本身具有价值。
4. 货币在执行价值尺度职能时作为独立的价值形式进行单方面转移。
5. 信用活动中,贷者之所以贷出是因为有权利取得利息,借者之所以可能借入是因为承担了支付利息的义务。
6. 信用活动中货币发挥的是流通手段的职能。

二、案例分析题

1. 比特币(Bitcoin)的概念最初由中本聪在 2008 年 11 月 1 日提出,并于 2009 年 1 月 3 日正式诞生。与所有的货币不同,比特币不依靠特定货币机构发行,它依据特定算法,通过大量的计算产生,比特币使用整个 P2P 网络中众多节点构成的分布式数据库来确认并记录所有的交易行为,并使用密码学的设计来确保货币流通各个环节的安全性。比特币是一种虚拟货币,数量有限,但是可以用来套现:可以兑换成大多数国家的货币。你可以使用比特币购买一些虚拟的物品,比如网络游戏当中的衣服、帽子、装备等,只要有人接受,你也可以使用比特币购买现实生活当中的物品。在国内,北京一家餐馆开启了比特币支付。这家位于朝阳大悦城的餐馆称,该店从 2013 年 11 月底开始接受比特币支付。消费者在用餐结束时,把一定数量的比特币转账到该店账户,即可完成支付,整个过程类似于银行转账。该餐馆曾以 0.13 个比特币结算了一笔 650 元的餐费。在国外,2014 年 1 月,Overstock 开始接受比特币,成为首家接受比特币的大型网络零售商。2014 年 9 月 9 日,美国电商巨头 eBay 宣布,该公司旗下支付处理子公司 Braintree 将开始接受比特币支付。有一些学者认为,比特币的产生及未来广泛的使用对世界各国现有的货币制度将产生巨大冲击,对此你怎么看?

2. 我国中小企业发展迅速,在国民经济中发挥着日益重要的作用。随着我国经济进入新常态,融资困难也更加成为制约中小企业发展的主要因素。目前银行贷款仍是中小企业融资的主渠道,因此可以说,中小企业融资难在一定程度上主要表现为贷款难。其原因可以从企业和银行两方面来分析。从企业方面看,中小企业经营风险大,发展前景不明,贷款抵押担保难;基层银行授信权限有限,贷款程度复杂繁琐;中小企业申请贷款手续繁琐,且银行考察评估时间长,因此即使费尽周折贷款到手,商机可能早错过。从银行方面看,国有商业银行经营战略重点的转移,使中小企业难以获得贷款支持;信贷管理上的重约束、轻激励的理念,使基层行、社存在"惧贷、慎贷"心理;中小企业贷款风险大,银行、信用社维护金融债权也比较难。另外,中小企业的直接融资渠道窄。虽然我国证券市场发展迅速,但由于证券市场门槛高,创业投资发展滞后,中小企业难以通过资本市场筹集资金。试从我国中小企业融资难的角度论述信用形式多样化的重要性。

三、思考题

结合实际谈谈目前中国市场经济发展中的信用现状和存在的问题。

第二章 利息与利息率

【学习要点】本章首先阐述利息的来源、本质及其计量,利息率的概念、种类以及影响利率变动的因素。由于利率变动对现代经济的重大作用,本章还分别介绍了马克思的利率理论及西方利率理论中有代表性的古典利率理论、流动偏好利率理论、可贷资金利率理论和利率期限结构理论等。

【重点难点】本章的学习重点在于正确把握利息的概念及其计算方法、利率的构成要素和决定利率水平的一般因素以及各种利率决定理论;学习的难点在于如何正确把握及灵活运用各种利率决定理论,以充分发挥利率杠杆应有的调节经济的重要作用。

【基本概念】利息　利率　单利　复利　连续复利　终值　现值　市场利率　官定利率　名义利率　实际利率　固定利率　浮动利率　利率的期限结构

利息和利息率是货币金融理论中的重要概念。利息是伴随着信用活动而产生的经济范畴,但在现代经济中,利息率既是连接货币因素与实际经济因素的中介变量,也是调节经济活动的重要杠杆,从而有着比利息更为重要的意义。

第一节　利息及其计量

在商品经济中,利息既是在信用的基础上产生的一个经济范畴,同时又构成了信用关系成立的前提条件,利息的存在使信用关系得以产生、发展和壮大。由于借贷行为的出现,不从事经营活动的资本所有者可以通过在一段时间让渡资本的使用权取得一定的报酬,而资本需求者则可以通过支付一定的报酬来借入资本。这种报酬就是利息。因此,所谓利息是借者支付给贷者的使用其资金的代价。简单地说,利息是债权人的报酬,也是债务人的成本。在现代社会中,贷出款项收取利息已成为很自然的事情,利息被人们看作收益的一般形态,无论贷出与否,利息都被资金所有者视为理所当然的收入。然而,利息来源于何处?其本质是什么?这些是争论已久的问题。由于关于利率的决定和利率的影响因素的研究往往基于一定的利息本质观,因此,有必要先来分析一下利息的本质。关于利息的学说很多,我们仅仅简要介绍西方经济学者和马克思的利息学说。

一、利息的来源

(一) 西方经济学者关于利息来源的学说

长期以来,经济学家们对利息本质进行了深入的研究,形成了不同的答案。

威廉·配第认为,利息是因暂时放弃货币的使用权而获得的报酬。因为当贷者贷出货币后,在约定的时期内,不论自己怎样迫切需要货币,也不能使用他自己的货币,这就会给他带来某种损失,因而需要补偿。约翰·洛克认为,利息是因为贷款人承担了风险而获得的报酬。达德利·诺思则说,利息不过是资本的租金。约瑟夫·马西认为,贷款人所贷出的只是货币资本的使用价值,因此,利息就是借者为获得这种使用价值而付出的代价,它来源于货币或资本在适当使用时能够产生的利润。纳骚·西尼尔认为,利息是借贷资本家节欲的报酬。阿弗里德·马歇尔认为,利息从贷者来看是等待的报酬,从借者来看是使用资本的代价。约翰·克拉克认为,利息来源于资本的边际生产力。庞巴维克认为,利息是未来财富对现在财富的时间贴水。欧文·费雪认为,利息是由供给方自愿延迟消费的倾向和投资机会或资本的边际生产率两因素共同决定的。凯恩斯对利息的解释则是人们在一特定时期内,放弃货币的周转灵活性的报酬,即利息是放弃流动性偏好的报酬。

(二) 马克思的利息本质观

马克思对利息有着深刻的分析。马克思的劳动价值论认为,一切价值都是劳动创造的,节欲、等待、对财货时间价值的主观评价,以及资本本身,都不会使价值增大。货币如果不是参加资本的运动,而是被贮藏或购买生活消费品就不可能有货币的增殖。针对资本主义经济中的利息,马克思指出:"贷出者和借入者双方都是把同一货币额作为资本支出的,但只有在后者手中才执行资本的职能。同一货币作为资本对两个人来说取得了双重的存在,这并不会使利润增加一倍。它之所以能被双方都作为资本执行职能,只是由于利润的分割。其中贷出者的部分叫作利息。"由于利润是剩余产品的价值形态,因此,利息来源于剩余产品。需要指出的是,利息直接以利润为前提,是指以平均利润为前提,而不是以个别企业的利润为前提。可见,利息的实质是利润的一部分,是剩余价值的特殊转化形式。

把利息确定为剩余价值的转化形式,是利润的一部分,其意义在于:① 说明了利息是由劳动者创造的价值;② 指出了利息与利润之间的量的关系。利息既然是利润的一部分,所以,利润本身就成为利息的最高界限。

二、利息的计量

由利息的概念可知,利息的大小不仅取决于借款数量的多少、借款期限的长短,而且还取决于利息率的高低和计算方法。因此,要进行利息的计量,首先应当正确把握利息率的含义。

(一) 利息率的含义

利息率,简称利率,是指在一定时期内利息量与借贷资本量的比率。它是计量借贷资本增值程度的数量指标,通常用百分数表示。

利率通常可分为年利率、月利率和日利率。年利率,简称年率,是以年为单位计算利息,一般以本金的百分之几表示,通常称为年息几厘,例如,年息4厘,就是指本金100元,每年利息4元。月利率,简称月率,是以月为单位计算利息,一般以本金的千分之几表示,通常称为月息几厘,如月息4厘,即指本金1 000元,每月利息4元。日利率,简称日率,又习惯叫作"拆息",是以日为单位计算利息,一般以本金的万分之几表示,通常称为日息几厘,如日息1厘,就是指本金10 000元,每日利息1元。

(二) 利息的计算方法

计算利息的方法通常有两种:一是单利法;二是复利法。

1. 单利法

单利法,是指仅对本金计算利息的方法。这就是说,在计算利息时,上期利息不计入本金之内,仅按本金计算。其计算公式如下:

$$I = P \times r \times n$$

$$S = P(1 + r \times n)$$

式中,I 为利息额;P 为本金;r 为利率,即利息对本金的百分率,若按年计算,则称为年利率;n 为借贷期限,若按年计息,n 即为年份数;S 为本金和利息之和,简称本利和。

例如,本金为100 000元,现在银行存款年利率为3.33%,期限3年,到期单利利息为:

$$I = 100\,000 \times 3.33\% \times 3 = 9\,990 (元)$$

这种计算方法比较简单,债务人利息负担较少,一般用于短期借贷。

2. 复利法

复利法,俗称"利滚利""驴打滚",是指将本金每期所得到的利息加入本金,在下期一起再计利息,即利息本金化。由于企业投资一般涉及固定资产的购置与扩大,要经过许多年才能回收贷款,所以复利的使用十分普遍。复利的计算公式为:

$$I = P \times [(1+r)^n - 1]$$

$$S = P \times (1+r)^n$$

式中,符号含义同上。

例如,本金为100 000元,年利率为3.33%,期限为3年,到期复利利息及本利和分别为:

$$I = 100\,000 \times [(1+3.33\%)^3 - 1] = 10\,326.36 (元)$$

$$S = 100\,000 \times (1+3.33\%)^3 = 110\,326.36 (元)$$

用复利的方法按照一定的利率,可计算出一笔本金在若干年以后的本利和(终值)。

显然,用单利法计算的利息少于用复利法计算的利息。从理论上讲,复利法克服了单利法的缺点,反映了货币运动的客观规律,可以完全体现货币的时间价值。因此,在实际操作中,主要采用复利法计算货币的时间价值。

3. 连续复利法

连续复利是在借贷期内,每时每刻都在计算利息,并且把现在时刻产生的利息马上加到本金中,计算下一时刻的利息,一直到借贷期结束的一种特殊的复利法。连续复利在金融理论研究中有相当广泛的应用。

假设本金数额为 P，以利率 r 投资了 n 年。如果利息按每一年计一次复利，则上述投资的终值 S 为：

$$S=P(1+r)^n$$

如果每年计 m 次复利，则终值 S 为：

$$S=P\left(1+\frac{r}{m}\right)^{mn}$$

当 m 趋于无穷大时，就称为连续复利，此时的终值 S 为：

$$S=\lim_{m\to\infty}P\left(1+\frac{r}{m}\right)^{mn}=Pe^{rn}$$

表 2-1 表示了年利率为 12%，本金为 100 元时，提高复利频率所带来的效果。从表 2-1 可以看出，连续复利（精确到小数点后两位）与每天计复利得到的效果一样。因此，在实践中，通常可以认为连续复利与每天计复利等价。

表 2-1 复利频率与终值

单位：元

m（复利频率）	S（一年末的终值）
每一年（$m=1$）	112.00
每半年（$m=2$）	112.36
每季度（$m=4$）	112.55
每月（$m=12$）	112.68
每周（$m=52$）	112.73
每天（$m=365$）	112.75
连续复利	112.75

（三）终值与现值计算

终值计算是把任何较早时间的价值换算成以后某一时间的相当值（一笔总的或一系列的），即将借贷期限中较早年份发生的货币金额换算成将来某一年份的等值的货币。现值计算是把将来的货币值（一笔总的或一系列的）换算成现在值，即将借贷期限中以后年份发生的货币换算成现在值，即本金。

在进行上述换算时，现在值和将来值之间的差额即为利息。因此，这三者之间的关系可简单地用下列两个公式来表示：

现在值＋利息＝将来值

将来值－利息＝现在值

把现在值（又称现值）加上利息就可以转换成将来值（又称终值）。所以，现值和终值的换算，实质上就是对利息的计算。而且，一般用普通复利法来计算。

1. 终值

终值又称复利值,就是若干期(一期一般指 1 年)后包括本金和利息在内的未来价值,也称本利和。终值的计算公式为:

$$FV=P(1+r)^n$$

式中,FV 为终值,其他符号含义同上。

例如,将 100 元存入银行,利息率为 3.6%,求 5 年后的本利和。

$$FV=100\times(1+3.6\%)^5=100\times1.193=119.3(元)$$

2. 现值

复利现值就是按复利方式计算以后若干时期一定数量资金现在的价值。现值的计算公式为:

$$PV=\frac{FV}{(1+r)^n}$$

式中,PV 为现值,其他符号含义同上。

例:若要在 2 年后得到 800 元,假设年利率为 10%,现在应存入现金多少?

$$PV=\frac{FV}{(1+r)^n}=\frac{800}{(1+10\%)^2}=800\times0.826=661.2(元)$$

3. 银行贴现

需要说明的是,这里仅仅简单比较银行贴现同现值计算的差异,至于银行贴现业务可详见第四章第二节的相关内容。

在商业银行票据贴现业务中,贴现的计算和上述现值计算有着很大不同。

银行贴现是用单利法以期满偿还金额计算利息。其计算方法如下:

现值(实付贴现额,即实贷金额)=汇票面额(终值,期满应还金额)-贴现利息

其中,贴现利息=终值×利率×时间=$FV\times r\times n$=汇票面额×贴现天数×(月贴现率÷30)

我们同样用单利法进行现值计算,则真实的现值计算是以期初实贷金额计算利息。其计算方法如下:

$$现值=\frac{终值(本利和,即期满应还金额)}{1+利率\times时间}=\frac{FV}{1+r\times n}$$

$$贴现所扣除利息=终值-现值=FV-\frac{FV}{1+r\times n}=\frac{FV\times r\times n}{1+r\times n}=PV\times r\times n$$

式中,符号含义同上。

例如,一张 6 个月到期的票据,面额 10 万元,年利率为 10%。分别以银行贴现和真实单利贴现方法计算现值和利息。

(1) 银行贴现

现值(实贷金额)=$FV-FV\times r\times n$=10-10×10%/12×6=9.5(万元)

$$\text{扣除利息} = FV \times r \times n = 10 \times 10\%/12 \times 6 = 0.5 (万元)$$

(2) 真实单利贴现

$$\text{现值} = \frac{FV}{1+r \times n} = \frac{10}{1+10\%/12 \times 6} = 9.5238 (万元)$$

$$\text{扣除利息} = PV \times r \times n = 9.5238 \times 10\%/12 \times 6 = 0.4762 (万元)$$

(四) 两个有广泛用途的算式

在储蓄存款业务中，有一种是零存整取，还有一种是整存零取。

1. 零存整取

零存整取是每月(每周、每年)按同一金额存入，到约定的期限本利和一次取出。零存整取实际是一种期初年金现象。如果一个系列现金流量的每期收入相等，则称其为年金。其中，每期期末获得收入的为普通年金(期末年金)，每期期初获得收入的为即时年金(期初年金)。

设每年发生的等额款项为 A，F 为期初年金终值，利率为 r，期数为 n，则公式推导如下：

$$F = A(1+r) + A(1+r)^2 + \cdots + A(1+r)^n$$

根据等比数列求和公式可得期初年金终值计算公式为：

$$F = A\left[\frac{(1+r)^{n+1}-1}{r} - 1\right]$$

例如，某厂决定每年年初为每个职工存入银行养老保险金 1 200 元，年利率为 10%，问第 10 年年末共可得到多少钱？

解：$A = 1200$，$r = 10\%$，$n = 10$，

则，$F = 1200 \times \left[\frac{(1+10\%)^{11}-1}{10\%} - 1\right] = 21\,037.44 (元)$

2. 整存零取

整存零取是一次存入若干金额的货币，在其后预定的期限内，每月(每周、每年)提取等金额的货币，当达到最后期限的一次提取时，本利全部取清。整存零取同样是一种年金现象，可按普通年金现值计算。

下面，我们来推导年金现值公式。设 P 代表第 n 年的年金现值之和，年金为 A，贴现率为 r，则：

第一次取年金的现值 $= A(1+r)^{-1}$

第二次取年金的现值 $= A(1+r)^{-2}$

……

第 n 次取年金的现值 $= A(1+r)^{-n}$

将各期年金现值相加，即得年金现值之和：

$$P = A(1+r)^{-1} + A(1+r)^{-2} + \cdots + A(1+r)^{-n} = A[(1+r)^{-1} + (1+r)^{-2} + \cdots + (1+r)^{-n}]$$

根据等比数列求和公式可得年金现值计算公式：

$$P=A\left[\frac{1-(1+r)^{-n}}{r}\right]=A\frac{(1+r)^n-1}{r(1+r)^n}$$

例如，假定某人欲在以后三年的每年末从自己的银行账户上取 1 000 元，最后一次取钱后账上无余额。如年利率为 8%，按复利计息，那么该人现在应存多少钱？

这是一个典型的整存零取问题，可通过普通年金现值方法进行计算，即

$$P=1\,000\left[\frac{1-(1+0.08)^{-3}}{0.08}\right]=1\,000\times 2.577=2\,577(元)$$

（五）收益的本金化

任何有收益的事物，不论它是否是一笔贷放出去的货币，甚至也不论它是否是一笔资本，都可以通过收益与利率的对比而倒过来算出它相当于多少资本金额，这可称为收益的本金化。这就好比资本可以给资本的所有者永远带来收益一样，又称之为收益资本化。

收益的本金化实质是一种永续年金现象。绝大多数年金是在特定的期间内付款的，但有些年金是无限期付款，比如股票投资，只要发行股票的企业不倒闭，股东的红利就是无限期支付的，假设每年所支付的红利是等额的，则就是一种永续年金。它构成数学意义上的无穷数列。

永续年金现值的计算公式为：

$$P=\frac{A}{i}$$

式中，A 为每年支付的年金额，i 为贴现率，P 为永续年金现值。

例如，1814 年拿破仑战争后，英国政府为清偿战争期间发生的债务而发行了一种债券，每张债券每年支付利息 90 英镑，无到期期限，债券利息率为 9%，问每张债券的现值为多少？

分析：$A=90$ 英镑，$i=9\%$，$n=+\infty$

则：$P=\dfrac{90}{9\%}=1\,000$（英镑）

第二节 利息率及其决定因素

一、利率的种类

随着金融活动的迅速发展，金融活动方式日益多样化，利率的种类也日趋繁多，按不同标准可以进行多种划分。

1. 市场利率、官定利率与公定利率

依据利率是否按市场规律自由变动，可将利率分为市场利率、官定利率与公定利率。

(1) 市场利率是指随市场规律而自由变动的利率。它是在借贷市场上,通过借贷双方竞争而形成的。市场利率随着借贷供求状况而变化,是借贷资金供求状况变化的指示器。

(2) 官定利率,又叫法定利率,是指由政府金融管理部门或中央银行确定的利率。实行官定利率是国家为了实现宏观调控目标的一种政策手段。官定利率水平不完全随资金市场供求的变化而变化。

(3) 公定利率是指由非政府部门的民间金融组织,如银行公会等所确定的利率。这种利率对其会员银行有约束性。官方利率和公定利率都不同程度地反映了非市场的强制力量对利率形成的干预。

官定利率与市场利率有着密切的关系。官定利率的变化代表了货币当局货币政策的意向,对市场利率会产生重要影响。但是,市场利率又要受借贷货币资金供求状况等一系列复杂因素的影响,并不一定与官定利率的变化保持绝对一致。反过来,由于市场利率的变化非常灵敏地反映了借贷货币资金的供求状况,因此,官定利率的确定一般也要以市场利率为依据。货币当局根据货币政策的需要和市场利率的变化趋势,调整官方利率水平,影响资金供求状况,以实现调节经济的目标。我国目前以官定利率为主,市场利率范围有限,如商业银行的存贷款利率等都是由中国人民银行制定、报经国务院批准后执行的官定利率。随着我国利率改革的不断深入,利率形成机制也日趋市场化。专栏2-1介绍了我国利率市场化的发展进程。

专栏 2-1

我国利率市场化大事记

利率市场化是我国经济体制改革的重要内容之一,贯穿改革开放的全过程。大致可分为四个阶段。

第一个阶段:1986—1990年,启动期。

1986年1月,国务院颁布《中华人民共和国银行管理暂行条例》,规定专业银行资金可以相互拆借,资金拆借期限和利率由双方协商议定。

1987年1月,在《中国人民银行关于下放贷款利率浮动权的通知》中,中国人民银行首次进行贷款利率市场化的尝试。

1990年3月,《同业拆借管理试行办法》出台,确定了拆借利率实行上限管理的原则。

第二个阶段:1996—2003年,推进期。

1996年1月,全国范围的银行间同业拆借市场正式成立。

1996年6月,放开银行间同业拆借市场利率,实现由拆借双方根据市场资金供求自主确定拆借利率。

1997年6月,银行间债券市场正式启动,同时放开债券市场回购和现券交易利率。

1998年9月,国家开发银行在银行间债券市场首次以公开招标方式发行金融债券。

1999年10月,央行批准对中资保险公司法人试办5年以上3 000万元以上的长期大额协议存款业务,利率水平由双方协商决定。

2000年9月,央行组织实施境内外币利率管理体制的市场化改革。

2003年6月,中国人民银行货币政策委员会召开2003年第二季度例会。会议认为,根据当前国内外经济形势,应继续保持人民币存贷款利率及人民币汇率的稳定,稳步推进利率市场化改革。

2003年7月,改革人民币出口卖方信贷利率形成机制,即出口卖方信贷利率在国债收益率平均水平基础上加点确定。

2003年11月,放开金融机构外币小额存款利率下限。

第三个阶段:2004—2008年,深度推进期。

2004年1月,经国务院批准,扩大金融机构贷款利率浮动区间。

2004年3月,经国务院批准,下发《中国人民银行关于实行再贷款浮息制度的通知》(银发〔2004〕59号)。在再贷款(再贴现)基准利率的基础上,适时确定并公布中央银行对金融机构贷款利率加点幅度的制度。

2004年10月,实行人民币存款利率下浮制度。

2006年1月,发布实施《中国人民银行关于开展人民币利率互换交易试点有关事宜的通知》(银发〔2006〕27号)。开展利率互换交易试点,加快利率市场化进程。

2006年2月,授权全国银行间同业拆借中心公开发布银行间债券市场回购定盘利率。

2007年1月,上海银行间同业拆放利率(Shanghai Interbank Offered Rate,简称Shibor)开始运行。

2007年9月,发布《远期利率协议业务管理规定》(中国人民银行公告〔2007〕第20号),推出远期利率协议业务。

2008年10月,扩大商业性个人住房贷款利率下浮幅度,调整最低首付款比例。

第四个阶段:2009—2018年,实现期。

2009年1月,中国人民银行发布《关于2009年上海银行间同业拆放利率建设工作有关事宜的通知》(银发〔2009〕24号),提出继续完善Shibor形成机制,积极推动金融产品以Shibor为基准定价或参照其定价。

2013年7月,中国人民银行决定全面放开金融机构贷款利率管制。

2013年10月,贷款基础利率集中报价和发布机制正式运行。

2014年3月,中国人民银行放开中国(上海)自由贸易试验区小额外币存款利率上限。

2014年9月,中国人民银行创设中期借贷便利(Medium-term Lending Facility,MLF),对符合宏观审慎管理要求的金融机构提供中期基础货币,中期借贷便利利率发挥中期政策利率的作用。

> 2014年12月,中国人民银行印发《关于存款口径调整后存款准备金政策和利率管理政策有关事项的通知》(银发〔2014〕387号),中国人民银行于2015年起对存款统计口径进行调整,存款的利率管理政策保持不变,利率由双方按照市场化原则协商确定。
>
> 2015年6月,中国人民银行发布《大额存单管理暂行办法》(中国人民银行公告〔2015〕第13号)并正式实施,健全市场化利率形成机制。
>
> 2015年10月,中国人民银行对商业银行和农村合作金融机构等不再设置存款利率浮动上限,这标志着中国利率管制的基本放开,利率市场化改革取得关键性进展。
>
> 2018年5月,中国人民银行发布的《2018年第1季度中国货币政策执行报告》指出,推动利率"两轨"逐步合"一轨"。
>
> 资料来源:根据中国人民银行网站和人民网上"中国利率市场化进程"的相关资料整理

2. 一般利率与优惠利率

以利率是否带有优惠性质为标准划分,可将利率分为一般利率与优惠利率。

(1) 一般利率是指不具有优惠性质的利率,也就是市场利率。

(2) 优惠利率是指银行等金融机构在发放贷款时,向某些客户或某些行业所索取的利率比别的客户更优惠的一种利率。

实际上,优惠利率是差别利率中的一种。差别利率是指银行等金融机构对不同部门、不同期限、不同种类、不同用途和不同借贷能力的客户的存贷款规定不同的利率。优惠利率一般是提供给信誉好、经营业绩佳且有良好发展前景的借款人。此外,优惠利率的授予也同国家的产业政策相联系,一般提供给国家认为有必要重点扶持的行业、部门及企业,对于实现国家的产业政策有重要推动作用。因此,很多工业化的国家有采用这种手段的经验。近年来,在发展中国家也得到广泛的运用。但是,滥用优惠利率往往在实际中达不到预期的目标,反而会造成很多消极后果。

3. 名义利率与实际利率

根据债权人获得的资金贷放的报酬是否包含通货膨胀风险补偿,可以把利率分为名义利率和实际利率。

(1) 名义利率是指不考虑物价上涨对利息收入影响时的利率。名义利率通俗的说法即票面利率、银行挂牌利率。名义利率与物价水平的关系十分密切。从长远的趋势来看,物价上涨率越高,名义利率也就越高;但从短期来看,两者的增长幅度不完全一致。

(2) 实际利率是指物价不变,从而货币购买力不变条件下的利率,或是指在物价有变化时,扣除通货膨胀风险补偿之后的利率。在信用活动中,债权人不仅要承担到期无法收回本金的风险,而且要承担由于通货膨胀而使债权人的真实收益下降的风险。实际利率或真实利率就是从这一角度产生的。因此,判断利率水平的高低,不能只看名义利率,必须以实际利率为依据。当物价上涨率高于名义利率时,实际利率就成为负数,称为负利率。负利率对经济起逆调节作用。

由于物价上涨是一种普遍的趋势,因此,名义利率一般都高于实际利率,两者的关系可以以下式简单地表示:

名义利率＝实际利率＋通货膨胀率

在经济生活中,区别名义利率与实际利率极其重要。在进行经济决策时,重要的是对实际利率的预期与对通货膨胀率的预期。专栏2-2介绍了美国财政部发行的TIPS使得实际利率成为可以观测的变量。

> ## 专栏2-2
>
> ### 保值贴补债券(TIPS)使得美国实际利率成为可以观测的变量
>
> 1997年1月,美国财政部决定发行保值贴补债券(Treasury Inflation-Protected Securities,TIPS),这是一种指数化的政府息票债券。在当时,这一举动多少显得有些迟缓,因为英国、加拿大、澳大利亚和瑞典等国已经抢在美国之前发行了这种债券。1998年9月,美国财政部又发行了序列Ⅰ储蓄债券,为小投资者提供保值补贴。
>
> 一方面,这些指数化证券成功地在债券市场上占有了一席之地,为政府筹集到了更多的资金;另一方面,由于这些指数化证券的利息与本金支付随物价水平变动而调整,因此,这些债券的利率直接反映了实际利率。因为从非指数化债券的名义利率中扣除指数化债券的利率,就可以对预期通货膨胀率进行估算。这样,指数化债券对政策制定者,特别是货币政策制定者非常有用。例如,2009年2月27日,美国10年期国债的利率为3.02%,而10年期保值贴补债券的利率为2.06%。这两个利率的差额0.96%就反映了之后10年的预期通货膨胀率。保值贴补债券的利率对于市场参与者也十分重要,许多商业银行和投资银行都根据这些债券的利率,定期公布美国的预期通货膨胀率。
>
> 资料来源:弗雷德里克·S.米什金.货币金融学[M].9版,郑艳文,译.北京:中国人民大学出版社,2006

4. 固定利率与浮动利率

根据在借贷期内是否调整,可把利率分为固定利率和浮动利率。

(1) 固定利率是指利息率不随借贷货币资金的供求状况而调整,在整个借款期间都固定不变。固定利率的最大特点是利率不随市场利率的变化而变化,因而对借贷双方具有简便易行、易于确定成本和收益等优点,是传统上采用的利率确定方式。在借款期限较短或市场利率变化不大的条件下,一般采用固定利率。但是,由于近几十年来通货膨胀日益普遍且越来越严重,采用固定利率,对借贷双方,尤其是对进行长期放款的债权人来说,更容易遭受市场利率变化的风险。因此,对于中长期贷款,借贷双方都不愿采用固定利率,而乐于选用浮动利率。

(2) 浮动利率又称可变利率,指一种在借贷期内随市场利率的变化可定期调整的利率。根据借贷双方的协定,由一方在规定的时间依据约定的某种市场利率对其借贷利率进行调整,一般调整期为半年。例如,欧洲货币市场上的浮动利率,调整期限一般为三个月或半年,调整依据为伦敦银行同业拆借市场的同期利率。根据不同借款种类和对象实行的利率在一定范围内上浮或下浮是浮动利率的变形,实际上是差别利率的一种形式。

实行浮动利率,尽管可以为借贷双方减少损失,但也会因手续繁杂、计算依据多样而增加费用开支。因此,浮动利率方式一般多用于三年以上的中长期贷款及国际金融市场。

5. 长期利率与短期利率

按信用行为期限的长短为标准,可将利率划分为长期利率与短期利率。

(1) 短期利率一般指融资时间在一年以内的利息率,包括存款期在一年以内的各种存款利率、贷款期在一年以内的贷款利率和期限在一年以内的各种有价证券利率。

(2) 长期利率一般指融资时间在一年以上的利息率,包括期限在一年以上的存款、贷款和各种有价证券的利息率。

短期利率与长期利率之中又各有长短不同期限之分。总的来说,较长期的利率一般高于较短期的利率。这主要是由于时间越长,不确定性因素越多,债权人遭受损失的风险越大,再加上通货膨胀的持续发生,只有利率较高才能使债权人避免贷款期间所面临的各种风险而招致的损失,所以债权人要求的报酬较高,利率则随之增大。但在不同种类的信用行为之间,由于有种种不同的信用条件,也不能简单对比。至于同一类信用行为之间,较短期的利率则总是低于较长期的利率。

6. 基准利率与套算利率

按照利率之间的变动关系及在利率体系中的地位,可把利率分为基准利率与套算利率。

(1) 基准利率是指在整个利率体系中起主导作用的利率。在金融市场中,由于利率的多样性与利率体系的复杂性,金融市场上的投资者和参与者不可能对每种利率都给予高度关注。在多种利率并存的情况下,由于基准利率起着决定性作用,当它变动时,其他利率也随之发生变动,因而把握了这种关键性利率水平的变动趋势,就可以了解整个利率体系的变化趋势。

(2) 套算利率是指在基准利率确定之后,各金融机构根据基准利率和借贷业务的特点而换算出的利率。如某金融机构规定,给信用等级分别为AAA级、AA级和A级的企业发放贷款时,其贷款利率应分别在基准利率的基础上加1.0%、1.5%和2.0%。这样,根据基准利率的水平就可随之确定相应的贷款利率。

可见,基准利率在金融市场上和整个利率体系中处于关键地位,起着决定性作用。基准利率的变化构成了其他利率变化的基础。

7. 即期利率与远期利率

按照利率被使用借贷期的起始时间不同,利率可以分为即期利率与远期利率。

(1) 即期利率是指借贷期的起始时间是现在时刻,这类借贷活动使用的利率被称为即期利率。

(2) 远期利率是指借贷期的起始时间是从未来某一时刻开始,这类借贷活动使用的利率被称为远期利率。远期利率是对应借贷期的远期利率协议确定合同利率的理论参考。

我们可以运用即期利率和远期利率的原理来讨论利率的期限结构问题;在实际的金融市场上,也可以利用即期利率和远期利率进行套期保值和投机活动。

上面从不同角度对利率的种类进行了介绍。在实践中,各个国家则需要根据各国金融市场的发展情况相应地确定其利率体系。专栏2-3反映了中国与美国等发达国家利率体系的基本差异。

专栏 2-3

中外利率体系比较

2008年9月以来,中国人民银行数次下调存贷款基准利率。目前,1年期存款基准利率为2.25%,1年期贷款基准利率为5.31%。有观点将美国联邦基金目标利率与我国存贷款基准利率相比较,认为美国联邦基金目标利率已降至0~0.25%,相形之下,我国利率仍有大幅下调的空间。实际上,各国利率体系因中央银行调控方式、金融制度及金融市场状况不同而存在差异。我国的利率市场化改革仍在进行中,市场利率与管制利率并存,利率体系与发达国家存在较大的差异。

按资金借贷性质划分,我国的利率体系可分为中央银行利率、金融市场利率与存贷款利率三类。中央银行利率指中央银行与金融机构之间借贷的利率,包括法定与超额存款准备金利率、再贷款(再贴现)利率和公开市场操作利率。中央银行设定或以市场方式确定上述利率(如公开市场操作利率),以此影响基础货币总量或市场利率,实现货币政策的调控意图。金融市场利率主要是机构之间资金借贷的利率,已经完全实现市场化,包括货币市场的拆借、回购交易利率,基于报价产生的上海银行间同业拆放利率(Shibor)等,资本市场的国债、金融债以及企业债等的收益率。存贷款利率是金融机构对客户的零售利率,目前正处于市场化进程中。存贷款基准利率由中国人民银行公布,是重要的货币政策调控工具。金融机构以贷款基准利率的0.9倍为贷款利率下限(商业性个人住房贷款利率下限为贷款基准利率的0.7倍),以存款基准利率为存款利率上限,自主确定存贷款利率。

发达国家金融市场已经完全实现利率市场化,中央银行通过调整政策利率引导市场利率变动,从而实现货币政策调控目标。一般说来,发达国家中央银行政策利率均为短期公开市场操作利率,本身具有较强的市场化特征,但中央银行对其具有很强的操控能力。发达国家金融市场利率亦包括机构之间的批发利率和对客户的零售利率,两者之间具有较强联动关系,这也是利率调控和传导的基础。以美国为例,美联储公布联邦基金目标利率,并通过公开市场操作将联邦基金利率,即机构间的隔夜拆借利率引导至目标值左右。市场批发利率,如国债利率、商业票据利率、衍生产品隐含利率、报价制的Libor(伦敦银行业同业拆借利率)等,以及对客户的零售利率,如CD(大额存单)利率、商业银行最优贷款利率等,均由市场决定,中央银行不直接干预,但联邦基金目标利率对其有很强的影响力。

资料来源:《中国货币政策执行报告(2008年第四季度)》

二、利率的构成要素及决定利率水平的一般因素

确定合理的利率水平是有效发挥利率杠杆调控经济作用的关键。要合理确定利率水平,就必须首先了解利率由哪些要素构成,哪些因素在影响着利率水平的变动。在此基础上,才能根据各种影响因素的变化情况,灵活调整,合理确定利率水平。

(一)市场利率的构成要素

一般而言,金融市场上资金的购买价格——名义利率(Nominal Interest Rate),可用下式表示:

$$K=K^*+IP+DP+LP+MP$$

式中,K——名义利率,K^*——纯粹利率,IP——通货膨胀溢价,DP——违约风险溢价,LP——变现力溢价,MP——到期风险溢价。

(1)纯粹利率(The Pure Rate of Interest,PI)。纯粹利率也叫实际无风险利率(Real Risk-free Rate of Interest),是指在无通货膨胀、无风险情况下的均衡利率。因此,纯粹利率代表真实的无风险报酬率。在无通货膨胀时,国库券的利率通常被认为是无风险报酬率,其利率就是纯粹利率。但是,纯粹利率并不是固定不变的,它受资金供求关系和国家宏观经济调控的影响而变动。

(2)通货膨胀溢价(Inflation Premium,IP)。由于通货膨胀会使货币的实际购买力下降,投资者的真实报酬率会随之下降。为了弥补通货膨胀造成的损失,投资者要求在纯粹利率的基础上附加一个风险补偿率,这就是通货膨胀溢价。此时,"K^*+IP"被称为名义无风险利率。需要注意的是,计算名义无风险利率所用的通货膨胀率是预期平均通货膨胀率,而不是过去已发生的通货膨胀率,而且反映到任何债券利率上的通货膨胀率是指债券在整个存续期间的平均预期值。

(3)违约风险溢价(Default Risk Premium,DP)。违约是指借款人不能按期偿还本息,而投资者将资金贷给借款人所需承担的这种风险就称为违约风险。违约风险越大,投资者要求的报酬率就越高。一般认为国库券没有违约风险。对于一般的公司债券,信用等级越高,违约风险就越小;反之就越高。国库券与期限相同、其他特性也相同的债券之间存在的利率之差就是违约风险溢价。

(4)变现力溢价(Liquidity Premium,LP)。任何资产若能在短期内转化为现金,那么,我们就说该资产具有高度的变现力或流动性。例如,政府的债券、大公司的股票或债券、某些金融机构的债券等具有高度的变现力。对于那些变现力不强的债券,投资者要求借款人附加一个报酬率作为补偿。这个附加的报酬率就是变现力溢价。

(5)到期风险溢价(Maturity Risk Premium,MP)。长期债券的价格随利率的上升而下降,如此一来,任何债券或多或少地具有利率风险。所谓利率风险是指由于利率的上升而使长期债券的购买者遭受损失的风险。债券的期限越长,利率风险越大。到期风险溢价就是对投资者承担的利率风险的一种补偿。这样,债券的期限越长,到期风险溢价就越大。由于到期风险溢价的存在,长期债券的利率通常高于短期债券的利率。

（二）影响利率水平的一般因素

影响利率变化的因素很多,影响的机理非常复杂,主要包括以下几个方面:

1. 资金供求状况

利率是资金的价格,在完全市场化的金融市场上,利率的高低是由资金的供求关系决定的。就某个金融市场而言,资金的供给随利率的提高而增加,随利率的下降而减少；资金的需求却随利率的提高而减少,随利率的下降而增加。资金供需交互影响,利率达到均衡状态。

同时,金融市场具有相互依存性。当某个金融市场的利率偏高,另一个金融市场的资金就会随之转移到利率较高的金融市场,从而利率较高的金融市场的资金供给增加,利率随之下降,而另一个金融市场的资金供给减少,利率随之提高,反过来又吸引资金流向该市场。如此反复,利率在各个金融市场达到均衡状态。

2. 经济发展状况

经济越发展,资金的需求量就越大,对利率上升有正面影响。经济衰退,一方面资金的需求量下降,另一方面中央银行增加货币供给以刺激经济的发展,如此一来,利率便下降。但短期利率下降的幅度大于长期利率的下降幅度。这是由于中央银行的政策性干预主要是针对货币市场,因而短期的效果较明显。长期利率反应的是未来十年或二十年的平均预期通货膨胀率,所以受短期经济波动的影响较小。

3. 通货膨胀

通货膨胀对利率的影响,主要通过货币的增值或贬值来产生。一旦发生通货膨胀,对于资金的贷出者来说,会造成借贷资金本息的贬值,而借者却从借款中获益。通货膨胀越严重,对借贷双方利益的影响就越大。当物价上涨率高于名义利率时就出现了负利率,这样,存款者所取得的利息还不能弥补本金的贬值,他们的货币不仅没有增值反而遭受了损失。并且,人们经常以上一时期的通货膨胀率作为本期通货膨胀率的预期。因此,在确定利率水平时,必须考虑通货膨胀及人们对通货膨胀的预期情况。通常的情况是,通货膨胀率越高,名义利率也就越高；反之,则相反。同样,在预期通货膨胀率上升期间,利率水平有很强的上升趋势；反之,利率水平也趋于下降。

4. 中央银行的货币政策

货币供给的增加会对经济活动及通货膨胀产生重大的影响,而货币供给的控制权掌握在中央银行的手中。货币扩张时期,资金供应宽松,利率在短期内就会下降,但就长期而言,货币的供给量增加却导致通货膨胀,利率上升。货币紧缩时期,社会资金供应紧张,短期利率升高。

5. 财政政策

财政政策对利率的影响主要是通过政府支出和税收政策产生的。政府支出的增加会提高投资的乘数效应,引起收入水平和利率水平的上升。而政府税收政策的变化,会直接影响人们的实际收入水平,进而对社会的储蓄和投资行为乃至货币需求产生影响。在货币供应量既定的情况下,最终导致利率水平产生变动。通常,税收增减往往与国民收入水平呈反方向变化,进而和利率水平也呈反方向变化。

6. 国际利率水平

随着世界经济一体化程度的提高和金融全球化进程的加快,国内外金融市场的联系日益紧密,国际金融市场的变动对一国金融市场的影响也日趋增大,国际金融市场的利率势必通过国际资本的流动对一国利率的形成产生直接的影响。如果国内利率水平高于国际利率水平,出于追逐利益的动机,国际货币资本必然会向国内流动,这将极大地缓解国内货币市场资金供求矛盾,导致国内利率水平趋于下降。反之,当国内利率水平低于国际利率水平时,随着外国资本和国内资本的流出,国内金融市场的资金供给会趋于紧张,利率水平随之上升。因此,在资本自由流动的条件下,国内外利率水平的差异会引起货币市场上资金供求状况的变化,进而引起国内利率的变动。

第三节 利率决定理论

利率是货币对实际经济产生影响的重要渠道,它的水平直接影响着储蓄和投资,并对宏观经济活动产生广泛而深远的作用。因此,利率水平是怎样决定的,有哪些因素会使它发生变化,是金融理论中一个极其重要的课题。

一、马克思的利率理论

在马克思的经济学说体系中,利息与利率理论是其重要的组成部分,而马克思的利率理论是从利息的本质及其来源展开的。虽然西方经济学家对于利息的本质提出了各种学说,但他们都没有深入分析利息产生的真正原因,没有把利息和利润分开来。只有马克思才真正揭示了利息的本质,指出利息不是产生于货币的自行增值,而是产生于它作为资本的使用。

马克思的利率决定论是以剩余价值在不同资本家之间的分割作为起点的。马克思认为,利息是贷出资本的资本家从借入资本的资本家那里分割来的一部分剩余价值,而利润是剩余价值的转化形式。利息的这种质的规定性决定了它的量的规定性,利息量的多少取决于利润总额。这里所说的利润不是个别企业或个别行业的利润,而是全社会的平均利润,所以利率的高低也取决于社会的平均利润率。由于利息只是利润的一部分,所以利润就成为利息的最高界限,而社会平均利润率也构成利率的最高界限,利率只是平均利润率的一部分。一般地,利率不能高于或等于平均利润率,否则,借贷资本的需求者就无利可图而不愿借款了。至于利率的最低界限,从理论上讲,是难以确定的,它取决于职能资本家与借贷资本家之间的竞争,但不管怎样总不会等于零,否则借贷资本家就不会把资本贷出。因此,利息率的变化范围在零与社会平均利润率之间。

马克思进一步指出,在平均利润率与零之间,利率的高低取决于两个因素:一是利润率;二是总利润在贷款人和借款人之间进行分配的比例。当平均利润率已定时,利率的变动就取决于平均利润分割为利息和企业利润的比例。至于分割的大小,就由借贷双方通过竞争确定。如果总利润在贷款人和借款人之间分割的比例是固定的,则利率随着利润率的变化而呈同方向变化。

由于利润率决定利率,从而使利率的变动呈现以下特点:① 平均利率随平均利润率有下降的趋势。随着技术发展和资本有机构成的提高,平均利润率有下降趋势,从而影响平均利率出现同方向变化的趋势。② 平均利率的下降趋势是一个缓慢的过程。平均利润率的下降是一个非常缓慢的过程,就一个阶段考察,每个国家的平均利润率则是一个相对稳定的量。相应地,平均利率也具有相对稳定性。③ 利率水平的决定具有很大的偶然性。由于利息率的高低取决于两类资本家对利润分割的结果,因而利息率的决定具有很大的偶然性,无法由任何规律决定。相反,传统习惯、法律规定、竞争等因素,在利息率的确定上都可以直接或间接地起作用。

在现实生活中,人们面对的是市场利率,而非平均利率。平均利率是一个理论概念,在一定阶段内具有相对稳定的特点;而市场利率则是多变的,但不论它的变化如何频繁,在任一时点上都总表现为一个确定的量。

二、古典利率理论

古典利率理论流行于19世纪末至20世纪30年代西方经济学中,其基本观点认为利率是由储蓄和投资所决定的。代表人物有庞巴维克、费雪和马歇尔。

以庞巴维克、费雪、马歇尔等人为代表的西方古典经济学家认为,利率决定于资本的供给和需求,这两种力量的均衡就决定了利率水平。资本的供给来源于储蓄,储蓄取决于"时间偏好""节欲""等待"等因素。在这些因素既定的条件下,利率愈高,储蓄的报酬愈多,结果储蓄量会增加,反之则减少。因此,储蓄是利率的增函数。资本的需求取决于资本边际生产力与利率的比较。只有当前者大于后者时,才能导致净投资。在资本边际生产力一定的条件下,利率愈高,投资愈少,利率愈低,投资愈多,即投资是利率的减函数。用公式表示则为:

投资函数:$I=I(r)$ $dI/dr<0$

储蓄函数:$S=S(r)$ $dS/dr>0$

式中,I 代表投资,S 代表储蓄,r 代表利率。

当投资等于储蓄时,即 $I(r)=S(r)$ 时,就决定了社会上的一般利率水平以及储蓄和投资的数量。古典理论的利率决定过程可用图 2-1 表示。

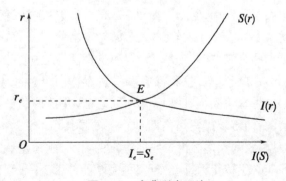

图 2-1 古典利率理论

图 2-1 就是古典利率理论的基本模型,图中,$I(r)$曲线为投资曲线,投资曲线向下倾斜,表示投资与利率之间的负相关关系;$S(r)$曲线为储蓄曲线,该曲线向上倾斜,表示储蓄与利率之间的正相关关系;储蓄函数$S(r)$与投资函数$I(r)$的交点所决定的利率r_e为均衡利率。同时,由于投资边际收益率和储蓄边际倾向的变化,会导致投资曲线和储蓄曲线位置的移动。在利率既定时,如果投资边际收益上升,单位投资可以承担较高的利息成本,从而投资量将增加,投资曲线将向右上方移动;反之,当投资边际收益下降而利率一定时,投资量将减少,投资曲线将向左下方移动,否则,增加的投资将产生亏损。至于储蓄曲线的移动,按照古典利率理论的解释,则是由于边际储蓄倾向发生变动造成的。如果边际储蓄倾向提高,在收入与利率一定时,储蓄总量增加,储蓄曲线随之向右下方移动;相反,若边际储蓄倾向下降,在收入与利率一定时,储蓄总量减少,储蓄曲线随之向左上方移动。

根据古典利率理论,利率具有使储蓄和投资达到均衡状态的功能。这是因为在市场经济中,利率是自由波动的,当储蓄供给大于投资需求时,利率将下降,较低的利率会自动刺激人们减少储蓄,扩大投资;反之,若储蓄供给小于投资需求,利率将上升,而较高的利率又促使人们增加储蓄,减少投资。因此,利率的变动总能使储蓄量与投资量达到相等的均衡状态。

可见,古典利率理论的主要思想是,利率由投资需求和储蓄意愿的均衡所决定;当储蓄与投资发生短期失衡时,利率的变动会自动调节储蓄和投资,使之趋于均衡;储蓄会最终全部转化为投资,从而使社会生产达到"充分就业"的均衡状态。在古典经济学家看来,储蓄由"时间偏好""忍欲""等待"等实际因素决定,投资则由资本边际生产力等实际因素决定,而不受货币因素的影响,货币就像覆盖在实体经济上的一层面纱,与利率的决定全然无关。因此,古典利率理论又可称为"真实的利率理论"或"非货币性的利率理论"。

三、"流动性偏好"利率理论

20世纪30年代西方经济大危机,撼动了古典经济学的基石,同时也摧毁了以利率自动调节为核心的古典利率理论。凯恩斯在批判古典利率理论的基础上,完全抛弃实际因素的影响,只强调货币因素的作用,创立了独树一帜的"流动性偏好"利率理论。

凯恩斯认为,储蓄主要取决于收入,而收入又取决于投资。所以,储蓄与投资是两个相互依赖的变量,而不是两个独立的变量。储蓄和投资两者之中只要有一个因素变动,收入必定会变动。因此,古典利率理论将储蓄和投资看作两个独立的因素,这两个因素的相互作用决定利率,这种理论不但在实际上难以论证,并且在逻辑上也不能成立。此外,在现实的经济社会中,储蓄和投资是由两种不同的群体(储蓄者和投资者)根据不同的动机决定的。储蓄是由收入和边际消费倾向决定的,投资则随企业家利润预期的变动而变动。因此,储蓄并非必然转化为投资,投资不完全受储蓄支配,利率也并不能自动调节储蓄和投资的均衡。对储蓄和投资的均衡起作用的,是收入或产量水平与利率共同作用的结果。

凯恩斯在利率决定问题上的观点与古典学派相反,认为利率不是决定于储蓄和投资的相互作用,而是由货币量的供求关系决定的,其利率决定理论是一种货币理论。这是因为,货币最富于流动性,在任何时间都能转化为其他财产,利息是在一定时期内放弃货币、牺牲流动性所得的报酬,而不是"节欲"或"等待"的报酬。利率水平主要取决于货币数量和人们对货币的偏好程度。货币供应由中央银行控制,是一外生变量,故没有利率弹性。货币需求则取决于人们心理上的"流动性偏好"(Liquidity Preference),即由于货币具有完全的流动性而引起的人们对货币的偏好。流动性偏好的动机有三个,即交易动机、谨慎动机和投机动机。其中,交易动机和谨慎动机与利率没有直接关系,而与收入成正比。用 L_1 表示为交易动机和谨慎动机而保有的货币需求,Y 代表总收入,则 $L_1(Y)$ 是收入 Y 的增函数,即

$$L_1 = L_1(Y) \quad dL_1/dY > 0$$

投机动机则与利率成反比关系,而与收入无关。用 L_2 表示投机动机的货币需求,r 代表利率,则 $L_2(r)$ 是利率 r 的减函数,即

$$L_2 = L_2(r) \quad dL_2/dr < 0$$

由此,凯恩斯提出了他的货币需求函数,即:

$$L = L_1(Y) + L_2(r)$$

凯恩斯认为,利率决定于货币供应和货币需求的均衡点。设货币供应为 M,货币需求为 L,则利率的决定由下式表示:

$$M = L = L_1(Y) + L_2(r)$$

如图 2-2 所示,已知货币需求曲线 $L = L_1(Y) + L_2(r)$ 和货币供应曲线 $M = \overline{M}$(由中央银行所决定的外生变数)后,利率也就随之决定于 L 和 M 的均衡货币供应点:

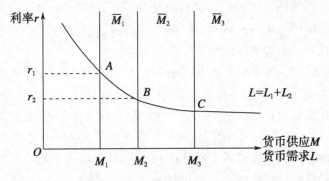

图 2-2 "流动性偏好"利率理论

根据图 2-2,当货币供应量固定时,利率高低就取决于货币需求。如果人们对流动性的偏好强,愿意持有的货币数量就增加,当货币的需求大于货币的供给时,货币需求曲线向上移动,则利率上升;反之,人们的流动性偏好转弱时,对货币的需求便下降,利率下降。而当货币需求不变时,利率高低就取决于货币供应量,如果货币供应增加,利率会下

降,货币供应减少,利率则上升。因此利率高低就由货币需求和货币供应所决定。由于货币需求曲线是一条由上而下、由左到右的曲线,越向右,越与横轴平行。当货币供给线与货币需求线的平行部分相交时,利率将不再变动,即无论怎样增加货币供给,货币均会被储存起来,不会对利率产生任何影响。这便是凯恩斯利率理论中著名的"流动性陷阱"说。

通过以上分析,凯恩斯认为高利率是资本主义社会有效需求不足的重要因素,由于资本边际效率在长期内呈递减的趋势,一方面高利率阻碍投资,造成投资需求不足;另一方面高利率通过使投资减少,导致收入下降,从而减低储蓄能力,抵消高利率对储蓄意愿的刺激,实际总储蓄量反而下降。不仅如此,收入减少的结果还将造成消费水平的下降,这也是导致消费需求不足的原因之一。由于有效需求是由投资需求与消费需求构成,因此降低利率是提高有效需求的措施之一。

凯恩斯"流动性偏好"利率理论强调货币因素,对古典利率理论忽视货币因素偏颇的纠正是合理的、正确的,然而同时它也走到了另一个极端,对储蓄、投资等实际因素完全不予考虑,这显然也是不合适的,应将两者结合起来。

四、可贷资金利率理论(Loanable-funds Theory of Interest)

可贷资金利率理论是新古典学派的利率理论,是古典利率理论的逻辑延伸和理论发展,是为修正凯恩斯的"流动性偏好"利率理论而提出的。此理论产生于20世纪30年代后期,首倡此说的是凯恩斯早年在剑桥大学任教时的学生罗伯逊(D. H. Robertson),后来得到瑞典学派经济学家俄林(Ohlin)和米尔达尔(Myrdal)的支持,以后由英国经济学家勒纳(A. P. Lerner)将其公式化而成为现代流行的一种利率决定理论。

可贷资金利率理论一方面批评了古典利率理论完全忽视货币因素和存量分析,开始注意货币因素的短期作用,认为将利率的决定局限于商品市场上的储蓄和投资两个因素过于片面;另一方面,又继承了古典利率理论基于长期实际经济因素分析的理论传统,反对凯恩斯完全否定实际因素的错误和忽视流量分析。这一理论的核心是利率决定于可贷资金的供给与需求的均衡点。因此,要探究利率的决定问题,就必须首先分析影响构成可贷资金的供应和需求的各种因素。

一方面,从现实来看,由于货币不只是交易媒介,也是贮藏手段,储蓄者有可能窖藏一部分货币而不借出,借款者也可能窖藏一部分资金而不用于投资。因此,可贷资金的需求主要有两个构成要素:一是投资需求 I,它与利率成反比关系;二是新增加的窖藏现金,即货币窖藏需求 ΔH。这里影响市场利率的货币需求不是货币窖藏的总额,而是当年货币窖藏的增加额。因为窖藏货币会牺牲利息收入,所牺牲的利息收入则为窖藏货币的机会成本。故货币窖藏的增加额与利率成反比关系,即利率愈高,窖藏货币的机会成本就愈大,因而窖藏的货币数量就愈少;反之亦然。如果用 D_L 表示可贷资金的需求,则有

$$D_L = I(r) + \Delta H(r) \quad dI/dr<0, d\Delta H/dr<0$$

另一方面,由于中央银行可通过增加货币来提供可贷资金,商业银行可以不依靠储蓄的增加而通过创造信用来提供可贷资金。因此,可贷资金的供给主要包括两部分:一

是各经济主体未用于消费支出的部分,即当前储蓄 S,它与利率成正比关系;二是银行体系新创造的货币 ΔM,包括中央银行增发的货币以及商业银行所创造的信用。由于 ΔM 是货币当局调节货币流通的工具,是一个外生变量,故 ΔM 与利率无关。如果用 S_L 表示可贷资金的供给,则有

$$S_L = S(r) + \Delta M \quad dS/dr > 0$$

可贷资金利率理论认为,储蓄与投资决定自然利率 r_0,即 r_0 决定于 $I=S$;而市场利率则由可贷资金的供求关系来决定。如果用 r_e 代表市场利率,则 r_e 决定于 $D_L = S_L$,即 $S(r) + \Delta M = I(r) + \Delta H(r)$。

均衡利率由 $I=S$, $\Delta M = \Delta H(r)$ 同时成立来决定,此时 $S(r) + \Delta M = I(r) + \Delta H(r)$,自然利率与市场利率相等,即 $r_0 = r_e$。可贷资金利率理论的利率决定机制可用图 2-3 表示。

在图 2-3 中,可贷资金的供应曲线 $S(r) + \Delta M$ 为 $S(r)$ 曲线与 ΔM 曲线的水平距离之和,而可贷资金的需求曲线 $I(r) + \Delta H(r)$ 则为 $I(r)$ 曲线与 $\Delta H(r)$ 曲线的水平距离之和。由可贷资金的供应曲线与需求曲线的交点 E 所决定的利率 r_e,即为均衡利率。从图 2-3 中可看出,可贷资金供应与需求中任何一个因素的变动均会导致利率的变动。如储蓄或货币供应量增加,而其他因素不变,利率会下跌;若投资或窖藏货币增加则导致利率上升。

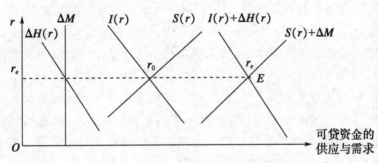

图 2-3 可贷资金利率理论

但当自然利率与市场利率不均衡时,二者又通过什么机制达到均衡呢?可贷资金理论认为,如果自然利率大于市场利率,由于市场利率决定了储蓄与投资,因此有 $I > S$,这说明市场存在着超额投资。而超额投资在非充分就业的情况下,会带动产量及收入的增加,而收入增加将使储蓄和窖藏货币都增加,推动储蓄曲线和货币窖藏需求曲线的右移。其结果是,储蓄曲线的右移会推动可贷资金供给曲线向右下方移动,而货币窖藏需求曲线的右移会推动可贷资金需求曲线向右上方移动。直到有 $I=S$, $\Delta M = \Delta H(r)$ 同时成立时,自然利率与市场利率相等;反之,若由储蓄和投资所决定的自然利率低于市场利率,则发生超额储蓄,使投资减少,产量和收入下降,结果使储蓄和窖藏货币减少,S 曲线和 ΔH 向左移动,而使自然利率上升,最终与市场利率达到均衡。

这样,利率的决定便建立在可贷资金供求均衡的基础之上。不过,这里可以指出一点:如果投资与储蓄这一对实际因素的力量对比不变,按照这一理论,则货币供需力量对

比的变化就足以改变利率,因此,利率在一定程度上是货币现象。

可见,可贷资金利率理论是从流量的角度研究借贷资金的供求和利率的决定,可以直接用于金融市场的利率分析。特别是资金流量分析方法及资金流量统计建立之后,用可贷资金利率理论对利率决定做实证研究和预测分析,有其实用价值。与前两个理论相比,可贷资金利率理论突破了局部的均衡分析,是一般均衡分析,其宗旨是将货币因素与实际因素、存量分析与流量分析综合为一种新的理论体系,其特点就是综合了古典利率理论和凯恩斯的流动性偏好利率理论。尽管这一理论克服了古典学派和凯恩斯学派的缺点,但它的缺点是忽视了收入和利率的相互作用,不能同时兼顾商品市场和货币市场,因而该理论仍是不完善的。

五、IS-LM 模型分析法

古典学派利率理论和凯恩斯流动性偏好利率理论分别从商品市场和货币市场的均衡来说明利率的决定,可贷资金利率理论则试图把两者结合起来。但是,在上述三种理论中都没有考虑收入的因素,因而无法确定利率水平。为了建立一个比较完整、比较接近实际的利率理论,西方学者便把货币因素与实际因素综合起来进行分析,同时,又把收入作为与利率相关的变数加以考虑,从而创立了 IS-LM 分析方法。这一分析方法由英国经济学家希克斯首创,之后,又经美国经济学家汉森补充和发展。

希克斯认为,储蓄和投资都是收入的函数,收入增加导致储蓄增加,若事先不知道收入水平,就无法知道储蓄,从而利率也不可能确定;投资引起收入变动,同时投资又受到利率的制约,若事先不知道利率水平,收入水平就不可能确定,因此,古典利率理论并不能确定利率水平。同样,收入的变动必然引起交易需求和谨慎需求的变动,在货币供给一定的情况下,必然导致投机需求的变动,而后者的变动与利率变动直接相关。所以要知道货币需求,也必须知道收入,否则,仍然不能确定利率。因此,凯恩斯"流动性偏好"利率理论也不能确定利率水平。而可贷资金供给中的储蓄以及可贷资金需求中的投资和窖藏等变量并不仅仅是利率的函数,它们都与收入有关,所以可贷资金利率理论撇开收入也同样不能确定利率水平。由此可见,若不把收入因素考虑进来,任何理论都不能确定利率水平。因此,希克斯认为,在现实社会中,利率与收入之间存在着相互决定的关系,利率与收入只能是同时决定的。这就意味着商品市场和货币市场必须同时达到均衡,从而收入与利率在投资、储蓄、流动性偏好、货币供给四个因素影响下同时决定。

从商品市场看,投资 I 是利率 r 的减函数,储蓄 S 是收入 Y 的增函数。投资等于储蓄是商品市场均衡的必要条件,因为只有在这一条件下,才能使总支出等于总收入,即实现商品市场的供求平衡。用公式表示,则有

$$I = I(r) \quad dI/dr < 0$$
$$S = S(Y) \quad dS/dY > 0$$

从而商品市场实现均衡的条件为 $I(r) = S(Y)$。

如图 2-4 所示,IS 曲线向右下方倾斜,这是由于投资与利率逆相关,较低的利率将

产生较多的投资,于是得到较高的收入水平和与此收入水平相对应的较多的储蓄。

从货币市场看,由货币市场的供求均衡也可求出收入与利率之间的关系。按照凯恩斯的观点,货币需求可分为满足交易和谨慎动机的货币需求 L_1 和为投机动机而持有的货币需求 L_2。其中,L_1 为收入 Y 的同向函数,L_2 为利率 r 的反向函数。货币供给可看成是由货币当局所决定的外生变量,设为 M。故货币市场的均衡条件为:

$$M=L=L_1(Y)+L_2(r) \quad dL_1(Y)/dY>0, dL_2(r)/dr<0$$

如图 2-4 所示,LM 曲线向右上方倾斜,这是由于收入增加时,为满足交易和谨慎动机而持有的货币量也就增加。若货币供给一定,则增加的货币须由为满足投机动机而持有的货币量中获得,这样,当减少为投机而持有的货币时,利率就必须相应提高。

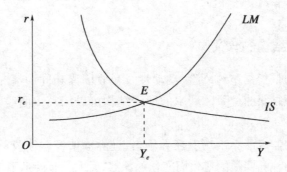

图 2-4 均衡收入和均衡利率的决定

以上的 IS 曲线和 LM 曲线分别表示商品市场和货币市场供求均衡时的利率和收入水平的不同组合。但是,无论是 IS 曲线还是 LM 曲线,任何一条都不能单独决定全面均衡状态下的均衡收入和均衡利率。只有使商品市场和货币市场同时实现均衡,即储蓄等于投资、货币供给等于货币需求同时成立时,才能确定均衡的国民收入和均衡的市场利率。如图 2-4 所示,把 IS 曲线与 LM 曲线同时并入同一个直角坐标系内,就可表示均衡收入和均衡利率的决定。图中,IS 曲线与 LM 曲线的交点 E 就是同时使商品市场和货币市场相均衡时的利率与收入的组合。在这一点所决定的利率称为均衡利率 r_e,所决定收入叫作均衡收入 Y_e。在均衡利率和均衡收入支配下,整个国民经济实现了均衡。此时,任何偏离 E 点的情况都会导致经济的自发调整,从理论上讲,将产生向 E 点逼近的压力,促使利率和收入在相互决定的过程中达到均衡。

由图 2-4 可知,投资需求、储蓄供给、流动性偏好和货币供给四个变量中任何一个因素的变化都会通过影响商品市场或货币市场的均衡,而导致均衡利率水平的变化。当投资的边际效率提高,IS 曲线将向右上方移动,均衡利率将上升;当边际储蓄倾向提高,IS 曲线将向左下方移动,均衡利率将下降。当交易与谨慎的货币需求增强时,LM 曲线将向上移动,均衡利率将随之上升;当货币供给增加时,LM 曲线将向下移动,均衡利率将降低。

综上所述,IS-LM 模型既克服了古典学派的利率理论只考虑商品市场均衡的缺陷,又克服了凯恩斯学派的利率理论只考虑货币市场均衡的缺陷,同时还克服了可贷资金利率理论在兼顾商品市场和货币市场时忽视两个市场各自的均衡的缺陷,因而该模型被认为是解释名义利率决定过程的最成功的理论。

第四节 利率的期限结构理论

在此之前对利率决定进行的分析主要是从宏观经济的角度展开的,它们都把市场利率看成是一个单一的利率,是一种抽象化的,具有便于分析性质的利率。但事实上,市场利率是多种多样的,上述利率决定理论不能够说明和解释这一问题。由于不同的利率对经济的影响不同,因此,就有必要从理论上进一步分析利率的结构问题。通常,利率结构可以分为利率的风险结构和利率的期限结构。限于篇幅,本节仅简要介绍利率的期限结构理论。

一、利率期限结构的含义

利率的期限结构是指在违约风险、流动性及税收因素相同的情况下,利率的大小与其到期日的时间长短之间的关系。利率的期限结构可以用利率曲线(或称收益率曲线)表示。

收益率曲线是在假定证券市场上证券价格、证券面值及各期收益等已知的条件下,反映证券的收益率随证券期限的变化而变化的曲线。图2-5展示了2019年我国国债及其他债券收益率曲线(示意图)。

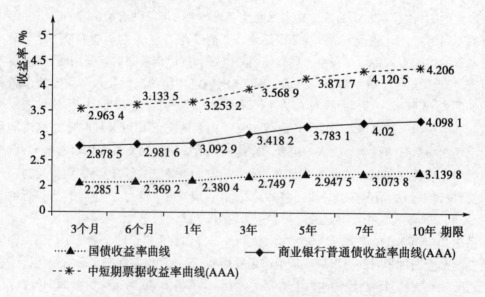

图2-5 我国国债及其他债券收益率曲线图(2019年1月25日)

数据来源:根据中国人民银行网站数据整理

若以 P 代表证券的市场价格,以 F 表示证券面值(即到期偿还的本金),以 R_n 代表证券每期固定的利息收益,以 r 代表收益率,n 代表证券期限,则收益率曲线可用以下函数表示:

$$P=\frac{R_1}{1+r}+\frac{R_2}{(1+r)^2}+\cdots+\frac{R_n}{(1+r)^n}+\frac{F}{(1+r)^n}$$

在上式中，P、R、F 三个变量均为确定已知的量，r 代表证券的利率，是未知的。如果根据上式测算出对应不同期限 n 的不同利率 r，就可得到各种不同的期限与利率的组合 (n,r)，并将之标绘在坐标图上连接起来就可画出一条曲线。这条曲线被称为利率曲线，表示利率怎样随证券期限的变动而变动。根据收益率曲线函数的表达式不难得出一个结论：在 P、R、F 确定的条件下，利率 r 和证券期限 n 呈同向变动关系。因此，收益率曲线一般具有向右上方倾斜的特征，如图 2-6 中曲线 a 所示。向右上方倾斜的形状表明，期限越长，利率越高。这种形状的曲线被称为"正常的"或"正的"收益率曲线。除此之外，还有两种其他类型的曲线：呈水平形状和向右下方倾斜，如图 2-6 中曲线 b、曲线 c 所示。图中，水平形状的曲线表明利率与期限无关系，长期利率与短期利率相等。向右下方倾斜的曲线表明，期限越长，利率越低。

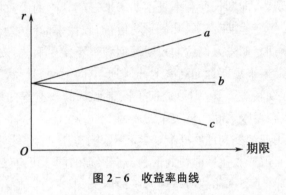

图 2-6 收益率曲线

利率的大小是否同证券的期限有关系？为什么利率曲线呈现出这几种形状？是什么因素决定着利率曲线的形状？对这些问题的不同解释就形成了不同的利率期限结构理论。

二、利率的期限结构理论

利率期限结构理论包括预期理论、偏好理论和市场分割理论等。

1. 预期理论(Expectation Theory)

预期理论是利率期限结构理论中最主要的一种，也是最古老和最易应用的。其主要代表人物是 J. 希克斯。该理论认为，金融市场上实际存在的利率取决于人们对本来利率的预期，长期证券的利率同预期的短期证券利率有关，长期利率是该期间内即期利率与所有的短期远期利率的平均数。

预期理论建立在以下假设之上：① 持有债券和从事债券交易时没有税收和成本的影响，因而从债券上获得的收入仅包括利息收入、资本收益和赎回债券时的面值偿还金额。② 没有违约风险。③ 具有完善的货币市场，资金的借贷双方能正确合理地预期短期利率的未来值，且预期是合理和确定的。④ 投资者追求利润最大化，货币市场可以自由套利。他们购入具有较高预期收益率的债券，卖出预期收益率较低的债券。因此，不同期限债券的预期收益率必须相等。⑤ 投资者对证券不存在期限偏好。

按照以上假设,任何证券的利率都同短期利率的预期有关,即长期利率等于长期债券到期前人们对短期利率预期的几何平均值。例如,有两种证券,面额都是 100 元,1 年期债券的利率为 8%,第二年的 1 年期远期利率为 10%,则两年期债券的利率应为:

$$\sqrt{(1+0.08)(1+0.1)}-1=9\%$$

否则,如果市场上长期债券的到期收益率不等于短期证券收益率的几何平均数,那么,套利行为的存在,会使之相等。若实际两年期债券的利率低于 9%,则长期债券的需求减少,短期债券的需求增加,随之则长期债券价格下降,长期利率上升,直至长期利率升至 9%;反之,若长期债券利率高于 9%,则短期债券的需求减少,长期债券的需求增加,随之则长期债券价格上升,长期利率下降,直至长期利率降至 9%。

总之,预期理论认为,即期长期利率是预期未来短期利率的函数,即期长期利率等于即期短期利率与未来短期远期利率的几何平均值,而收益率曲线的形状取决于人们对未来短期利率变动的预期。如果人们预期短期远期利率不发生变化,则形成水平状的收益率曲线;如果人们预期未来短期远期利率上升,则形成向上倾斜形状的收益率曲线;如果人们预期未来短期远期利率下降,则形成向下倾斜形状的收益率曲线。因此,预期理论可以完整地解释利率与期限之间三种关系的成因。

当然,也可以运用连续复利证明即期长期利率等于即期短期利率与未来短期远期利率的算术平均数,进而解释收益率曲线的形状。有兴趣的同学可自己试证明。

尽管预期理论解释了利率曲线所呈现的三种情况,但它也面临着一个重要的经验事实的挑战,那就是市场上长期利率一般要高于短期利率,这是否意味着人们总是倾向于相信未来的利率会高于现在呢?这显然没有道理,原因是人们预期的利率水平的变化方向不可能是不变的。针对这一问题,人们提出了市场分割理论。

2. 市场分割理论(Segmented Market Theory)

市场分割理论认为,期限不同的证券市场是完全分离的或独立的,每一种证券的利率水平在各自的市场上,由对该证券的供给和需求所决定,不受其他不同期限证券预期收益变动的影响。因此,不同期限证券的市场是互相分割开来的,不同期限的证券难以相互替代。

该理论认为市场分割产生的原因主要有:① 法律上的限制;② 缺少易于在国内市场上销售的统一的债务工具;③ 缺少足够的能够提供给未来购买者和出售者的连续的现期价格的自由市场;④ 风险的不确定性;⑤ 不同的证券投资者往往只偏好某种期限的证券,且缺乏足够的证券信息。就现实社会而言,有些投资者宁愿持有短期债券,而有的可能倾向于持有长期债券。前者可能较注重流动性,后者则更看重收入的稳定性。例如,收入水平较低的投资人可能宁愿持有短期债券,而收入水平较高或相对富裕的投资人选择的债券的平均期限可能会长一些。资金的借入者通常在需要资金的期限内到适当的资金市场去寻找所需资金。这样,资金借贷双方都会在运用或需要资金的期限内借贷资金,从而使得长、短期资金市场各有其独立性,各个资金市场决定各自的利率水平。

按照市场分割理论的解释,收益率曲线的形式之所以不同,是由于对不同期限债券的供给和需求不同。收益率曲线向上倾斜表明,对短期债券的需求相对高于对长期债券的需求,结果是短期债券具有较高的价格和较低的利率水平,长期利率高于短期利率。收益率曲线向下倾斜表明,对长期债券的需求相对高于对短期债券的需求,结果是长期债券有较高的价格和较低的利率水平,短期利率高于长期利率。由于平均看来,大多数人通常宁愿持有短期债券而非长期债券,因而收益率曲线通常向上倾斜。

该理论考虑了借贷双方的偏好,一定程度上弥补了预期理论的不足,但由于这种理论将不同期限的债券市场看成是分割的市场,所以它无法解释不同期限的债券利率往往是同向变动的这一经济现象。

3. 偏好理论(Preferred Habitat Theory)

偏好理论在接受预期理论关于未来收益的预期对收益率有很大影响的观点的同时,还认为不同期限的债券收益和风险程度也是影响收益率的一个重要因素。因此,偏好理论提出的基本命题是:长期债券的利率水平等于在整个期限内预计出现的所有短期利率的几何平均数,再加上由债券供给与需求决定的时间溢价。

偏好理论认为,不同期限证券的利率风险是不同的,短期债券的利率风险较低,长期债券的利率风险较大;同时,投资者也不完全是风险中立者,有些是风险厌恶者,有些是风险偏好者。为鼓励投资者购买长期债券,必须给投资者以风险溢价,以补偿投资者所承担的流动性风险和再投资收益率的双重风险。债券的期限越长,风险越大,补偿就越多。考虑风险溢价后,长期债券利率应等于未来预期所有短期利率的几何平均数加上风险溢价。

由于有一个正的时间溢价作为补偿,即使短期利率在未来的平均水平保持不变,长期利率仍然会高于短期利率,从而收益率曲线向右上方倾斜。在短期利率预期未来会下降的情况下,预期的短期利率的几何平均数加上一个正的时间溢价,长期利率可能会等于现行的短期利率水平,从而收益率曲线呈现水平形状。如果短期利率预期未来会大幅度下降,预期的短期利率的几何平均数即使再加上一个正的时间溢价,长期利率仍然会低于现行的短期利率水平,从而收益率曲线将向右下方倾斜。在时间溢价水平一定的条件下,短期利率的上升意味着预期短期利率水平的几何平均数将来会更高,从而长期利率也会随之上升,这解释了不同期限债券的利率总是共同变动的原因。

由上可见,偏好理论在充分借鉴预期理论和市场分割理论的基础上,提出了自己的假说,从而较为圆满地解释了收益率曲线呈现不同形状的原因,较好地说明了不同期限债券的利率为什么往往总是同向变动。所以说,偏好理论是对预期理论和市场分割理论的折中和发展。

【能力训练】

一、问答思考题

1. 试述马克思对利息本质的论述。
2. 什么是利率？如何对它进行分类？
3. 简要评述马克思的利率决定理论、古典学派与新古典学派的利率决定理论以及凯恩斯学派的"流动性偏好"利率理论。
4. 如何理解利率的期限结构理论。
5. 预期理论认为，当收益率曲线斜率为正时，表示市场预期短期利率会上升。对吗？

二、计算分析题

1. 假定现在是年初，在利率分别为20%和10%时，对我们来说，年末的1元钱哪种情况下在现在值得多，哪种情况下在现在值得少？
2. 你刚刚中了2 000万元的彩票，该彩票承诺，在以后20年内该彩票将每年向你支付100万元（不考虑税收）。请问，你真的赢得了2 000万元吗？
3. 假设小王要将1 000元存入银行，定期1年。若当前的实际利率水平为2%，预计下一年通货膨胀率为6%。这样，小王会要求银行在下一年为他提供的名义利率是多少？在年底他将得到的本利和是多少？如果他存钱是为了购买一台当前价格为1 050元的立体音响，到年末他是否有足够的钱来购买呢？
4. 假设抵押贷款利率从5%升到10%，同时住房价格预期增长率从2%升到9%，人们是否更愿意购买住房呢？为什么？

三、选择辨析题

下列有关利率期限结构的说法哪个是对的：

1. 预期理论认为，如果预期将来短期利率高于目前的短期利率，收益率曲线就是平的。
2. 预期理论认为，长期利率等于预期短期利率。
3. 偏好理论认为，在其他条件相同的情况下，期限越长，收益率越低。
4. 市场分割理论认为，不同的借款人和贷款人对收益率曲线的不同区段有不同的偏好。

第三章 金融工具

【学习要点】本章主要介绍金融活动中的客体——金融工具,要求把握金融工具的概念、特征,了解金融工具的类型。

【重点难点】重点理解基础性的金融工具,包括货币市场和资本市场的基础性金融工具,掌握各种基础性金融工具的一般概念、特征。本章的难点在于对衍生性金融工具的理解。

【基本概念】资产　金融资产　金融工具　直接融资工具　间接融资工具　衍生性金融工具　国库券　大额可转让存单　商业票据　银行承兑汇票　回购协议　股票　债券　公债　公司债券　金融债券　抵押贷款　金融远期　金融期货　股票指数期货　期权　看涨期权　看跌期权　互换

各种形式的信用活动都需要借助一定的金融工具(Financial Instruments)进行。与实物资产相比,金融工具有着流动性方面的较大优势,能够降低交易成本,而且更具有可分性,有利于引导资源的有效配置和使用。随着金融活动规模的不断扩大、范围的不断扩展,金融市场也日益发达。同时,信息科技的突飞猛进极大地加快了金融创新的进程,导致金融工具层出不穷,又有力地推动了现代金融经济的发展。

第一节　金融工具概述

一、金融工具的概念

在了解金融工具之前,我们有必要先了解什么是金融资产。

(一) 资产与金融资产

资产是指在交易中任何有价值的所有权。金融资产是指金融机构经营的在未来任何时候可以变现的所有权。我们这里所讲的各种金融工具或金融证券就是金融资产。

(二) 金融工具的含义

准确地讲,金融工具是反映借款人与贷款人之间债权债务关系的一种合约证明文件。由于合约证明文件以书面形式存在,所以又称为金融票据。金融工具采用书面形式可以避免口头协议容易引起争端的弊病。

广义上的金融工具包括所有形式的借贷证明文件,即使普通人之间的借据,也可以归入金融工具之列。这样定义显得过于空泛。因此,严格意义上的金融工具并非指所有的借贷合约,而是专门指具有以下两个特征的借贷合约:第一,合约条文标准化。即借贷证明文件的格式、内容都是规范的、统一的。第二,借贷证明文件市场化。即借贷证明文件在金融市场上可以被普遍接受,可以便捷地转让、变现。

(三) 金融工具当事人及价格

1. 金融工具当事人

金融工具的交易通常包括两方当事人,即发行者和认购者。

发行者既是发行金融工具取得现金收入者,也是债务人。债务人负有到期偿还债务的义务。

认购者是金融工具的购买者,也是投资者,他们拥有在金融工具到期时收取该债项的权力。

2. 金融工具的价格

金融工具的价格应该区分理论价格和实际价格。理论价格是金融工具未来预期收益的现值。金融工具的实际价格往往与其理论价格不相等。因为金融工具的实际价格不仅受理论价格的指导,而且在短期市场上更多地取决于金融工具的供求状况。与普通商品市场相比,影响金融工具供求状况的因素更为复杂,包括认购者对金融工具未来价格走势的心理预期、个人偏好以及金融工具本身及相互之间的风险程度的比较等因素。

二、金融工具的特征

一般将金融工具的特征概括为以下四个方面:

(一) 偿还期

偿还期是指借款人从拿到借款开始,不论是一笔借入,还是分笔借入,到借款全部还清为止所经历的时间。由于金融工具在实践中是通过不断转让而流通的,因此,偿还期的计算只有对于目前考虑才有实际意义。

偿还期对于借款人和贷款人的意义是不同的。对于贷款人而言,选择贷款偿还期限的长短主要决定于他对现时消费与未来消费的估计,同时,还取决于贷款人将能够得到的收益率对于未来货币价值涨跌的预期。在收益率一定的情况下,贷款人倾向于持有期限比较短的金融工具。对于借款人而言,则希望偿还期越长越好,这样更有利于借款人利用更多的时间来安排其债务的偿还。

(二) 流动性

流动性是指金融工具在即刻转换为现金时,其价值不会蒙受损失的能力。金融工具在变现时可能蒙受的损失越大,则其流动性越小。除现金以外,各种金融工具都存在着不同程度的不完全流动性,其他的金融工具在没有到期之前要想变现的话,或者打一定的折扣,或者是支付一定的交易费。这种折扣与费用的支付程度取决于两个因素:一是发行金融工具的债务人的信誉高低;二是金融工具承载的债务期限的长短。概括地讲,流动性与偿还期成反比,即偿还期越长,流动性越小;而流动性与债务人的信用成正比,即债务人信誉越高,流动性越大。当然,这种关系只是近似地反映它们之间关系的大致趋势。

(三) 安全性

安全性是指投资于金融工具的本金是否会遭受损失的风险。风险可以分为两类:一类是债务人不履约的风险,债务人不能够按约定的数额偿还债务,或不能够及时偿还债务。对债权人来说这是最致命的风险。这种风险主要取决于债务人的信誉以及债务人的社会地位。另一类风险是市场风险,这是金融工具的市场价格随利率上升而跌落时的风险。当利率上升时,金融工具的市场价格就下跌;当利率下跌时,金融工具的市场价格就上升。金融工具的偿还期越长,则其价格受利率变动的影响就越大。因此,本金安全性与偿还期成反比,即偿还期越长,其风险越大,安全性越小。本金安全性与流动性成正比,与债务人的信誉也成正比。

(四) 收益性

收益性是指金融工具能够定期或不定期地给其持有人带来收益的特性。金融工具收益性的大小是通过收益率来衡量的。

金融工具的收益包括两部分,一部分为债息或股息收入,如持有债券可以获得债券利息,持有股票可以获得股息收益,这是固定收益;另一部分为资本利得,即买卖金融工具的差价收益。收益率是指持有金融工具取得的收益与本金之比。收益率通常有三种表示方法:

(1) 名义收益率,是指金融工具的票面收益与本金的比率。例如,对于面值为100元、年利息为7元、偿还期限为10年的国库券,则其名义收益率为7%(7÷100×100%)。

(2) 即期收益率,是指金融工具按当时的市场价格出售时所获得的收益率,即为票面收益与市场价格之比。如上述国库券转让时的市场价格为95元,则即期收益率为7.37%(7÷95×100%)。

(3) 实际收益率,是指金融工具的实际收益与市场价格的比率,反映的是持有人从购入证券到偿付时为止的实际收益情况。如上例,投资者在第一年末以95元买入该国库券,持有到期满,则他的实际收益包括每年的利息7元和平均到每年的差价收入,即资本利得0.56元[(100−95)÷9],则收益率为7.96%[(7+0.56)÷95×100%]。

显然,实际收益率更能够准确地反映投资收益水平。因此,对于金融工具的认购者而言,实际收益率才是影响其做出投资决策的关键性要素之一。

三、金融工具的分类

随着金融深化与发展,金融工具创新不断,金融工具的种类日益繁杂。我们可将金融工具按照不同分类标准进行划分,以适应不同的研究目的。

(一) 按照发行机构的性质,将金融工具区分为直接融资工具与间接融资工具

直接融资工具是指资金短缺的单位直接在金融市场上向资金盈余单位或个人发行的某种筹资凭证。这些资金短缺的单位往往包括作为债务人的工商业企业、各级政府,它们发行的金融工具主要是股票、债券等。

间接融资工具是由金融机构发行的,主要是贷款、可转让存单、保险单和基金等。在间接融资中,首先由银行等金融机构通过发行金融工具吸收资金盈余单位的资金,然后再由这些机构以贷款或证券投资的方式将资金转移到资金短缺的单位中。这种间接融资工具通过金融中介机构直接承担融资风险,可以减少信息成本和合约成本,降低资金

盈余与短缺双方直接交易的成本与风险,提高效率。

（二）按金融工具发行时的偿还期长短,可以划分为货币市场工具与资本市场工具

货币市场工具是指偿还期一般为一年或一年以内的短期金融工具。其特点是：期限短,债权一般在一年以内,通常是90天,有的只有几天或1天;安全性高,发行者的信誉能够保障持有人的本金不受损失;流动性高,这些工具往往能够迅速转换为现金且其本金不受损失。

资本市场工具是指偿还期为一年以上的中长期金融工具。与货币市场工具相比,资本市场工具具有期限长、风险高和流动性小的特征。

（三）按金融工具价格确定方式,可以区分为基础性金融工具和衍生性金融工具

基础性金融工具又叫原生性金融工具,它是指货币、存单、债券、股票等传统的金融工具。衍生性金融工具是指在货币、存单、债券、股票等基础性金融工具基础上派生出来的新型投资和风险管理工具。它是在20世纪70—80年代席卷全球的金融创新浪潮中,从基础性金融工具派生出来的金融创新工具。

下面将按此种分类对金融工具进行详细介绍。

第二节 基础性金融工具

按金融工具发行时偿还期的长短,可以将基础性金融工具划分为货币市场基础性金融工具与资本市场基础性金融工具。

一、货币市场基础性金融工具

货币市场基础性金融工具主要有短期国债、可转让定期存单、商业票据、银行承兑汇票、回购协议等。

（一）短期国债(Treasury Bills,简称 T-Bills)

短期国债,又称国库券,是指由中央政府发行的期限在一年以内的政府债券。货币市场上交易的国库券在发行时通常采用折扣发行,到期按面额兑现。国库券的期限通常为3个月、6个月或12个月。短期国债是西方国家弥补财政赤字的主要手段,同时也是中央银行开展公开市场业务、调节货币供给的物质基础。

短期国债的发行者主要是中央政府,由于它凭借的是中央政府的信用,几乎不存在违约风险,故其安全性很高。与其他货币市场工具相比,短期债券的利率是货币市场工具中最低的一个,起购点比较低,面额种类齐全,适合一般投资者购买。再加上在西方国家国库券期限短、流动性强以及地方政府免收所得税等优点,使其成为普及率很高的货币市场工具,尤其是在美国的货币市场中占重要地位。

国库券是美国市场货币市场上的主要交易工具,20世纪70年代中期以前,国库券在美国的整个国债市场总额中要占一半以上。此后,由于美国政府调整政府债券结构,有意识地压缩国库券的比例,增加中长期国债的发行,才使国库券的比例有所缩减。1994年,我国首次发行了期限为半年的短期国债,丰富了我国的国债品种。

（二）可转让定期存单（Negotiable Certificates of Deposits，简称 CDs）

可转让定期存单，准确地讲，是指大额可转让存单，是银行发行的有固定面额、可转让流通的存款凭证。它首创于美国，是美国银行业为逃避法律管制而推出的一种金融工具。由于 20 世纪 60 年代市场利率上升，而美国的商业银行受 Q 条例的存款利率上限的限制，不能支付较高的市场利率，大公司的财务主管为了增加临时闲置资金的利息收益，纷纷将资金投资于安全性较好又有收益的货币市场工具，如国库券、商业票据等等。这样，以企业为主要客户的银行存款急剧下降。为了阻止存款外流，银行设计了大额可转让定期存单这种短期的有收益的票据来吸收企业的短期资金。

最初的大额存单可以以任何额度发行，但在美国，为了避开法规限制，最小额度为 10 万美元，但也有 1 000 万美元或更多的。一般来讲，大银行与大公司之间发行的存单的数额往往巨大，而中小银行的客户实力相对比较弱，因此中小银行发行的存单数额往往较小。由于二级市场不断发展，要求存单数额标准化，因此，大多数存单为 10 万美元、50 万美元和 100 万美元等。1982 年，美林公司开拓大额存单的零售业务，开辟了小额（10 万美元以下）的初级市场和二级市场。

同传统的定期存款相比，大额可转让定期存单具有以下几点不同：① 定期存款记名、不可流通转让；而可转让定期存单则是不记名的，可以流通转让。② 定期存款金额不固定，可大可小；而可转让定期存单金额较大，在美国最少为 10 万美元，二级市场上的交易单位为 100 万美元，在香港最少面额为 10 万港元。③ 定期存款利率固定；可转让定期存单利率既有固定的，也有浮动的，且一般来说比同期限的定期存款利率高。④ 定期存款可以提前支取，提前支取时要损失一部分利息；可转让存单不能提前支取，但可在二级市场流通转让。

我国早在 1986 年，交通银行、中国银行以及工商银行曾尝试发行 CDs。1989 年 5 月 22 日，央行颁发了《关于大额可转让定期存单管理办法》，规定 CDs 最高利率上浮幅度为同类存款利率的 10%。除了利率可上浮外，当时推出的 CDs 面额都很小，个人存单面额最低为 500 元，企事业单位存单面额最低为 5 万元。利率和面额的双重优势使得 CDs 成为当时的热门储蓄种类，大量储户提前支取定期存款以购买 CDs，出现了存款"大搬家"的情况。2015 年 6 月 2 日，中国人民银行宣布推出大额存单产品，商业银行、政策性银行、农村合作金融机构等可面向非金融机构投资人发行记账式大额存款凭证，并以市场化的方式确定利率。根据《存款保险条例》，大额存单作为一般性存款，纳入存款保险的保障范围。包括中国工商银行、中国银行等银行在内的多家商业银行于 2015 年 6 月 15 日发行了首批大额存单，投资人包括个人及非金融机构，认购起点分别为 30 万元及 1 000 万元。

（三）商业票据（Commercial Paper）

商业票据是货币市场上最古老的工具之一。现在最活跃的商业票据市场在美国。

商业票据是信誉较高的工商企业发行的，承诺在指定日期按票面金额向持票人付现的一种短期无担保票据。商业票据的面额较大，一般为 10 万美元的倍数。商业票据的期限可以从 3 天（周末票据）到 9 个月。大多数商业票据的原始期限在 60 天以下（包括 60 天），实际平均期限为 20～45 天，典型的期限为 15～35 天。美国的《1933 年证券法》

规定,美国票据的期限不超过270天,所以商业票据最长为270天。这是因为:

(1) 避免注册。美国市场上出售的任何中长期证券必须在证券交易委员会登记,而商业票据的这一期限规定可以避免在证券交易委员会注册,减少发行成本。

(2) 低于90天期的票据更易于出售。银行要向联邦储备的贴现窗口借款,90天以下的商业票据是合格的抵押品或合格的票据,而超过90天的商业票据贴现时成本将大大增加。

商业票据的出现可以追溯到19世纪的美国。最初,一笔交易达成后,卖方没有在货物运出(或劳务提供)后立即向买方收取货款,买方按照协定规定的时间、地点、金额开出一张远期付款的票据给卖方,卖方持有票据,直到到期日再向买方收取货款。在早期,由于票据既列明了出票人(买方),又列明了持票人(卖方),同时,票据依据每笔交易额度的大小开具,没有标准数量,而且有零数余额,不便于流通,于是商业票据发展缓慢。20世纪20年代,随着美国汽车制造业和其他高档耐用消费品的兴盛,为刺激消费,一些大公司对这类商品实行赊销、分期付款,于是公司出现了资金周转不足的情况。而当时大公司向银行借款有着种种限制,包括单一借款人的贷款不得超过一定的比例,银行要求借款人在银行保留一定的存款金额,等等,这些要求都增加了借款人筹资的难度和成本。为了避开这种限制,减少筹资成本,它们选择了发行商业票据的方式。

公司之所以发行商业票据,主要是基于以下两个方面的原因:

其一,出于短期融资的需要。公司发行商业票据最初的目的就是筹集资金以满足季节性运营的资本需求。当然这种需求也可以通过借款得到满足,但是商业票据的成本——利率要低得多。过低的利率使得一些信用等级不高的公司也可以发行商业票据。另外,银行对公司的贷款额要受到其资本额的限制,而且组织银团贷款的交易成本较高。相比之下,发行商业票据更方便。但是,公司选择商业票据的代价就是难以与银行建立良好的关系。如果公司经营出现问题,急需资金,它既难以在票据市场筹集资金,也不能奢望银行的帮助。而且,如果公司借债之后一段时间资金变得充裕了,它可以提前偿还银行贷款,却不能提前赎回商业票据。从积极的意义上看,票据在市场上是一种标志信誉的工具,公司发行商业票据的行为本身也是对公司信用和形象的一种免费宣传,它有助于提高公司的声誉。

其二,出于"桥梁融资"的考虑。对于需要长期资金修建工厂或增加设备的企业,为了等待更好的筹集资金的机会,并不立即发行长期信用工具,而是先发行商业票据,直到时机成熟后才发行长期信用工具。这时商业票据就成为"桥梁融资"(Bridge Financing)。如,在公司并购重组中,并购方可以通过发行商业票据筹集资金,待并购成功后再予以归还。

(四) 银行承兑汇票(Banker's Acceptance Bill,简称BA)

在商业交易活动中,售货人为了向购货人索取货款而签发的汇票,经付款人在票面上承诺到期付款的"承兑"字样并签章后,就成为承兑汇票。经购货人承兑的汇票称商业承兑汇票(具体构成要素见专栏3-1),经银行承兑的汇票即为银行承兑汇票。由于银行承兑汇票由银行承诺承担最后付款责任,实际上是银行将其出借给企业,因此,企业必须缴纳一定的手续费。这里,银行是第一责任人,而出票人则只负第二责任。以银行承兑汇票作为交易对象的市场即为银行承兑汇票市场。

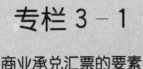

专栏 3-1

商业承兑汇票的要素

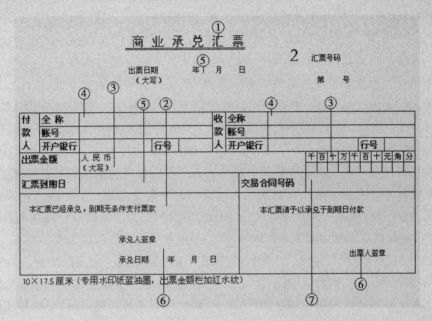

图 3-1 商业承兑汇票票面应包含的要素

如图 3-1 所示,合格的商业承兑汇票票面内容要素应包括:

① 票面注明"商业承兑汇票"的字样;

② 到期无条件支付的委托;

③ 确定的金额,汇票金额大写用文字表示,小写用阿拉伯数字填写,两者要做到完全一致;

④ 收、付款人的名称、账号及其开户银行名称和行号;

⑤ 出票日及到期日;

⑥ 出票人、承兑人签章;

⑦ 注明交易合同号码,便于存查。

——引自:王千红.金融市场学[M].2 版.南京:东南大学出版社,2014:69-70

银行承兑汇票是为方便商业交易活动而创造出的一种工具,在对外贸易中运用较多。当一笔国际贸易发生时,由于出口商对进口商的信用不了解,加之没有其他的信用协议,出口方担心对方不付款或不按时付款,进口方担心对方不发货或不能按时发货,交易就很难进行。这时,便需要银行信用从中作保证。一般地,进口商首先要求本国银行开立信用证,作为向国外出口商的保证。信用证授权国外出口商开出以开证行为付款人的汇票,可以是即期的也可是远期的。若是即期的,付款银行(开证行)见票付款。若是远期汇票,付款银行(开证行)在汇票正面签上"承兑"字样,填上到期日,并盖章为凭。这样,银行承兑汇票就产生了。

在国际贸易中,银行承兑汇票的期限一般为 30 天、60 天、90 天,长的有 180 天或 270 天,交易规模一般为 10 万美元和 50 万美元。由于有银行承兑,银行与进口商均会承担责任,所以风险较小。但其流动性较国库券差,所以银行承兑汇票的收益率要高于无风险流动性的国库券。另外,开立银行承兑汇票的银行的信誉不同,票据的风险也就不同。

银行承兑汇票的信用风险非常低,因为银行承兑汇票有银行作保证,还有要求融资的商品做抵押。由于银行承兑汇票具有双重保证,所以有极高的安全性,使之成为货币市场上一种重要的交易工具。持票人可以通过贴现方式获得现款,贴现金融机构若自身急需资金,则可以凭贴现的未到期票据向其他金融机构转贴现,或向中央银行申请再贴现。

(五)回购协议(Repurchase Agreement,简称 Repo)

回购协议是以出售政府证券或其他证券的方式暂时性地从购买者处获得闲置资金,同时订立协议承诺在将来某一日再购回同样证券的一种交易形式。当约定回购的时间为一天时,这个协议就叫作隔夜回购(Overnight Repo),超过一天的叫作隔期回购(Term Repo)。在协议中应该规定卖价和回购价格,二者的价差就是借款的成本。

回购协议是产生于 20 世纪 60 年代的短期资金融通方式。它实际上是一种以证券为抵押的短期贷款。回购协议的内容不仅是国库券,也可以是其他政府债券或抵押债券等金融工具。回购协议一般在相互信任的经济单位之间进行。期限短,交易的证券多是政府发行的证券,因而是安全可靠的短期融资。回购交易的资金大多在 100 万美元以上,因此是大额资金批发市场。回购协议的利率由双方商定,与作为抵押的证券的利率无关。在美国,其利率与联邦基金利率相近但略低于后者。

回购协议是一种极其短期的贷款方式,它的主要功能有:第一,为证券交易商调整证券存货提供短期资金;第二,为各种金融机构特别是商业银行提供了一种有效的筹措短期资金的方式;第三,在准备金不足时,可以以这种方式来筹措不足部分。其中第一种功能是最主要的。它也为各个金融机构和工商业大公司的短期剩余资金提供了一种投资机会。一般说来,短期剩余资金的出路有短期国库券、商业票据和定期存单,但是这几种方式的最短期限都长于一日,而回购协议可以提供最短为一日的投资机会。概言之,回购协议的一个基本功能就是为资金的供给方和需求方提供一个配合其融资或筹资日期的方便工具。

二、资本市场基础性金融工具

资本市场基础性金融工具主要有股票、债券、抵押贷款等。

(一)股票(Stock)

1. 股票的定义

股票是指股份公司发给股东作为入股凭证,股东凭此可以取得股息收益的一种有价证券。作为股份公司的股份证书,股票主要是证明持有者在股份公司拥有的权益。如果谁拥有某公司一定比例的股票,谁就在公司拥有一定比例的资本所有权,并凭此所有权定期分得股息收入。

股票所有者对公司的所有权主要表现在以下几个方面:第一,有权按公司章程的规定,选举公司董事,对公司重大决策如合并和开发新产品等进行表决;第二,公司以股息或红利形式分给股东纯利润;第三,有权在公司发行新股票时,优先认购新股;第四,有权在公司停止营业或破产时,分享公司的剩余财产。可见,买股票实质上是一种期限为无穷长的不还本的投资行为,股票投资者无权向公司要求退股;但当持有人想卖掉手中的股票时,他可以通过股票交易所把股票转让给他人或机构。投资者可以通过股票买卖,获得买卖差价的好处或支付损失。

2. 股票的分类

根据不同的分类标准,可以把股票分为不同的类型。

(1) 按股东权利划分,可以将股票分为普通股、优先股和后配股

① 普通股。普通股是股份公司发行的无特别权利的股票。股份公司可发行多种股票,其中最基本的和最先发行的股票都是普通股。如果公司只发行一种股票,则该公司所有股票都是普通股。可见,普通股是每个股份公司都要发行的股票,它具有一切股票的基本性质,也是最常见的资本市场投资工具。

概言之,普通股是股份公司依法最先发行的股票,是对公司财产享有平等权利的股份,是公司资本构成中最基本的股份,也是公司中风险最大的股份。普通股的股东具有相同的权利,即具有均等的利益分配权、对企业经营的参与权、均等的公司财产分配权、优先认购新股权,还具有对董事的诉讼权。

② 优先股。优先股是指在利润分配和财产分配上优先于普通股的股票。优先股的股息是固定不变的,即股份公司向普通股持有者派发红利前,要先按固定股息派发给优先股的持有者。不仅如此,当股份公司解散、改组或破产清算时,优先股具有先于普通股的求偿权。所以,优先股比普通股风险小,对既想投资于股票,又想获得固定收益者具有吸引力。

但是,不要以为优先股就一定要比普通股更优越,实际上它有一个极大的缺陷,即优先股的持有人没有参与公司的经营、决策权,在公司董事会选举中,没有选举权和被选举权。只有涉及优先股的权利保障时,才能就所涉及问题发表意见。此外,也应该看到,固定的股息使持有者可以旱涝保收的同时,也存在另一缺陷,即在公司经营繁荣而利润增长时,也不能像普通股那样获得高额股利。

③ 后配股。后配股是指在规定的日期和规定的事件发生后,才能够分享股息的股票,后配股一般规定利润分配在普通股之后。公司的税后利润,首先分配给优先股,然后再分配给普通股,最后分配给后配股。后配股的权利与普通股相同,在公司利润提高时,后配股股东也能够获得较高的收益。

(2) 按投资主体的不同,我国的股票可分为国家股、法人股和个人股

① 国家股。国家股是指有权代表国家投资的政府部门或机构以国有资产投入公司

形成的股份。

② 法人股。法人股是指企业法人或具有法人资格的事业单位和社会团体以其依法可支配的资金投资入股所形成的股份。

③ 个人股。个人股是指社会个人或本公司内部职工以个人合法财产投入公司形成的股份。

(3) 按持有人的国别和身份不同,可分为 A 股、B 股和 H 股

① A 股。A 股股票是指股份公司经过特定程序发行的以人民币标明面值,以人民币认购和交易,由中国人(境内)买卖的记名普通股股票。

② B 股。B 股股票是指中国境内股份有限公司经过特定程序发行的,以人民币标明面值,以外币认购和交易,在境内证券交易所上市交易,专供外国和我国香港、澳门和台湾地区的投资者买卖的股票。其中,上海证券交易所的 B 股以美元交易,深圳证券交易所的 B 股以港币交易。自 2001 年 3 月份开始,B 股市场向国内投资者开放,国内自然人可以其持有的外币购买 B 股。

③ H 股、N 股。H 股股票和 N 股股票是指我国在内地注册的企业,分别在香港联合证券交易所和美国纽约证券交易所发行上市的港元股票和美元股票。

(二) 债券(Bond)

1. 债券的定义

债券是一种有价证券,是筹资者向投资者出具的承诺在一定时期支付约定利息和到期偿还本金的债务凭证。它具有两个特点:一是通过券面载明的财产内容,表明财产权;二是权利义务的变更和债券的转让同时发生。权利的享有和转移,以出示和转让证券为前提。

债券的出现最早可以追溯到欧洲中世纪的后期。在意大利的热那亚和威尼斯等城市,政府为筹集军饷,利用发行军事公债的方式筹集资金。此后,荷兰、法国等都曾在战争期间发行政府债券,不过直到 19 世纪以前,发行次数及发行数量均很有限。19 世纪以后,欧洲资本主义迅速发展,政府和企业都需要大量资本,债券才真正成为资本主义筹集资本的重要方式。

债券具有面值、利率和偿还期限等基本要素。债券一般具有下列特点:第一,债券表示一种债权,因此可以据以收回债权本息。第二,债券的期限已经约定,只有到期才能够办理清偿。第三,债券没有到期时可以在市场上交易转让。第四,债券因交易而具有了市场价格。由于市场供求的影响,债券的市场价格往往与其面值偏离,引起由于投资者对额外收益的追求而增强了债券的流动性。

2. 债券的分类

债券的种类很多。通常,根据债券的发行主体不同,可将其划分为政府债券、公司债券和金融债券。

(1) 政府债券

政府债券是以政府为债务人,向社会公开发行的债券。政府债券因发行主体的不同,可以分为中央政府债券和地方政府债券。中央政府债券简称国债,是政府为弥补财政赤字而发行的债券,一般由财政部发行。由于它是直接以中央政府的信用为担保,所

以通常被认为是没有风险的。地方政府债券又被称为市政债券,它主要用于为某些大型基础设施和市政工程筹集资金。购买市政债券的一个好处是他们大多可以享有一定的税收优惠,例如,在美国,州和地方政府债券的利息收入可以免交联邦所得税。在我国,地方政府债券过去不能发行,但在2009年,为应对国际金融危机,扩内需保增长,增强地方安排配套资金和扩大政府投资的能力,中国政府在全国两会上正式宣布,同意地方发行2 000亿元债券,由财政部代理发行。国务院明确规定,地方债券主要安排用于中央投资地方配套的公益性建设项目,及其他难以吸引社会投资的公益性建设项目。

中长期政府债券是资本市场颇受欢迎的交易工具。在许多国家,中央政府债券占资本市场交易量的比例稳步上升。在金融市场上,人们通常把价格稳定、信誉优良的证券称为金边债券,英国的中长期国债就被称为金边国债。

同中央政府债券相比,地方政府债券的风险相对大一些,比如美国纽约市政府就曾因财政困难而将到期债务以较低利率推迟偿还。当然这仅是个例,不具有普遍性。其实,地方政府债券风险更多地来自通货膨胀和难以预料的利率升降对债券市场价格的影响。而投机性的增强,通常也是增强债券风险性的因素。

(2) 公司债券

公司债券是企业为筹集长期资本,以债务人身份承诺在一定时期内支付利息,偿还本金而发行的债券。公司债券作为一种承诺偿还的债券,具有两种特征。一是承诺偿还本金。公司发行时都要注明到期日、期限,以便到时由发行公司按票面金额偿还所借款项。公司债券多为中长期债券,有的竟长达100年,但由于持有者在债券到期前可以在市场出售,因而对投资者来说,可以灵活地决定其投资期限的长短。二是承诺支付利息。公司债券的券面上都要标明固定的利息率,发行企业按固定的利息率向持有者支付利息。公司债券的付息时间一般在券面上约定,通常每年两次。如果发行者不能按时履行支付利息的承诺,持有者有权诉诸法律解决。如发行者因故破产,公司债券的持有者有优先于股票持有者的债务请求权。

公司债券的发行必须经过信用评级机构评级,级别达到一定标准的企业才有资格发行债券。企业发行债券筹资有诸多好处:第一,可以降低资金成本。债券收益较稳定,市场价格波动平缓,风险较小,较受投资者欢迎。公司可以较低价格筹资,有利于降低企业成本。第二,根据一些国家税法规定,债券的利息可以作为一种企业开支,从公司毛利中扣减,不必纳税,这大大降低了债务成本。第三,发行债券的手续较简便。第四,可以保持股东对公司的控制权。债券持有者不是股东,不拥有股东权利,随着公司债券发行的增长,债券所有者增加,但不会改变股东结构,不会对公司控制权产生影响。正因为如此,国际上企业发行债券的数量往往是其发行股票的好几倍,债券市场也大于股票市场。

公司债券的种类很多,通常可分为以下几类:

① 按抵押担保状况可分为信用债券和抵押债券。信用债券(Debenture Bonds)是完全凭公司信誉,不提供任何抵押品而发行的债券。抵押债券(Mortgage Bonds)是以土地、房屋等不动产为抵押品而发行的一种公司债,也称固定抵押公司债。

② 按付息方式可分为固定利率债券、浮动利率债券、指数债券和零息债券。固定利

率债券是指事先确定利率,每半年或一年付息一次,或一次还本付息的公司债券。这种公司债券最为常见。浮动利率债券是在某一基础利率(例如同期限的政府债券利率、LIBOR等)之上增加一个固定的溢价。对某些中小型公司或财务状况不太稳定的大公司来说,发行固定利率债券困难或成本过高时,可考虑选择浮动利率债券。指数债券(Indexed Bonds)是通过将利率与通货膨胀率挂钩来保证债权人不致因物价上涨而遭受损失的公司债券,挂钩办法通常为:债券利率=固定利率+通胀率+固定利率×通胀率。有时,用来计算利息的指数并不与通胀率相联系,而与某一特定的商品价格(油价、金价等)挂钩,这种债券又称为商品相关债券(Commodity-Linked Bonds)。零息债券(Zero-Coupon Bonds)即以低于面值的贴现方式发行,到期按面值兑现,不再另付利息的债券。

③ 按内含的选择权可分成可赎回债券、偿还基金债券、可转换债券和带认股权证的债券。可赎回债券(Redemption Bonds)是指公司债券附加早赎和以新偿旧条款(Call and Refund Provisions),允许发行公司选择于到期日之前购回全部或部分债券。偿还基金债券(Sinking Fund Bonds)是要求发行公司每年从盈利中提取一定比例存入信托基金,定期偿还本金,即从债券持有人手中购回一定量的债券。这种债券与可赎回债券相反,其选择权在债权持有人一方。可转换债券(Convertible Bonds)是指公司债券附加可转换条款,赋予债券持有人按预先确定的比例(转换比例)转换为该公司普通股的选择权。带认股权证的债券是指公司债券可把认股证作为合同的一部分附带发行,与可转换债券一样,认股证允许债券持有人购买发行人的普通股,但对于公司来说,认股证是不能赎回的。

(3) 金融债券

金融债券是由银行或其他金融机构发行的债券。金融债券是金融机构一种比较理想的筹集长期资金的工具。金融机构可以通过发行金融债券,吸收相对稳定的中长期资金,以满足其流动性需求。同公司债券相比,金融债券的发行条件较为宽松,金融债券的发行额一般可以达到资本金和准备金的二三十倍,而公司债券的发行额通常有一定的限制。因为金融机构的社会资信度高,所以金融债券容易为社会所接受,不仅具有较高安全性和收益性,而且具有较高的流动性,是很受公众青睐的资本市场工具。

我国从1985年开始发行金融债券。我国发行的金融债券多为5年期限的,分为累进利率债券和贴现债券。累进利率债券是指随着债券期限的延长,利率逐步累计上升的债券。贴现债券是指按照债券发行章程扣除贴现额后,以低于票面的金额发行,到期后以票面金额偿付的金融债券。

第三节 衍生性金融工具

衍生性金融工具,又称为金融衍生品或衍生性金融商品。它是在基础性金融工具如股票、债券、货币甚至利率和股票价格指数等金融商品的基础上派生出来的金融工具或金融商品。衍生性金融工具通常以双边合约的形式出现,合约的价值取决于或派生于基础性金融工具的价格及其变化。合约规定持有人的权利和义务,并依照既定义务或权利在日后进行交易,为交易者套期保值奠定了基础。

衍生性金融工具是20世纪70年代后期国际金融创新和金融自由化的产物。随着西方各国纷纷放松金融管制,各类衍生性金融工具如雨后春笋般产生,远期、期货、期权、互换等及其交易技术、交易策略层出不穷,使金融工具的品种日益繁多。

一、金融远期合约

远期合约是在未来某个确定的时间,按照某个特定的价格,出售或购买某种资产的一种协议。交易双方在合约中规定未来某一确定时间以约定价格购买或出售一定数量的某种资产。该种资产就是基础资产。在合约到期时,交易双方必须进行交割,即卖出方付给买入方合约规定数量的基础资产,买入方支付给卖出方按约定价格计算出来的现金。当然,还有其他交割方式,如双方可以就交割价格和到期时的市场价格相比较,进行净额交易。

远期合约可以说是最简单的一种金融衍生产品。它通常发生在两个金融机构和金融机构与客户之间,是一种场外交易产品。以外汇远期为例,我国某进口商将于3个月后付款100万美元,当前的汇率为USD 1=CNY 6.9;在这3个月内,汇率每上升0.01,进口商将多付出人民币1万元。为了防止这样的汇率风险,该进口商就可以在当时购买一份远期美元合约,标的为100万美元,协议交割汇率为USD 1=CNY 6.9。这样,无论市场汇率如何变化,该进口商已经把成本锁定在690万元人民币。

远期合约的交割日,合约购买方必须以价格S购买基础资产,而此时基础资产的市场价格为X_t,这样购买方就有了盈亏,即表现为到期时购买方远期合约的价值,用公式可以表述为:

$$FV_h = N \cdot (X_t - S)$$

式中,FV_h为购买方远期合约的价值,N为合约基础资产的交易单位。

同样,同一远期合约的卖出方的盈亏就可以用公式表示为:

$$FV_w = N \cdot (S - X_t)$$

式中,FV_w为出卖方远期合约的价值。

上述两个盈亏可正可负,购买方的盈余(亏损)一定就是卖出方的亏损(盈余),二者之和为0,如图3-2所示。

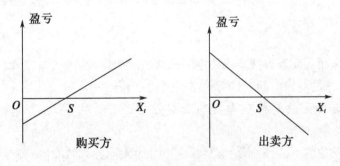

图3-2 远期交易的盈亏状况图

金融远期合约主要是用来在即期交易中确定将来交割的实际价格，从而锁定成本和收益，达到保值的目的。正因为如此，很多人在探讨衍生金融工具时根本不把金融远期列入讨论之列，因为它没有其他衍生金融工具的虚拟交易、风险巨大的特点。但是，金融远期是其他衍生工具的基础。

二、金融期货

（一）金融期货的概念与特征

金融期货是以金融工具为标的资产的期货。从具体形态上看，金融期货是一种法律上有约束力的交易合约。它规定了所买卖标的资产的品种、数量，并承诺在将来协定的时间，以确定的价格买进或卖出一定金融资产或金融工具。

金融期货交易的主要特征表现在以下四个方面：

第一，金融期货交易一般是在有组织的市场如交易所进行，而且有严密的规章和程序。金融期货交易是在期货交易所制定的规则下，以一种标准化的契约进行。交易实际上是在交易所的"清算中心"进行。

第二，金融期货交易的商品的价格、收益率和数量都具有均质性、不变性和标准性。期货交易的买卖价格的形成是公开化的，是在交易所内采取公开拍卖的方式决定成交价格。

第三，金融期货交易是标准化和规范化的。金融期货交易都采用较大的整数，不能有余数，交易单位是标准化的。

第四，金融期货交易的成交者要支付保证金。

（二）金融期货的分类

金融期货有很多种类，一般根据标的资产的不同，可将其分为外汇期货、利率期货、指数期货等。

1. 外汇期货

外汇期货是指交易双方按照合同规定，在将来某一指定日期买进或卖出一定金额外汇的金融期货交易。目前，外汇期货商品主要包括美元、日元、英镑、欧元、瑞士法郎、澳大利亚元、加拿大元、墨西哥比索等。上述货币作为外汇期货交易的主要对象，是因为它们具有一个最基本的特性，即都属于可自由兑换的货币，是国际上接受程度较高的货币，具有国际货币的声誉。

2. 利率期货

利率期货是指买卖双方按事先约定的价格，在期货交易所买进或卖出某种价格的有息资产，并在未来的一定时间内进行价格交割的一种金融业务。

利率期货是专门为转移利率变动所引起的证券价格变动的风险而创新的金融工具。

根据交易对象的不同，利率期货交易又可分为国库券期货交易、商业票据期货交易、定期存单期货交易、政府住宅抵押债券期货交易、市政债券期货交易以及欧洲美元期货交易等。

3. 股票指数期货

股票指数期货是以股票指数作为交易基础,交易双方按事先约定的价格买进或卖出某种股票的指数,并在未来一定时间交割的一种金融业务。

目前,作为期货交易对象的股票价格指数主要包括:美国的道·琼斯股价指数和标准·普尔500指数、英国的金融时报工业普通股指数和金融时报证券交易所指数、香港的恒生股价指数和香港股价指数、日本的日经股票指数、澳大利亚的悉尼股价指数以及菲律宾的工商股价指数等。股票价格指数之所以能够成为金融期货市场上进行交易的主要对象,是因为股票价格大幅度波动,给股票持有者带来巨大的风险,同时也可能给投机者带来了巨大的收益。为了转移股票价格波动的风险和实现投资收益,就自然产生了股价指数期货交易。

三、期权

(一) 期权的定义

期权(Option),又称选择权,按照国际清算银行的定义,期权是指合同买入方获得在未来某个确定的日子(或之前)以固定的价格(即约定价格)买入或卖出一份特定的金融工具的权利(而不是义务)。

期权是一种合约,合约规定期权的出售者同意其购买者有权而不是有义务在一定时间内(或某一特定时间)以特定价格向期权的出售者购买或销售某种资产、商品合约或金融合约。期权购买者的这种权力是花费一定的费用换来的,这个费用可以被称为期权价格(Option Price)、期权升水(Premium)、期权费、保险费等。

由此可见,期权交易最大的特征是:一份期权合同使买入方得到做某事的权力(Right),而不是责任(Obligation)。换言之,期权合约的买入方可以在合约有效期内在他所愿意的任何时候履行这种权力。显然,这一点与远期合同相反。在使用远期合同的情况下,即使市场条件变化了,合同的一方也不能在合同有效期内按照自己的愿望利用这种变化。如果不能马上履行合同,那也只有等到合同到期时履约。

期权交易与期货的最主要的区别是:期权的购买者在市场上遭到损失或潜在损失的机会是有限的。其原因在于,一般来说,一份期权合约的买方并不会面临每天发生的现金流动情况。在任何情况下,即使价格走势与买方所预测的完全不同,这种差异也并不会给期权买方造成太大损失。在合约到期时若合约价格对期权买方有利,期权买方则执行合约;若合约价格对期权买方不利,期权买方则不执行合约,让合约自然过期失效,损失的仅是签订合同时付出的期权价格,因此,购买期权合同很像为自己持有的金融资产保险。若没有发生意外,损失的仅是付出的期权价格而已。

对于期权的卖方而言,由于收取了期权保险费,则承担了到期或到期前由买方所选择的交割履约的义务和责任。

(二) 期权的产生与发展

早先真正意义上的期权交易产生于17世纪初荷兰的郁金香球茎交易。当时,由于荷兰的郁金香花价格非常昂贵,种植人则与那些投机商做期权交易,但郁金香花市场的崩溃却使许多投机商无力履约,巨大的债务危机使荷兰经济受到了严重损坏,因此,1733年颁布的巴纳德法案中期权被定为非法交易。

在美国,期权是从期货交易逐渐演变过来的。19世纪时,芝加哥商品交易所(CBOT)的会员偶然使用了期权的办法来对谷物交易中期货头寸敞口进行保护并取得了成效。但由于制度不健全,加上政治经济等外部因素的影响,这种做法没有得到普及,一些人就指责期权交易加剧了期货市场的波动。因此,当谷物市场在20世纪30年代的大萧条中崩溃后,美国于1936年颁布商品交易法明令禁止商品期权交易。然而,非正式的期权场外交易却一直不断,主要是在商品交易法没有作规定的商品范围内,如金属和股票。在1910年前后,期权交易出现在股票市场上。而后在18和19世纪,欧美各种期权交易逐渐增加,但期权的载体仍然以农产品为主,交易缺少规则和组织。

1973年2月,一家专门从事期权交易的期权交易所——芝加哥期权交易所(Chicago Board of Options Exchange,CBOE)正式开业,进行统一化和标准化的期权合约的买卖。该交易所最初只推出了股票期权交易。尽管股票期权交易获得了成功,但有形商品和期货合约的期权交易却一直受到严格的限制。1974年,经过广泛调解,商品期货委员会做出规定,仅允许在指定的交易市场进行期权交易。

20世纪80年代,因为金融期权交易的产生,期权交易才得到迅猛发展。1983年1月,芝加哥商人交易所推出了标准·普尔500(S&P 500)指数期货和期权,纽约期货交易所也推出了纽约股票交易所股票指数期货和期权交易,随后各交易所将期权交易扩大到其他金融期货上。

由于外汇期权的复杂性,直到1983年芝加哥商品交易所才第一次把外汇期权作为交易品种在国际货币市场(International Money Market,IMM)分部挂牌上市。外汇期权的产生归因于两个重要因素:国际金融市场上日益剧烈的汇率波动、国际贸易的发展。随着国际间商品与劳务贸易迅速增长,越来越多的交易商为了应对汇率波动剧烈的市场,就转而进行外汇期权交易,以寻求更为有效的规避外汇风险的途径。

(三)期权合约的构成要素

期权合约是期权交易双方确定交易关系的正式法律文件,它一般应包括以下要素:

(1)卖方,指卖出期权,收取保险费,并承担由买方决定是否执行合约交割的责任方。

(2)买方,指买进期权,付出保险费者,他买进的是一种权利,不承担任何义务和责任。

每个期权合约都具有两方当事人,即期权买入方和期权卖出方。其中,期权买入方拥有到期按合约价格买入或卖出合约中规定商品或资产的权利,而期权卖出方相应有按合约价格卖出或买入期权合约中规定商品或资产的义务。

(3)期权费,是指买方为取得履约选择权而付给期权出售者的费用。该笔费用通常在交易后两个营业日交付。这是代表期权买方可能遭受的最大金额损失,也代表了卖方的最大利润额。也称为期权成交价、期权费、期权升水、保险费、权利金等。

(4)交割价,是期权买卖双方在期权合约中确定的未来某种商品或资产的交易执行价格。交割价也称作期权履约价格,或协定价格(Contract/Strike Price),是买入期权购买者依照期权合约的规定买进有关商品或资产时必须支付的价格,也是卖出期权购买者依照期权合约的规定卖出有关商品或资产时应收取的价格。

(5)通知日,是期权买方在决定履行期权合约所规定的某项商品或资产的买卖时,应在合约规定的到期日前的某一天预先通知卖方,以便卖方有充足的时间做好履约准备。

(6)到期日,是一份期权合约的最终有效日期。超过这一天,期权合约自动作废,在此之前已经做好通知的合约,应在这一天进行交割。

(7)履约保证金,为了确保期权的卖者有能力履约,就要求期权卖者必须先在指定的账户上存入一笔保证金。

(四)期权基本合约

期权持有方获得的未来购买一定数量商品的权利,被称为买权,也即看涨期权合同。而期权持有方获得的未来出售一定数量商品的权利,被称为卖权,也即看跌期权合同。订立期权合同的双方分别为期权出售者、期权购买者。合同买入者为获得这种权利,必须给出售者一定的期权费。期权合约因规定的买入还是卖出的权利不同,可将期权合约分为以下四种基本合同:

(1)买入看涨期权,指买入者或称期权持有者,获得在到期日以前,按协定价格购买合同规定的某种金融工具的权利,价格上升时,购买者的收益是无限的,而价格下跌时,其损失仅为期权费。

(2)卖出看涨期权,指买入看涨期权者执行合同,出售者有责任在到期日之前执行合同规定的某种金融工具。

(3)买入看跌期权,指合同买入者获得了在到期日前,按协定价格出售某种金融工具的权利。

(4)卖出看跌期权,指买入看跌期权者若行使权利,出售者有责任在到期日以前按协定价格出售某种金融工具。

(五)期权交易和期货交易的区别

期权与期货都属于延期交付合约,但两者存在着如下诸多差异:

(1)风险与收益。期权交易中,买卖双方的风险与收益不对称。对买方而言,收益无限而风险仅限于保险费。对卖方而言,风险无限而收益有限。期货交易中,买卖双方的收益与风险均无限制。

(2)权利与义务。期权交易中,只有卖方有履行合同的义务,而买方有履约与否的权利。期货交易中,买卖双方都有履约的义务。

(3)价格波动。期权价格的波动在一定的范围内与现货价格的波动有关,超出一定范围则与现货价格无关。而期货价格的波动直接与现货价格有关。

(4)保证金。期权交易中,仅卖方支付保证金;而期货交易中,双方都支付保证金。

(5)结算方式。期权交易中有三种结算方式,即反向买卖、行使权利、放弃权利;而期货交易中只有前两种方式。

四、互换

（一）互换的定义

互换是指两个或两个以上的当事人按共同商定的条件,在约定的时间内交换一系列的支付款项的金融交易。互换有商品互换和金融互换。金融互换种类繁多,这里着重介绍利率互换和货币互换。

（二）利率互换

利率互换是指交易双方在约定的一段时间内,根据双方签订的合同,在一笔象征性的本金数额的基础上,互相交换具有不同性质的利率款项的支付。利率互换交易中交易双方不交换本金,只交换利率款项,交换的结果是改变资产或负债的利率。利率互换包括固定利率与浮动利率的互换。

利率互换的作用主要表现为：

(1) 通过利率互换降低成本,有利于对债务进行管理。

(2) 利率互换属于表外业务,对资产负债表没有影响,没有额外的税务负担。

（三）货币互换

货币互换是指按固定汇率交换两种不同货币的本金,然后按预先规定的日期进行利息和本金的分期互换。

货币互换的作用主要表现为：

(1) 降低筹资成本。

(2) 有利于企业和金融机构规避汇率风险,从而降低筹资成本。

(3) 调整资产和负债的货币结构。

(4) 借款人可以间接进入某些优惠市场。专栏3-2简要介绍了美国次贷危机中的各种金融工具的基本情况。

专栏 3-2

美国次贷危机中的金融工具

一些复杂的金融产品和金融工具在美国次贷危机中扮演着举足轻重的角色,如：次级贷款、剥离式抵押贷款支持证券、担保债务凭证、信用违约掉期等等。

1. 次级贷款(Sub-Prime Mortgage)

在盈利动力的驱使下,房地产金融机构开发了次级贷款,来服务于原本无法申请抵押贷款的群体。

一般而言,申请次级贷款的购房者属于低收入阶层,他们的抗风险能力往往不高。如果房地产价格不断上升,那么发放次级贷款对于房地产金融机构而言是绝佳选择,可以赚取更高的贷款收益。因此在经济繁荣时期,美国次级债市场飞速发展。2001年美国次级债总规模占抵押贷款市场总规模的比率仅为5.6%,到2006年该比率已上升到20%。然而,一旦市场利率上升和房地产价格下跌同时发生,次级贷款市场就将面临灭顶之灾。借款者和贷款者都将受到市场的惩罚,这正是2006年之后美国房地产市场发生的故事。

2. 剥离式抵押贷款支持证券(Stripped Mortgage-Backed Security,简称SMBS)

SMBS又称"本息切块抵押贷款证券",是将资产池现金流中的利息与本金进行分割与组合并由此衍生出的金融产品。它是1986年美国联邦国民抵押贷款协会推出的一种金融工具。剥离式抵押贷款支持证券的基本做法,是将抵押贷款组合中的收入流拆细,并分别以贷款本金收入流和贷款利息收入流为基础发行证券。剥离式抵押贷款支持证券的特点是将同一贷款组合收到的本金和利息在投资者间进行不均衡的分配。剥离证券的极端形式是仅付本金证券(Principal-only Securities,简称PO)和仅付利息证券(Interest-only Securities,简称IO)。PO债券以低于面值的价格出售,投资者收益率的大小取决于贷款提前偿付速度,速度越快,本金现金流的净现值越大,收益率越高。IO债券没有面值,与PO相反,其投资者不希望发生提前偿付,因为这样会使未清偿本金下降,利息收益就会降低。由于借款人的提前偿付速度与抵押贷款市场利率呈负相关,因此,PO证券和IO证券的收益率对市场利率变化的反应方向相反,二者都可作为套期工具。

3. 担保债务凭证(Collateralized Debt Obligation,简称CDO)

CDO最早产生于20世纪80年代末的美国,随后在美国、欧洲和亚洲一些国家迅速发展起来,并成为资产支持证券市场上发展最快的品种之一。CDO是以抵押债务信用为基础,基于各种资产证券化技术,对债券、贷款等资产进行结构重组,重新分割投资回报和风险,以满足不同投资者需要的创新性衍生证券产品。

具体地说,CDO是一组固定收益资产组成的投资组合,有一个由一系列信贷资产构成的资产池,并以该资产池产生的现金流为基础,向投资者发行不同系列的证券。CDO因结构和资产而异,但基本原理是一样的。通常创始机构将拥有现金流量的资产汇集,然后转给特殊目的公司(SPE),进行资产包装及分割,经评级公司评级后以私募或公开发行方式卖出固定收益证券或受益凭证。CDO的发行者通常是投资银行,在CDO发行时赚取佣金,在CDO存续期间赚取管理费。资产池产生的现金流按照优先级、中间级和股权级顺序分配。优先级产品的偿付有中间级和股权级产品作为保障,因此往往能够获得AAA评级。而中间级产品的信用评级在AA到BB之间,股权级产品一般没有信用评级。证券的受偿顺序由级别自高而下,而收益率则是自下而上。

4. 信用违约掉期(Credit Default Swaps,简称CDS)

CDS是一种合约,1995年由摩根大通首创,它可以被看作一种金融资产的违约保险。债权人通过该合约将债务风险出售,合约价格可以视作保费。双方约定如果标的金融资产没有出现违约情况,则买家向卖家定期支付"保险费",而一旦发生违约,则卖方承担买方的资产损失。一般而言,买信用违约保险的主要是大量持有金融资产的银

> 行或其他金融机构,而卖信用违约保险的是保险公司、对冲基金,也包括商业银行和投资银行。
>
> CDS 交易在交易对手之间进行,属于柜台交易(Over-the-counter,OTC),没有统一的交易所,价格不透明,完全由双方议定。监管机构无从知道。也就是说,在最初成交 CDS 时,并没有任何机制检查来保证卖家有足够的储备资本承担风险,CDS 交易不受任何证券交易所监管。根据国际掉期和衍生品协会(International Swaps & Derivatives Association,ISDA)的调查,CDS 市场的规模从 2000 年的 300 亿美元到 2007 年底达到顶峰 62 万亿美元……据统计,仅对冲基金就发行了 31% 的信用违约掉期合约。
>
> 由于 CDS 保费的高低反映了 CDS 标的资产的违约风险程度,因此市场认为 CDS 保费比股价更能先反映出公司基本面的信息。为此,对冲基金、投机客便对 CDS 保费上涨的公司进行绞杀,卖空这些公司的股票,同时大量散布谣言说公司无力偿贷,将无以为继,CDS 市场和股市卖空交易的联手日益猖獗。至此,CDS 早已不再是金融资产持有方为违约风险购买保险的保守范畴,它实际上已经异化成为信用保险合约买卖双方的对赌行为。
>
> ——《金融知识》2009 年第 1 期

【能力训练】

一、判断分析题

1. 相对普通股而言,优先股的"优先"体现在具有优先认购新股权上。
2. 由于商业票据的风险性比国库券大,流动性比国库券差,因此,商业票据的利率低于国库券的利率。
3. 国库券之所以受欢迎,主要原因是盈利高、流动性强。
4. 金融衍生工具的杠杆效应一定程度上决定了它的高投机性和高风险性。
5. 互换交易的主要用途是改变交易者资产或负债的风险结构(比如利率或汇率结构),从而规避相应的风险。

二、简答题

1. 金融工具的特征是什么?
2. 简述金融工具的种类。
3. 对比分析货币市场各种金融工具的优缺点。
4. 简述金融衍生工具的特点。

三、论述题

1. 如何理解期货的作用?试评述股指期货的开展对于我国金融市场发展的作用。
2. 公司为什么发行商业票据?请结合实际,分析我国商业票据的发行情况。

四、计算题

我国某金融机构在日本筹集一笔金额为 JPY 100 亿的资金,以此向国内某企业发放 10 年期美元固定利率贷款,贷款利率为 8%。当时美元兑日元的汇率为 USD 1＝JPY 200,该金融机构用 100 亿日元兑换 USD 5 000 万。但 10 年后美元与日元的汇率为:USD 1＝JPY 110,届时应偿还 100 亿日元。

问题一:该金融机构需用多少美元才能偿还 100 亿日元的借款?

问题二:该金融机构在筹资过程中承担的风险金额是多少?

第四章 金融市场

【学习要点】金融市场是连接资金供给者和需求者的场所。通过本章学习,要了解金融市场交易的主体和交易的主要产品,信贷市场中银行信贷市场、回购市场和商业票据市场交易的产品的特征和交易机制的设计,资本市场的不同层级市场的功能与股票、债券和基金的发行及交易,保险市场的构成要素、类别及其运行的原则。

【重点难点】信贷市场、资本市场和保险市场是金融市场的构成主体,通过学习,重点要掌握三个市场的交易主体、交易产品和市场的功能,而三个市场的交易原理、交易机制设计以及三个市场之间的互动关系将是本章学习的难点。

【基本概念】金融市场 同业拆借 回购市场 银行承兑汇票 商业票据 大额可转让定期存单 银行信贷 股票市场 普通股 优先股 债券市场 政府债券 企业债券 基金市场 证券投资基金 一级市场 二级市场 保险市场 保险人 人身保险 财产保险 保险原则

在现代经济市场体系中,金融市场作为其中的一个不可或缺的组成部分,不仅充当着经济运行的润滑剂,而且还日益成为控制、调节和促进经济发展的有效机制。金融市场是由参与的主体和交易的客体构成。按照交易客体的特征,金融市场分为信贷市场、证券市场和保险市场,每个市场都有其自身的特点。在了解金融市场构成的基础上,有必要更进一步了解每个金融市场的交易原理和交易机制。

第一节 金融市场及其要素

金融市场是指以金融资产为交易对象而形成的供求关系及其机制的总和。它包括以下三层含义:(1)它是金融资产进行交易的一个有形和无形的场所;(2)它反映了金融资产的供应者和需求者之间所形成的供求关系;(3)它包含了金融资产交易过程中所形成的运行机制,其中最重要的是价格机制。同任何市场一样,金融市场也主要由交易主体和交易客体构成。

一、金融市场的主体

金融市场主体,即金融市场的交易者。可以是自然人,也可以是法人单位,一般来说包括政府、企业、居民和家庭、金融机构等。市场各主体根据自身的需要,主动地或者被动地参与金融产品设计与交易,对金融市场的交易规则与交易行为进行规范与监督,决定着金融市场的发展。金融市场主体的数量及规模、交易主体的市场参与程度、金融产品的交易频繁度等对金融市场的深度、广度和弹性有着重要影响。

(一)政府

政府是金融市场资金的需求者和供给者,参与金融市场的交易。在各国的金融市场上,中央政府与地方政府都是重要的资金需求者和供给者。作为金融市场的资金需求方,通过各级政府相关职能部门发行不同层级的中央和地方政府债券以筹集资金,用于基础设施建设、经济发展、弥补财政预算赤字、维护金融市场稳定等。同时,各级政府也可以成为金融市场的资金供给者。首先,政府可以将过剩的财政资金投入到金融市场,获取相对稳定的收益;其次,可以通过对金融市场的投资,降低市场的波动性。

(二)企业

企业既是金融市场的资金需求者,又是资金供给者。企业可以通过直接融资如发行股票或企业债券等、间接融资如向银行贷款等,获得用于生产运营、增加固定资产以及兼并收购等的资金,以保障企业正常经营、扩大生产规模及技术创新等。此外,企业同样可以把闲置资金存入银行或购买各类证券,使其保值或赢利,发挥资金更大效益。此外,企业还是套期保值的主体。

(三)居民和家庭

居民和家庭由于家庭财富的保值增值,以及满足未来消费需求的需要,成为了金融市场最重要的参与者之一。一方面,作为金融市场的资金供给者,居民和家庭扣除日常生活开支后,产生了一定数量的货币资金剩余。这一笔"剩余"资金自然就有保值增值的需要,将之存入银行可获得利息,将其投资于股票、债券或购买共同基金、保险等可获得投资收益,以满足未来的应急需要和特定的消费需求。另一方面,居民和家庭在金融市场上也充当资金需求者的角色,通过抵押贷款方式获得购买耐用消费品的资金,如购买住房和汽车等所需的资金。随着消费理念的改变,越来越多的年轻居民开始用信用贷款方式购买日常消费品。

(四)金融机构

参与金融市场的金融机构主要有存款性金融机构、非存款性金融机构和中央银行及监管机构等。

1. 存款性金融机构

存款性金融机构主要指以吸收存款方式获得资金,并将之贷给需要资金的各经济主体及投资于证券等以获取收益的金融机构,主要包括商业银行、信用合作社和储蓄机构等。商业银行作为支付中介和信用中介,提供金融服务,大量吸收居民、企业和政府等主体的闲置资金,并以贷款、投资和资金拆借等方式,向金融市场投入大量资金。信用合作社是由具有共同利益的人们组织起来的、互助性质的会员组织,其资金来源主要是会员的存款,也可以来自于非会员,其资金运用则是对会员提供短期贷款、消费信贷、票据贴现及从事证券投资,也有部分资金用于同业拆借和转存款等。储蓄机构资金来源多为储蓄存款,运用多为长期的投资与贷款,其每项资金运用所得利息通常在契约中确定后,在期满前不能变动。

2. 非存款性金融机构

非存款性金融机构是指不以吸收存款为主要资金来源，主要通过发行证券或以契约性的方式募集社会资金的金融机构，一般包括投资类金融机构（证券公司、基金管理公司）、保障类金融机构（各类保险公司和社会保障基金）、其他非存款性金融机构（信托投资公司、金融租赁公司、金融资产管理公司、金融担保公司、资信评估机构以及金融信息咨询机构等）。证券公司是金融市场上最重要的金融中介之一，为资金需求方直接融资提供专业的金融交易服务，从而降低交易成本，同时证券公司自身也参与金融产品的交易。保险公司的主要资金来源于按一定标准收取的保险费，在保费收取与损失补偿支付和保险金给付之间存在时间差而形成资金积累，产生了金融市场的投资需求，使其成为金融市场上的主要资金供应者之一。

3. 中央银行及其他金融监管机构

中央银行在金融市场上处于一种特殊的地位，它既是金融市场的参与者，也是监管者。作为参与者，主要从金融市场稳定与经济发展的角度，基于调节市场货币供应量的目的，制定与执行货币政策，进行公开市场操作等，影响金融市场上资金的供求及其他经济主体的行为。为了降低金融市场的系统性风险和信息不对称等，有的政府设置专门金融监管机构，对金融市场进行专职监管。我国就专门设置了银行保险、证券等监管部门，对于其他金融业态，则由中央银行行使监管职能。

二、金融市场的客体

金融市场的客体就是指金融市场交易的各种金融工具。若以期限长短为分类标准，可以将金融工具分为货币市场的金融工具和资本市场的金融工具。前者主要有商业票据、短期国债、可转让大额定期存单、回购协议等。这类金融工具期限短、风险小、流动性强，一般被看作准货币。资本市场的金融工具主要包括股票、债券等。它们期限长，因而风险较大，流动性较弱。

若以投资人是否掌握所投资产的所有权为标准划分，则有债务性证券与权益性证券两类。债务性证券（Debt Securities），代表持有者对发行者的债权，其发行者在某一特定时期中要按约定条件支付一定的回报给持有人的承诺，如债券、存款单等。权益性证券（Equity Securities），代表持有者拥有证券标的物的财产所有权，对其资产具有收益要求权和处置权，其中最典型的是普通股。债务性证券表明投入的资金取得了债权，所以到期有权据以索要本金；而权益性证券表明资金的投入并不是取得债权而是所有权，因而无权据以索要本金，只可以在必要时通过转让所有权，即以出售证券的方式收回本金。

在现代社会，金融市场已经成为由许多子市场组成的庞大的市场体系，而每个子市场都各有其自身的特点。按照不同的分类标准，可以将金融市场进行不同的分类。如按照交易客体的特征，金融市场可分为信贷市场、证券市场和保险市场；按照金融工具的交易顺序，可将金融市场划分为初级市场和二级市场；按照交易的区域，可将金融市场划分为国内金融市场和国际金融市场；等等。专栏4-1简要介绍了我国金融市场的发展情况。

专栏 4-1

我国金融市场的发展

我国金融市场经过改革开放后,得到了长足的发展,为国民经济的建设和人民生活的提高做出了巨大贡献。

银行信贷市场一直是我金融市场最重要的构成部分。截至 2018 年底,我国拥有开发性金融机构 1 家、政策性银行 2 家、国有大型商业银行 6 家、全国股份制银行 12 家、城市商业银行 134 家、民营银行 17 家,还有大量的农村商业银行、农村信用社及村镇银行等储蓄性金融机构。众多的银行业金融机构为信贷市场的发展做出了重大贡献。统计数据表明,截至 2018 年底,我国银行业资产总额达 261.41 万亿元人民币,负债总额达 239.90 万亿元人民币。自从我国证券市场建立以来,随着企业的直接融资需求的增加和居民理财需求的上升,呈现蓬勃发展态势。截至 2018 年底,我国有证券公司 131 家,总资产为 6.26 万亿元人民币,管理私募资产规模 13.36 万亿元人民币;基金管理公司 120 家,管理公募基金 5 626 只,资产规模 13.03 万亿元人民币,管理私募资产规模 11.29 万亿元人民币;私募基金管理人 24 448 家,管理已备案私募基金 74 642 只,管理私募基金规模 12.71 万亿元人民币。同时,截至 2018 年底,我国股票市场拥有上市公司 3 584 家,上市公司市值达到 43.49 万亿元人民币;2018 年通过证券市场融资达 1.21 万亿元人民币,期间累计成交额达 2.66 万亿元人民币。证券市场的发展为国民经济建设、经济体制改革和居民财富增长做出巨大贡献。

近年来,随着保险市场化经营理念的深入和保险主体的增加,我国保险规模不断壮大,保险资产也随之大幅增长。截至 2018 年底,我国有人身险保险公司 91 家、财产险保险公司 88 家、再保险公司 11 家、保险集团(控股)公司 12 家、保险资产管理公司 24 家、保险专业中介机构 2 647 家。不同业务类型、多种组织形式的保险市场主体促进了保险业的发展。截至 2018 年年底,我国保费收入 38 016.62 亿元人民币,保险赔付达 12 297.87 亿元人民币,保险资产达 183 308.92 亿元人民币。

银行、证券、保险市场的发展,为我国的经济发展过程中资金的供给和需求方提供了最有效的交易场所,为优化资源配置,提高生产效率做出了巨大的贡献。

第二节 信贷市场

信贷市场是指具有信贷特征的金融品种发行和交易的场所。主要包括银行信贷市场、回购市场和商业票据市场。

一、银行信贷市场

银行信贷市场是整个信贷市场的主体。商业银行在整个信贷市场体系中,扮演了一个非常重要的角色,它与金融市场的参与者频繁地进行交易,形成了一个庞大而复杂的金融产品交易的场所。按交易的对象和交易的品种,可将银行信贷市场分为商业银行贷款市场、同业拆借市场、银行承兑汇票市场和大额可转让定期存单市场。

(一) 商业银行贷款市场

商业银行信贷市场指银行等金融机构为客户办理信贷业务的场所,一般包括短期信贷市场和中长期信贷市场。

1. 商业银行贷款市场的形成机理

分析商业银行信贷市场的形成机理,必须同时考察信贷资金的需求方和供给方。

(1) 资金需求方。工商企业在生产经营过程中,由于存货、应收账款和季节性因素以及满足财务上的流动性需要等,发生了临时性的短期资金需求;再有,企业在构建生产能力时,即购进机器设备、兴建厂房等,产生了长期性资金需求。政府在进行基础设施建设过程中,由于资金的短缺,也产生了信贷资金的长期需求。居民在日常生活中,当没有足够的现有资金购买固定消费资产(如汽车和住房等),以自身未来的收入为偿还资金来源而形成了对银行的长期个人消费信贷的需求。金融机构在投资过程中,由于自有资金的不足,也产生了对银行资金的需求。

(2) 资金供给方。就商业银行而言,资金的供给主要来源于各种存款。其中绝大部分来源于各种活期存款、储蓄存款和短期待用资金。这些存款主要是来源于企业和个人在生产和生活中富余的资金。

2. 商业银行贷款市场的分类

(1) 银行短期贷款市场。银行短期信贷市场是指银行等金融机构对客户办理短期信贷业务的场所。银行对工商企业的短期贷款主要解决企业季节性、临时性的短期流动资金需要,因此银行在提供短期信贷时,比较注意资金的安全性从而减少风险。为了保证贷款能按时收回,发放贷款前特别注重了解客户的资信、财务状况、款项用途,根据这些情况控制贷款的数量。银行短期信贷主要凭借信用发放。借款人无需交纳抵押品,借贷双方一般也不签订贷款协议,通过电话或电传就能达成交易,手续十分简便。短期信贷的利率,按借贷期限的不同而变动。在国际货币市场上,欧洲美元短期信贷的利息支付采取的是贴现法,即在借款时,银行已经将利息从贷出款项中扣除,然后将扣除利息以后的余额付给借款人,在贷款到期的时候,借款人按贷款额偿还。这种利息先付的方法增加了借款人的成本,因而使贷款的实际利率高于名义利率。

(2) 银行长期贷款市场。银行长期信贷市场是指银行等金融机构对客户办理长期信贷业务的场所。银行针对企业购建固定资产和居民消费的需要,提供长期银行贷款。由于还款期限比较长,风险比较大,银行在了解资金用途、客户的资信和财务状况的同时,一般要求有一定的资产作为抵押,或者通过保险公司等金融机构进行风险转移。同时,长期贷款的利率一般比短期贷款利率要高。银行长期信用贷款的偿还既可以按期等额偿还本金及利息,还可以定期偿还利息而最后一次还本。

居民住房信贷是一种银行长期信贷,银行以居民的一定财产作抵押,或者对居民的资信情况进行调查,再发放贷款给居民用于购买房屋的一种贷款,这对刺激消费,改善人民生活具有重要意义。而 2008 年金融危机的始作俑者——次级贷款就是一种长期住房贷款,美国房地产贷款系统里将贷款市场分为三类:优质贷款市场、次优级的贷款市场、次级贷款市场。优质、次优级的贷款市场面向信用额度等级较高、收入稳定可靠的优质客户。次级贷款是为信用评级较差、收入证明缺失、负债较重、无法从正常渠道借贷的人所提供的贷款,次级贷款的利率一般较正常贷款更高,比一般抵押贷款高出 2%~3%,而且常常是可以随时间推移而大幅上调的浮动利率,因而对借款人而言有较大风险。次级房屋贷款经过贷款机构及华尔街以财务工程的技术评估风险利率等合并多笔贷款制作出债券,组合包装之后以债券或证券等金融产品形式在按揭二级市场上出卖给投资者,这些债券产品被称为次级债券。

(二) 同业拆借市场

同业拆借市场,也可以称为同业拆放市场,是指金融机构之间以货币借贷方式进行短期资金融通活动的市场。同业拆借的资金主要用于弥补短期资金的不足、票据清算的差额以及解决临时性的资金短缺需要。

1. 同业拆借市场的交易原理

同业拆借市场主要是银行等金融机构之间相互借贷在中央银行存款账户上的准备金余额,用以调剂准备金头寸的市场。一般来说,任何银行可用于贷款和投资的资金数额只能小于或等于负债额减法定存款准备金余额。然而,在银行的实际经营活动中,资金的流入和流出是经常的和不确定的,银行时时要保持在中央银行存款准备金账户上的资金恰好等于法定准备金是不可能的。如果准备金存款账户上的资金大于法定准备金,即拥有超额准备金,那么就意味着银行有资金闲置,也就产生了相应的利息收入的损失;如果银行在准备金存款账户上的资金小于法定准备金,就要受到中央银行的经济处罚。因此,有多余准备金的银行和存在准备金缺口的银行间就出现了准备金的借贷。这种准备金余额的买卖活动就构成了传统的银行同业拆借市场。

2. 同业拆借市场的参与者

同业拆借市场的主要参与者首推商业银行,非银行金融机构如证券商等也参与同业拆借市场的资金拆借。此外,外国银行的代理机构和分支机构也是同业拆借市场的参与者之一。市场参与者的多样化,使商业银行走出了过去仅仅重新分配准备金的圈子,同业拆借市场的功能范围有了进一步的扩大,并促进了各种金融机构之间的亲密联系。

随着市场的发展,同业拆借市场的参与者也开始呈现出多样化的格局,交易对象也不仅限于商业银行的准备金了。它还包括商业银行相互间的存款以及证券交易商和政府拥有的活期存款。拆借的目的除满足准备金要求外,还包括轧平票据交换的差额,解决临时性、季节性的资金要求等。但它们的交易过程都是相同的。

随着同业拆借业务的扩展,又出现了经纪商行业,从事收集掌握有关资金供求情况的信息,充当拆借双方的中介人,为它们牵线搭桥,促成交易,从中赚取佣金,从而更推动了同业拆借业务的进一步发展。

3. 同业拆借市场的交易

同业拆借市场资金借贷程序简单快捷,借贷双方可以通过电话直接联系,或与市场中介人联系,在借贷双方就贷款条件达成协议后,贷款方可直接或通过代理行经中央银行的电子资金转账系统将资金转入借款方的资金账户上,数秒钟即可完成转账程序。当归还贷款时,可用同样的方式划转本金和利息,有时利息的支付也可通过向贷款行开出支票进行支付。同业拆借市场的交易主要有以下两种:

(1) 头寸拆借。头寸拆借是指金融同业之间为了轧平头寸,补足存款准备金或减少超额准备金进行的短期资金融通活动,一般为日拆,即今借明还,拆借一天。头寸拆借多是在票据交换清算时进行的。银行在轧平当日票据交换差额时,有的收大于付,有的付大于收,于是,出现"多头寸",即头寸多余或轧进头寸,或"少头寸",即头寸缺少或轧出头寸的情况。多头寸的银行要借出多余资金生息,少头寸的银行则要拆入资金补足差额或轧平差额。对少头寸的银行来讲,虽然也可以用现金抵补差额,或向中央银行请求再贴现或再贷款,但均不如向同业拆入资金更为方便。

(2) 同业借贷。金融同业间因为临时性或季节性的资金余缺而相互融通调剂,以利业务经营,这就产生了同业借贷。对借入银行来说,同业借贷是其扩大资金来源,增加贷款能力以取得更多收益的又一资金来源。对贷出银行来讲,同业借贷是其投放部分闲散资金的手段,以增强其资产的流动性和收益。同业借贷因其借贷金额较大,属于金融机构之间的批发业务。

4. 同业拆借市场的拆借期限和利率

同业拆借的期限由于拆借的目的不同,拆借期限也有不同。头寸拆借因为是各金融机构为轧平当日头寸,补足存款准备金而进行的活动,因此,拆借期限一般为1~2天,最短的是隔夜拆借。同业借贷因为是金融机构平衡临时性、季节性资金余缺而开展的借贷活动,其期限一般比头寸拆借时间长,最长可达1年。

同业拆借按日计息,拆息占拆借本金的利率称为同业拆借利率。同业拆借利率每天不同,甚至每时每刻都在变化,其高低灵敏地反映着货币市场的资金供求状况。在国际货币市场上,比较典型的、有代表性的同业拆借利率有三种,即伦敦银行同业拆借利率(LIBOR)、新加坡银行同业拆借利率(SIBOR)和香港银行同业拆借利率(HIBOR)。伦敦银行同业拆借利率是伦敦金融市场上银行之间相互拆借英镑、欧洲美元及其他欧洲货币时的利率。它由报价银行在每个营业日上午11时对外报出,分为存款利率和贷款利率两种,资金拆借的期限为1、3、6个月和1年等几个档次。自20世纪60年代初,该利率已成为伦敦金融市场借贷活动中计算借贷利率的基本依据。后来,随着欧洲货币市场的建立和国际银团贷款业务及各种票据市场的发展,伦敦银行同业拆借利率在国际信贷业务中被广泛使用,成为国际金融市场上的关键利率。目前,世界上一些重要的金融市场及许多国家均以该利率为基础,确定自己的资金借贷利率。有些浮动利率的融资工具在发行时,也以该利率作为浮动的依据和"参照物"。新加坡银行同业拆借利率和香港银行同业拆借利率的生成和作用范围主要是在亚洲货币市场,其报价方法与拆借期限与伦敦银行同业拆借利率并无差别。不过,其在国际货币市场中的地位和作用,较之伦敦银行同业拆借利率要大为逊色。

(三)银行承兑汇票市场

以银行承兑汇票作为交易对象的市场即为银行承兑汇票市场。银行承兑汇票市场由一级市场和二级市场组成,其中,一级市场主要是出票和承兑,二级市场主要是贴现业务。

1. 银行承兑汇票的市场交易

银行承兑汇票不仅在国际贸易中运用,也在国内贸易中运用。在有些货币为国际硬通货的国家,如美国,银行承兑汇票还因其他国家周期性或季节性的美元外汇短缺而创造,这种承兑汇票称外汇承兑汇票。但总的来说,为国际贸易创造的银行承兑汇票占绝大部分。国际贸易承兑主要包括三个部分:为本国出口商融资的承兑、为本国进口商融资的承兑及为其他国家之间的贸易提供融资的第三国承兑。为国内贸易融资创造的银行承兑汇票,主要是银行应国内购货人的要求,对国内售货人签发的向购货人索取货款的汇票承兑,从而承担付款责任而产生的汇票。外汇承兑汇票是指由一国季节性外汇短缺而引起的承兑汇票。它只是单纯的银行承兑汇票,不以指定的交易或库存为基础。这种承兑汇票只在中央银行指定的国家有效,数量非常少。银行承兑汇票最常见的期限有30天、60天和90天等几种。另外,也有期限为180天和270天的。交易规模一般为10万美元和50万美元。银行承兑汇票的违约风险较小,但有利率风险。

银行承兑汇票被创造后,银行既可以自己持有当作一种投资,也可以拿到二级市场出售。如果出售,银行通过两个渠道:一是利用自己的渠道直接销售给投资者;二是利用货币市场交易商销售给投资者。因此,银行承兑汇票二级市场的参与者主要是创造承兑汇票的承兑银行、市场交易商及投资者。

2. 银行承兑汇票的一级市场

银行承兑汇票的一级市场就是指银行承兑汇票的发行市场,它由出票和承兑两个环节构成,二者缺一不可。

(1)出票。出票是指出票人签发票据并将其交付给收款人的票据行为。出票行为由两个步骤组成,一是按照法定格式做成票据,二是将票据交付给收款人。汇票做成后,必须经过交付才能完成出票行为。票据设定的权利与义务关系因出票行为而发生。其他各种票据行为都必须以此为基础。所以,出票是基本的票据行为。

(2)承兑。承兑是指汇票付款人(一般指承兑银行)承诺在汇票到期日支付汇票金额的票据行为。汇票承兑具有十分重要的意义。汇票的付款人并不因出票人的付款委托,而成为当然的汇票债务人,在汇票承兑以前,付款人只处于被提示承兑,或被提示付款的地位,只有经过承兑,才对汇票的付款承担法律上的责任。付款人一经承兑,就叫作承兑人,是汇票的主债务人。因此,承兑虽然是在汇票签发的基础上所做的一种附属票据行为,但它是确定票据的权利与义务关系的重要步骤。

汇票的承兑一般分为三个步骤:提示承兑、承兑及交还票据。提示承兑是指汇票的持票人在应进行承兑的期限内,向付款人出示汇票,请求付款人予以承诺付款的行为。

汇票的付款人对向其提示承兑的汇票,应当自收到提示承兑的汇票之日起的一定期间内(我国《票据法》规定的期限为3天)承兑或者拒绝承兑。付款人如欲承兑,则必须做出承兑的意思表示。由于承兑属要式行为,所以各国法律均规定付款人的承兑意思表示必须在汇票上做出,一般来说,应当在汇票正面记载"承兑"字样和承兑日期并签章。付款人于有关事项记载完后应将汇票交还持票人。持票人接到付款人归还的汇票或接到付款人的书面承兑通知后,承兑的程序即告完成。

3. 银行承兑汇票的二级市场

经过出票、承兑环节之后,银行承兑汇票作为商业信用的产物形成了。汇票持有人为了避免资金积压,一般不会将银行承兑汇票持有至到期日再收款,大多数情况下会立即将银行承兑汇票予以转让,以融通短期资金。而经过银行承兑的汇票,其信用程度显著提高,从而可作为市场交易对象进入流通。银行承兑汇票的二级市场,就是一个银行承兑汇票不断流通转让的市场。它由票据交易商、商业银行、中央银行、保险公司以及其他金融机构等一系列的参与者和贴现、转贴现与再贴现等一系列的交易行为组成。银行承兑汇票的贴现、转贴现与再贴现等票据转让行为都必须以背书为前提。

(1)背书。背书是以将票据权利转让给他人为目的的票据行为。经过背书,汇票权利即由背书人转移给被背书人。背书过程分两步:第一步是在汇票背面或在黏附于汇票背面的粘单上签章,第二步是将汇票交付给被背书人。背书人是汇票的债务人,他要承担保证其后手所持汇票承兑和付款的责任,并证明前手签字的真实性和背书的连续性,以证明票据权利的正当。如果汇票遭到拒绝付款,其后手有权向背书人追索账款。背书的次数越多,汇票负责人也就越多,汇票的担保性也越强,持票人权利就越有保障。

(2)贴现。贴现就是汇票持有人将未到期的承兑汇票转让给银行,银行按贴现率扣除自贴现日起至汇票到期日止的利息后付给持票人现款的一种行为。通过贴现,急需资金的持票人以其持有的未到期票据,经过背书转让给银行,向银行兑取现款,票据到期时,由银行向票据付款人按票面额索回款项。所以,票据贴现实际上就是汇票持有人以所持票据为抵押,向银行借用资金的行为。

在票据贴现过程中,贴现人把票据转让给银行,贴现银行则把从贴现额中扣除贴现利息后的余额(即实付贴现金额)付给申请贴现人。实付贴现金额是由贴现额、贴现期和贴现率三个因素决定。

贴现额是指贴现银行核定的凭以计算实付贴现金额的基数,一般均按票据的票面金额来核定。贴现期是贴现银行向申请贴现人支付贴现票款之日起至该贴现票据到期日为止的期限。汇票贴现时扣除的自贴现日起至汇票到期日止的利息,又称贴息,它与汇票票面金额的比率称为贴现率。

实付贴现金额的计算公式是:

$$贴现利息=贴现额×贴现期(天数)×(月贴现率/30)$$

$$实付贴现金额=贴现额-贴现利息$$

(3)转贴现。转贴现就是办理贴现业务的银行将其贴现收进的未到期票据,再向其他银行或贴现机构进行贴现的票据转让行为,是金融机构之间相互融通资金的一种形式。对申请转贴现的银行来说,通过转贴现可提前收回垫付于贴现票据的资金,解决临时资金需要;对接受转贴现的银行而言,又是运用闲置资金的有利途径。在西方国家发达的票据市场上,转贴现行为十分普遍,银行和市场上的其他投资者往往利用银行承兑汇票进行多次转贴现,以灵活运用资金并获取收益。

(4) 再贴现。再贴现是指商业银行或其他金融机构将贴现所获得的未到期汇票向中央银行再次贴现的票据转让行为。在一般情况下,再贴现就是最终贴现,再贴现后票据即退出流通转让过程。中央银行进行再贴现时,同样要先计算出贴现日到汇票到期日应计收的利息,把票面金额扣除利息后的金额支付给贴现银行。为了保证商业银行办理贴现业务有一定的利润,中央银行的再贴现率一般低于商业银行的贴现率。

(四) 大额可转让定期存单市场

大额可转让定期存单市场是金融市场的重要组成部分,它由发行市场和流通市场构成,属于一种无形市场,主要在店头市场进行交易。

1. 大额可转让定期存单市场的供给者

大额可转让定期存单一般由较大的商业银行发行,主要是由于这些机构信誉较高,可以相对降低筹资成本,且发行规模大,容易在二级市场流通。

2. 大额可转让定期存单的需求者

大企业是存单的最大买主。对于企业来说,在保证资金流动性和安全性的情况下,其现金管理目标就是寻求剩余资金收益的最大化。企业剩余资金一般用途有两种:一种用于应付各种固定的预期支出如纳税、分红及发放工资等;一种用于意想不到的应急。企业可将剩余资金投资于存单,并将存单的到期日同各种固定的预期支出的支付日期联系起来,到期以存单的本息支付。至于一些意外的资金需要,则可在企业急需资金时在二级市场上出售存单来获取资金。

金融机构也是存单的积极投资者。货币市场基金在存单的投资上占据着很大的份额。其次是商业银行和银行信托部门。此外,本国政府机构、外国政府机构、外国中央银行及个人也是存单的投资者。

3. 发行市场

大额可转让定期存单的发行可采用批发或零售方式,前者把发行的总额、利率、期限、每张存单的面额以及发行日期预先公布于众,由包销团认购后向投资者销售;后者由银行作为发行人将存单直接在银行市场零售或采用电函、电传销售。

大额可转让定期存单的发行价格的确定有两种:一种是采用按票面价格出售,到期支付本息;另一种是以低于票面价格出售的贴现发行,到期按票面兑付。

4. 流通市场

在流通市场上买卖存单的主要是一些证券经营机构和大银行,它们不仅为自己买卖,也充当中介人,是大额可转让定期存单的主要交易商。

存单转让方式主要由存单是否记名决定。不记名存单在市场上转让时,交给相当的购买人即可,不需要背书,绝大多数大额可转让定期存单属于此类。记名存单的转让需要背书。

大额可转让定期存单的利率有固定利率和浮动利率两种。在20世纪60年代,大额可转让定期存单主要是固定利率的,存单上注明利率,并在指定到期日支付,这在利率稳定时深受投资者欢迎。但是到了60年代后期,利率波动频繁,并急剧上升,投资者希望寻求短期的信用工具,于是,大额可转让定期存单的期限大大缩短。根据联邦管理规则,最低不得少于7天。并为适应市场利率的波动,推出了浮动利率CDs。期限一般为5年,利率以30天、90天和180天为基础进行调整。

固定利率存单的转让价格计算公式:

$$X = \frac{P\left(1+\dfrac{R_1 T_1}{360}\right)}{1+\dfrac{R_2 T_2}{360}}$$

式中,X——二级市场上出售存单的价格;P——存单本金;R_1——存单原定利率;T_1——存单原定期限;T_2——由出售日起到存单期满日止的天数;R_2——出售存单时的市场利率。

例如,某人持有一大额可转让定期存单,本金为100万元,存单原定利率为10%,原定期限为180天,投资人持有60天后出售,距到期日还有120天,出售时的市场利率为11%,则其转让价格可计算如下:

$$X = \frac{1\,000\,000\left(1+\dfrac{180}{360}\times 10\%\right)}{1+\dfrac{120}{360}\times 11\%} = 1\,012\,861.74(元)$$

浮动利率存单的付息,要视浮动利率的浮动幅度而定。

二、回购市场

回购市场是指通过回购协议进行短期资金融通交易的市场。

(一) 回购协议交易原理

回购协议的期限从一日至数月不等。当回购协议签订后,资金获得者同意向资金供给者出售政府债券和政府代理机构债券以及其他债券以换取即时可用的资金。一般地,回购协议中所交易的证券主要是债券。回购协议期满时,再用即时可用资金做相反的交易。从表面上看,资金需求者通过出售债券获得了资金,而实际上,资金需求者是从短期金融市场上借入一笔资金。对于资金借出者来说,它获得了一笔短期内有权支配的债券,但这笔债券到时候要按约定的数量如数交回。所以,出售债券的人实际上是借入资金的人,购入债券的人实际上是借出资金的人。出售一方允许在约定的日期,以原来买卖的价格再加若干利息购回该证券。这时,不论该证券的价格是升还是降,均要按约定价格购回。

金融机构之间的短期资金融通,一般可以通过同业拆借的形式解决,不一定要用回购协议的办法。有一些资金盈余部门不是金融机构,而是非金融行业机构,他们采用回购协议的办法可以避免对放款的管制。此外,回购协议的期限可长可短,比较灵活,也满足了部分市场参与者的需要。期限较长的回购协议还可以套利,即在分别得到资金和证券后,利用再一次换回之前的间隔期进行借出或投资,以获取短期利润。

还有一个逆回购协议(Reverse Repurchase Agreement),实际上与回购协议是一个问题的两个方面。它是从资金供应者的角度出发相对于回购协议而言的。回购协议中,卖出证券取得资金的一方同意按约定期限以及约定价格购回所卖出的证券。在逆回购协议中,买入证券的一方同意按约定期限以及约定价格出售其所买入的证券。在资金供应者的角度看,逆回购协议是回购协议的逆操作。

(二) 回购业务的交易机构与交易形式

一般来说,参与回购协议的交易机构既包括金融机构,也包括非金融机构。根据我国目前的规定,回购业务的市场参与者主要包括:在中国境内具有法人资格的商业银行及其授权的分支机构;在中国境内具有法人资格的非银行金融机构、非金融机构;经中国人民银行批准经营人民币业务的外国银行分行。

回购业务主要采用询价方式,自主谈判,逐笔成交;一般需要订立书面合同。

(三) 债券回购价格的计算

1. 债券回购交易中可拆入资金的计算

由于现实中存在的单个债券品种在规模上不足以满足回购交易的数量要求,为了增强回购市场的流动性,证券交易所一般会人为地规定具有某些性质的债券为标准券,根据一定的计算公式计算,并随时公布现实中各种债券与标准券之间的折算系数(或称标准券折算率)。回购交易中资金拆借量的计算用下式反映:

$$资金拆借量=持有的现券手数 \times 标准券折算率 \times 每手标准券的价值$$

2. 回购报价与购回价格的计算

回购报价一般用拆借资金的年利息率表示。购回价格(或返售价格)为每百元标准券的购回价,其计算采用下式:

$$购回价格=100+回购报价 \times (回购期限/全年天数) \times 100$$

例如,某机构以持有的某种债券现券100手(每手债券为1 000元面值)做3天债券回购交易,该债券的折算率为1.20,3天回购报价为2.5%。则初始交易时,该机构可借入的资金$=100 \times 1.20 \times 1\,000=120\,000$元;3天到期后,该机构需支付的金额$=120\,000 \times [1+0.025 \times 3/360]=120\,025$元,其中,120 000元为本金,25元为回购利息。

(四) 我国的回购市场

1991年我国开始建立国债回购市场,2000年4月30日,中国人民银行公布《全国银行间债券市场债券交易管理办法》,对国债回购、现券买卖等国债交易活动等进行了进一步的规范。债券回购交易一般在证券交易所进行,目前我国不仅在上海、深圳两个交易所开展了回购交易,全国银行间同业拆借市场也开展该项业务。我国已经推出的债券回购交易品种包括3天、4天、7天、14天、28天、63天、91天、182天和273天债券回购交易,共9种。近年来,回购业务成为我国中央银行宏观调控的工具,在公开市场上广泛使用。2002年第一季度,中国人民银行公开市场操作一直通过短期逆回购和现券买卖方式投放基础货币,到2002年6月下旬,根据我国经济与金融形势的要求,中国人民银行连续在公开市场进行正回购操作,以实现货币政策意图。

三、商业票据市场

商业票据市场就是商业票据交易的市场。

(一)商业票据市场的供给者

商业票据的供给者包括金融性和非金融性公司。金融性公司主要有三种:附属性公司、与银行有关的公司及独立的金融公司。第一类公司一般是附属于某些大的制造公司,如通用汽车承兑公司;第二类是银行持股公司的下属子公司;其他则为独立的金融公司。非金融性公司发行商业票据的频次较金融公司少,发行所得主要解决企业的短期资金需求及季节性开支,如应付工资及缴纳税款等。商业票据的发行视经济及市场状况的变化而变化。一般来说,高利率时期发行数量较少,资金来源稳定时期、市场利率较低时,发行数量较多。

(二)商业票据市场的需求者

在美国,商业票据的需求者包括中央银行、非金融性企业、投资公司、政府部门、私人抚恤基金、基金组织及个人。另外,储蓄贷款协会及互助储蓄银行也获准以其资金的20%投资于商业票据。

(三)商业票据的发行与流通

1. 商业票据的发行

商业票据的发行一般采用折扣发行。投资者到期得到面值,买卖价差额为利息,1年以360天计算。商业票据发行方式有两种,一种是直接发行,是指由发行公司直接卖给投资者的票据。采用这种方式的公司多为金融公司。对这些公司而言,商业票据是重要的资金来源,需要经常发行,因而,直接发行的成本较低。这种公司一般每月至少要借入10亿美元;另一种是交易商代销,指不是由公司直接发行,而是由交易商代销。这种交易商以前主要由证券机构担任。经销商在销售活动中一般收取0.125%~0.25%的手续费。随着金融自由化的发展,商业银行也进入商业票据的承销市场。由于进入的发行机构的增加,竞争加剧了,竞争的压力迫使各机构的收费在减少。

在实践中,究竟采用哪种方式,主要取决于发行者使用这两种方式的成本的高低。早期为了应付季节性资金需求而发行票据的非金融性公司,如果建立自己的永久性商业票据销售公司并不合算,所以主要是第二种方式占主导。而现在则是一些规模非常大的公司自己直接发行的票据占据了大多数的市场。

2. 商业票据的流通

商业票据可以通过背书方式进行流通转让。背书是指在票据背面记载有关事项并签章的票据行为。票据可以多次转让,但每个转让人(背书人)和出票人同样要对票据的付款负责。商业票据的持票人需要资金时,可以持未到期的商业票据向银行申请贴现(Discount),银行扣除一定的贴现利息,将票面余额支付给贴现申请人。和贴现相关的还有转贴现和再贴现。转贴现是指银行以贴现购得的没有到期的票据向其他商业银行所做的票据转让。再贴现则是商业银行持未到期的已贴现票据向中央银行进行贴现,以筹措资金的行为。

在商业票据贴现业务中,贴现申请人获得的资金额及贴现利息的计算方法同银行承兑汇票的贴现完全相同,这里不再赘述。

第三节 证券市场

证券市场是证券发行和流通的活动场所,它是包括证券投资活动全过程在内的证券供求交易的网络和体系,有着广泛的外部联系和复杂的内部结构,是金融市场的一个重要组成部分。主要包括股票市场、债券市场和基金市场。

一、股票市场

股票市场,就是进行股票交易的场所。股票市场按其组织结构可分为一级市场和二级市场。

(一)股票的一级市场

一级市场(Primary Market)也称为发行市场(Issuance Market),它是指公司直接或通过中介机构向投资者出售新发行的股票。所谓新发行的股票包括初次发行和再发行的股票,前者是公司第一次向投资者出售的原始股,后者是在原始股的基础上增加新的份额。

一级市场的整个运作过程通常由咨询与管理、认购与销售两个阶段构成。

1. 咨询与管理

这是股票发行的前期准备阶段,发行人(公司)须听取投资银行的咨询意见并对一些主要问题做出决策,主要包括发行方式的选择、选定作为发行商的投资银行和股票定价等。

股票发行的方式一般可分为公募(Public Placement)和私募(Private Placement)两类。

公募是指面向市场上大量的非特定的投资者公开发行股票。其优点是可以扩大股票的发行量,筹资潜力大;无须提供特殊优厚的条件,发行者具有较大的经营管理独立性;股票可在二级市场上流通,从而提高发行者的知名度和股票的流动性。其缺点则表现为工作量大,难度也大,通常需要承销者的协助;发行者必须向证券管理机构办理注册手续;必须在招股说明书中如实公布有关情况以供投资者做出正确决策。

私募是指只向少数特定的投资者发行股票,其对象主要有个人投资者和机构投资者两类,前者如使用发行公司产品的用户或本公司的职工,后者如大的金融机构或与发行者有密切业务往来关系的公司。在私募的情况下,发行条件通常由发行公司和投资者直接商定,从而绕过了承销环节。因此,私募具有可节省发行费、通常不必向证券管理机构办理注册手续、有确定的投资者从而不必担心发行失败等优点,但也有须向投资者提供高于市场平均条件的特殊优厚条件、发行者的经营管理易受干预、股票难以转让等缺点。

对于再发行的股票可以采取优先认股权(Preemptive Right),即配股方式,也可以通过增加发行新股,即增发方式。配股给予现有股东以低于市场价值的价格优先购买一部分新发行的股票,其优点是发行费用低并可维持现有股东在公司的权益比例不变。在认股权发行期间,公司设置一个除权日(Ex-Rights Date),在这一天之前,股票带权交易,即购得股票的同时也取得认股权;而除权日之后,股票不再附有认股权。增发就是在原有股份的基础上,向原有投资者或新的投资者发售新增部分的股票。

公开发行股票一般都通过投资银行来进行,投资银行的这一角色称为承销商(Underwriter)。许多公司都与某一特定承销商建立起牢固的关系,承销商为这些公司发行股票而且提供其他必要的金融服务。但在某些场合,公司通过竞争招标的方式来选择承销商。这种方式有利于降低发行费用,但不利于与承销商建立持久牢固的关系。承销商的作用除了销售股票外,事实上还为股票的信誉作担保,这是公司试图与承销商建立良好关系的基本原因。当发行数量很大时,常由多家投资银行组成承销辛迪加(Syndicate)或承销银团(Banking Group)来处理整个发行,其中一家投资银行作为牵头承销商(Lead Underwriter)起主导作用。投资银行等中介通常是寻找可能的投资者,帮助发行公司准备各项文件,进行尽责调查和制定发行日程表等活动实施的最佳机构。

发行定价是一级市场的关键环节。如果定价过高,会使股票的发行数量减少,进而使发行公司不能筹集到所需资金,股票承销商也会遭受损失;如果定价过低,则股票承销商的工作容易,但发行公司却会遭受损失,对于再发行的股票,价格过低还会使老股东受损。公司新发行股票,一般有一个向广大投资者推荐的过程,就是我们经常所讲到的路演,这样,投资者就能更好地了解公司以便做出正确的投资决策,也有助于发行公司合理定价。公司股票的发行价格主要有平价、溢价和折价三种。平价发行就是以股票票面所标明的价格发行,溢价就是按超过票面金额的价格发行,折价发行就是按低于票面金额的价格发行。

2. 认购与销售

发行公司完成准备工作之后即可按照预定的方案发售股票。对于承销商来说,就是执行承销合同批发价认购股票,然后售给投资者。具体方式通常有以下几种:包销(Firm Underwriting)和代销(Best-Effort Underwriting)。

包销是指承销商以低于发行定价的价格把公司发行的股票全部买进,再转卖给投资者,这样承销商就承担了在销售过程中股票价格下跌的全部风险。承销商所得到的买卖差价(Spread)是对承销商所提供的咨询服务以及承担包销风险的补偿,也称为承销折扣(Underwriting Discount)。在包销发行时,发行公司与承销商正式签订合同,规定承销的期限和到期承销商应支付的款项,如到截止期股票销售任务尚未完成,承销商必须按合同规定如数付清合同确定的价款,若财力不足又不能申请延期,就须向银行借款支付。为了增加潜在投资者的基础以便在较短时间内把股票销售出去,牵头承销商往往会组织销售集团(Selling Group),这个集团包括承销银团成员和不属于银团的金融机构,其作用相当于零售商。

代销是指承销商许诺尽可能多地代替股票发行公司销售股票,但不能保证能够完成预定销售额,任何没有出售的股票都可退还给发行公司。这样,承销商不承担风险。

(二) 股票的二级市场

二级市场(Secondary Market)也称为交易市场,是投资者之间买卖已发行股票的场所。这一市场为股票创造了流动性,即随时根据自身需要,将股票变为现金资产。在交易过程中,投资者将自己获得的有关信息反映在交易价格中,而一旦形成公认的价格,投资者凭此价格就能了解公司的经营概况,公司则知道投资者对其股票价值即经营业绩的判断,这样一个"价格发现过程"降低了交易成本。同时,交易也意味着控制权的重新分配,当公司经营状况不佳时,大股东通过卖出股票放弃其控制权,这实质上是一个"用脚投票"的机制,它使股票价格下跌以暴露公司的有关信息并改变控制权分布状况,进而导致股东大会的直接干预或外部接管,而这两者都是"用手投票"行使控制权。由此可见,二级市场另一个重要作用是优化控制权的配置从而保证权益合同的有效性。

二级市场通常可分为有组织的证券交易所市场和场外交易市场,但也出现了具有混合特性的第三市场(The Third Market)和第四市场(The Fourth Market)。

1. 证券交易所市场

证券交易所是由证券管理部门批准的,为证券的集中交易提供固定场所和有关设施,并指定各项规则以形成公正合理的价格和有条不紊的秩序的正式组织。在证券交易所内进行股票交易的市场就是证券交易所市场。

证券交易所主要提供以下交易设施和规则:① 提供买卖证券的交易席位和有关交易设施;② 制定有关场内买卖证券的上市、交易、清算、交割、过户等各项规则;③ 管理交易所的成员,执行场内交易的各项规则,对违纪现象做出相应的处理等;④ 编制和公布有关证券交易的资料。

在我国境内,证券交易所市场主要指上海证券交易所和深圳证券交易所。

2. 场外交易市场

场外交易市场是相对于证券交易所而言的,凡是在证券交易所之外进行的股票交易活动都可称作场外交易。由于这种交易起先主要是在各证券商的柜台上进行的,因而也称为柜台交易(Over-the-count, OTC)。场外交易市场与证券交易所相比,没有固定的场所,而是分散于各地,规模有大有小,由自营商(Dealers)来组织交易。自营商与证券交易所的专营商作用类似,他们自己投入资金买入证券后随时随地将自己的存货卖给客户,以维持市场的流动性和连续性,因而也被称作"做市商"(Market Maker),买卖差价可以看作自营商提供以上服务的价格。但是,自营商又不像交易所的特种会员一样有义务维持市场的稳定,在价格大幅波动的情况下,这些"做市商"将会减少交易以避免更大的损失。

由于场外交易比证券交易所上市所受的管制少,灵活方便,因而中小型公司和具有发展潜质的新公司,特别是许多新科技型公司选择在场外交易市场上市。世界最著名的场外交易市场就是美国于1971建立的美国全国证券交易商协会自动报价系统(NASDAQ)。

3. 第三市场

第三市场是指原来在证券交易所上市的股票移到场外进行交易而形成的市场,换言之,第三市场交易既在证券交易所上市,又在场外市场交易的股票,以区别于一般含义的柜台交易。第三市场最早出现于20世纪60年代的美国。长期以来,美国的证券交易所都实行固定佣金制,而且未对大宗交易给予折扣佣金,导致买卖大宗上市股票的机构投资者(养老基金、保险公司、投资基金等)和一些个人投资者通过场外市场交易上市股票以降低交易费用,这种形式的交易随着60年代机构投资者的比重明显上升以及股票成交额的不断增大获得了迅速的发展,并形成了专门的市场。该市场因佣金便宜、手续简单而备受投资者欢迎。

4. 第四市场

第四市场是指大机构(和富有的个人)绕开通常的经纪人或自营商,彼此之间利用电脑网络直接进行的大宗证券交易。有几家私营的自动交易系统,如 Instinet 系统、POSIT 系统、Crossing Network 系统提供投资者证券买卖的最新信息。这样的交易可以最大限度地降低交易费用,它的发展一方面对证券交易所的场外交易市场产生了巨大的竞争压力,从而促使这些市场降低佣金、改进服务;另一方面,也对证券市场的管理提出了挑战。

二、债券市场

债券市场是证券市场的另一基本形态,其发行和交易的债务工具与权益工具有着本质的区别,因而债券市场的特点也与股票市场有所不同。

(一)债券的一级市场

债券的发行与股票类似,不同之处主要有发行合同书和债券评级两个方面。同时,由于债券是有期限的,因而其一级市场多了一个偿还环节。

1. 发行合同书(Indenture)

发行合同书也称信托契据(Trust Deed),是说明公司债券持有人和发行债券的公司双方权益的法律文件,由受托管理人(Trustee,通常是银行)代表债券持有人的利益监督合同书中各条款的履行。债券发行合同书一般很长,其中各种限制性条款占很大篇幅。对于有限责任公司来说,一旦资不抵债而发生违约,债权人的利益会受到损害,这些限制性条款就是用来设法保护债权人利益的。

2. 债券评级

债券违约风险的大小与投资者的利益密切相关,也直接影响着发行者的筹资能力和成本。为了较客观地评估不同债券的违约风险,通常需要由中介机构进行评级。但评级是否具有权威性则取决于评级机构。目前最著名的两大评估机构是标准·普尔(Standard & Poor's)公司和穆迪(Moody's)公司。

3. 债券的偿还

债券的偿还一般可分为定期偿还和任意偿还两种方式。定期偿还是经过一定宽限期后,每过半年或1年偿还一定金额的本金,到期时还清余额。这一般适用于发行数量巨大、偿还期限长的债券。任意偿还是债券发行一段时间(称为保护期)以后,发行人可以任意偿还债券的一部分或全部,具体操作可根据早赎或以新偿旧条款,也可在二级市场上买回予以注销。

(二) 债券的二级市场

债券的二级市场与股票的类似,也可分为证券交易所、场外交易所市场、第三市场和第四市场几个层次。证券交易所是债券二级市场的重要组成部分,在证券交易所申请上市的债券主要是公司债券,国债一般不用申请即可上市,享有上市豁免权。然而,上市债券与非上市债券相比,前者在债券总量中所占的比重很小,大多数债券的交易是在场外市场进行的,场外交易市场是债券二级市场的主要形态。债券二级市场的交易机制,与股票并无差别,只是由于债券的风险小于股票,其交易价格的波动幅度也较小。

(三) 债券的价格

1. 债券的发行价格

债券发行价格的确定,根据债券派息的方式不同而不同。

(1) 附息债券的发行价格。任何一种金融工具的理论价值都等于这种金融工具能为投资者提供的未来现金流量的贴现值。给一张债券定价,首先要确定它的现金流量。一种不可赎回债券的现金流量构成包括两部分:在到期日之前周期性的息票利息支付,票面到期价值。

在以下的债券定价计算中,为了简化分析,我们先做三个假设:息票支付每年进行一次;下一次息票支付恰好是从现在起 12 个月之后收到;在债券期限内,息票利息固定不变。

在确定了一张债券能给投资者提供的现金流量分布之后,我们还需要在市场上寻找与目标债券具有相同或相似信贷质量及偿还期限的债券,以确定必要收益率或贴现率。给定了某种债券的现金流量和必要收益率,我们就可以以现金流量贴现的方式为债券估价。其公式为:

$$P = \frac{C}{(1+r)} + \frac{C}{(1+r)^2} + \frac{C}{(1+r)^3} + \cdots + \frac{C}{(1+r)^n} + \frac{M}{(1+r)^n}$$

式中,P 为债券发行价格,M 为面值,C 为每期支付的利息,n 为从发行日至到期日的时期数,r 为该债券的贴现率。

由此我们可以得出以下结论:当一张债券的必要收益率高于发行人将要支付的利率(票面利率)时,债券将以相对于面值贴水的价格交易;反之,则以升水的价格交易;当必要收益率等于票面利率时,将以面值平价交易。

(2) 一次性还本付息的债券定价。一次性还本付息的债券只有一次现金流动,也就是到期日支付本息之和。所以,对于这样的债券只需要找到合适的贴现率,而后对债券终值贴现就可以了。一次性还本付息债券的定价公式为:

$$P = \frac{M(1+k)^n}{(1+r)^n}$$

式中,P 为债券发行价格,M 为面值,k 为票面利率,n 为从发行日至到期日的时期数,r为该债券的贴现率。

(3) 零息债券的定价。零息债券不向投资者进行任何周期性的利息支付,而是把到期价值和购买价格之间的差额作为利息回报给投资者。投资者以相对于债券面值贴水的价格从发行人手中买入债券,持有到期后可以从发行人手中兑换与面值相等的货币。一张零息债券的现金流量相当于将附息票债券的每期利息流入替换为零。所以它的估值公式为:

$$P = \frac{M}{(1+r)^n}$$

式中,P为债券发行价格,M为债券面值,r为必要收益率,n为从发行日至到期日的时期数。

2. 债券的交易价格

债券发行后,在二级市场可以进行交易,交易的价格除了受债券本身的价值决定之外,还受到其他一些因素的影响。

(1) 债券的剩余价值的计算。当计算一年付息一次的债券价格时,计算公式为:

$$P = \sum_{i=1}^{m} \left[\frac{C}{(1+r)^i} \right] + \frac{M}{(1+r)^m}$$

式中,P为债券交易价格,M为面值,C为每期支付的利息,r为该债券的贴现率,m为从买入日至到期日的所余时期数。

贴现债券转让价格的计算公式为:

$$P = \frac{M}{(1+r)^m}$$

式中,P为债券转让价格,M为面值,r为该债券的贴现率,m为从买入日至到期日的所余时期数。

(2) 影响债券交易价格的因素。债券的交易价格除了受债券的剩余价值影响之外,同时还随着债券市场供需状况的不断变化而变化,市场的供求关系对债券价格的变动有着直接的影响。当市场上的债券供过于求时,债券价格必然下跌;反之,债券价格则上涨。影响债券供求关系,从而引起债券价格变动的因素较为复杂,主要受以下几方面的因素影响:

① 市场利率。货币市场利率的高低与债券价格的涨跌有密切关系。当货币市场利率上升时,用于债券的投资减少,于是债券价格下跌;当货币市场利率下降时,可流入债券市场的资金增多,用于债券投资的需求增加,于是债券价格上涨。

② 经济发展情况。经济发展情况对债券市场行情有较大的影响。当经济发展呈上升趋势时,生产对资金的需求量较大,投资需求上升,债券发行(供给)量增加,市场利率上升,由此推动债券价格下降;当经济发展不景气,生产过剩时,生产企业对资金的需求急剧下降,债券发行减少,市场利率下降,债券价格随之上涨。

③ 物价水平。物价的涨跌会引起债券价格的变动。当物价上涨的速度较快时,人们

出于保值的考虑,纷纷将资金投资于房地产或其他可以保值的物品,债券供过于求,从而会引起债券价格的下跌。

④ 中央银行的公开市场操作。为调节货币供应量,中央银行于信用扩张时在市场上抛售债券,这时债券价格就会下跌;而当信用萎缩时,中央银行又从市场上买进债券,这时债券价格则会上涨。

⑤ 新债券的发行量。当新债券的发行量超过一定限度时,会破坏债券市场供求的平衡,使债券价格下跌。

⑥ 投机操纵。在债券交易中进行人为的投机操纵,会造成债券行情的较大波动。特别是在初建证券市场的国家,由于市场规模较小,人们对于债券投资还缺乏正确的认识,加之法规不够健全,因而使一些非法投机者有机可乘,以哄抬或压低价格的方式造成市场供求关系的变化,影响债券价格的涨跌。

⑦ 汇率。汇率的变动对债券市场行情的影响很大。当某种外汇升值时,就会吸引投资者购买以该种外汇标值的债券,使债券价格上涨;反之,当某种外汇贬值时,人们纷纷抛出以该种外汇标值的债券,债券价格就会下跌。

三、基金市场

证券投资基金是通过发行基金股份(或收益凭证),将投资者分散的资金集中起来,由专业管理人员分散投资于股票、债券或其他金融资产,并将投资收益分配给基金持有者的一种金融工具和金融中介机构。投资基金在不同国家有不同的称谓,美国称"共同基金"或"互助基金",也称"投资公司",英国和中国香港称"单位信托基金",日本、韩国和我国台湾称"证券投资信托基金"。证券投资基金具有规模经营、分散投资、专家管理和服务专业化的特点。

(一) 投资基金的种类

根据不同的标准,投资基金有不同的种类:

1. 根据组织形式可分为公司型基金和契约型基金

(1) 公司型基金(Corporate Type Funds)。公司型基金是依据公司法成立的、以盈利为目的的股份有限公司形式的基金,其特点是基金本身是股份制的投资公司,基金公司通过发行股票筹集资金,投资者通过购买基金公司股票而成为股东,享有基金收益的索取权。

(2) 契约型基金(Contractual Type Funds)。契约型基金是依据一定的信托契约组织起来的基金,其中作为委托人的基金管理公司通过发行受益凭证筹集资金,并将其交由受托人(基金保管公司)保管,本身则负责基金的投资营运,而投资者是收益人,凭基金受益凭证索取投资收益。目前我国的证券投资基金都是契约型基金。

2. 根据投资目标可分为收入型基金、成长型基金和平衡型基金

(1) 收入型基金(Income Funds)。收入型基金是以获取最大的当期收入为目标的投资基金,其特点是损失本金的风险小,但长期成长的潜力也相应较小,适合保守的投资者。

(2) 成长型基金(Growth Funds)。成长型基金是以追求资本的长期增值为目标的投资基金,其特点是风险较大,可以获取的收益也较大,适合能承受高风险的投资者。

(3) 平衡型基金(Balanced Funds)。平衡型基金是以净资产的稳定、可观的收入及适度的成长为目标的投资基金。其特点是具有双重投资目标,谋求收入和成长的平衡,故风险适中,成长潜力也不是很大。

3. 根据是否可以自由赎回分为开放式基金和封闭式基金

(1) 开放型基金。开放型基金是指基金可以无限地向投资者追加发行股份,并且随时准备赎回发行在外的基金股份,因此其股份总数是不固定的,这种基金就是一般所称的投资基金或共同基金。

(2) 封闭型基金。封闭型基金是基金股份总数固定,且规定封闭期限,在封闭期限内投资者不得向基金管理公司提出赎回,而只能在二级市场上挂牌寻求转让,其中以柜台交易为多。

4. 根据投资对象划分,大致可分为如下几种

(1) 股票基金。它的投资对象是股票,这是基金最原始、最基本的品种之一。

(2) 债券基金。它是投资于债券的基金,这是基金市场上规模仅次于股票基金的另一重要品种。

(3) 货币市场基金。它是投资于存款证、短期票据等货币市场工具的基金,属于货币市场范畴。

(4) 衍生基金和杠杆基金。它是投资于衍生金融工具,包括期货、期权、互换等,利用其杠杆比率进行交易的基金。

(5) 对冲基金和杠杆基金。对冲基金(Hedge Funds),又称套期保值基金,是在金融市场上进行套期保值交易,利用现货市场和衍生市场对冲的基金。这种基金能最大限度地降低或避免风险,因而也称避险基金。

(6) 套利基金(Arbitrage Funds)。是在不同金融市场上利用其价格差异低买高卖进行套利的基金,也属低风险稳回报基金。

(7) 雨伞基金(Umbrella Funds)。严格地说,雨伞基金并不是一种基金,只是在一组基金(称为"母基金")之下再组成若干个"子基金",以方便和吸引投资者在其中自由选择和低成本转换。

(二) 我国证券投资基金的运作管理

1. 证券投资基金的募集

申请募集基金,首先必须选择符合任职资格的基金管理人和基金托管人,由基金管理人申请募集基金。基金管理人应当按照《证券投资基金法》和中国证监会的规定提交申请材料,中国证监会依照《行政许可法》和《证券投资基金法》第39条的规定,受理基金募集申请,并进行审查,做出决定。基金募集期限自基金份额发售之日起不得超过3个月,基金募集份额总额不少于2亿份,基金募集金额不少于2亿元人民币,基金份额持有人的人数不少于200人。

2. 证券投资基金的申购与赎回

开放式基金的基金合同应当约定,基金管理人帮助解决投资者办理基金份额申购、赎回业务。开放式基金份额的申购、赎回价格,依据申购、赎回日基金份额净值加、减有

关费用计算。开放式基金份额净值,应当按照每个交易日闭市后,基金资产净值除以当日基金份额的余额数量计算。

3. 证券投资基金的投资

基金名称显示投资方向的,应当有80%以上的非现金基金资产属于投资方向确定的内容。股票基金将其60%以上的基金资产投资于股票;债券基金将80%以上的基金资产投资于债券;货币市场基金投资于货币市场工具;混合基金投资于股票、债券和货币市场工具,并且投资比例不确定。

同时,一只基金持有的一家上市公司的股票,其市值不得超过基金资产净值的10%;同一基金管理人管理的全部基金持有的一家公司发行的证券,不得超过该证券的10%。

第四节 保险市场

保险市场是以保险单为交易对象的场所。保险单是一种有价证券,它不仅能为其持有者(被保险人或受益人)提供保险保障,即在保险单约定的保险事故或保险事件发生时,有权向保险单的发行人(保险公司)索取赔款或保险金,以弥补其财产或收入的损失,而且能为投资者提供储蓄财富,使之保值和增值(如两全保险和投资连结保险)。保险是一种防范风险,兼具储蓄与投资功能的金融工具。此外,保险市场还提供信贷,为消费与投资支出融资(如保单质押贷款)。所以,保险市场属于金融市场。但是,保险市场的金融性,是以提供保险保障为前提的,是在提供保险保障的基础上实现财产与收入损失的风险防范及储蓄投资的功能,因此,与股票、债券、外汇等金融市场相比较,保险市场无论在交易对象、交易方式,还是运作机制、供求关系上都具有其独特性,是一个特殊的金融市场。

一、保险市场的构成要素

与其他市场一样,保险市场也是由主体和客体这两大要素构成的。保险市场的主体是指保险交易活动的参与者,包括保险人、投保人和保险中介人;保险市场的客体是指保险市场的交易对象,即各种具体的险种或保险单。

(一)保险市场的主体

1. 保险人

保险人,即经营保险业务、提供保险保障的组织或机构,是保险市场的供给主体。保险人通过与投保人订立保险合同,收取保险费,建立保险基金,实现其对被保险人的损失赔偿或给付保险金的责任。除少数国家允许自然人经营保险外,大多数国家都规定保险人必须是经过有关部门批准的、专门经营保险业务的法人。世界各国对保险人的组织形式、机构设置、业务交易范围、保险单的内容、保险费率的制定、偿付能力、准备金的提存以及破产清算等都作了严格的法律规定,并有专门的监督机构对保险人的日常经营活动进行监督和管理,从法律上和制度上确保保险人规范、稳健经营,从而维护被保险人的利益。目前,世界各国保险市场上保险人的组织形式主要有以下几种:

(1) 国营保险公司。是由国家或政府投资设立的有限责任保险公司。国营保险公司除经营商业性保险业务外,通常还要承办一些私营保险公司不愿意或无力经营的政策性保险业务,如农业保险、出口信用保险、社会保险和失业保险等,为实现政府的某项经济或社会政策服务。

(2) 保险股份有限公司。即通过发行股票筹集资本、以赢利为目的的保险公司。保险股份有限公司一般规模比较大,资本也较雄厚,是现代保险市场上最主要的保险供给主体。

(3) 相互保险组织。是由具有共同风险顾虑的个人或经济单位,为获得保险保障而共同集资设立的非盈利性的保险组织。其特点有:一是参加者之间相互提供保险,即每一个参加者既是保险的供给者,也是保险的需求者,既是保险人,也是被保险人。二是不以盈利为目的。相互保险有采取公司形式如相互保险公司,也有采取非公司形式如相互保险社和保险合作社。

(4) 个人保险公司。是以个人名义承保保险业务的一种保险组织形式,目前仅有存在于英国的劳合社(Lloyd's)。劳合社是劳埃德保险社的简称,是英国保险业的鼻祖,也是当今世界最大的保险垄断组织之一。劳合社是由众多个人承保商组成的保险集合体,每个承保商各自独立,自负盈亏,并以个人的全部财产对其承保的风险承担无限责任,因此,作为劳合社的承保商必须具备相当雄厚的财力。目前,劳合社由 30 000 多个保险商,组成 400 多个保险辛迪加,经营海上保险等各种保险业务。3 个多世纪以来,劳合社以其雄厚的资金力量、丰富的经验、精湛的技术、卓著的信誉和创新精神著称于世,成为世界最大的保险市场,是国际保险市场上海上保险和再保险的最主要的供给者。

2. 投保人

投保人,即保险单的购买者,是保险市场的需求主体。保险交易活动的进行通常是由投保人向保险人提出购买保险的要约(即填具投保单),经保险人审核同意后,双方签订保险合同,并由投保人负责交纳保险费。此后,在保险合同的有效期限内,如果发生保险合同约定的风险损失,保险合同的被保险人或受益人即有权向保险人要求赔偿或给付保险金。根据法律规定,投保人可以是法人,也可以是自然人。但是作为投保人必须具备两个基本条件:

(1) 必须具有权利能力和行为能力。因为签订保险合同是一种法律行为,而法律行为会引起一定的法律后果,即当事人能够享有一定的权利,或必须承担一定的义务。由于投保人是与保险人签订保险合同的一方当事人,并负有交纳保险费的义务,所以要求投保人必须具有民事权利能力,未取得法人资格的组织与无行为能力或限制行为能力的自然人和法人均不能作为投保人,与其签订的保险合同在法律上无效。

(2) 保险标的必须具备可保利益,即法律认可的经济利益。因为保险的宗旨是补偿被保险人因保险标的出险所遭受的损失,但不允许被保险人通过保险而获得额外的利益,而可保利益既是确定保险保障最高限度的一个客观依据,又可以防止投保人或被保险人为谋取保险赔款而故意破坏保险标的的道德风险,还可以使保险不成为赌博。所以,无论是财产保险还是人身保险,都要求保险标的必须具有可保利益,才有条件或有资格与保险人签订保险合同,否则,签订的保险合同为非法的或是无效的合同。财产保险的可保利益来源于投保人对保险标的所拥有的各种权利,如财产所有权、经营权、使用权、承运权、保管权、抵押和留置权等;人身保险的可保利益来源于投保人和被保险人之间所具有的各种利害关系,如人身关系、亲属关系、雇佣关系和债权债务关系等。

3. 保险中介人

保险中介人,即为保险供求双方"牵线搭桥",连接保险需求与供给,协助促成保险交易的专门组织或个人。在保险市场发展初期,保险展业大都采用直接展业的方式,即由保险人直接向投保人推销保单。随着保险市场的发展,直接展业已无法满足保险供求双方的需要,因为对于保险人来说,直接展业需要增设机构、配备大量的业务员,这将提高保险经营成本;对于投保人来说,由于保险供给主体的多元化和保险商品的多样化以及信息的不对称性而难以确定保险人。保险中介人拥有与保险供求双方的广泛联系、丰富的保险专业知识、熟练的保险交易技巧以及对保险交易程序和价格的充分了解,能为保险供求双方提供信息、咨询和保险交易服务,有效地促进保险交易的发展,从而成为现代保险市场不可或缺的一个要素。保险中介人是保险市场发展的必然产物,也是保险市场发达的一个重要标志。保险中介人主要有保险代理人和保险经纪人。

保险代理人,是指接受保险人的委托,在保险人授权范围内代为办理保险业务,并向保险人收取佣金的单位和个人。保险代理权限一般为:推销保险,签发暂保单,收取保险费,代为查勘、审核、赔款等。保险代理人在保险人授权范围内的代理行为对保险人具有法律约束力,其代理行为所产生的法律后果直接由保险人承担。各国保险法均要求保险代理人必须具备一定的资格条件,经申请核准,取得营业执照,方可经营保险代理业务。发达国家保险市场广泛采用代理人制度,如美国、日本90％的保险业务都是通过保险代理人争取的。我国保险代理人制度近年来发展很快,1995年颁布实施的《保险法》规定,保险代理人应当具备金融监督管理部门规定的资格条件,并取得金融监督管理部门颁发的经营保险代理业务的许可证,向工商行政管理机关办理登记,领取营业执照,缴存保险金或者投保职业责任保险方可代理保险业务。1997年中国人民银行颁发实施的《保险代理人管理规定(试行)》进一步明确了保险代理人的分类、组织形式、设立程序等有关事项,从而使我国保险代理人制度日趋完善。

保险经纪人,是受投保人委托,为投保人购买保险,提供中介服务的中间人。保险经纪人为投保人提供的中介服务主要有:提供保险信息和咨询、设计投保方案、代表投保人和保险人接洽并商定保险合同的条件、代办投保手续、代交保险费或受投保人委托在保险事故发生时向保险人索取赔款。保险经纪人的法律地位和保险代理人不同,保险经纪人是投保人代理人,代表投保人或被保险人的利益,其在投保人或被保险人授权范围内的代理行为产生的法律后果由投保人或被保险人负责,对保险经纪人不具法律约束力。但如果保险经纪人的疏忽、过失行为使投保人或被保险人遭受损失,保险经纪人应独立承担民事法律责任。保险经纪人虽然代表投保人或被保险人的利益,但其在为投保人购买保险提供中介服务时,同时也为保险人招揽了业务,所以其佣金是由保险人支付。经纪人可以是自然人,也可以是法人。欧洲国家保险市场历来盛行经纪人制度,其保险业务70%来自经纪人,著名的劳合社所接受的业务都是通过经纪人中介,仅劳合社市场就有200多家保险经纪公司。我国保险经纪人的发展相对慢于保险代理人。《保险法》规定,保险经纪人应当具备金融监督管理部门规定的资格条件,并取得金融监督管理部门颁发的经营保险经纪业务的许可证,据此向工商行政管理机关办理注册登记,领取营业执照,并缴存保证金或者投保职业责任保险后方可营业。1998年中国人民银行颁布的《保险经纪人管理规定(试行)》进一步明确规定我国保险经纪人的组织形式为保险经纪有限责任公司。

(二)保险市场的客体

保险市场的客体是指保险市场的交易对象,即各种具体的险种,主要有财产保险、责任保险、信用保证保险和人身保险。

财产保险是以有形的物质财富及其相关利益作为保险标的的一种保险,包括火灾保险、海上保险、货物运输保险、汽车保险、航空保险、工程保险和农业保险等。

责任保险是以被保险人依法应负的法律责任作为保险标的的一种保险,其种类包括公众责任险、产品责任险、雇主责任险、职业责任险和第三者责任险。

信用保证保险是以信用风险作为保险标的的一种保险,其种类有贷款信用保险、商业信用保险、出口信用保险、履约保证保险、忠诚保证保险和产品质量保证保险等。在2008年美国次贷危机中,导致AIG陷入财务危机的非常有名的一款金融产品CDS(Credit Default Swaps,信用违约掉期),是一种信用保险,它相当于债权人要求保险公司担保其债务人信用的一种保险,即债务人发生违约风险,导致债权人的经济损失由保险人代为赔偿。

人身保险是以人的生命和身体机能作为保险标的的一种保险,包括人寿保险、健康保险和意外伤害保险等。

二、保险市场的分类

保险市场根据不同的标准可以划分为不同类型的市场。

(一)按保险交易的对象,保险市场可分为财产保险市场与人身保险市场

财产保险市场是以财产保险为交易对象的场所。财产保险有狭义和广义之分,狭义的财产保险是指以各种有形的物质财产作为保险标的的保险,如火灾保险、货物运输保险、汽车保险等;而广义的财产保险的保险标的除了有形的物质财产外,还包括与有形的物质财产相联系的经济利益和损害赔偿责任,如人身责任保险、信用保证保险等。在财产保险市场上,作为交易对象的财产保险是广义的财产保险。人身保险市场的交易对象则是各种人身保险。

(二)按保险交易的主体,保险市场可分为原保险市场和再保险市场

原保险市场是保险人与投保人进行保险交易的市场。再保险市场是保险人之间进行保险交易的市场,即保险人将自己承保的部分风险责任向其他保险人进行保险,保险交易的双方均为保险人。在再保险交易中,分出保险业务的保险人称为原保险人,而接受分保业务的保险人为再保险人。原保险市场是向投保人或被保险人提供保险保障的

市场,而再保险市场是向保险人提供保险保障的市场。

(三)按保险交易的地域,保险市场可分为国内保险市场和国际保险市场

国内保险市场是指保险人在本国从事国内保险业务所形成的保险市场,是国内保险供求关系的总和。在国内保险市场上,保险交易双方均为本国居民,保险交易活动受本国法规的约束。国际保险市场是保险人经营国外保险业务而形成的保险市场,是国际保险供求关系的总和。在国际保险市场上,保险交易双方分属不同的国家,其交易的后果一般会引起国际间的资本流动,从而影响相关国家的国际收支。

三、保险市场的功能

虽然保险市场不是保险产生和存在的必要条件,但却是保险业发展的重要条件。保险市场的功能体现在促进保险业的发展上,具体表现在:

(一)提高保险交易效率

市场本来就是为便利交换而产生的,保险市场同样如此。保险市场是综合反映保险供给和需求的场所,保险交易主体可以通过保险市场了解保险供求信息,寻求各自的交易对象,满足保险供求的需要。因此,保险市场为保险交易过程的完成提供便利,使保险交易低成本、高效率地进行。

(二)增加保险有效供给

竞争是市场的伴随物,保险市场所提供的竞争机制必然促使保险人不断提高保险经营水平,包括提供优质保险服务,提高承保技术,不断开发满足市场需要的新险种,从而增加保险的有效供给。

(三)确定合理的保险交易价格

虽然保险商品价格的形成有其内在的规律性,即主要取决于风险损失率,但市场机制所具有的供求规律对保险交易价格仍然发挥着作用。保险市场供求双方的相互作用以及保险人之间的相互竞争,都有助于保险交易价格——保险费率趋于合理。

(四)实现风险最广泛的分散

保险市场为保险人提供了进一步分散风险的机制。保险人通过在保险市场上相互转分保,共同承担巨额风险,使风险达到最广泛的分散。

【能力训练】

一、问答题

1. 信贷市场融资和资本市场融资的区别是什么?企业如何根据自身特点,选择不同的金融市场进行融资?
2. 保险市场的主体有哪些,具有哪些市场类别?

二、分析题

住房信贷市场一直是国内外商业银行主要的业务,次级按揭贷款是国外住房按揭信贷的一种类型,指银行将资金贷给没多少收入或个人信用记录较低的人。之所以贷款给

这些人,是因为贷款机构能收取比良好信用等级按揭更高的按揭利息。次级房屋信贷经过贷款机构及华尔街用财务工程方法加以估算、组合、包装,就形成票据或证券产品,同时,以贷款信用保险CDS对这种违约产品进行担保。这样,次级信贷产品就可以以证券的方式在抵押二级市场上出卖,用高息吸引其他金融机构和对冲基金购买,这样就形成了次级房贷市场。在2006年之前的5年里,由于美国住房市场持续繁荣,加上前几年美国利率水平较低,美国的次级抵押贷款市场迅速发展。随着美国住房市场的降温尤其是短期利率的提高,次级抵押贷款的还款利率也大幅上升,购房者的还贷负担大为加重。同时,住房市场的持续降温也使购房者出售住房或者通过抵押住房再融资变得困难,这种局面直接导致大批次级抵押贷款的借款人不能按期偿还贷款,使购买该次级贷款证券的相关金融机构和个人遭受巨大的损失,进而引起了美国金融市场的大幅下跌,引发了全球的金融危机,这就是美国的"次贷危机"。

(1) 美国次级贷款市场繁荣的原因是什么?

(2) 我国银行等金融机构在"次贷危机"中,可以吸取哪些经验教训?

三、案例讨论题

2015年以来,保险企业资金逐渐加大了在我国股票市场的投资,以社保基金、中国人寿、中国人保等为代表的保险机构,在利率下行和通胀提升的背景下,正不断加大对我国股票市场的投资。根据相关数据统计,截至2016年底,我国保险资金运用余额达133 910.67亿元,其中股票和证券投资基金为17 788.05亿元,占比13.28%,保险行业与证券行业的对接速度正在加快,保险资金也成了我国证券市场最主要的机构投资者。股票市场作为连接资金和实体产业的重要纽带,对于金融资本和产业资本具有很高的战略价值。在这样的大背景下,前海人寿、恒大人寿、安邦保险等新兴保险企业,发售投资型保险产品集聚了保险资金,对我国股票市场大举进行投资,相继"举牌"了万科A、格力电器、南玻A等上市公司,在享受投资收益的同时,也企图对实体企业的治理结构和管理体系进行介入,产生了"宝万之争"和"格力电器之战"以及南玻A管理层集体罢免等事件。

媒体对这些事件进行了大范围报道和评价,引起了社会的极大关注与讨论,作为证券市场监管部门的证监会相关领导对某些保险资金在资本市场的举牌的野蛮行为进行了批评,而银保监会对相关保险企业的违法违规进行了调查与处罚,热烈的讨论才告一段落。2015年上半年,我国证券公司外接系统银行、信托和民间资金,通过配资账户、信托、理财资金池等层层嵌套,引导其他金融机构的资金进入证券市场,导致证监会作为证券市场监管机构无法清楚地了解进入证券市场的杠杆资金总量,从而无法有效监控和测度市场风险。场外配资规模扩大和股价攀升的速度大大超出了监管者的预期,证监会不得不基于不完全信息对场外配资采取行政式清理,其代价是杠杆资金离场,股价螺旋式下跌,投资者竞相抛售股票,最终导致场内杠杆资金平仓,A股市场的流动性迅速枯竭。

(1) 根据上述材料,谈谈保险资金的投资原则及保险资金进入证券市场的意义。

(2) 什么是金融业的混业经营,它对金融监管的挑战是什么?

第五章　金融机构体系

【学习要点】 金融机构是以某种方式吸收资金，并以某种方式运用资金的金融企业。金融机构分为银行性金融机构和非银行性金融机构，其中以银行性金融机构的产生、发展最为典型，并居支配地位，对社会经济的影响也最大。非银行性金融机构也是一国金融机构体系中非常重要的组成部分。第二次世界大战后，国际金融机构得到了较快发展，国际性金融机构有全球性金融机构和区域性金融机构之分。我国金融机构体系的建立经历了曲折的发展道路。本章主要介绍银行的产生、发展及其特点，金融机构体系的一般构成与发展趋势，我国金融机构体系的形成与发展。

【重点难点】 本章的难点在于理解银行的特殊风险；重点要掌握银行性与非银行性金融机构的共性与特性，以及改革以来我国金融机构体系的变化。

【基本概念】 金融机构　金融机构体系　专业银行　投资银行　商业银行　政策性银行　证券公司　投资信托公司　中央银行

专门从事各种金融活动的组织，均称为金融机构。金融市场上的各种金融活动都要借助于一定的金融机构来完成，无论是个人、企业还是政府，所享受的金融服务绝大部分都是由金融机构提供的。在现代经济中，金融机构的演化也越来越复杂。本章首先以金融机构的产生和发展为主线，分析金融机构的形成机制；然后着重介绍金融机构体系的具体构成，主要包括中央银行、专业银行、商业银行、保险公司、证券公司等等。

第一节　金融机构体系概述

一、金融机构体系的形成及构成

（一）金融机构体系及其形成

金融是现代经济的核心，而金融机构是金融活动的运作主体。在现代社会中，各国大都有一个与其经济发展水平相适应的多样而复杂的金融机构体系，并对整个社会经济的运行和发展起着独特且无可替代的作用。

简单地讲，金融机构是专门从事各种金融活动的组织。世界各国都有形形色色的金融机构，这些金融机构所经营的范围和领域不同，各有侧重，所以对社会发展的具体作用也就各不一样。

间接融资领域中的金融机构（如各种银行），是作为资金余缺双方进行金融交易的媒介体，它们要通过各种负债业务活动集聚资金，然后再通过各种资产业务活动分配这些资金。可见,间接金融机构发挥了一种实实在在的信用中介作用,如果没有他们,间接金融就无法实现。

在直接融资领域中的金融机构(如证券公司、证券经纪人以及证券交易所等),主要作用是为筹资者和投资者双方牵线搭桥,他们有时本身也参加买卖,其身份也是买卖双方的中间人,但这些金融机构主要是促成借贷双方接上关系,而不是要在两者之间进行资产负债业务。

早在金属货币时代就已经出现过金银兑换、保管和汇兑业务,形成了早期的货币兑换商和钱庄、银号等金融机构。16世纪中叶的前资本主义时期,地中海沿岸的工商业与贸易逐渐扩大到其他国家和地区,为了适应经济发展与存贷款的需要,出现了早期的商人银行,这些商人银行既办理存款与贷款业务,又从事转账结算业务,但它们的贷款明显具有高利贷的性质。

真正意义上的银行是在17世纪末到18世纪中叶资本主义工商业发展的推动下逐步发展起来的。现代银行体系的建立主要是通过两条途径实现的:一是旧的高利贷性质的银行业逐渐适应新的经济条件而转变为资本主义银行,在西欧,由金银匠演变而来的旧式银行,主要是通过这一途径缓慢转变为资本主义银行。另一条途径是根据资本主义的公司原则以股份制的形式组建而成,这一条途径是主要的,并且在最早建立资本主义制度的英国表现得尤其明显。1694年,在政府的帮助下,英国建立了历史上第一家资本主义股份制的商业银行——英格兰银行,其贴现率开业时定为4.5%~6%,大大低于旧式银行的高利贷利率。它的成立,宣告了高利贷性质的银行业在社会信用领域垄断地位的结束,标志着资本主义现代银行制度开始形成以及商业银行的产生,从这个意义上讲,英格兰银行是现代商业银行的鼻祖。继英格兰银行之后,在18世纪末19世纪初,欧洲各资本主义国家都相继成立了大规模的股份制商业银行和其他金融机构。金融业的发展,尤其是存款货币银行的广泛发展和信用规模的扩大,使得存款的安全性、银行经营的安全性、金融业的稳定性以及信用规模的控制等问题变得越来越重要,金融业客观上需要一个有效的协调管理机构与监控系统,由此形成了早期的中央银行体系,它代表国家管理金融业,中央银行体系的逐步形成使得中央银行—商业银行两级银行体制的格局初步形成,至此金融机构体系在世界范围内开始普及。

(二)金融机构体系的构成

由于世界各国实行的金融制度不同,金融机构体系的构成也有所差异。这里简单介绍一下世界上最有特色的美国、日本、德国的金融机构体系的构成。

1. 美国的金融机构体系

美国的金融机构体系中的货币发行和监管机构是联邦储备系统。现在的美国联邦储备系统包括联邦储备委员会、联邦公开市场委员会、12家区域性联邦储备银行以及数千家私营的会员银行。美国商业银行注册制度实行的是双轨制,即美国商业银行可以任意选择是向联邦政府还是向各州政府注册,向联邦政府注册的是国民银行,向各州政府注册的是州立银行。作为美国联邦储备系统的一级构成,国民银行必须参加会员银行组织,州立银行可以自行决定参加或退出。

除了商业银行以外,美国还有其他一些金融机构,包括:

(1) 为私人服务的金融机构,主要有储蓄信贷机构,如储蓄贷款协会、互助储蓄银行、信用社、人寿保险公司等;

(2) 为企业服务的金融机构,如销售金融公司、商业金融公司、商业票据所、证券交易所等;

(3) 政府专业信贷机构等。

2. 日本的金融机构体系

日本的金融机构体系中的货币发行和监管机构是日本的中央银行——日本银行。日本实行的是典型的"专业化"金融制度,表现为长、短期金融业务相分离以及一般性业务与专业性业务相分离等特点。在这种金融制度下,日本金融机构主要由三方面组成。

(1) 日本的中央银行,即日本银行,成立于1882年,由大藏省管辖,但在货币政策的制定和执行上仍具有相当的独立性。

(2) 民间金融机构,主要指日本的商业银行以及专业性金融机构。其中,商业银行分为城市银行(全国性)和地方银行(地方性),专业性金融机构大致分为外汇、长期信用、中小企业金融机构、农林牧渔金融机构以及各种保险公司、证券公司等5类。

(3) 政府金融机构,主要指两家银行和十家公库。即日本输出入银行、日本开发银行、国民金融金库、中小企业金融金库等。

3. 德国的金融机构体系

德国的金融机构体系由银行、保险、证券交易所及金融服务公司组成。德国实行的是全能银行制度,也就是常说的混业经营制度,即商业银行可以从事一切金融业务,包括长短期的资金融通、证券投资、信托等业务,其金融机构组成有以下特点:

(1) 中央银行制度比较健全,由德意志联邦银行和联邦信贷监理局共同对整个金融体系进行监督管理。

(2) 三大银行与两大中心在金融体系中占主导地位。其中,三大银行为德意志银行、德累斯顿银行、德国商业银行,两大中心为德意志划汇中心和德国信用合作银行系统的地区信用合作银行中心。前者负责全国储蓄系统的资金调节,后者负责在社员中开展存贷款业务及对中小企业贷款。

此外,德国金融机构中还包括抵押银行、消费信贷银行、复兴信贷银行、保险公司等。监管机构包括德意志联邦银行、联邦金融监督管理局、经纪审计公司以及公共监督机构。

二、金融机构体系的经济功能

按主要业务类别,金融机构可划分为银行性金融机构和非银行性金融机构。前者以吸收存款、发放贷款为主要业务,包括中央银行、商业银行、专业银行等;后者的主要资金来源不是吸收存款而是通过提供各种金融工具或特定契约筹资,并通过特定的方式加以运用,主要有保险公司、信托投资公司、证券公司、财务公司、租赁公司等。通常而言,金融机构体系在促进经济发展方面具有以下几方面的重要作用。

(一) 有效降低交易成本

如果资金盈余单位和赤字单位决定通过贷款的形式建立信用关系,就需要经过谈判、讨价还价后签订合约,并且需要对合约的执行进行监督,取得交易双方的信息。由此产生的成本属于典型的交易成本。在直接融资方式下,借贷双方必然会遇到需要互相寻找的麻烦,交易成本会比较高。如果这些事情都交给专业机构来完成,就可大大降低企业成本。金融机构就属于这样的专业机构,它通过负债业务把闲余资金聚集起来,再通过资产业务将资金投向社会经济各部门,大大提高了融资效率,节省了企业的交易成本。例如,某一企业希望借入资金1 000万元,很少有盈余单位一下子能贷出1 000万元资金,该企业不得不做大量广告逐个借款,然后还必须使每一个贷款人相信该公司是一个可靠的借款人,因此需要花大量的费用。但是如果通过金融机构来筹集自己所需要的1 000万元资金,就能节省很多费用,而且,由于金融机构具有较高的信用,人们不必对它做资信调查,这就大大减少了交易费用。

另外,从金融机构本身来讲,具有联系面广、信息灵通的优势,特别是计算机技术的广泛应用,使金融机构具备了为客户提供更好金融服务的物质条件,这就促使金融机构不断开拓业务领域,推出新的服务项目,提高服务质量,以此来有效降低交易成本。

(二)通过多样化经营降低风险

任何投资都可能面临风险。人们通常用"不要把鸡蛋放在一个篮子里"这句话,来说明投资者要降低投资风险,就要进行多样化投资或组合投资。组合投资之所以能减少风险,在于影响各种金融工具收益的因素不同,所以,投资于不同的金融工具,实现金融资产多样化,其资产组合风险小于单独投资每一种资产的个别风险,从而减少总投资的风险。但是单个投资者无论财力还是时间都是有限的,要实现多样化投资相当困难,而金融机构具有专门的技术人才和雄厚的资金实力,所以完全能够通过多样化投资降低风险。当金融机构规模足够大时,还可以突破地域、行业、资金额的限制,从而使投资风险进一步降低。

(三)可以实现期限的转换

一般单位都不愿提供长期贷款,因为单个的盈余单位随时都有可能由于经营不善或其他原因而变成赤字单位,而且他们都希望在发生紧急情况或发现新的投资机会时能够利用这些资金,所以一般难以向赤字单位提供长期的资金融通。而金融机构却可以突破这一限制,在保证盈余单位资金流动性的同时,满足赤字单位资金占用长期性的要求。由于金融机构集中了很多短期资金,在某些资金被提走以后,可以通过吸收新的资金进行补充,所以它能够发放长期贷款。以国外的商业银行为例,它接受的存款一般都是短期的,但是它发放的贷款的期限则要长得多,有的可达到15~30年。这种"集零为整,续短为长"的信用中介功能解决了金融体系中资金供给与需求的数量和期限匹配问题,有利于提高金融体系资金融通的效率,是金融机构的基本功能。

第二节 银行类金融机构

世界各国都根据本国的经济金融特点构建自己的金融机构体系。目前各国金融机构体系的一般构成为:以中央银行为核心,以商业银行为主体,各类专业银行、非银行金融机构并存。

一、中央银行

中央银行是一国金融机构体系的核心,它具有特殊的地位和功能,其特殊性体现在:不以盈利为目的,专门行使宏观调控与金融管理,它是一国的货币发行的银行、银行的银行和国家的银行。中央银行代表国家制定并执行货币金融政策;代理国库,提供财政融资;集中商业银行的存款准备金并对它们提供信用;依法监管金融机构和金融市场,维护金融体系的安全运行。

通常,在谈起中央银行的产生时,一般要提到瑞典银行和英格兰银行。瑞典银行成立于1656年,初建时是一般私营银行,后于1668年由政府出面改组为国家银行,对国会负责。直到1897年,瑞典银行才独占货币发行权,成了真正意义上的中央银行。英格兰银行被世界公认为第一家中央银行,因为它最早获得集中发行货币的特权。英格兰银行成立于1694年,成立之初就具有与其他银行不同的特权,比如接受政府存款并向政府提供贷款,在发行银行券方面拥有优势等。1844年英国通过了银行法,彻底结束了其他银行都具有发行权的局面,使得英格兰银行独揽货币发行权,于是奠定了其作为中央银行的基础。1854年,英格兰银行成为英国银行业的票据交换中心,取得了清算银行的地位。1872年又承担了"最后贷款人"的责任,更由于它对当时发生的金融危机处理得当,便成为了全国金融管理机关,成了实际意义上的中央银行。

二、商业银行

商业银行在现代各国金融机构体系中处于主体地位,是最早出现的金融机构,这是由商业银行本身的功能所决定的。商业银行以吸收社会公众存款与发放贷款为主要业务,并为客户提供多种服务。其中通过办理转账、结算等业务加速了资金的周转,同时还起着"创造"存款货币的作用,故通常又被称为存款货币银行,这是商业银行区别于其他金融机构的重要标志。从总体上看,商业银行的业务内容比其他金融机构要多得多,构成了一个无所不包的金融百货公司。商业银行的机构数量多,业务范围广,资产数额大,正因为如此,商业银行成为银行体系的中坚。有关商业银行的产生和发展、性质、职能和业务等将在本书第六章进行全面的介绍。

三、专业银行

专业银行是专门经营规定范围业务和提供专门金融服务的银行。它是社会分工发展在金融业的体现。专业银行的种类很多,名称各异,这里介绍其中主要的几种:

(一)投资银行

投资银行是专门对工商企业办理投资、提供长期信贷业务以及与工商企业投资有关的融资中介服务的专业性金融机构。

投资银行在西方已经历了几百年的发展,它起源于欧洲,于19世纪传入美国,目前美国是现代投资银行业最为发达的国家。作为金融市场中最具活力和创新性的行业,投资银行被誉为金融体系的轻骑兵,市场经济中的金融工程师,由此可见其重要性。但由于历史发展的原因,投资银行的称谓在各国不尽相同。投资银行主要是美国的称呼,英国、澳大利亚及原先的英联邦国家称之为商人银行,日本称之为证券公司,我国香港称之为吸储公司,法国称之为实业银行,等等。即使在称之为投资银行的美国,各投资银行的实际名称中往往也没有银行两字,如美国的摩根士丹利(Morgan Stanley)、所罗门兄弟公司(Salomon Brothers)。

投资银行与商业银行相比,首先在资金来源上不同,投资银行不接受储蓄和活期存款,其资金来源主要依靠发行自己的股票和债券,少数来源于从其他银行取得的贷款和有些国家允许其接受的存款(主要是定期存款)。其次在资金运用方面,投资银行与商业银行的不同之处是投资银行侧重于中期和长期放款。目前投资银行的主要业务包括:代理工商企业发行股票与债券;包销本国政府和外国政府的公债券;作为经纪商代理客户进行证券买卖;从事证券的自营买卖;直接参与公司、企业的创建和改组;专家理财,为企业提供投资及财务方面的咨询服务等。

(二) 储蓄银行

储蓄银行是专门办理居民储蓄业务并为储蓄者提供必要的银行服务的专业性银行。储蓄银行在不同的国家有不同的名称,比如在美国称为储蓄贷款协会或互助储蓄银行,在英国称为信托储蓄银行,日本称之为储蓄银行,等等。

储蓄银行的资金来源除了自有资本外,主要依靠吸收小额居民储蓄存款,吸收的存款占其总负债的80%左右。为了保护小额储蓄者的利益,许多国家对储蓄银行有专门的管理法规,规范其资金运作,因此储蓄银行的业务范围受到一定限制,其资金运用主要是从事长期投资,如发放不动产抵押贷款,投资于政府债券、公司债券及股票等,有些国家还明文规定储蓄银行必须投资于政府债券的比例。但近些年来,随着金融管制的放松,储蓄银行的业务范围有不断扩大的趋势,已经开始涉足商业贷款和消费信贷,与商业银行等金融机构展开竞争。

(三) 抵押银行

抵押银行是专门从事以土地、房屋和其他不动产为抵押品的长期贷款的银行。抵押银行的资金来源主要是通过发行不动产抵押债券来筹集。其资金运用主要分为两类:一是以土地为抵押的长期贷款,贷款对象主要是土地所有者或农场主,如美国的联邦土地银行即从事这类业务;二是以城市不动产为抵押的长期贷款,贷款对象主要为房屋所有者、购买者和建筑商,如美国的联邦住房贷款银行、法国的房地产信贷银行即从事这种业务。这些银行在各个国家的名称不一,但却程度不同地具有公营性质,是政府干预经济的重要机构。

(四) 农业银行

农业银行是专门向农业部门或农场主提供优惠信贷及其他相关金融服务的专业性银行。由于农业受自然条件影响大,因此,季节性强、风险高、投资周期长。并且农村地域广,单个贷款需求数额小,利息负担能力低,一般的商业银行和抵押银行都不愿意从事农业信贷业务,所以许多国家专门设立了以支持农业发展为主要职责的农业银行,如美国的联邦土地银行、合作银行,法国的土地信贷银行、农业信贷银行,德国的农业抵押银行,日本的农林渔业金融公库,等等。

农业银行的资金来源主要为政府拨款，也可以通过发行债券或股票筹集资金，也吸收少量存款。农业银行的业务范围很广，几乎包括农业生产的一切资金需要。由于农业贷款的收益低、风险大，大多数国家对农业银行的贷款在税收方面有优惠，甚至为其贴息。

德国是世界上最早建立农业金融制度的国家，至今已有200多年的历史。中国农业发展银行是1994年11月成立的，总行设在北京，注册资本200多亿元人民币，其基本职责是以国家信用为基础，筹集农业政策性信贷资金，承担国家规定的农业政策性金融业务，代理财政性支农资金的拨付，促进农业和农村经济的发展。

（五）开发银行

开发银行是专门为经济开发提供长期投资性贷款的专业性银行。这类贷款由于投资量大、时间长、见效慢、风险大，虽具开发性，但一般商业银行也不愿承担，故多由政府组建。其经营特点是不以盈利为目的，属于政策性银行。

开发银行的资金来源主要有：国家财政拨款，向金融机构发行债券，向社会发行有财政担保的建设债券或经批准在国外发行债券。其业务主要是对开发项目提供贷款以满足符合国家产业政策意图的开发项目的资金需求。

（六）进出口银行

进出口银行是专门提供对外贸易及非贸易结算、信贷等国际金融服务的专业银行，一般是政府的金融机构。其资金来源主要是政府拨款、向政府借款等，其资金运用主要包括提供出口信贷、提供担保和保险等。

世界上最早出现的专门从事进出口融资的金融机构是1919年成立的英国出口信贷担保局。美国的进出口银行是1934年成立的，负责办理美国的进出口融资、保险、担保业务。

进出口银行的职能主要包括：提供出口信贷和各种有利于刺激出口的贷款；提供贷款担保、保险等，为融资提供便利；提供诸如咨询服务等的其他服务；经办对外援助，以服务于政府对外政策的落实。

创建进出口银行的目的是政府为促进本国商品输出而承担私人出口商和其他金融机构所不愿意或无力承担的风险，同时，进出口银行也是执行本国政府对外援助的金融机构，所以，这类银行在经营原则、贷款利率等方面都具有浓厚的政策性。

第三节 非银行金融机构

非银行金融机构是除银行之外的金融机构的总称，其类别庞杂、名称众多。主要包括：保险公司、证券公司、养老或退休基金会、投资信托公司、信用合作社、金融公司、投资基金、邮政储蓄机构等。

一、保险公司

保险公司是专门经营保险业务的金融机构。俗话说："天有不测风云，人有旦夕祸福。"人们在生产和生活过程中都可能遭受自然灾害和意外事故而蒙受损失。因此，人们都生活在一个非常不确定的世界里，这就是风险。保险的目的是分散风险，即通过保险合同建立经济关系,对发生意外灾害和事故的被保险人予以经济补偿,是一种信用补偿方式。保险公司的资金来源于投保人缴纳的保险费和发行人寿保险单等方式所聚集的货币资金;其资金运用除了赔付被保险人的经济损失外,主要投资于收益较高的长期证券,如购买公司股票或债券、政府公债,以及发放不动产抵押贷款等。

保险公司的业务范围为两大类:一是财产保险业务,包括财产损失保险、责任保险、信用保险等;二是人身保险业务,包括人寿保险、健康保险、意外伤害保险。由于不同的险种具有不同的风险,因此,政府一般不允许同一家保险公司经营不同的保险业务。例如,人寿保险公司就不能同时经营财产保险。

在西方国家几乎人人保险、事事保险、物物保险,所以保险业极为发达,保险公司已经成为市场经济国家中最重要的非银行金融机构。

二、证券公司

证券公司又称证券商,是专门经营证券业务,具有独立企业法人地位的非银行金融机构。证券公司的主要业务包括:为公司股票、债券的发行提供咨询和担保服务,并代理发行或包销;从事有价证券的自营买卖;以购买股票、债券以及提供贷款等方式为公司提供融资;参与公司的创建、改制,为公司的收购、兼并、资产重组等提供服务。

证券公司在金融市场上起着重要作用,一方面在一级市场上通过代销、助销、包销有价证券等方式,使发行者能筹集到资金、投资者能购买到有价证券;另一方面在二级市场上通过代理买卖、自营买卖有价证券等方式,使买卖双方利用证券市场达到各自的融资目的。

三、养老或退休基金会

养老或退休基金会是一种向参加养老金计划者以年金的形式提供退休收入的金融机构。养老或退休基金会是二战后迅速发展起来的,目前普遍存在于市场经济国家。这些国家关于养老金的立法及税收优惠政策是养老或退休基金会建立和快速发展的主要原因。养老或退休基金会的资金来源主要是劳资双方的积聚,即雇主的缴款以及雇员工资中的扣除及自愿缴纳。此外,资金运用的收益也是重要的资金来源。养老或退休基金会的资金运用以长期投资为主,包括投资于公司股票、债券及政府债券,并以年金的形式向养老金计划参加者支付退休养老金。

四、投资信托公司

投资信托公司的业务一般是通过发行股票和债券来筹集本公司的资本,并用这一资本购入其他公司的股票和债券;再以购入的有价证券作担保,增发新的投资信托证券。投资信托公司的作用在于汇集中小投资者的资金,分散投资于不同国家、不同证券,以使投资风险降至最低水平。

投资信托公司通常有各种不同类型的基金供投资者选择,如股票基金、债券基金、自然资源基金、货币基金、股票指数基金、海外投资基金、行业基金、创业基金等,以满足不同层次、不同偏好的投资者。投资信托公司利用其在投资领域中的经验、技术、信息以及由众多中小投资者投资所形成的庞大资金进行组合投资,一般能给中小投资者带来较高的投资回报,因此,投资信托公司在金融市场上得以迅速发展。

五、信用合作社

信用合作社是由个人集资联合组成、以互助为主要宗旨、以简便的手续和适当的利率向社会提供金融服务的合作性金融组织,一般简称"信用社"。

信用合作社的资金主要来源其成员缴纳的股金和吸收的存款,资金运用主要是向其社员提供信贷。信用合作社于19世纪50年代始创于德国,后遍布世界各国,并以乡间、农村为多。

六、金融公司(财务公司)

金融公司是经营部分银行业务的非银行金融机构。它主要通过向银行借款、发行商业票据、债券和股票等形式获取资金,资金运用主要是发放特定消费者贷款和工商企业贷款。

大型金融公司与投资银行差别不大,且可兼营外汇、联合贷款、包销证券、不动产抵押及财务咨询等。

我国的财务公司和国外财务公司有所不同,我国的通常是指由产业集团内部各公司出资组建,并主要为集团内企业提供信贷和金融服务的金融机构。

七、投资基金

投资基金是通过发行基金单位,将众多投资者的资金集中起来,按照信托机制对基金资产进行管理运用的金融机构。其特点是:组合投资、分散风险、专家理财、规模经济。

各国基金的组织方式和运作方式都有较大差异,因此基金在各国的称谓也有所不同,美国主要以公司型开放式基金为主,通常称为"共同基金";英国和中国香港以契约式基金为主,通常称为"单位信托基金";日本和中国台湾以投资领域划分,通常称为"证券投资信托基金"。

八、邮政储蓄机构

邮政储蓄机构是一种与邮政部门关系密切的非银行金融机构,主要经营小额存款,其吸收的存款一般不用缴存准备金,其资金运用一般是存入中央银行或购买政府债券。这种金融机构的设立最初是为了利用邮政部门广泛的分支机构,提供廉价有效的邮政汇款服务,提供结算服务,加速资金周转,因此在各国比较普遍。近年来,邮政储蓄机构正在朝两个方面发展,一是逐步回归到商业银行性质;二是在政府的支持下,变成一种公用事业,对社会提供各种服务,便利人们的生活。

第四节 我国的金融机构体系

我国明朝末年出现了类似银行的钱庄和票号。鸦片战争后,一些外商银行纷纷进入我国开展金融业务。我国境内第一家银行是1845年英国人设立的丽如银行,1897年中国通商银行作为中国人自办的第一家银行开始营业。20世纪30年代,国民党政权建立了以中央银行、中国银行、交通银行、中国农民银行、中央信托局、邮政储金汇业局、中央合作金库(简称"四行二局一库")为主体,包括省、市、县银行及官商合办银行在内的金融机构体系。1948年12月1日中国人民银行的成立,标志着新中国金融机构体系构建的开始。我国的金融机构体系,随着我国经济体制的改革,经历了几个阶段的演变和发展,逐步趋于完善。

一、我国金融机构体系的演变

(一)1979年以前新中国"大一统"的金融机构体系

中国人民银行成立于1948年12月1日,是在合并原华北银行、西北农民银行、北海银行的基础上在石家庄成立的,之后,原各解放区的银行也并入中国人民银行。1949年新中国成立后,国家对官僚资本银行采取了没收政策,没收了原国民政府时期的"四行二局一库";对民族资本银行和私人钱庄通过公私合营的方式进行了社会主义改造;在广大农村地区建立和发展集体性质的信用合作社,从而初步形成了社会主义的金融机构体系。但在相当长的时间里,中国人民银行既行使中央银行的职能,又兼办商业银行的各项业务,这就是所谓"大一统"的金融机构体系,这一金融机构体系一直延续到20世纪70年代末。

"大一统"的金融机构体系的主要特征包括:① 全国范围的一切银行业务,基本上都由中国人民银行一家独揽,中国人民银行内部实行高度集权的管理;② 中国人民银行既是货币的发行银行,又是经营存贷款、货币结算的银行实体;③ 中国人民银行不仅从事金融业务,而且还是全国的金融行政管理机构,是具有金融企业与行政机构双重职能的实体。"大一统"的金融机构体系是与当时高度集权的计划经济体制相适应的,在当时的历史条件下起到了积极作用。

(二)1979—1993年间中国的金融机构体系

1979年开始的经济体制改革客观上要求改变"大一统"的金融机构体系,1979年2月我国重新恢复了中国农业银行,负责管理和经营农村金融业务。同年3月中国银行从中国人民银行中独立出来,负责管理外汇资金并经营对外金融业务。1980年中国人民建设银行(现中国建设银行)从财政部独立出来,最初专门负责管理基本建设资金,1983年开始经营一般银行业务。为了在搞活经济的同时加强宏观经济调控,1983年9月,国务院决定中国人民银行专门行使中央银行职能;1984年1月,单独成立中国工商银行,承担原来由中国人民银行办理的工商信贷业务和城镇储蓄业务;1986年以后,增设了全国性综合银行如交通银行、中信实业银行(现中信银行)等以及区域性银行如广东发展银行、招商银行等,还批准成立了一些非银行金融机构如中国人民保险公司、中国国际信托投资公司、中国投资银行等;与此同时,允许部分合格的营业性外资金融机构在我国开业,使我国金融机构体系从封闭走向开放。上述改革使我国在20世纪90年代初期形成了以中国人民银行为核心,以工、农、中、建四大专业银行为主体,其他多种类金融机构并存和分工协作的金融机构体系。一个多层次、多形式并存发展的金融机构体系在改革开放后得到了初步发展。

（三）1994年（含）以后中国的金融机构体系

1993年11月中共十四届三中全会提出要"建立政策性银行，实行政策性业务与商业性业务分离"之后，在1994年内相继成立了专门办理政策性信贷业务的国家开发银行、中国进出口银行及中国农业发展银行，从而为国家专业银行向国有独资商业银行的转变创造了有利的条件。

在进行专业银行商业化改革的同时，我国的股份制商业银行、地方性商业银行以及外资银行得到了广泛的发展，形成了与国有商业银行全面竞争的格局。在商业银行全面发展的同时，各种非银行金融机构、民间金融机构以及外资金融机构得到了进一步发展。1995年，我国组建了第一家民营商业银行——中国民生银行；同年在清理、整顿和规范城市信用社的基础上在各大中城市开始组建城市合作银行，1998年起陆续更名为城市商业银行；为加强对金融机构的监管，1992年成立了中国证券监督管理委员会，1998年成立了中国保险监督管理委员会，2003年成立了中国银行业监督管理委员会，形成了以"一行三会"（中国人民银行、证监会、保监会、银监会）为核心，以商业银行和政策性银行为主体、金融机构多元化发展与竞争的金融机构体系，而且这一体系也在不断完善过程中。近年来，随着金融市场的不断深化，金融创新过度、金融混业过乱、金融集团过大等问题不断显现，原有分业监管体系产生的监管真空、统筹协调作用不明显等问题随之暴露。因此，为了充分发挥监管的作用，严控金融风险，我国于2018年3月，合并银监会和保监会，组建了新的中国银行保险监督管理委员会（简称银保监会）。随着中国银行保险监督管理委员会的正式组建，加之于2017年11月正式成立的国务院金融稳定发展委员会、原有的中国人民银行和中国证券监督管理委员会，当前我国的金融监管体系已形成"一委一行两会"的新格局。

二、中国现行的金融机构体系

（一）中国现行的金融机构体系的总体框架

中国现行的金融机构体系大致有以下几个层次：

一委一行两会：国务院金融稳定发展委员会、中国人民银行、证监会、银保监会。

政策性银行及国家开发银行：中国进出口银行、中国农业发展银行、国家开发银行。

大型商业银行：中国工商银行、中国农业银行、中国银行、中国建设银行、交通银行。

股份制商业银行：中信银行、中国光大银行、华夏银行、招商银行、深圳发展银行、上海浦东发展银行、广东发展银行、中国民生银行等。

城市商业银行：北京银行、上海银行、天津银行、杭州银行等。

其他银行金融机构：农村商业银行、村镇银行、外资商业银行、中国邮政储蓄银行、合作性金融机构等。

其他非银行金融机构：信托投资银行、证券公司、财务公司、保险公司等。

（二）我国现行金融机构体系的具体构成

1. 中国人民银行

1948年12月1日,以华北银行为基础,合并北海银行、西北农民银行,在河北省石家庄市组建了中国人民银行,并发行人民币,中华人民共和国成立后成为中央银行。中国人民银行成立至今的五十多年,特别是改革开放以来,在体制、职能、地位、作用等方面,都发生了巨大而深刻的变革。

从1998年底,在机构设置方面,将全国分为九个大区,即天津、沈阳、上海、南京、济南、武汉、广州、成都、西安,按大区设立分行;在各中心城市设置中心支行,在县及县级市设立支行,下级行对上级行负责,大区分行对总行负责;同时,中国人民银行还在北京和重庆设立了两个直属于总行的营业管理部。其职能表述为"制定和执行货币政策、维护金融稳定、提供金融服务"。同时,明确界定:"中国人民银行为国务院组成部门,是中华人民共和国的中央银行,是在国务院领导下制定和执行货币政策、维护金融稳定、提供金融服务的宏观调控部门。"

2. 政策性银行及国家开发银行

政策性银行是由政府投资设立的,根据政府的决策和意向专门从事政策性金融业务的银行。它们的活动不以盈利为目的,并且根据具体分工的不同服务于特定的领域,所以也有政策性专业银行之称。

1994年以前,我国没有专门的政策性银行,其业务由四大国有商业银行承担。1994年以后相继成立了三大政策性银行,即国家开发银行、中国农业发展银行和中国进出口银行。三家政策性银行的成立,在体制上为解决长期困扰政府的国家重点建设投资、外贸进出口、农业开发和农副产品收购等三大领域的政策性资金供应问题奠定了基础,从而在金融体制上为把中国人民银行办成真正的中央银行,国家专业银行转变成自主经营、自负盈亏、自担风险、自我约束的国有商业银行创造了条件。

国家开发银行于2008年12月改制为国家开发银行股份有限公司。2015年3月,国务院明确国家开发银行定位为开发性金融机构。

(1) 中国进出口银行。中国进出口银行于1994年4月组建并于7月正式开业,是由国家出资设立、直属国务院领导、支持中国对外经济贸易投资发展与国际经济合作、具有独立法人地位的国有政策性银行。依托国家信用支持,积极发挥在稳增长、调结构、支持外贸发展、实施"走出去"战略等方面的重要作用,加大对重点领域和薄弱环节的支持力度,促进经济社会持续健康发展。截至2018年末,在国内设有32家营业性分支机构和香港代表处;在海外设有巴黎分行、东南非代表处、圣彼得堡代表处、西北非代表处。

(2) 中国农业发展银行。中国农业发展银行成立于1994年11月,注册资本570亿元,直属国务院领导,是我国唯一一家农业政策性银行。其主要任务是以国家信用为基础,以市场为依托,筹集支农资金,支持"三农"事业发展,发挥国家战略支撑作用。经营宗旨是紧紧围绕服务国家战略,建设定位明确、功能突出、业务清晰、资本充足、治理规范、内控严密、运营安全、服务良好、具备可持续发展能力的农业政策性银行。目前,全系统共有31个省级分行、339个二级分行和1 816个县域营业机构,员工5万多人,服务网络遍布中国境内各地区。

(3) 国家开发银行(简称"国开行")。国家开发银行成立于1994年3月17日,是当时规模最大的一家政策性银行,其目的在于有效地集中资金和力量保证国家重点建设,突破经济发展中的"瓶颈",增强国家对固定资产投资的宏观调控能力,这是进一步深化金融体制改革中投资体制改革的重大举措。

国家开发银行于2008年12月改制为国家开发银行股份有限公司。2015年3月,国务院明确国开行定位为开发性金融机构。国开行注册资本4 212.48亿元,股东是中华人民共和国财政部、中央汇金投资有限责任公司、梧桐树投资平台有限公司和全国社会保障基金理事会。

国开行主要通过开展中长期信贷与投资等金融业务,为国民经济重大中长期发展战略服务。截至2018年末,资产总额16.2万亿元,贷款余额11.68万亿元;净利润1 121亿元,ROA 0.70%,ROE 8.82%,资本充足率11.81%,可持续发展能力和抗风险能力进一步增强。穆迪、标准·普尔等专业评级机构,连续多年对国开行评级与中国主权评级保持一致。

国开行是全球最大的开发性金融机构,中国最大的中长期信贷银行和债券银行。国开行目前在中国境内设有37家一级分行和3家二级分行,旗下拥有国开金融、国开证券、国银租赁、中非基金和国开发展基金等子公司。

3. 大型商业银行

我国大型商业银行主要包括中国工商银行、中国农业银行、中国银行、中国建设银行、交通银行。

(1) 中国工商银行。中国工商银行成立于1984年1月1日。2005年10月28日,整体改制为股份有限公司。2006年10月27日,成功在上海证券交易所和香港联交所同日挂牌上市。经过持续努力和稳健发展,已经迈入世界领先大银行行列,拥有优质的客户基础、多元的业务结构、强劲的创新能力和市场竞争力,向全球532万家公司客户和4.96亿个个人客户提供广泛的金融产品和服务。

(2) 中国农业银行。中国农业银行的前身最早可追溯至1951年成立的农业合作银行。20世纪70年代末以来,中国农业银行相继经历了国家专业银行、国有独资商业银行和国有控股商业银行等不同发展阶段。2009年1月,整体改制为股份有限公司。2010年7月,中国农业银行分别在上海证券交易所和香港联合交易所挂牌上市。

中国农业银行是中国主要的综合性金融服务提供商之一,向广大客户提供各种公司银行和零售银行产品和服务,同时开展金融市场业务及资产管理业务,业务范围还涵盖投资银行、基金管理、金融租赁、人寿保险等领域。截至2016年末,总资产195 700.61亿元,发放贷款和垫款97 196.39亿元,吸收存款150 380.01亿元,资本充足率13.04%,全年实现净利润1 840.60亿元。

(3) 中国银行。中国银行是组织、运用、积累、管理外汇资金的银行,作为外汇指定银行发挥着支持外贸事业发展、提供国际结算服务、提供进出口融资便利及对外筹资主渠道作用等方面的业务优势。1994年,中国银行改为国有独资商业银行。2004年8月,中国银行股份有限公司挂牌成立。2006年6月、7月,中国银行先后在香港联交所和上海证券交易所成功挂牌上市。中国银行是中国国际化和多元化程度最高的银行,截至2017

年末,在中国境内及53个国家和地区为客户提供全面的金融服务。主要经营公司金融业务、个人金融业务和金融市场业务,并通过全资子公司开展投资银行业务、保险业务和投资管理业务等。

(4) 中国建设银行。中国建设银行成立于1954年10月1日。中国建设银行在经历了十几年财政、银行双重职能并行的阶段后,于1994年进入了向国有商业银行转变的新阶段,当时还叫中国人民建设银行,1996年3月才改为中国建设银行。1984年,以人民银行专门行使中央银行职能为标志,中国建设银行从国家财政职能中得以分离,开始步入商业银行发展的起步阶段。1994年,随着国家《商业银行法》的颁布与实施,中国建设银行政策性银行业务与商业银行业务实现分离,开始步入以市场竞争为主要方式的商业化经营格局。2004年,中国建设银行实行股份制改造,并于2005年10月成功在香港联合交易所上市。

(5) 交通银行。交通银行始建于1908年,是中国历史最悠久的银行之一,也是近代中国的发钞行之一。1987年4月1日,重新组建后的交通银行正式对外营业,成为中国第一家全国性的国有股份制商业银行,总行设在上海。2005年6月交通银行在香港联合交易所挂牌上市,2007年5月交通银行在上海证券交易所挂牌上市。交通银行是中国主要的金融服务供应商之一,集团业务范围涵盖商业银行、证券、信托、金融租赁、基金管理、保险、离岸金融服务等。截至2018年6月30日,交通银行境内分行机构236家,交通银行已在16个国家和地区设立了21家境外分(子)行及代表处。

4. 股份制商业银行

自20世纪80年代初起,我国就陆续组建了一批股份制商业银行,主要有光大银行、招商银行、华夏银行、中国民生银行、中信实业银行、深圳发展银行、上海浦东发展银行、广东发展银行、福建兴业银行等等。其中,交通银行是新中国成立以来第一家综合性的股份制商业银行。深圳发展银行、上海浦东发展银行、中国民生银行已成为上市公司,并且值得一提的是中国民生银行是我国银行业中第一家民营银行,其股份构成主要来自民营企业、集体企业、乡镇企业或公司等,服务对象也以民营企业为主。

这些商业银行依照国际通行规则和市场原则开展各项银行业务活动和进行自身经营管理,所以,尽管它们在资产规模、机构数量和人员总数等方面还远不能同四大国有商业银行相比,但其资本、资产及利润的增长速度已经高于四大国有商业银行,而且呈现出较强的经营活力和很好的增长势头,已经成为了中国银行体系的生力军。

5. 城市商业银行

城市商业银行一般是为城市各类企业、个体工商户以及城市居民服务的金融组织。1995年中央银行提出由部分城市信用社组建城市合作银行的方案,第一批作为试点成立合作银行的城市有北京、天津、上海、深圳、石家庄。城市合作银行虽仍带有"合作"两个字,但性质已不属于合作金融机构,而是地区性股份制商业银行。凡是组建城市合作银行的地区,所有城市信用社必须参加,城市合作银行实行一级法人、多级核算经营的体制,并且所有的城市信用社都将失去法人资格,变为合作银行的分支机构。后来,在试点取得成功的基础上,在全国众多城市普遍推广,并从1998年开始,陆续更名为以城市名称命名的城市商业银行。这些银行的主要功能是为本地区的经济发展需要融通资金,重点为城市中小企业的发展提供金融服务。

6. 邮政储蓄银行

邮政储蓄是指邮政机构在办理各类邮件投递和汇兑等业务的同时,办理以个人为主要对象的储蓄存款业务。世界各国的邮政机构办理储蓄已有几百年的历史,大多数较发达的国家都有邮政储蓄。新中国成立前,在我国曾经有邮政储金汇业局。

1986年恢复开办邮政储蓄业务,为支持国家经济建设、服务城乡居民生活做出了重大贡献。中国邮政储蓄银行(以下简称"邮储银行")定位于服务社区、服务中小企业、服务"三农",致力于为中国经济转型中最具活力的客户群体提供服务。2016年,中国邮政储蓄银行在香港联合交易所成功上市,正式登陆国际资本市场,完成"股改—引战—上市"三步走改革目标。2017年,中国邮政储蓄银行成功发行境外优先股,目前拥有近4万个营业网点,服务个人客户达5.65亿户,成为了我国金融领域的一支重要力量。

7. 非银行金融机构

目前我国的非银行金融机构主要包括:保险公司、证券公司、信托公司、财务公司、农村信用合作社等。

(1) 保险公司。我国的国内保险业务自1958年停办以来,直到1979年4月,中国人民保险公司才逐步恢复国内保险业务。1996年根据国务院的决定,中国人民保险公司改组为中国人民保险(集团)公司,简称中保集团,下设中保人寿保险公司、中保财产保险公司和再保险公司。1988年3月,中国平安保险公司成立,1991年4月由交通银行投资创办的中国太平洋保险公司成立,同时中国人民银行有计划地批准设立了一批新的股份制保险公司,如大众、天安、华泰、新华、泰康等保险公司。此外,还有若干家外资保险公司分公司和中外合资的中宏人寿保险公司等,因此目前我国保险业呈现出了"百家争鸣"的局面。

(2) 证券公司。证券公司是指专门从事各种有价证券经营及相关业务的金融中介机构。1987年9月我国第一家证券公司——深圳经济特区证券公司成立,此后的三十多年中,证券公司得到了迅速发展。

在证券公司初设阶段,多数是由一家金融机构独资或几家金融机构共同出资设立。随着我国金融业分业经营管理模式的确立,证券公司才与其他金融机构脱钩,并且规模较小的公司被大证券公司合并或收购,目前在国内有影响力的主要有国泰君安、申银万国、华夏、海通、南方等,证券公司总数达到了百余家。

(3) 信托公司。我国第一家信托投资公司即中国国际信托投资公司于1979年10月成立。从此我国信托投资业得以快速发展,先是由国有银行纷纷设立信托公司,接着省级政府、各类经济主体部门及一部分国有大中型企业也相继发起设立信托公司。

目前,我国信托投资公司主要业务包括:信托业务、委托业务、代理业务、咨询业务、租赁业务等。

(4) 财务公司。与西方的财务公司不同,我国的财务公司是由企业集团内部集资组建的,基本上立足于企业集团内部。自1987年我国第一家财务公司——南京中山(电子)集团财务公司成立以来,企业集团财务公司得到稳步发展。目前,比较有影响的还有中国华能财务有限责任公司、中国化工进出口财务公司、中国有色金属工业总公司财务公司等。财务公司在业务范围、主要资金来源与资金运用上都限定在集团内部,而不能像其他金融机构一样到社会上去寻找生存空间,但却在投资决策、促进企业集团产业结构调整及科技进步等方面发挥了极大的作用。

目前,财务公司的业务包括:存款、贷款、结算、票据贴现、融资性租赁、投资、委托以及代理发行有价证券等。

(5) 金融租赁公司。我国的金融租赁公司起始于20世纪80年代。金融租赁公司创建时大都是由银行、其他金融机构以及一些行业主管部门合资设立,如中国租赁有限公司、东方租赁有限公司等。根据我国金融业实行分业经营及管理原则,对租赁业务也要求独立经营,与所属银行等金融机构脱钩。目前,金融租赁公司的主要业务有:用于生产、科研、办公、交通运输等动产、不动产的租赁、转租赁、回租租赁业务,前述租赁业务所涉及的标的物的购买业务,出租物和抵偿租金产品的处理业务,向金融机构借款及其他融资业务,吸收特定项目下的信托存款,租赁项目下的流动资金贷款业务,外汇及其他业务。

(6) 投资基金。又称共同基金,是一种间接的金融投资机构或工具。指通过发行基金单位集中投资者的资金,由基金托管人托管,由基金管理人管理和运用资金,利益共享、风险共担的集合投资方式。投资基金一般从事股票、债券、外汇、货币等金融工具投资,以获得投资收益和资本增值。

(7) 在华外资金融机构。对外开放伊始,外资金融机构就抢滩中国市场,主要集中在经济发达地区,如上海、北京及沿海开放城市。随着对外开放的深入,我国对外资金融机构开放金融市场的步伐加快,目前在我国境内设立的外资金融机构有如下两类:

一是外资金融机构在华代表处。代表处一般设在北京及经济特区,工作范围主要有:进行工作洽谈、联络咨询服务,而不得从事任何直接营利的业务活动。在华设立代表处,是外资银行进入中国必须走的一个步骤。

二是外资金融机构在华设立的营业性分支机构。一般设在经济特区等经国务院获准的城市。根据2002年颁布的《中华人民共和国外资金融机构管理条例》,这些营业性金融机构可获准从事以下13项业务项目的部分或全部:① 公众吸收存款;② 发放贷款;③ 办理票据承兑和票据贴现等。

知识扩展(一)

中国银行保险监督管理委员会

为了充分发挥监管的作用,严控金融风险,我国于2018年3月合并银监会和保监会,组建了新的中国银行保险监督管理委员会(简称银保监会),对全国银行业和保险业实行统一监督管理。

中国银行保险监督管理委员会主要职责是：

(1) 依法依规对全国银行业和保险业实行统一监督管理，维护银行业和保险业合法、稳健运行，对派出机构实行垂直领导。

(2) 对银行业和保险业改革开放和监管有效性开展系统性研究。参与拟订金融业改革发展战略规划，参与起草银行业和保险业重要法律法规草案以及审慎监管和金融消费者保护基本制度。起草银行业和保险业其他法律法规草案，提出制定和修改建议。

(3) 依据审慎监管和金融消费者保护基本制度，制定银行业和保险业审慎监管与行为监管规则。制定小额贷款公司、融资性担保公司、典当行、融资租赁公司、商业保理公司、地方资产管理公司等其他类型机构的经营规则和监管规则。制定网络借贷信息中介机构业务活动的监管制度。

(4) 依法依规对银行业和保险业机构及其业务范围实行准入管理，审查高级管理人员任职资格。制定银行业和保险业从业人员行为管理规范。

(5) 对银行业和保险业机构的公司治理、风险管理、内部控制、资本充足状况、偿付能力、经营行为和信息披露等实施监管。

(6) 对银行业和保险业机构实行现场检查与非现场监管，开展风险与合规评估，保护金融消费者合法权益，依法查处违法违规行为。

(7) 负责统一编制全国银行业和保险业监管数据报表，按照国家有关规定予以发布，履行金融业综合统计相关工作职责。

(8) 建立银行业和保险业风险监控、评价和预警体系，跟踪分析、监测、预测银行业和保险业运行状况。

(9) 会同有关部门提出存款类金融机构和保险业机构紧急风险处置的意见和建议并组织实施。

(10) 依法依规打击非法金融活动，负责非法集资的认定、查处和取缔以及相关组织协调工作。

(11) 根据职责分工，负责指导和监督地方金融监管部门相关业务工作。

(12) 参加银行业和保险业国际组织与国际监管规则制定，开展银行业和保险业的对外交流与国际合作事务。

(13) 负责国有重点银行业金融机构监事会的日常管理工作。

(14) 完成党中央、国务院交办的其他任务。

(15) 职能转变。围绕国家金融工作的指导方针和任务，进一步明确职能定位，强化监管职责，加强微观审慎监管、行为监管与金融消费者保护，守住不发生系统性金融风险的底线。按照简政放权要求，逐步减少并依法规范事前审批，加强事中事后监管，优化金融服务，向派出机构适当转移监管和服务职能，推动银行业和保险业机构业务和服务下沉，更好地发挥金融服务实体经济功能。

知识扩展(二)

国务院金融稳定发展委员会成立

国务院金融稳定发展委员会(简称"金融委")于2017年7月14日至15日在北京召开的全国金融工作会议上宣布设立,旨在加强金融监管协调、补齐监管短板。2017年11月,经党中央、国务院批准,国务院金融稳定发展委员会成立,并召开了第一次全体会议,学习贯彻党的十九大精神,研究部署相关工作。

国务院金融稳定发展委员会作为国务院统筹协调金融稳定和改革发展重大问题的议事协调机构。其主要职责是:落实党中央、国务院关于金融工作的决策部署;审议金融业改革发展重大规划;统筹金融改革发展与监管,协调货币政策与金融监管相关事项,统筹协调金融监管重大事项,协调金融政策与相关财政政策、产业政策等;分析研判国际国内金融形势,做好国际金融风险应对,研究系统性金融风险防范处置和维护金融稳定重大政策;指导地方金融改革发展与监管,对金融管理部门和地方政府进行业务监督和履职问责等。

【能力训练】

一、判断题

1. 在直接融资中,金融机构作为资金余缺双方融通资金的中介,通过各种负债业务活动聚集资金,然后通过各种资产业务活动来分配这些资金。

2. 从根本上说,金融机构和一般的工商企业一样,必须有一定规模的自有资本金,实现独立的经济核算,自己承担经营风险,并以追求利润最大化作为其经营目标。

3. 金融市场上的道德风险是指市场上最可能造成不利结果的借款者,往往就是那些寻找贷款最积极,而且最可能得到贷款的人。

4. 银行券、支票、汇票、本票以及存款货币等,是银行发行的一种债权凭证。

5. 被称之为非银行的金融机构,一般都以存款、放款、汇兑、结算等传统而典型的银行业务为其主要经营内容。

6. 邮政储汇局是以个人为服务对象,以经办储蓄和个人汇兑等负债、结算业务为主的非银行金融机构。

7. 消费者金融公司是由一些规模较大的制造商和零售商建立的,为消费者提供购买该企业商品所需要的信贷。

8. 1933年《格拉斯—斯蒂格尔法案》的颁布,标志着纯粹意义上的商业银行和投资银行的诞生。

9. 投资银行是主要发挥间接融资功能的金融机构。

二、简答题

1. 金融机构体系是如何分类的?
2. 保险公司的保险业务可以分为哪几种类型?
3. 分析我国金融机构体系的演进过程及现状,联系实际谈谈你对它的完善与发展的构想。
4. 政策性银行在一国经济中有什么样的作用?
5. 证券公司有何作用? 证券公司的主要业务有哪些?
6. 简述西方国家金融机构体系的构成。
7. 请谈谈当前我国"一委一行两会"的金融监管体系新格局。

三、案例分析题

从自助银行到无人银行:银行服务智能化演绎无限可能

2018年4月,上海市九江路的一个"无人银行"网点刚开业就迅速晋升"网红"。在媒体的争相报道下,消费者纷至沓来,都想做第一批"尝鲜"的人。22年前,同样是在上海,中国银行开设了国内首家自助银行——延安西路支行。时至今日,作为自助的升级版,智能化早已成为银行服务的标配。从自助银行到智慧银行,再到无人银行;从自动柜员机到当前炙手可热的机器人、VR、AR、人脸识别、语音导航、全息投影等前沿科技元素在银行网点的运用,作为改革开放40年巨变的一个生动注脚,银行网点的更新换代不仅给消费者带来了实实在在的便利,也推动着银行业服务及经营思维的不断升级。事实上,自助银行服务在改革开放初期的20世纪80年代就已登陆中国,中国银行香港中银集团电脑中心首先开发出ATM应用系统并投入使用。1988年,中行深圳分行推出国内第一台联机服务的ATM。1994年,该行又在广东、湖南、福建等地开通了"中国通—银联"网,海内外客户开始在华南地区的ATM上办理取款及查询业务。消费者对银行自助服务需求的增加,在随后催生了可以提供24小时不间断服务的自助银行网点。而自助银行网点数量的持续增长,则生动地反映了银行业在改革开放中的转型历程。时至今日,中国银行业已从当年的追赶者转变为多个领域的领头羊,借助金融科技之力出现的智慧银行便是一个代表。"在建行的智慧银行网点,客户不需要出示身份证件或银行卡,在踏进网点的第一时间,就能刷脸识别身份。"建行有关负责人对记者表示。如果说自助银行延展了银行服务的时间维度,那么,智慧银行则进一步延伸了银行服务的空间维度,使得银行服务变得无处不在。作为全程无需柜员参与办理业务的高度智能化网点,无人银行为广大消费者呈现了一个以智慧、共享、体验、创新为特点的全自助智能服务平台。在智能、高效、万物互联的时代背景下,银行业的发展也呈现出智能、高效和便捷的特征,其网点建设则将表现出明显的智能化、轻型化、虚拟化、特色化和社区化的趋势。

资料来源:陆宇航《金融时报》,
http://finance.sina.com.cn/roll/2018-12-24/doc-ihmutuee2052493.shtml

问题:"无人银行"网点的出现给银行业务带来了哪些改变? 银行业的未来发展趋势又会有哪些新的方向?

第六章 商业银行

【学习要点】本章主要介绍商业银行的产生及其发展过程、商业银行的主要业务,以及信用货币的创造过程和资产负债管理的内容。希望通过对本章的学习,理解和掌握商业银行经营管理的主要内容。

【重点难点】本章的重点在于掌握商业银行的主要经营业务和信用货币创造的原理;难点在于如何做好各业务内容的优势互补,在实际操作中如何做好资产负债管理。

【基本概念】商业银行　负债业务　资产业务　中间业务　表外业务　派生存款　同业拆借　再贴现　再贷款　占用资金　流动性原则　安全性原则　盈利性原则　资产负债管理理论

　　商业银行是指吸收公众存款、发放贷款、办理结算等业务的信用机构。它是市场经济发展的产物,是为适应市场经济发展和社会化大生产而形成的一种金融组织。经过几百年的演变,现代商业银行已成为各国经济活动中最主要的资金集散机构,并成为各国金融体系中最重要的组成部分。

第一节　商业银行的产生和发展

一、商业银行的产生

　　最早的商业银行产生于英格兰,因此我们就从英文中的"银行"(Bank)一词说起。英文"Bank"据说源于意大利语"Banca"或者"Banco",原意是指商业交易所用的长凳和桌子。英文移植为"Bank",原意为存放钱财的柜子,后来就泛指专门从事货币存贷和办理汇兑、结算业务的金融机构。

　　汉语"银行"是指专门从事货币信用业务的机构。鸦片战争后,西方金融机构开始侵入我国,"银行"一词就成为英文"Bank"的中文翻译。这是因为,早在11世纪,我国就有"银行"一词,当时,人们习惯把各类从事商业或生产小商品的机构称作"行",即行业之意,"银行"即从事银器铸造或交易的行业。外国金融机构进入我国后,人们根据我国长期使用白银作为货币材料这一情况,将当时专门从事货币信用业务的这类外国金融机构"Bank"称为"银行"。

　　从历史发展顺序来看,银行业的发源地应该是意大利。早在1272年,意大利的佛罗伦萨就已出现巴尔迪银行,1310年,佩鲁齐银行成立。后这两家银行因债务问题于1348年倒闭。到1397年,意大利设立了麦迪西银行,10年后又成立了圣乔治银行。这些银行当时都是为经商方便而设立的私人银行。比较具有现代意义的银行则是1587年建立的威尼斯银行。至此,货币兑换商逐步演变为集存贷款、汇兑支付、结算业务于一身的早期银行,商业银行的萌芽开始出现。

以后,世界商业中心由意大利移至荷兰及欧洲北部。1609年荷兰成立阿姆斯特丹银行;1621年德国成立纽伦堡银行,1629年又成立了汉堡银行。这些银行除了经营货币兑换、接受存款、划拨款项等业务之外,也发放贷款。但这时他们所经营的贷款业务仍带有高利贷性质,而且贷款对象主要是政府和拥有特权的企业,大多数工商业资本家仍不能得到信用支持。

与此同时,英国出现了通过金匠业发展而来的银行。1653年英国确立了资本主义制度,英国的工商业都迅速发展,需要有可以提供大量资金融通的专门机构与之相适应。金匠业在原来为统治者提供融资服务、经营债券、办理贴现等业务的基础上,以自己的信誉作担保,开出代替金属条块的信用票据,并得到了人们的广泛接受,具有了流通价值,便产生了更具有现代意义的银行。1694年,英国政府为了同高利贷作斗争,以满足新生的资产阶级发展工商业的需要,决定成立一家股份制银行——英格兰银行,并规定英格兰银行向工商企业发放低利贷款,年利率为5%～6%。英格兰银行的成立,标志着现代商业银行的诞生。

二、商业银行的形成和发展

商业银行是商品经济发展到一定阶段的必然产物,并随着商品经济的发展不断完善。

(一)商业银行的形成途径

尽管各国商业银行产生的社会条件和发展环境不尽相同,但归纳起来主要通过以下两种途径产生。

1. 从高利贷性质的银行逐渐转变而来

早期的银行,如威尼斯银行等是在资本主义生产关系还未建立时成立的,当时的贷款利率非常高,属于高利贷性质。随着资本主义生产关系的建立,高利贷因利率过高而影响了资本家的利润,制约了资本主义经济的发展。此时的高利贷银行面临着贷款需求锐减的困境,走到了关闭的边缘。高利贷银行要么倒闭,要么适应资本主义经济发展的需要,降低贷款利率,转变为商业银行,不少高利贷银行选择了后者。这种转变是早期商业银行形成的主要途径。

2. 按照资本主义经济的要求组建股份制商业银行

大多数商业银行是按照这种方式建立的。最早建立资本主义制度的英国,也最早建立了资本主义的股份制银行——英格兰银行。英格兰银行成立时就宣布,以较低的利率向工商企业提供贷款。由于英格兰银行募集的股份资本高达120万英镑,实力雄厚,很快就动摇了高利贷银行在信用领域内的垄断地位,英格兰银行也因此成为现代商业银行的典范。英格兰银行的组建模式很快推广到欧洲其他国家,商业银行开始在世界范围内得到普及。

现代商业银行在商品经济发展较快的国家和地区得到了迅速发展。但是,各国对商业银行的称谓却不尽相同,如英国称之为存款银行、清算银行,美国称之为国民银行、州立银行,日本称之为城市银行、地方银行,等等。

(二)商业银行的发展模式

尽管各国商业银行产生的条件不同、称谓不同,且经过几个世纪的发展,商业银行的经营业务、服务范围发生了巨大的变化,但综观世界商业银行的发展过程,基本上都遵循着两种模式。

1. 英国式融通短期资金模式

至今,英美国家的商业银行贷款仍以短期商业性贷款为主。这一模式最早在英国形成,有其历史原因。由于英国是最早建立资本主义制度的国家,也是最早建立股份制的国家,所以英国的资本市场比较发达,企业的资金来源主要依靠在资本市场募集。另外,直到工业革命初期,企业生产设备都比较简单,所需的长期占用资本在总资本中占的比重小,这部分资本主要由企业向资本市场筹集,很少向银行贷款。企业向银行要求的贷款主要是用于商品流转过程中的临时性短期贷款。而从银行方面来说,早期的商业银行处在金融货币制度下,银行的资金来源主要是流动性较大的活期存款,银行本身的信用创造能力有限。为了保证银行经营的安全,银行也不愿意提供长期贷款,这种银行借贷资本的供求状况决定了英国商业银行形成以提供短期商业性贷款为主的业务传统。这一模式能较好地保持银行的清偿力,安全性也能得到较好的保证。但其不足就在于使商业银行的业务发展受到一定的限制。

2. 德国式综合银行模式

与传统模式的商业银行相比,综合式的商业银行除了提供短期商业贷款以外,还提供长期贷款,甚至可以直接投资股票和债券、为公司包销证券、参与企业的决策和发展,并为企业提供必要的财务支持和咨询等投资银行服务。至今,不仅德国、瑞士、奥地利等少数国家仍一直坚持这一传统,而且美国、日本等国的商业银行也在向综合式商业银行发展。这一综合银行模式在德国的形成也与其历史发展分不开。德国是一个后起的资本主义国家,德国确立资本主义制度的时候,便面临着英、法等老牌资本主义国家的社会化大生产的有力竞争,这就要求德国的企业必须有足够的资本实力与它们竞争。但是,由于德国资本主义制度建立较晚,国内资本市场落后,德国企业所需的资金难以通过资本市场募集,只能依靠银行为其提供短期流动资金贷款,以及长期固定资产贷款,甚至还要求银行参股。同时,德国的银行为了巩固客户关系,也积极参与企业经营决策,同企业保持紧密联系。因此,最早在德国形成金融资本、产生金融寡头就理所当然了。这种综合银行模式的商业银行有"金融百货公司"之称,其优点是有利于银行开展全方位的业务经营活动,充分发挥商业银行的经济核心作用,其缺点是会加大商业银行的经营风险。

如专栏6-1显示,我国商业银行也在综合化经营的道路上进行了不断的探索。

专栏 6-1

我国商业银行的发展趋势

在经济增速放缓和金融改革提速的大背景下,我国商业银行发展呈现出以下五大趋势:

第一,银行业服务实体经济将进一步深化。银行业金融机构进一步服务实体经济,既符合国家经济政策的导向,也符合银行业自身的利益,是未来银行业转型发展的关键。银行业支持实体经济并不应是简单地向企业增加贷款,甚至忽视风险给企业贷款,而是要在风险可控、商业可持续的前提下,向符合结构调整方向、有良好市场发展前景的企业提供信贷支持,同时加大对小微企业、"三农"等金融服务薄弱环节的支持,挖掘潜在的金融需求。对于一些产能过剩行业、高能耗高污染企业,则要有序退出。除了信贷支持以外,银行业还应完善各项金融服务,为企业提供支付、结算、理财等多方面服务。

第二,银行业经营模式将进一步差异化。随着利率市场化等金融改革进程加快推进,金融领域的市场准入进一步放宽,各家银行面临的不仅是银行同业间的竞争,也面临着来自其他类型金融机构,甚至是互联网企业的竞争。这将迫使银行业金融机构进行转型发展,通过经营模式转型,寻求差异化的市场定位,提供多元化的金融服务,进而建立自身的竞争优势。

第三,金融脱媒趋势不可逆转。从全国情况来看,银行贷款占社会融资规模的比重逐年下降,2013年人民币贷款占社会融资规模的比重为51.4%,创历史最低水平,银行贷款已不再是企业融资的唯一选择。在这种态势下,银行业应从两方面加以应对:一是加强综合服务能力,拓展多元化收入来源;二是优化信贷结构,挖掘新的盈利空间。

第四,信息科技发展带来新的挑战与机遇。互联网金融注重客户体验、善于运用信息技术的特点,对于银行业金融机构有很大启发意义。银行业金融机构要重视对客户全方位数据特别是非结构化数据的收集,并据此分析和挖掘客户习惯,预测客户行为,有效进行客户细分,提高业务营销和风险控制的有效性和针对性。互联网行业成功的企业有一个共性,就是都有很强的用户黏性。银行业金融机构要做到这一点,需要充分发挥比较优势,即提供专业化的金融服务。客户需要的不仅是快捷的贷款,更需要包括结算、理财、咨询等在内的金融服务,应满足这些金融需求,同时打造线上线下服务的一体化。

第五,银行业发展稳步走向国际化。经济全球化、贸易自由化是当前全球经济社会发展不可逆转的趋势,我国银行业的国际化发展既是服务我国开放型经济体系建设的要求,也是银行自身应对日益激烈的金融竞争的需要。简单来看,银行业国际化的内涵有三个方面：一是机构网点的国际化；二是经营管理的国际化，在公司治理、风险管理、业务经营方面向国际先进银行看齐；三是服务对象的国际化。一方面加强对企业国际结算、贸易融资等业务的服务力度，解决进出口企业资金难题；另一方面支持企业"走出去"，为企业对外开拓市场、兼并收购等提供金融服务。

——引自：王千红.商业银行经营管理[M].北京：中国纺织出版社，2017：7-8.

第二节 商业银行的业务

尽管各国商业银行的组织形式、名称、经营内容和重点各异，但就其经营的主要业务来说，大体上均可分为四类：负债业务、资产业务、中间业务和表外业务。

一、负债业务

商业银行的负债业务是商业银行在经营活动中尚未偿还的经济业务，该业务是商业银行形成其资金来源的业务，是商业银行开展资产业务的前提和条件。商业银行开展广义负债业务的资金主要包括自有资本和吸收外来资金两大部分。

（一）自有资本

商业银行的自有资本是其开展各项业务活动的初始资金，简单地说，就是银行开展业务活动的本钱。自有资本往往是其资本来源的一小部分，通常小于其负债业务总额的10%，但其作用巨大，可以减少银行的经营风险，维持银行业务的正常经营和使银行保持适度的资产规模。具体来说，银行资本主要包括：股本、银行盈余、债务资本和其他资金。

(1) 股本。股本是在有价证券市场上用出售股票的方式筹集，或由一些大公司共同出资合股形成的，是银行最原始的资金来源，也是银行开业的前提条件之一。它是银行资本中最基本、最稳定的部分，包括普通股和优先股。银行普通股是银行的一种股权证书，它构成银行资本的核心部分，代表对银行的所有权，具有永久的性质。银行普通股股东享有三方面的主要权利：① 经营控制权，即对银行章程的制定和修改、任免董事、银行决策等有表决权；② 资产和利润分享权，即有权分配和处置银行的税后利润，在银行破产清算时，还可以分享剩余财产；③ 新股优先认购权，这可以维护股东的已有权利。优先股兼有普通股和债券的特点。一般银行优先股持有者可以按照固定利率取得股息，对银行清算的剩余资产分配权优先于普通股股东，对银行的业务经营没有控制权。

(2) 银行盈余。银行盈余是银行资本的重要组成部分，包括资本盈余和留存盈余。资本盈余主要由投资者超缴资本和资本增值构成。留存盈余是从未分配利润转入的，是银行的所有者权益之一，主要用于弥补亏损和转增资本，它的大小取决于银行的盈利情况，同时，受股息政策和税率高低的影响。

(3) 债务资本。债务资本主要有资本债券和资本票据两类。它是20世纪70年代西方国家的银行广泛采用的一种外源资本，在1988年7月通过《巴塞尔协议》以后，债务资本只能作为附属资本，其求偿权仅次于存款者。

(4) 其他来源。其他来源主要是指专门用于应付意外事件或预料中的突发事件而从收益中提留的准备金。包括资本准备金和放款与证券损失准备金。由于银行储备金作为资本受到银行收益、股息政策以及金融管理部门管制的约束,因此其比重不会太大。

(二) 存款业务

存款是银行接受客户存入资金,存款人可以随时或按约定时间支取款项的一种信用业务。这是银行的传统业务,在负债业务中占有最重要的地位。按照传统的划分方法,即以存款的提取方式来划分,主要有三种,即活期存款、定期存款和储蓄存款。

(1) 活期存款。国外亦称支票存款。活期存款是指不规定存款期限,存户可随时提取,银行有义务随时兑付的存款。由于活期存款可用支票随时支取,银行需付出大量人力、物力,因此银行对活期存款的存户一般不付利息,有些甚至还要收取一定的手续费。

活期存款是商业银行的主要负债业务,商业银行必须把活期存款作为经营管理的重点,这不但因为活期存款是银行的主要资金来源,还因为其具有以下几个特点:① 具有很强的派生能力。由于活期存款存取频繁,流动性大,在非现金结算的情况下,银行将吸收的原始存款中的超额准备金用于发放贷款,客户在取得贷款后,若不立即提现就转入活期存款账户,银行则在增加了贷款的同时,又增加了活期存款,创造出派生存款(具体可参见本章第三节)。② 活期存款中相对稳定的部分可以用于发放贷款。尽管活期存款有很大的流动性,但总会有一些余额可以用于对外发放贷款。③ 活期存款可密切银行与客户的关系,扩大经营规模。商业银行可充分利用活期存款账户存取频繁、信用扩张和派生存款的特点,扩大与客户的联系,争取更多的客户,扩大经营规模。其缺点是流动性大,存取频繁,手续复杂,风险较大。

(2) 定期存款。定期存款是客户和银行预先约定存款期限的存款。存款期限在美国最短为7天,在我国通常为3个月、6个月和1年不等,期限长的可达5年或10年。利率视期限长短不同而高低不等,但都要高于活期存款。定期存款对客户来说,是一种稳定而风险又很小的投资方式,可以存单作为动产质押取得银行贷款。

对商业银行而言,定期存款在灵活性、方便性、利息成本和创造派生存款的能力等方面都不如活期存款,但其自身特点使其在银行经营管理中有特殊意义。定期存款有以下几个特点:① 定期存款有投资性,是银行稳定的资金来源。定期存款利率高、风险小,是一种风险最小的投资方式。因为定期存款期限较长,按规定一般不能提前支取,因而成为银行稳定的资金来源。② 定期存款所要求的存款准备金率低。由于定期存款在到期前一般不能提前支取,其稳定性明显强于活期存款,因此银行的存款准备金率较低,可以把所吸收的存款绝大部分都贷放出去,从而为银行带来可观的收益。③ 定期存款营业成本低。由于定期存款的存取是一次性办理,在存款期间不必有其他服务,除了支付利息没有其他的费用,因而,手续简单,费用低。同时,定期存款的高稳定性使其风险性较小。

(3) 储蓄存款。储蓄存款一般是指个人为了积存货币和取得利息收入在银行开立账户的存款。储蓄存款不可以使用支票,而是使用存折或存单,手续比较简单。储蓄存款可分为活期和定期两种。活期储蓄存款虽然可以随时支取,但取款凭证——存折不能流通转让,也不能透支。活期储蓄存款有两个特点:① 储蓄存款多数是个人为了积蓄购买力而进行的存款。② 金融监管当局对经营储蓄存款业务的商业银行有严格的管理规定,并要求银行对储蓄存款负有无限清偿责任。传统的定期储蓄存款对象一般仅限于个人和非盈利性组织,且若要提取,必须事先通知银行,同时存折不能流通和贴现。

除了上述的传统存款业务之外,为了更多地吸收存款,西方国家商业银行打破有关法规限制,在存款工具上进行了创新,如可转让支付命令账户(NOW)、超级可转让支付命令存款账户(Super NOW)、自动转账服务账户(ATS)、货币市场存款账户(MMDAs)、大额可转让定期存单(CDs)等等。

(三) 其他负债业务

(1) 同业拆借。同业拆借,又称同业拆放,是指商业银行之间及商业银行与其他金融机构之间的短期资金融通。拆入资金的银行主要用来解决临时资金周转的需要,它是商业银行为解决短期资金余缺,调剂法定准备金头寸而融通资金的重要渠道。期限一般较短,多则7日、少则1日,甚至还有半日拆借的。我国的同业拆借期限一般稍长,同业拆借利率水平一般较低。

同业拆借一般是通过商业银行在中央银行的存款账户进行,另外,还有采用同业存款以及回购协议等形式进行的。

(2) 中央银行借款。中央银行借款是中央银行向商业银行提供的信用,中央银行作为银行的银行,是商业银行的最后贷款者。商业银行向中央银行借款主要有两种形式:再贴现和再贷款。

① 再贴现。再贴现是指经营票据贴现业务的商业银行将其买入的未到期的票据向中央银行再次申请贴现,也叫间接借款。中央银行可以通过调整再贴现率,来提高或降低商业银行贴现成本的方法,来控制商业银行再贴现的规模。

② 再贷款。再贷款是商业银行持有的合格票据、银行承兑汇票或政府债券作抵押向中央银行取得的贷款,也叫直接借款。各国中央银行对再贷款限制较严,一般只用于商业银行资金临时调剂的急需,而不能用于扩大银行资产规模。

再贴现和再贷款不仅是商业银行筹措短期资金的重要渠道,同时也是中央银行重要的货币政策工具。

(3) 发行金融债券。发行金融债券也是商业银行筹资的一种方式,用于弥补流动资本的不足。金融债券可分为资本性债券、一般性金融债券和国际金融债券。这种筹资方式的好处是不需要缴纳存款准备金。1985年以来,我国银行经中国人民银行批准也面向社会发行金融债券,为指定用途筹集资金。

(4) 回购协议。回购协议是卖方将证券、放款等金融资产暂时售给买方,并约定在规定时间由卖方按约定的价格,从买方重新赎回上述证券或放款等金融资产的交易。回购协议是一种有担保的短期资金融通。由于回购协议在形式上是出售证券的资金收入,而不是存款收入,故无须向中央银行交纳存款准备金。

(5) 占用资金。占用资金是指商业银行在办理中间业务及同业往来过程中临时占用的他人资金。如在办理汇兑、代收代付等中间业务时,可以在收进款项和完成业务之间的这段时间内占用客户资金;在同业往来中,若应付款大于应收款,也会占用他行资金。

虽然从单笔业务看,占用金额小,时间短,但从周转总额来看则很大,因而也构成商业银行的一项资金来源。

除此之外,转贴现、大额定期存单、欧洲货币市场借款等也是借款的渠道。

二、资产业务

商业银行的资产业务是运用资金的业务,就是银行融出资金,通过使用货币资本来获得盈利的业务,是商业银行收入的主要来源。商业银行的资产业务主要包括现金资产、贷款和投资,其中以贷款为主要业务。

(一)现金资产

现金资产是商业银行资产中最具流动性的部分,是银行随时可用于支付客户所提取现金的资产,也是银行满足客户意外贷款需求、支付自身各种营业费用的首要资金来源。商业银行的现金资产由库存现金、存放中央银行的款项、存放同业款项、托收未达款项等组成。

(1)库存现金。库存现金一般是指商业银行金库中的通货(现钞和硬币),主要作用是应付客户提款和银行自身的日常开支。因其不盈利,且所需保管费用较高,所以一般被控制在必要数额之内。

(2)存放中央银行的款项。存放中央银行的款项分为法定存款准备金和一般存款两部分,后者主要用于满足转账结算的需要,调剂库存现金的余缺。法定准备金则是商业银行按法定比率向中央银行缴纳的存款准备金,以防止商业银行将所有资金都贷放出去,当存款人要求提款时,因无力支付而陷入流动性危机。一般来说,流动性越高的存款,法定准备金率也越高。超过法定准备金的那部分准备金叫超额准备金,可用于拆放给其他金融机构,亦可用于贷款或购买债券。

(3)存放同业款项。存放同业款项是指存放在其他金融机构的存款,主要用于同业间结算、收付及开展代理业务。由于金融机构之间所开立的存款户都属于活期性质,可随时支用,因此,银行都将存放同业的资金视为现金资产,作为其营运资金的一部分。

(4)托收未达款项。它是指在支票清算过程中已记入商业银行的负债,但实际上商业银行还未收到的那部分资金。托收中的现金属于非盈利性资产,因此银行会尽可能缩短收款时间,以提高资金的运用率。

(二)贷款

贷款是商业银行作为贷款人按照一定的贷款原则和政策,以还本付息为条件,将一定数量的货币资金提供给借款人使用的一种借贷行为。贷款是商业银行最大的资产业务,大致要占其全部资产业务的60%,是商业银行运用资金、取得利润的主要途径,同时,也是商业银行维持与客户良好关系的重要方式。贷款业务经营得好坏,直接关系到商业银行经营的成败,因而任何商业银行都非常重视其贷款资产的经营管理。

1. 贷款的种类

根据不同的划分标准,商业银行的贷款可划分为以下几类。具体可见图6-1。

下面对其中几种概念性较强的分类方法加以解释:

(1) 按贷款期限分类,可分为:

① 活期贷款。这是一种偿还期限不固定,但银行可以随时通知借款人于一定期限内归还的贷款,故又称为通知放款。此种贷款适合借款人短期周转使用,对银行来说,也相当灵活便利。

② 定期贷款。定期贷款是指具有固定偿还期限的贷款。按照偿还期限的长短,又可分为:短期贷款,期限在1年以内(含1年)的各项贷款;中期贷款,期限在1年(不含1年)以上5年(含5年)以内的各项贷款;长期贷款,期限在5年(不含5年)以上的各项贷款。定期贷款由于规定还款期限,流动性差,但利率较高。

③ 透支。活期存款客户账户上的资金用完时,银行同意在规定的额度内,客户可以继续签发支票,向银行暂时借用资金;而当客户的存款账户上收入资金时,可随时用来归还以前的借款。此种业务又称为活存透支,简称透支。根据有无抵押品作担保,透支可分为信用透支(又称往来透支)和抵押透支。透支实际上是一种临时融通资金的贷款,但它又不同于一般的贷款,表现在办理贷款的程序、手续、贷款归还以及贷款利息的计算等方面。

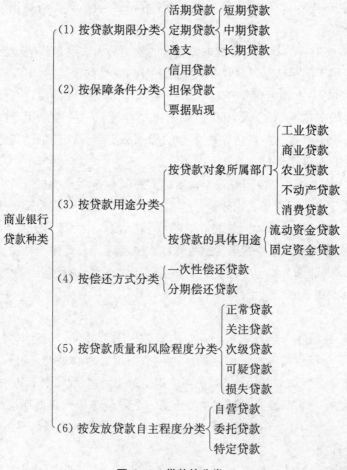

图 6-1 贷款的分类

(2) 按贷款保障条件分类,可分为:

① 信用贷款。信用贷款是指银行完全凭借客户的信誉而无需提供抵押物或第三者保证而发放的贷款。这类贷款从理论上讲风险较大,因而贷款利率较高,且对借款人的条件要求较高。

② 担保贷款。担保贷款是指以一定的财产或信用作为还款保证的贷款。根据还款保证的不同,具体分为抵押贷款、质押贷款和保证贷款。抵押贷款是指按规定的抵押方式以借款人或第三人的财产作为抵押发放的贷款;质押贷款是按规定的质押方式以借款人或第三者的动产或权利作为质物发放的贷款;保证贷款是指按规定的保证方式第三人承诺在借款人不能偿还贷款时按约定承担一般保证责任或者连带责任而发放的贷款。在我国,担保贷款都是按《中华人民共和国担保法》规定的方式进行的。担保贷款风险相对较小,但贷款手续复杂,且需要花费(质押)抵押物的评估、保管以及核保等费用,贷款成本较高。

③ 票据贴现。票据贴现是贷款的一种特殊方式。它是指银行应客户的要求,以现款或活期存款买进客户持有的未到期的商业票据的方式发放的贷款。票据贴现实行预扣利息,票据到期后,银行可向票据载明的付款人收取票款。票据合格且具有信誉良好的承兑人承兑,这种贷款的安全性和流动性都比较好。

(3) 按贷款的质量和风险程度划分,银行贷款可分为以下五类:

① 正常贷款。借款人能够履行借款合同,有充分把握按时足额偿还本息。

② 关注贷款。尽管借款人目前有能力偿还贷款本息,但是存在一些可能对偿还产生不利影响的因素。

③ 次级贷款。借款人依靠其正常的经营收入已经无法偿还贷款的本息,因而不得不通过重新融资或拆东墙补西墙的办法来归还贷款。

④ 可疑贷款。借款人无法足额偿还本息,即使执行抵押或担保,也肯定将造成一部分损失。

⑤ 损失贷款。在采取了所有可能的措施和一切必要的法律程序后,本息仍然无法收回,或只能收回极少部分。

贷款风险分类的意义在于,根据所能获得的全部信息,包括贷款风险的信息,判断扣除风险损失后的贷款当前价值,该价值和原账面价值的差额,就是对该贷款所面对的信用风险的度量。为了抵御和弥补已经识别的信用风险,商业银行不断建立和完善了贷款呆账准备金制度(见专栏6-2)。

专栏 6-2

贷款呆账准备金制度

贷款呆账准备金,又称为贷款损失准备金,是从银行收入中提取的、用于弥补贷款损失的一种价值准备。

贷款呆账准备是金融企业根据国家有关规定按贷款余额的一定比例提取的呆账准

备。贷款呆账准备应按国家规定提取和使用。提取的呆账准备计入当期损益,发生贷款呆账损失,应冲销呆账准备。已冲销的呆账准备,以后又收回的,应冲回呆账损失。全额提取的呆账准备,增加贷款呆账准备余额;差额提取的呆账准备,年初呆账准备账面余额高于或低于应按贷款余额计算提取的呆账准备的,应予以调整,冲回多提的差额或补足少提的差额。

贷款五级分类管理有利于更科学、更合理地根据贷款的损失程度提取足额的准备金。我国财政部制定并发布的《金融企业会计制度》明确规定金融企业要根据资产的损失程度,提取普通准备金、专项准备金和特种准备金。

普通准备金,又成为一般准备金,是商业银行按照贷款余额的一定比例提取的贷款损失准备金。我国商业银行现行的按照贷款余额1‰计提的贷款呆账准备金就相当于一般准备金。但是按照2011年4月银监会发布的《中国银行业实施新监管标准指导意见》,商业银行建立贷款拨备率(监管标准为不低于2.5%)与拨备覆盖率(监管标准为不低于150%)相结合、且原则上按两者孰高的方法确定的贷款损失拨备新监管标准。

专项准备金是指针对每笔贷款,根据借款人的还款能力、贷款本息的偿还情况、抵押品的市价、担保人的支持度等因素,分析风险程度和回收的可能性后合理计提的贷款损失准备金。中国人民银行发布了《贷款损失准备金计提指引》,要求商业银行在提取普通准备金以外,要按照五级分类的结果,根据每笔贷款损失的程度,逐笔提取相应的专项准备金。《贷款损失准备金计提指引》制定了专项准备金提取的参照比率。对划分为关注类的贷款,提取比率为2%;对次级类贷款,比率为20%;对可疑类贷款,比率为50%;对损失类贷款,比率为100%。同时,根据我国的实际情况,借鉴一些国家的做法,对次级类贷款和可疑类贷款损失准备金的提取比率可根据贷款损失的程度,上下浮动20%。呆账准备金提取制度化,从长远看,有利于银行的稳健发展。

特别准备金是针对贷款组合中的特定风险,按照一定比例提取的贷款损失准备金。特别准备金与普通和专项准备金不同,不是商业银行经常提取的准备金。只有遇到特殊情况才计提特别准备金。

——引自:王千红.商业银行经营管理[M].北京:中国纺织出版社,2017:146-147.

(4) 按发放贷款的自主程度分类,可分为:

① 自营贷款。自营贷款是指银行对以合法方式筹集的资金自主发放的贷款。这是商业银行最主要的贷款。贷款风险及本利收回责任由银行自己承担。

② 委托贷款。委托贷款是指由政府部门、企事业单位及个人等委托人提供资金,由银行(受托人)根据委托人确定的贷款对象、用途、金额、期限、利率等代为发放、监督使用并协助收回的贷款。银行不承担风险,通常只收取手续费。

③ 特定贷款。在我国是指经国务院批准并对可能造成的损失采取相应的补救措施后,责成国有独资商业银行发放的贷款。这类贷款由于事先已确定风险损失的补偿,银行也不承担风险。

2. 贷款程序

(1) 贷款申请。借款人必须填写包含借款用途、偿还能力、还款方式等内容的《借款申请书》，并提供以下资料：借款人及保证人基本情况；财政部门或会计师事务所核准的上一年度会计报表，以及申请借款前一期的财务报告；原有不合理贷款的纠正情况；抵押物、质押物清单和有处分权人同意抵押及保证人拟同意保证的有关证明文件。申请中长期贷款还必须提供以下资料：项目可行性报告，项目开工前期准备工作完成情况的报告，在开户银行存入了规定比例资金的证明，经有权单位批准下达的项目投资计划或开工通知书，按规定项目竣工投产所需自筹流动资金落实情况及证明材料，贷款人认为需要提供的其他资料等。

(2) 对借款人的信用等级评估。应当根据借款人的领导者素质、经济实力、资金结构、经济效益和发展前景等因素，评定借款人的信用等级。信用等级高的企业，优先取得贷款；信用等级低的企业，应当限制其贷款。评级可由贷款人独立进行，内部掌握，也可由有权部门批准的机构进行。

(3) 贷款调查。贷款人受理借款人申请后，应当对借款人的信用等级以及借款的合法性、安全性、盈利性等情况进行调查，核实抵押物、质押人、保证人情况，测定贷款的风险度。

(4) 贷款审批。贷款人应当按照审贷分离、分级审批的贷款管理制度进行贷款的审批。审查人员应当对调查人员提供的情况资料进行核实、评定，复测贷款风险度，提出贷款意见，按规定权限报有权审批人员批准。

(5) 签订借款合同。所有贷款应当由贷款人与借款人签订借款合同。借款合同应当约定贷款种类、贷款用途、金额、利率、还款期限、还款方式、违约责任和双方认为需要约定的其他事项。保证贷款应当由保证人与贷款人签订保证合同或保证人在借款合同上载明与贷款人协商一致的保证条款，并签名盖章。抵押贷款、质押贷款应当由抵押人、出质人与贷款人签订抵押合同、质押合同，并依法办理登记。

(6) 贷款发放。贷款人要按借款合同规定按期发放贷款。贷款人不按合同规定发放贷款的，应当偿付违约金。

(7) 贷后检查。贷款发放后，贷款人应当对借款人执行借款合同的情况及借款人的资信情况进行追踪调查和检查。

(8) 贷款归还。借款人应当按照借款合同的规定按时、足额归还贷款本息，借款人不按合同规定归还贷款的，应当承担违约责任，并支付利息。借款人提前归还贷款，应当与贷款人协商一致后确定。

3. 贷款原则及信用评估

商业银行的贷款原则是要实现贷款的安全性、盈利性、流动性目标。商业银行的信贷人员对于任何一笔贷款，都必须遵循以下基本工作程序，即贷款申请、对借款人的信用等级评估、贷款调查、贷款审批、签订借款合同、贷款发放、贷后检查、贷款收回。

为了保证实现贷款三项原则的最佳组合，特别是为了保证贷款的安全，对借款人的信用等级评估尤为重要。其主要内容包括：

第一,贷款审查的标准。商业银行对借款者的审查非常严格、全面,标准相当高,概括起来,这些标准有 5C、5P 等。所谓 5C 是指:① 借款能力(Capacity to Borrow)。借款能力包括借款人的偿还能力及法定借款能力。② 借款人的品质(Character)。借款人要有强烈归还借款的愿望,借款人要诚实、讲信用。特别要注意借款人过去偿还借款的记录。③ 资本(Capital)。对银行来说,借款人的资本越多越好,借款人的资本多,银行的风险就相对较小。④ 放款的担保(Collateral)。担保品应是易于确定价值、易于变现、不易损坏的财产。放款的金额要按担保品的市价打折扣。⑤ 经营情况(Condition of Business)。经营情况指借款人企业以至行业在整个经济中的发展趋势、企业的管理经营水平等。所谓 5P 因素是指:① 借款人因素(Personal Factor),即个人的能力、信誉等。② 目的因素(Purpose Factor),即放款对增加生产有无积极意义。③ 偿债因素(Payment Factor),即偿还资金是否具有自偿性和如何安排好还款时间。④ 债权保证因素(Protect Factor),即放款的抵押品和收回贷款的保障措施。⑤ 展望因素(Prospective Factor),即对授信的评价和对银行盈利及风险的评价。除此以外,还要考虑政治因素以及经济状况、同业竞争、劳资关系等经济因素。

第二,对企业的财务报表进行审查。该审查包括对应收账款、负债及净值科目、收支明细表的分析,将财务报表中的数字联系起来进行比较、对照,从动态、发展的角度分析企业经营状况和财务状况,还要注意通过各种比率从相对性角度进行考察。

(三) 投资业务

商业银行的投资业务主要是指商业银行将资金用于购买有价证券的活动。证券投资有分散风险、保持流动性和合理避税、提高收益等作用。

由于许多国家的银行法都禁止商业银行投资于股票,因而,商业银行投资业务的主要对象是各种债券,包括国库券、中长期国债、政府机构债券、市政债券或地方政府债券以及公司债券。在这些债券中,由于国库券流动性强、风险小,成为商业银行重要的投资工具;由于公司债券之间差别较大,从 20 世纪 80 年代以来,在商业银行投资比重中逐渐缩小。

证券投资的盈利性可能高于放款的收益,但是风险也较大,因此银行必须加强对证券投资的管理,并注意运用各种投资方式规避和分散投资风险,以确保获取利润。

《中华人民共和国商业银行法》规定:"商业银行在中华人民共和国境内不得从事信托投资和股票业务,不得投资于非自用不动产。"

三、中间业务

中间业务是指不在资产负债表内反映的,银行不动用或较少动用自己的资产,主要以中间人身份替客户办理收付和其他委托事项,提供各类金融服务并收取手续费的业务。传统的中间业务有:结算业务、代理业务、租赁业务、信托业务、信用卡业务等。

(一) 结算业务

结算业务是银行代客户清偿债权债务、收付款项的一种传统业务。其特点是业务量大、风险度小、收益稳定。

企事业单位之间的货币收付,除少量以现金方式进行以外,大部分是通过其在银行开立的支票存款账户上的资金划拨来完成的。按照收款人和付款人所处的地点,可以将结算分为同城结算和异地结算两种类型。同城结算是指收款人和付款人在同一城市或地区的结算,其主要方式是支票结算。异地结算是指收款人和付款人不在同一地区时的结算。异地结算有汇兑、托收和信用证结算三种方式。汇兑结算是指付款人将现款交付给银行,由银行把款项支付给异地收款人的一种业务。托收结算则与此相反,是指收款人向付款人开出一张汇票,要求其付款,并把汇票连同有关单据一起交付给托收行,委托其代为收款。信用证结算则是指开证银行根据申请人的要求和指示,向受益人开立的载有一定金额、一定期限内凭规定单据在指定地点付款的书面保证文件,是目前国际贸易领域使用最为广泛的结算方式。

(二) 代理业务

代理业务是指商业银行接受政府、企事业单位、其他银行或金融机构以及居民个人的委托,以代理人的身份代表委托人办理一些经双方议定的经济事务的业务。代理业务中,银行一般不动用自己的资产,不为客户垫款,不参与利益分配,只收取代理手续费,属于风险度较低的中间业务。

商业银行经营的代理业务范围广、种类多,包括代理收付款业务、代理融通与保付业务、代理行业务、现金管理业务、代理保管业务、代理承销和兑付债券业务、代理清欠业务、代客理财业务、代理个人外汇及证券的买卖业务、为进出口企业代购代销业务等。

(三) 租赁业务

所谓租赁,是指所有权与使用权之间的一种借贷关系,由所有者(出租人)按照契约规定,将财产租给使用者(承租人)使用,承租人按期交纳一定的租金给出租人,有关财产的所有权归出租人所有,承租人只有使用权。

租赁业务有两种基本类型,即经营性租赁和融资性租赁。经营性租赁又称操作性租赁,适用于租期相对较短、通用性较强的财产、设备,如汽车、建筑机械等,租赁期满不发生所有权转移,可以续租、退租,但承租人不能以象征性价格购入。融资性租赁又称资本性租赁,是由出租人融通资金,为承租人提供所需设备,承租人定期偿还租金并获得设备、财产的使用权,承租人通常在租赁期满后以象征性的价格取得设备、财产的所有权。融资性租赁可以采用直接租赁、杠杆租赁、转租或回租方式。

(四) 信托业务

信托业务是指银行受客户委托,为了委托人的利益,代为管理、营运或处理有关财产的业务。银行信托业务按照委托人的身份可以划分为个人信托、公司信托、政府信托和公共团体信托;按照委托人和受益人是否为同一个人,可分为自益信托和他益信托;按照信托财产的性质或业务内容,可分为动产信托、不动产信托、投资信托、融资信托、公益信托、职工福利信托等。信托业务一般由专门的信托公司办理,但大的商业银行也设有信托部经营业务。

信托有贸易信托和金融信托之分,商业银行所从事的主要是金融信托业务。金融信托是指经营金融委托代理业务的信托行为,主要包括代理他人运用资金,买卖债券,发行债券、股票,管理资产等业务。

商业银行从事信托业务是现代社会经济发展的客观要求。随着社会经济的发展、社会分工的专业化,人们已经很难完全通过个人的力量去实现财产价值最大化,必然要借助专业机构或专业人员去管理财产。商业银行是专门从事资金管理、运用和提供全方位金融服务的金融机构,因此在金融行业,最有优势进行信托业务的就是商业银行。大型商业银行资金实力雄厚,信誉度高,信息来源广泛,工作人员也更加专业,有从事信托业务的巨大优势。而对于银行本身而言,信托业务开辟了新的利润来源渠道,增加了银行的收益,同时也丰富了银行的业务种类,分散了银行的经营风险。这种方式不仅充分利用了闲置资金,也进一步发挥了商业银行的专业优势,进而从整体上提高社会财产的有效运用,促进现代社会经济的稳定发展。

(五) 信用卡业务

信用卡是一种消费信贷,是银行或专门的信用卡公司签发的证明持有人信誉良好,可以在指定商店和场所进行记账消费的一种信用凭证,把银行的两项基本功能——支付与信贷结合在了一起。信用卡具有"先消费、后付款"的特点。信用卡按是否可以透支,可分为借记卡(不可透支)和贷记卡(可透支)两大类。

信用卡业务对银行来说,可以使其吸收商店在银行存款,并可收取一定的佣金或不能如期付款的罚息,同时加强银行与客户的往来合作关系;可以使顾客不用随身携带现款,方便购物和接受服务等,也能免去每次借款繁琐的申请和调查信用手续,经常使用其信用。同时对商店来说,顾客赊销货物后它们可以立即从银行收回货款,资金免于积压,且使用信用卡的顾客的信用由发卡银行提供保证,免去了调查费用,同时又扩大了销售面。

四、表外业务

20 世纪 80 年代以来,商业银行业务创新的一个重要标志就是表外业务(Off-Balance-Sheet Activities,简称 OBS)的迅猛发展。

根据巴塞尔委员会提出的判定标准,表外业务分为广义和狭义两种。广义表外业务包括所有不在资产负债表中反映的业务,由中间业务和狭义表外业务构成。这里讨论的是狭义的表外业务,是指商业银行所从事的按国际会计准则不计入资产负债表内,因而不影响资产负债总额但能改变银行损益和营运资金状况的业务。表外业务构成了商业银行的或有资产和或有负债,包括担保、贷款承诺、金融衍生工具以及投资银行业务。

(一) 担保业务

担保是商业银行以证人和保人的身份接受客户的委托,对国内外的企业提供信用担保服务的业务。即商业银行为交易活动双方中的某一方(委托人)对另一方出具书面担保或鉴证,以保证委托人的债务或应履行的合同义务,并承担损失的赔偿责任。担保包括:备用信用证、银行承兑汇票、跟单或商业信用证、货物偿还担保、有追索权的债权转让、背书、对分支机构的财务支持等。银行业中最流行的是备用信用证。

(二) 贷款承诺

贷款承诺是指银行向客户做出承诺,保证在未来一定时期内,向客户按事先约定的条件发放一定数额贷款的诺言。承诺可分为可撤销承诺和不可撤销承诺。可撤销承诺包括透支、信用额度,是指在承诺中附有客户在取得贷款前必须履行的特定条款,一旦在银行承诺期间及实际贷款期间发生客户信用等级降低的情况,或客户没有履行特定条款,银行可撤销该承诺。不可撤销承诺包括备用信用额度、循环信用额度、相互存款协议、回购协议、票据发行便利等,是指银行在不经客户同意的情况下不得私自撤销的承诺,是有法律约束力的。

(三)金融衍生工具业务

商业银行可利用金融衍生工具防范金融风险,提高资产质量,增加盈利,同时也可进行投机性操作,但若运用不当便会造成巨额损失。金融衍生工具主要包括远期外汇合约、货币互换、货币期货、货币期权、利率互换、利率期权、股票指数期货和期权等。

(四)投资银行业务

投资银行业务是指以前由投资银行和证券公司经营的各种业务。随着金融业务的自由化,西方金融监管当局从20世纪70年代末起陆续放松和取消对金融机构业务范围和活动领域的限制,商业银行越来越多地承担了投资银行业务,包括证券包销、证券代理和分销、证券做市等。

第三节 信用货币的创造

商业银行对货币运行的影响,首先表现在商业银行机构多、规模大、业务广泛,是整个货币运行的最主要载体。其次,商业银行办理支票活期存款,具有创造信用货币的功能。由于活期存款是现代信用货币经济中主要的货币形态,存款货币的创造过程在很大程度上反映了现代经济中货币供给量的决定过程。下面我们就看一下银行是怎样进行信用货币——派生存款的创造来影响货币运行和经济生活的。

一、原始存款和派生存款

在信用制度发达的国家,活期存款是存款人能用支票随时提取款项的一种存款。一般说来,只有商业银行才能经营活期存款业务,因而商业银行成为存款货币创造的主体。

原始存款是客户以现金存入银行形成的存款。但在银行的经营活动中,一般只需保留一小部分现金作为付现准备,而将大部分现金用于放款。取得贷款的客户通常不立即提取现金,而是转入其在银行的活期存款账户上,这时银行一方面增加了放款,一方面增加了活期存款。银行用转账方式发放贷款、贴现和投资时创造的存款,即为派生存款。银行持有现金的百分比就成为银行用于控制自己业务规模的基础,也是银行进行信用货币创造的基础。在信用制度发达的国家,银行的大部分存款都是通过这种营业活动创造出来的。

因此,原始存款是派生存款——信用货币创造的基础,而派生存款是信用扩张的条件。

二、信用货币的创造过程

为了更方便地说明商业银行信用货币创造的过程,我们先做几条假设:① 每家银行只保留法定存款准备金,其余部分全部贷出,超额准备金等于零;② 客户将从银行得到的贷款全部存入银行,而不提现金;③ 法定准备金率为20%。

先假设 A 公司将¥10 000 存入第一家银行,该行增加¥10 000 原始存款,以 20%的法定存款准备金率提留¥2 000 法定准备金后,将超额准备金¥8 000 全部贷给 B 公司,B 公司用来支付 C 公司的货款,C 公司将这笔款存入第二家银行,该银行的存款增加¥8 000,提留法定存款准备金¥1 600 后,又将超额准备金¥6 400 贷给 D 公司,D 公司又将这笔贷款支付 E 公司货款,E 公司又将款项存入第三家银行,该行又继续贷款,以此类推,银行与客户之间不断地贷款、存款,就会产生如表 6-1 所示的结果。

表 6-1 信用货币的创造过程

单位:元

银行名称	支票账户存款金额	按 20%应留法定准备金数	银行放款金额	货币供应总额
第一家银行	10 000.00	2 000.00	8 000.00	10 000.00
第二家银行	8 000.00	1 600.00	6 400.00	18 000.00
第三家银行	6 400.00	1 280.00	5 120.00	24 400.00
第四家银行	5 120.00	1 024.00	4 096.00	29 520.00
第五家银行	4 096.00	819.20	3 276.80	33 616.00
第六家银行	3 276.80	655.36	2 621.44	36 892.80
第七家银行	2 621.44	524.29	2 097.15	39 514.24
第八家银行	2 097.15	419.43	1 677.72	41 611.39
第九家银行	1 677.72	335.54	1 342.18	43 289.11
第十家银行	1 342.18	268.44	1 073.74	44 631.29
十家银行合计	44 631.29	8 926.26	35 705.03	44 631.29
其他银行	5 368.71	1 073.74	4 294.97	50 000.00
合　计	50 000.00	10 000.00	40 000.00	50 000.00

从表 6-1 可以看到,在部分准备金制度下,10 000 元的原始存款,可以使银行共发放贷款 40 000 元,并使银行支票账户上的存款金额增至 50 000 元,存款总额超过原始存款 40 000 元,这就是这笔原始存款所派生的存款总额。

在存款总额与准备金之间存在一定的规律性的比例关系。用公式表示为:

$$D = \frac{R}{r_d}$$

式中,D 表示包括原始存款在内的经派生的存款总额,R 表示原始存款,r_d 表示法定存款准备金率。

如上例,R 为¥10 000,r_d 为 20%,则 $D=10\,000/0.2=50\,000$ 元。$D-R=50\,000-10\,000=40\,000$ 元,这 40 000 元就是银行体系在法定准备金率为 20%时创造出来的派生

存款。因此，r_d越高，创造的存款货币额越小；r_d越低，创造的存款货币额越大。

三、银行创造信用货币的制约因素

通过上述存款创造过程，我们看到，在原始存款已知的条件下，商业银行创造存款能力的大小基本上取决于法定存款准备金率的高低。中央银行正是通过这一手段，对商业银行的派生存款能力进而对货币供应量实施控制的。

但是，除了存款准备金率这个最主要的基础因素外，信用货币创造的实际过程还要受现金漏损等因素的制约。

（一）现金漏损

前文假设客户将从银行得到的贷款全部存入银行，而不提现金，但如果在存款派生过程中某一客户提取现金（实际上这种情况经常发生），则现金就会流出银行系统，出现现金漏损。现金漏损与存款总额之比为现金漏损率，或提现率。若现金漏损率用C来表示，则派生存款的公式应为：

$$D = \frac{R}{r_d + C}$$

现金漏损率越大，派生存款的创造能力越小。

（二）超额准备金

前文假设银行将超额准备金全部贷出，但实际上，银行的实际存款准备金总会多于法定准备金，即有一定数额的超额准备金没有贷出。这一超出额与存款总额之比为超额准备金率。若超额准备金率用e表示，则派生存款公式为：

$$D = \frac{R}{r_d + C + e}$$

超额准备金率越大，派生存款的创造能力越小。

（三）定期存款准备金

企业持有的活期存款，也会有一部分转化为定期存款，一般来说，定期存款的法定存款准备金率要比活期存款的法定准备金率低。因此，银行按照定期存款的法定准备率提留准备金，也会影响派生存款的创造。若以r_t表示定期存款比率，t表示定期存款占活期存款的比例，则派生存款公式为：

$$D = \frac{R}{r_d + C + e + r_t \cdot t}$$

（四）贷款需求或者银行发放贷款意愿

银行通过发放贷款来创造信用货币，如果没有人向银行借款，银行就不能发放贷款，信用货币创造也就无从谈起。反之，借款需求很大，但银行认为条件、时机不成熟，不愿意贷款，也无法创造存款。

由此可见，银行创造存款公式只能看作扩大存款的理论极限，实际中，银行吸收一笔原始存款能够创造多少存款货币，要受到诸多因素的影响，存款增加一般不会达到这个理论上的极限。

第四节 商业银行的经营与管理

一、商业银行的经营管理原则

尽管各国商业银行在制度上存在一定的差异,但是在业务经营上,作为特殊的金融企业,都遵循流动性、安全性和盈利性的"三性原则"(亦称"三性目标"),并将三者协调配合以实现银行价值最大化。

(一)流动性

流动性原则要求商业银行能够具备随时应付客户提现和满足客户借贷的能力。流动性包括资产的流动性和负债的流动性两个方面。因而,商业银行可以采用两种方法来保持足够的流动性:从资产方面来说,银行应持有一定比例的、可随时变现的、流动性较高的资产;从负债方面来说,银行应保持较强的融资能力,拓展融资渠道,从中选择期限与成本较合理、符合本行流动性需求的资金来源。

作为特殊的金融企业,保持适当的流动性的必要性表现在:① 是客户存款和银行的其他借入款可随时提取和按时归还的要求;② 是满足社会上不同时期产生的多种贷款需求的要求;③ 是弥补银行资金运动的不规则性和不确定性缺陷的要求;④ 是预防投资风险的要求。

在银行的业务经营中,并不是流动性越高越好。事实上,过高的资产流动性会使银行失去盈利机会甚至出现亏损;过低的流动性则可能使银行出现信用危机、客户流失、丧失资金来源,甚至会因为挤兑导致银行倒闭。因此,商业银行必须保持适度的流动性。这个"度"是商业银行业务经营的生命线,是商业银行业务经营成功的关键。这就要求银行经营管理者动态把握这个"度",及时、果断地把握时机、做出决策。当流动性不足时,及时补充和提高;当流动性过高时,尽快安排资金运用,提高资金的盈利能力。专栏 6-3 充分说明了保持适度的流动性对于商业银行经营管理的重要性。

专栏 6-3

短信引发的挤兑风波——信心和银行安全性

东亚银行为香港老牌银行,在即将迎来九十年大庆的时候,却由于短信引发的信心危机陷入危机境地。

2008 年 9 月一部分香港东亚银行的客户间流传起几段手机短信,指东亚银行因持有大量雷曼兄弟债券,财务已出现状况,甚至提到东亚银行被政府接管。9 月 23 日下午 4 时 50 分许,位于香港九龙黄大仙区的一间东亚银行分行,数十位老年人排队提款,引爆东亚银行挤兑风波。24 日上午,一段新的短信流传,称东亚银行可能会破产,

> 招致更多人加入挤兑行列中。一时间,除位于中环的东亚银行总行外,多间分行均出现挤兑。其中位于沙田的一间东亚银行分行上午出现 400 人排队提款。东亚银行虽表示当天会将营业时间延长半个小时,即延至下午 5 时 30 分关门,但位于港岛太古附近的一间东亚银行分行,截至晚间 6 时 30 分,仍有 300 多人排队提款,有民众更携带小凳,等待服务。更有储户 24 日下午从内地紧急返港,赴东亚银行提款。有储户由于担忧银行出现危机,打算将全部存款提出。
>
> 东亚银行 24 日下午紧急召开记者会试图澄清,表示已准备足够现金,可应付储户提款,储户提款没有上限,即使定期储户亦可提款。东亚银行总行 24 日上午已紧急从汇丰银行、渣打银行等存款银行提现 10 亿港元,令总行的现金库增至 20 亿至 30 亿港元,以应付总行及分行客户提款。
>
> 香港金管局总裁任志刚公开力挺东亚银行。他指出,该行的资本状况、流动资金及资产质量良好,虽然东亚银行面临着雷曼兄弟的信贷风险,但所持有资产比例相当低,影响不大。他表示,东亚资本充足率为 14%,流动资金比率为 40%,分别大幅高于监管规定下限 8% 及 25% 的水平。
>
> 东亚银行股价 2008 年 9 月 24 日下午一开市,即出现恐慌性抛售,一度急跌 11%。东亚银行澄清谣言后,收市跌幅收窄,下跌 7%。
>
> 事发后,国际评级机构穆迪已将东亚银行的所有评级展望从稳定转为负面。
>
> ——参见"财经网"报道,2008 年 09 月 24 日

银行为了更好地实现流动性管理目标,通常要用一些数量化指标来衡量和反映本银行的流动性状况,这些指标可分为三大类:一是资产类流动性指标,如现金资产率、流动资产比率和贷款占总资产比率等;二是负债类流动性指标,如股权占总资产的比率、存款占总负债的比率、预期存款变动率等;三是资产负债综合类流动性指标,如贷款占存款的比率、流动性资产与易变性负债的差异、存款增长率与贷款增长率之间的差异等。在经营管理中,银行必须对各种指标进行综合分析,并相互印证,从而对流动性状况做出正确的判断,并进行相应的调整。

(二)安全性

安全性原则要求银行具有控制风险、弥补损失、稳健经营的能力。商业银行应在经营活动中坚持稳健经营的理念,保持较高的资本充足率,合理安排资产负债结构,注重资产质量,运用各种法律允许的策略和措施来分散和控制风险,提高银行抗风险的能力。

商业银行坚持安全性原则的必要性表现在:① 商业银行的资金主要来自负债,自有资金占的比重小,使经营风险(如信用风险、市场风险、政治风险等)成为商业银行的永恒课题。② 商业银行的贷款和投资的规模及期限结构难以与其资金来源的规模及期限结构保持一致,使其存在着潜在危机。③ 贷款客户的信用状况难以准确把握,若客户信用状况差,到期无法归还贷款,将影响银行收益和资金周转,甚至导致银行破产。④ 商品市场、金融市场供求关系的变化也会影响银行资产的安全。由此可见,安全性是关乎商业

银行成败的重要因素。

影响商业银行安全性原则的主要因素有客户的平均贷款规模、贷款的平均期限、贷款的方式、贷款对象的行业以及地区分布、贷款管理体制等。

通常情况下，衡量商业银行安全性的指标主要有：贷款对存款的比率、资产对资本的比率、负债对流动资产的比率、有问题贷款占全部贷款的比率等。当然，这些指标只能提供大致判断风险程度的依据，针对特定政策动向和市场局势，银行资产负债的流动性状况、敏感性状况、受险部分的程度等也是衡量风险的重要依据。

（三）盈利性

盈利性原则是指商业银行在稳健经营的前提下，尽可能提高银行的盈利能力，力求获取最大利润，以实现银行的价值最大化目标。因此，盈利性目标是商业银行经营活动的最终目标，这是由商业银行的性质所决定的。

商业银行的盈利是指业务收入减去业务支出的净值。商业银行的业务收入包括：贷款利息收入、投资收入（股息、红利、债息、出卖有价证券的价格净差额等）、劳务收入（指各种手续费、佣金等）。业务支出包括：吸收存款支付的利息、借入资金支付的利息、贷款与投资的损失、支付的工资、办公费、税金等。

盈利性管理要求商业银行要做到：① 尽量减少现金资产，扩大盈利性资产的比例。② 以尽可能低的成本取得更多的资金。③ 提高资产质量，尤其是贷款质量，减少贷款和投资损失。④ 注重业务创新，积极拓展中间业务和表外业务，增加银行的非利息收入。⑤ 加强内部经济核算，控制管理费用开支。⑥ 规范操作，完善监督机制，减少事故和差错及其他损失。

通常，衡量商业银行的盈利水平的指标主要有：利差收益率、银行利润率、资产收益率和资本盈利率等。

（四）流动性、安全性、盈利性原则的协调

商业银行的"三性原则"既有相互统一的一面，又有相互矛盾的一面，银行的经营管理者应协调商业银行的三原则之间的关系，在实现银行利益最大化的同时，实现流动性和安全性目标极为重要。

流动性是商业银行正常经营的前提条件，是商业银行资产安全性的重要保证；安全性是商业银行稳健经营的重要原则，离开安全性，商业银行的盈利性也就无从谈起；盈利性原则是商业银行的最终目标，保持盈利又是维持商业银行流动性和保证银行安全性的重要基础。

大多数银行认为，最合理的做法应该是在对资金来源，资产规模及各种资产风险、收益、流动性进行全面预测和权衡的基础上，首先考虑安全性，在保证安全性的前提下，争取最大的利润。而解决安全性和盈利性之间的矛盾，实现二者统一的最佳选择就是提高银行经营的流动性。总而言之，在银行经营活动中，应该依据商业银行自身的条件，从实际出发，统筹兼顾，通过多种金融资产的组合，寻求"三性"的最优化。

二、商业银行的资产负债管理

资产负债管理是商业银行管理银行业务的基本方法和手段，一般将银行为实现自身经营目标和方针而采取的种种管理方法统称为资产负债管理。西方商业银行的经营管理经历了资产管理、负债管理、资产负债管理理论三个阶段。

（一）资产管理理论

资产管理理论是以商业银行资产的流动性为管理重点的传统管理方法，在20世纪60年代以前比较盛行。资产管理理论依次经历了以下三个发展阶段：

1. 商业贷款理论

商业贷款理论也称真实票据理论或生产性贷款理论，源于亚当·斯密的《国民财富的性质和原因的研究》一书。该理论从当时银行的主要资金来源是活期存款这一客观事实出发，认为银行只应发放短期的、与商品的生产周期相联系的工商企业贷款，以保证资金的流动性。这种贷款以商业行为为基础，以商业票据为凭证，随着商品周转的完结自动偿付，因而不会引起通货膨胀和信用膨胀。该理论的局限性表现在：① 不能满足经济发展对银行长期资金的需求，将银行的资金运用局限在狭窄的范围内，同时也限制了经济的发展。② 忽视了银行存款的相对稳定性，使银行的长期负债没有得到充分利用。③ 忽视了在经济衰退期，有真实票据作抵押的贷款也可能出现违约现象。但是该理论所强调的资金流动性管理、根据期限结构配置资源等理念，对商业银行的经营管理具有积极的指导意义。

2. 资产转移理论

资产转移理论也称可转换理论，是第一次世界大战后发展起来的理论。当时金融市场进一步发展和完善，金融资产多样化，流动性增强，银行对流动性有了新的认识，于是资产转移理论应运而生。最早由美国的莫尔顿于1918年在《政治经济学杂志》上发表的《商业银行与资本形成》一文中提出。该理论认为流动性要求仍然是商业银行须特别强调的，但只要银行持有的资产在市场上可随时变现，则银行资产就有较大流动性，因而银行在资金运用中可持有具有可转换性的资产。这类资产应具有信誉高、期限短、易于出售的特性。这一理论使得二战后一段时期内有价证券的持有量超过贷款的量，同时带动了证券业的发展。该理论的缺陷表现在：① 证券价格受市场波动的影响很大，影响银行顺利出售证券。② 当出现经济危机时，证券价格下跌，证券供大于求，几乎无人购买证券，与银行投资证券以保持资产流动性的初衷相悖。

3. 预期收入理论

预期收入理论是第二次世界大战以后发展起来的理论。当时美国正处于战后经济恢复时期，政府推行了鼓励企业扩大设备投资和鼓励出口消费的经济政策，由此引致对贷款的需求猛增，并且资金需求日益多样化，预期收入理论在此背景下应运而生。它最早是由美国的普鲁克诺于1949年在《定期放款与银行流动性理论》一书中提出。该理论认为，一笔高质量的贷款，其还本付息的日期应以借款人的未来收入或现金流量为依据。该理论强调的是借款人是否确有用于还款的预期收入，而不是贷款能否自偿、担保品能否迅速变现。该理论推动了商业银行将业务经营范围向中长期设备贷款、个人消费贷款、房屋抵押贷款、设备租赁贷款等方面扩展，使贷款结构发生了变化，是商业银行业务综合化的理论依据。但该理论也有缺陷，表现在：① 将资产流动性建立在对借款人未来收入的预测上,而预测不可能完全精确。② 贷款期限较长的情况下,不确定因素增加,债务人的经营情况可能发生变化,到时不一定具备清偿能力,从而增加银行的风险,损害银行的流动性。

以上三种理论都强调要保持资产的流动性,促进银行资产管理理论不断发展和完善,但其缺陷是随着经济的迅速发展,逐渐难以满足当时社会经济对资金的需求。

(二)负债管理理论

负债管理理论是以负债为经营重点来保证流动性和盈利性的经营管理理论。该理论产生于20世纪50年代末期,盛行于60年代。当时各国经济出现了迅速发展的局面,生产流通不断扩大,对银行贷款需求不断增加。在追求利润最大化的目标下,银行希望通过多种渠道吸收资金、扩大规模。与此同时,欧洲货币市场的兴起、通信手段的现代化、存款保险制度的建立,大大方便了资金的融通,刺激了银行负债经营的发展,为银行负债管理理论的产生创造了条件。

负债管理理论的核心是主张以负债经营为重点,即以借入资金的方式来保证流动性,从而增强资产业务,增加银行收益。如果负债管理得当,银行无须储备过多的、低收益的流动性资产,可以将这笔资金投入其他更有利可图的资产上,而在需要时银行可以在货币市场上运用"购买"的方式融资,从而提高银行的收益率。

负债管理理论改变了过去传统管理中的严格期限对称原则和追求盈利性时强调存款制约的原则,使商业银行的资产负债管理更富有主动性,摆脱了被动负债的制约,同时也促进了同业拆借、大额可转让定期存单、欧洲货币市场借款、商业票据等负债市场的工具和业务的发展。但是,负债管理也存在着融资成本提高、经营风险增大等缺陷,不利于银行的稳健经营。专栏6-4中的案例说明银行过于注重负债管理有可能增大经营风险。

专栏 6-4

资产负债策略和"北岩"的挤兑事件

英国北岩银行(Northern Rock PLC,亦称诺森罗克银行)一直是英国东北部地区两家富时100指数(FTSE 100指数)公司之一,是英国国内的第五大抵押贷款机构。近年来北岩银行的资产业务大幅扩张,主要集中于英国的住房抵押贷款。

为了维持资产业务的高速增长,北岩银行同时也改变了其负债策略,在零售市场存款停滞不前的条件下,转而从全球金融批发市场上大量融资。从1999年起,北岩银行跟随国际从"发起到分散"(Originate to Distribute)的潮流,不再将贷款持有到期,而是将抵押贷款打包出售给投资人,并以此为抵押进一步融资。其负债结构相应发生了很大变化,零售存款和零售贷款实发资金的比例从1997年的62.7%下降到了2006年末的22.4%,这一比例比其他很多与北岩银行性质类似的银行都要低。

北岩银行的这种融资策略一旦遇到批发市场出现流动性不足就会暴露出巨大的风险。从2007年3月起,北岩银行注意到美国次贷危机可能引发的市场流动性紧缩,对其资产和负债策略做了相应调整,多样化了其在全球金融零售市场上的融资结构。尽管如此,2007年8月9日,北岩银行还是受到全球金融系统尤其是美国次贷抵押市场的影响而遭遇了融资困难。8月16日,北岩银行首次考虑向英格兰银行寻求紧急援助。英格兰银行应北岩银行申请向其紧急注资,具体注资细节于9月14日凌晨敲定,并于早上7点公布。令人吃惊的是,英格兰银行的注资声明公布以后,北岩银行出现了大规模的挤提。自此,直到9月17日英国财政部公开表示存户能拿回他们的存款,英国银行业经历了自维多利亚时代以来的首次银行挤兑风波。

——引自:周良.问题银行的救助:北岩挤兑事件引发的思考[J].上海金融,2008(6):55-57

(三)资产负债管理理论

资产负债管理理论是指要求商业银行对资产和负债进行全面管理,而不能只偏重于资产或负债某一方的一种新的管理理论。该理论是在20世纪70年代末80年代初提出的。当时许多西方发达国家相继放松或逐步取消了利率管制,金融市场利率大幅上升,银行吸收资金成本提高,从而使资产和负债配置状态对银行的经营状况和利润的影响加大,要求商业银行必须合理安排资产负债结构,以增强资金流动性,实现最大限度的盈利。

资产负债管理理论认为:商业银行单靠资产管理或单靠负债管理,在保持安全性、流动性和盈利性的均衡方面都带有一定的片面性。只有根据经济情况的变化,通过资产、负债两个方面对资产结构和负债结构同时进行调整,统一协调管理,才能实现经营的目标。在该理论下,商业银行在经营管理中都必须遵循以下基本原则:① 规模对称原则,使资产规模、负债规模实现经济增长基础上相互对称、统一的动态平衡。② 结构对称原则,使资产和负债的偿还期对称、利率结构对称。③ 分散性原则,使资金运用尽量做到数量、种类分散,避免放款或投资过于集中导致银行风险增加。

为了实现收益最大化、风险最小化的目标,资产负债综合管理中使用较多的管理方法是:① 缺口管理法,即运用利率敏感性缺口管理法和持续期缺口管理法,根据利率的变化和到期日差额,积极调整银行的资产负债结构。② 利差管理法,即运用金融市场上的可转移利率风险工具,如金融期货、金融期权、利率互换等衍生工具,来控制不可预测的利率、汇率的波动对银行产生的影响。

资产负债管理理论是将资产和负债两个方面加以对照,从它们之间相互联系、相互制约关系的整体出发来研究的管理理论,因而被认为是现代商业银行最为科学、合理的经营管理理论。

三、《巴塞尔协议》和商业银行风险管理

20世纪80年代末以来,在金融自由化浪潮中,商业银行为了控制利率和汇率波动的风险以及由竞争加剧、存贷款利差收窄而引致的传统业务成本上升、收益下降的经营风险,纷纷大力拓展承诺、担保以及金融衍生工具交易等表外业务,然而这些业务在被用来控制风险、增加收益的同时,本身却也蕴含着风险。同时,随着银行业务开展和金融市场

的全球化,银行经营风险也跨出国界。

在这种形势下,为了对商业银行的经营风险进行控制和监管,并规范不同国家的银行之间同等运作的需要,西方主要国家一致认为金融监管要进行国际协作。1988年,美国联邦储备委员会作为美国的代表和其他11个主要发达国家(英国、法国、意大利、德国、荷兰、比利时、瑞典、瑞士、卢森堡、德国和加拿大)就银行资本监管的标准达成初步协议,由于协议签订于瑞士的巴塞尔,所以也通常被称为《巴塞尔协议》(Basel Agreement)。该协议于1988年7月获得正式批准,但直到1993年1月1日才得以完全实施。此后随着国际范围内的两次金融危机的爆发,《巴塞尔协议》也不断进行了修订,截止到目前为止,先后共有3个版本的协议:1988年通过的《巴塞尔协议》(《巴塞尔协议Ⅰ》)、2004年颁布的《巴塞尔协议Ⅱ》、2010年发布的《巴塞尔协议Ⅲ》。

1987年12月,巴塞尔委员会通过了如何衡量和确定国际银行资本及监督标准的协议草案,并于1988年7月15日正式通过了《关于统一国际银行的资本计算和资本标准的协定》,即《巴塞尔协议》(后称之为《巴塞尔协议Ⅰ》)。制定该协议的基本目的有两个:① 通过协调统一各国对银行资本、风险评估及资本充足率标准的界定,建立公正的国际性银行管理体制,促使世界金融保持稳定。② 将银行的资本要求同其活动的风险,包括表外业务的风险系统地联系起来,加强国际银行体系的健全性和稳定性。

该协议的主要内容为:① 资本的构成。协议将银行资本分为核心资本和附属资本两部分,并规定核心资本应占整个资本的50%以上,附属资本不应超过资本总额的50%。② 风险加权制,协议将银行资产和表外业务按其信贷风险大小分成四类,分别给予0、20%、50%、100%的风险权数。③ 资本在加权风险资产中的占比要求。协议规定银行的总资本不得低于经风险调整后资产总额的8%,核心资本不得低于经风险调整后资产总额的4%。

《巴塞尔协议Ⅰ》特别强调对于资产风险的防范,而银行资本与资产风险之间的联系体现在:银行资本能够吸收与消化因银行客户违约而产生的损失。它标志着西方商业银行资产负债管理理论和风险管理理论的完善和统一,推动和促进着商业银行更加注重对资产负债表内和表外业务的统一管理和风险控制。专栏6-5充分说明了提高资本充足比率对于防范商业银行风险的特殊重要性。

专栏6-5

德意志银行的资本管理

德意志银行是全球最大的全能制银行,2007年资产规模超过2万亿欧元,实现利润65亿欧元,股本收益率达16%,每股收益较上年增加7%。在美国次级债危机横扫国际金融市场时期,在众多国际活跃银行纷纷深陷"巨亏门"无法自拔之际,德意志银行的业绩显得不同凡响,其风险与资本管理实力可见一斑。

德意志银行的财务部对整个集团和各个地区的资本进行管理。总体来说,金融资源,尤其是资本的配置,对提升银行的盈利能力和股东价值有着积极的影响。于是,财务部定期对各个业务线的资本进行调整。

财务部所实施的资本管理战略由资本与风险委员会制定,由管理委员会批准,其中包括股票的发行与回购。银行对资本的供给与需求进行持续监测和调整,以满足各方面对资本的要求,包括国际财务报告准则的账面股本会计标准、巴塞尔协议的监管资本和经济资本。

资本配置、融资计划的制订和其他资源问题的解决由资本和风险委员会决定。

德意志银行2007年发行13亿欧元混合一级资本,2007年底银行混合一级资本余额为56亿欧元,2006年年底这一数据为45亿欧元。2007年德意志银行的一大创新是或有资本的发行,这种资本可以根据银行的需要转化成混合一级资本,为银行提供动态资本以满足《新巴塞尔协议》对风险头寸评级敏感性的要求。德意志银行在2007年进行了两次或有资本的筹集,金额分别为2亿欧元和8亿美元。

——引自:刘明彦.德意志银行风险与资本管理[J].银行家,2008(6):92-97

协议推出后,其局限性在实际应用中日益表现出来,如未考虑到越来越大的市场风险、操作风险,以及同类资产的信用等级差异等,几起金融大案(如巴林银行倒闭事件、大和银行亏损事件等事件)促使人们关注新形势下的市场风险。在1996年初,巴塞尔委员会推出了《资本协议关于市场风险的补充规定》对协议进行修订,与此同时,一些主要的国际大银行也根据《资本协议关于市场风险的补充规定》着手建立自己的内部风险测量与资本配置模型。

以1999年6月巴塞尔委员会提出的新的资本协议框架为基础修订的新协议草案较之1988年的《巴塞尔协议Ⅰ》更为复杂、全面。

2004年公布的《巴塞尔协议Ⅱ》全面修订和补充了《巴塞尔协议Ⅰ》中资本充足的衡量标准和风险资本要求,提供了更精确地计算资本充足度的方法。《巴塞尔协议Ⅱ》的基本内容主要体现为三大支柱——最低资本要求、监管当局的监督检查和市场纪律。《巴塞尔协议Ⅱ》继续使用统一的资本定义和资本对风险加权资产的最低比率来衡量商业银行的资本充足度,即总资本充足率不低于8%,核心资本充足率不低于4%。《巴塞尔协议Ⅱ》的变化主要体现在对风险加权资产的计算方面。然而,2007年美国次贷危机引发了对商业银行资本管理的进一步反思,于是《巴塞尔协议Ⅲ》在2004年的《巴塞尔协议Ⅱ》的基础上做出了改进,在帮助银行增强抵御风险能力的同时,更加注重一国金融系统的稳定,以防范系统性金融危机的爆发。《巴塞尔协议Ⅲ》提高了最低资本充足率的要求(具体要求见表6-2)。普通股与风险加权资产的比率,由2%调整到4.5%,核心资本(一级资本)对风险加权资产的比例要求由4%调整到6%。《巴塞尔协议Ⅲ》引入了全新的资本留存缓冲(Capital Conservation Buffer)要求,这一改变使银行必须在最低资本充足率的基础上,建立总额不低于银行风险资产2.5%的资本留存缓冲资金池,该资本留存缓冲在一级资本中表现为普通股权益。资本留存缓冲主要用于经济下滑时,缓冲金融危机给银行带来的冲击。

表 6-2 《巴塞尔协议Ⅲ》最低资本要求

单位：%

	普通股/风险加权资产	核心资本(一级资本)/风险加权资产	总资本/风险资产
最低资本要求	4.5	6.0	8.0
资本留存缓冲		2.5	
最低资本要求＋资本留存缓冲	7.0	8.5	10.5
逆周期缓冲范围		0～2.5	
系统重要性银行资本要求		1	

资料来源：钟伟，谢婷．巴塞尔协议Ⅲ的新近进展及其影响初探[J]．国际金融研究，2011(3)：46-55．

【能力训练】

一、判断分析题

1．货币经营业一旦从事存款业务，便转化成为商业银行。
2．在准备金制度和现金结算的条件下，商业银行可以创造信用量。
3．商业银行资金的流动性具有刚性特征。
4．商业银行的风险回避就是放弃做有风险的业务。

二、简答题

1．马克思曾经说过，对于银行来说，存款永远是第一位的。为什么？
2．为什么说商业银行是一个特殊的企业，其特殊性表现在哪儿？
3．商业银行的中间业务与表外业务的联系与区别在哪里？

三、论述题

1．结合我国银行业经营现状，讨论如何合理安排存款与负债结构？
2．评价以下论述："作为商业银行的贷款人员，我并不创造货币；只不过是借出存款人放在银行的货币而已。"

四、案例分析拓展题

中国银监会提出 2005 年要做到"三抓、三提、三防"，其中"三提"即：① 提高资本充足率，要求上市银行在 2004 年底达到 8% 的监管要求后，在以后的任何时点均不应低于这一标准。其他非上市银行可以有三年的过渡期，最迟应于 2006 年年底达到这一要求。② 提高拨备覆盖率，要求股份制商业银行在 2005 年底前将贷款损失准备完全提足，2006 年要针对非信贷类资产损失提足拨备。城市商业银行要以 2003 年年底数为基数，在 2008 年年底前将贷款和非信贷类资产损失准备缺口全部补足。③ 提高利润率，要督促中小商业银行进一步提高盈利能力。请针对这一要求讨论：

（1）为什么银监会要制定"三提"要求？它们对于银行经营的重要性何在？

（2）是不是银行达不到规定的资本充足率就一定存在风险？或者说，达到了规定的比率就一定安全？

第七章 中央银行与金融监管

【学习要点】通过对本章的学习,从整体上了解中央银行产生与发展的历程、中央银行体制的类型,掌握中央银行的性质和职能;掌握中央银行业务活动的法律规范和一般原则,了解中央银行业务活动的一般分类,了解中央银行资产负债表的一般构成,掌握资产负债表主要项目的关系和项目结构与业务活动的关系;正确理解金融监管的含义、必要性,了解金融监管体系的一般构成,掌握金融监管的目标与原则以及金融监管的具体内容。

【重点难点】本章需重点掌握中央银行的性质和职能、业务活动的法律规范和一般原则,正确理解金融监管的含义、必要性、目标与原则以及具体内容;本章难点在于分析资产负债表主要项目的关系和项目结构与业务活动的关系。

【基本概念】中央银行　单一中央银行　准中央银行制　复合中央银行制　跨国中央银行制　中央银行业务　资产负债表　美联储　金融监管　集中监管体制　分业监管体制

中央银行是一国金融体系的核心,是最高的、统筹全局的、特殊的金融组织,是国家宏观经济的重要调节机构之一。在当今货币经济高度发展、金融业高度发达的时代,它担负着实施监督管理、保障本国金融制度健全稳定发展、执行货币政策、控制整个社会信贷总规模以及货币供应总量的特殊职责,因此,一国无论其经济采取何种模式或形态,无论一国的货币制度发展到何种程度或阶段,都已普遍建立了中央银行。

第一节　中央银行的产生与类型

一、中央银行的产生与发展

中央银行和商业银行一样都是为了适应商品经济发展的需要,适应社会化大生产发展的需要而产生的。

（一）中央银行产生的客观经济条件

中央银行是专门制定和实施货币政策、统一管理金融活动并代表政府协调对外金融关系的金融管理机构。在现代金融体系中,中央银行处于核心地位,是一国最重要的金融管理当局。

中央银行是在商业银行的基础上,经过长期发展逐步形成的。银行作为从事金融业务的特殊行业,迄今已有近千年的历史,相对于整个金融行业而言,中央银行的历史还不长。从17世纪初到19世纪末,商业银行制度在欧洲逐步形成,加上产业革命的影响,金融活动变得日益频繁,银行业在欧洲获得了空前的发展。以当时经济和金融业十分发达的英国为例,从1827年至1842年的15年间,新式股份制银行就从6家猛增到18家。银行数量的迅速增加,虽然扩大了商品生产和商品流通,促进了资本主义经济的繁荣,但同时也带来了一系列问题:

第一,银行券的发行问题。中央银行形成以前,由于没有专门的银行券发行银行,因此各商业银行都有发行银行券的权利。许多商业银行为扩大其资金来源,都把发行银行券作为自己的重要业务。在银行业发展的早期,这种状况尚不足以形成危机,但随着资本主义经济和银行业的快速发展,其缺陷便逐渐暴露:许多资金实力薄弱的小银行发行的银行券兑现能力有限(只能在狭小的范围内流通)或不能兑现。这不仅阻碍了商品经济的发展,而且还导致信用纠葛不断,金融危机频繁发生。因此,客观上要求在全国范围内由信誉较高的大银行来集中发行银行券,克服分散发行造成的混乱局面。

第二,票据交换和清算问题。随着银行业务的不断扩展,债权债务关系错综复杂,银行每天收受票据的数量也日益增多。因此,由各家银行自行轧差进行当日结算便发生困难,不仅异地如此,同城亦然。虽然当时欧洲的一些大中城市已经建立了票据交换所,但还不能为所有的银行服务,也不能从根本上解决全国性票据交换和清算问题。于是,客观上要求建立一个全社会统一而有权威的、公正的清算机构为之服务。

第三,最后贷款人问题。随着资本主义生产和流通的扩大,对贷款的要求不仅数量增多,而且期限延长。商业银行如果仅用自己吸收的存款来发放贷款,不仅不能满足社会经济发展的需要,还会削弱其清偿能力;若以自己发行的银行券为支撑,不仅银行券本身受到区域限制,还要为防止挤兑风潮导致银行破产而担惊受怕。所有这些,常常使商业银行陷于资金调度不灵的困境,使银行缺乏稳固性,从而在客观上要求有一个银行的银行,能够在商业银行发生资金困难时,给予必要的贷款支持。

第四,金融监管问题。同其他行业一样,以赢利为目的的金融企业之间也存在着激烈竞争。但与一般企业不同,由于金融企业联系着千家万户,因而它在竞争中的破产、倒闭给经济造成的震荡要比普通企业大得多。因此,客观上需要有一个代表政府意志的超然于所有金融企业之上的专门机构专事对金融业的监督和管理,以保证金融业的安全与规范化经营。

中央银行正是为解决上述问题而产生的。但上述问题又并非同时产生的,因此,中央银行的形成有一个发展过程。中央银行虽然最早起源于19世纪的英国,具体到其他各国,建立的时间又各有不同,但都不外乎通过两条途径形成:一是商业银行经过缓慢演化,逐渐取得货币发行、清算中心、最后贷款人、全国金融管理等权利和职责,自然发展、演变为中央银行。英格兰银行是这种类型的典型代表。另一条途径是由政府特设,比如美国联邦储备银行,成立伊始就归美国政府所有,行使中央银行的职能。20世纪以后成立的中央银行,大多都是由政府组建的。

(二)中央银行的发展历史

中央银行的发展是一个渐进的历史过程。

成立于1694年的英格兰银行被世界公认为第一家中央银行,西方国家视其为中央银行的典范而纷起仿效。至1900年,主要西方国家都设立了中央银行。

第一次世界大战期间,参战各国军费开支庞大,都将中央银行作为弥补财政赤字的工具,而开动印钞机势必会造成严重的通货膨胀。第一次世界大战后为了尽快医治战争创伤,恢复经济和金融秩序,各国在稳定币值和对中央银行提出更高要求上达成共识,遂于1920年和1922年分别在比利时首都布鲁塞尔和瑞士日内瓦召开的国际会议上,要求尚未设立中央银行的国家尽快建立中央银行,以共同维持国际货币体系和经济稳定;提出中央银行应有更大的独立性,按照稳定币值的要求掌握货币发行,不受政府干预;明确了稳定货币是中央银行的重要职能,确认了中央银行的重要地位。此后,许多国家不管是改组的还是新成立的中央银行,大都从法律上确认了其具有超然地位。

第二次世界大战以后,随着国家垄断资本主义的发展和国家干预主义经济思潮的兴盛,西方国家对经济的干预日益加强,货币政策成为许多国家调节宏观经济的最重要的政策工具。中央银行作为货币政策的制定者和执行者,其地位和作用也得到了进一步加强。首先,许多国家的中央银行在组织结构上,逐步实行了国有化。如法兰西银行于1945年、英格兰银行于1946年分别实行了国有化。有些国家的中央银行虽然在股权上仍保持部分私股,但大部分股权则掌握在国家手中,中央银行的国有性质并未因此受到影响。其次,许多国家纷纷制定新的银行法,明确中央银行调控宏观经济的任务。德国中央银行明确宣称其目的是"保卫马克"。美国1946年通过《充分就业法》规定:"美国中央银行肩负促进最大程度的生产、就业和购买力的责任。"这些法律规定不仅与保持中央银行的相对独立性有关,而且通过立法为中央银行发挥经济调节作用提供了保障,同时标志着中央银行的发展进入了一个新阶段。

二、中央银行制度的类型

中央银行从出现到现在,在这个过程中,中央银行制度不断得到发展和完善。但由于各国社会制度、政治经济管理体制、经济发展水平、金融发展水平以及历史传统、文化和生活习惯不同,因此,各国中央银行制度的形式、机构设置必然存在较大差异。综观世界各国的中央银行制度,大致可归纳为以下四种类型:

1. 单一的中央银行制

单一的中央银行制即国家单独设立中央银行机构,使之全面、纯粹地行使中央银行职能,并监管全部金融企业的制度。

单一中央银行制具体又可分成一元制、二元制和多元制三种形式。所谓一元制中央银行体制,是指国内只设一家统一的中央银行,机构设置一般采取总分行制。世界大多数国家如中、英、法、日目前都实行这种制度。所谓二元制中央银行体制,是指在国内设立中央和地方两级相对独立的中央银行机构,中央级机构是最高权力或管理机构,地方级机构也有较大独立性的体制。如德国和前南斯拉夫就实行这种体制。所谓多元制中央银行体制,是指一国建立多个中央银行机构执行中央银行职能和任务的体制。美国是实行这种体制的典型代表。

2. 复合的中央银行制

复合的中央银行制即国家不专门设立行使中央银行职能的银行，而是由一家大银行既行使中央银行职能，又经营一般银行业务的银行管理体制。这种复合制度主要存在于苏联和东欧国家，我国1983年以前也一直实行这种银行制度，现在已经较少有国家采用此种制度。

3. 跨国中央银行制

跨国中央银行制即由参加某一货币联盟的所有成员国联合组成的中央银行制度。跨国中央银行是参加货币联盟的所有国家共同的中央银行，而不是某个国家的中央银行，它发行共同的货币，并为成员国制定相对统一的金融政策。实行这种中央银行制度的代表有欧洲中央银行、西非货币联盟所设的中央银行和中非货币联盟所设的中非国家银行等。作为跨国中央银行制度典型代表的欧洲中央银行，在欧洲和世界金融活动中扮演着日益重要的角色，见专栏7-1。

专栏7-1

欧洲中央银行

欧洲中央银行于1998年6月1日正式成立，总部设在德国法兰克福，其前身是欧洲货币局。欧洲中央银行是根据1992年《马斯特里赫特条约》的规定成立的，其职能是"维护货币的稳定"，管理主导利率、货币的储备和发行以及制定欧洲货币政策。

欧洲中央银行是世界上第一个管理超国家货币的中央银行。独立性是它的一个显著特点，它不接受欧盟领导机构的指令，不受各国政府的监督。它是唯一有资格允许在欧盟内部发行欧元的机构，1999年1月1日欧元正式发行使用后，11个欧元国政府将失去制定货币政策的权力，而必须实行欧洲中央银行制定的货币政策。

欧洲中央银行的组织机构有两个层次：一是由行长、副行长和4名董事组成的央行执行董事会，负责央行的日常工作；二是由中央银行执行董事会和加入欧洲经货联盟的11个欧盟成员国国家银行行长组成的欧洲中央银行委员会。欧洲中央银行委员会的决策采取简单的多数表决制，每个委员只有一票。制定货币政策的权力虽然集中了，但是具体执行仍由各欧元国央行负责。各欧元国央行仍保留自己的外汇储备。欧洲央行只拥有500亿欧元的储备金，由各成员国央行根据本国在欧元区内的人口比例和国内生产总值占欧元区总的国内生产总值的比例来提供。

1998年5月3日，在布鲁塞尔举行的欧盟特别首脑会议上，原欧洲货币局局长维姆·杜伊森贝赫被推举为欧洲中央银行行长。2003年9月，原法国中央银行行长让—克劳德·特里谢接任行长。2011年11月，原意大利中央银行行长、全球央行主席马里奥·德拉基接任第三届欧洲央行行长，任期为2011年11月1日至2019年10月31日。

资料来源：根据中国网（www.china.org.cn/chinese/zhuanti/eurogroup/423347.htm）等有关内容整理

4. 准中央银行(类似中央银行的机构)制

准中央银行制即在一些国家或地区,并没有通常意义上的中央银行制度,只是由政府授权某个或某几个商业银行,或设置类似中央银行的机构,部分行使中央银行职能的体制。新加坡和我国香港地区是其典型代表。香港设金融管理局,下设货币管理部、外汇管理部、银行监管部和银行政策部。前两个部门负责港币和外汇基金的管理,后两个部门对金融机构进行监管。港币由汇丰银行、渣打银行和中国银行香港分行三家银行分别发行。属于这种准中央银行体制的国家和地区还有斐济、马尔代夫等。

第二节 中央银行的性质与职能

一、中央银行的性质

中央银行的性质是由其业务活动的特点和所能发挥的作用决定的。首先,从中央银行业务活动的特点看,它是特殊的金融机构。一方面,中央银行的主要业务活动同样具有银行固有的"存、贷、汇"业务的特征;另一方面,它的业务活动与普通金融机构又有所不同,主要表现在其业务对象不是一般的工商客户和居民个人,而是商业银行等金融机构,同时,国家还赋予中央银行一系列特有的业务权利,如垄断货币发行、管理货币流通、集中存款准备金等。其次,从中央银行所发挥的作用看,它是保障金融稳健运行、调控宏观经济的国家行政机构。中央银行通过国家特殊授权,承担着监督管理普通金融机构和金融市场的重要使命。同时,由于中央银行处于整个社会资金运动的中心环节,是国民经济运行的枢纽,是货币的供给者和信用活动的调节者,因此,中央银行对金融业的监督管理和对货币、信用的调控对宏观经济运行具有直接的重要影响。总之,中央银行既是为商业银行等金融机构和政府服务的特殊金融机构,又是制定和实施货币政策、监督与管理金融业、规范与维护金融秩序、调控金融和经济运行的宏观管理部门。

二、中央银行的职能

中央银行作为国家干预经济的重要机构,它的职能是由其性质所决定的。若从不同角度观察,中央银行职能可有多种分法。如有人将中央银行的职能依其性质分为五大类:政策职能、银行职能、监督职能、开发职能和研究职能。而英美的一些经济学家,将其分为两部分:最重要的职能和一般职能。前者包括控制货币量和利率水平,防止商业银行大量倒闭,充当最后贷款者;后者包括向商业银行和政府提供服务以及发行货币和充当政府的财务顾问等。最常见的分类法是将中央银行的职能概括为以下三类:

(一)中央银行是"发行的银行"

中央银行作为"发行的银行",是指国家赋予中央银行集中与垄断货币发行的特权,是国家唯一的货币发行机构(在有些国家,硬辅币的铸造与发行由财政部门负责)。从中央银行产生和发展的历史来看,独占货币发行权是其最先具有的职能,也是它区别于普通商业银行的根本标志。货币发行权一经国家以法律形式授予,中央银行就对调节货币供应量、保证货币流通的正常与稳定负有责任。

赋予早期的中央银行银行券的发行权,主要是国家为了统一货币,规范流通;现代中央银行则通过掌握货币发行,并以此为契机来调控货币供应量,保持币值稳定,对国民经济起到宏观调控作用。可以说,一部中央银行史,就是一部从独占货币发行权到控制货币供应量的发展史。当然,随着货币制度的演化,中央银行的发行保证也有了很大变化。在金本位制下,中央银行发行银行券必须有黄金、商业票据和政府债券作为货币发行的保证,并对黄金保证有特殊要求。随着金本位制的崩溃,银行券变成不可兑现的货币。于是,各国纷纷转而以法定准备金或有价证券为发行保证,并以变动法定准备金率为货币供应量的调节手段之一。

(二)中央银行是"银行的银行"

中央银行作为"银行的银行",是指中央银行只与商业银行和其他金融机构发生业务往来,不与工商企业和个人发生直接的信用关系;它集中保管商业银行的准备金,并对他们发放贷款,充当"最后贷款人"。中央银行的这一职能最能体现中央银行是特殊金融机构的性质,也是中央银行作为金融体系核心的基本条件,具体体现在以下几个方面:

1. 集中存款保证金

为了保证商业银行和其他金融机构的支付和清偿能力,从而保障存款人和投资者的资金安全和合法权益,也为了保障商业银行等金融机构自身运营的安全,各国一般都通过法律规定存款准备金的提取率,并将这部分准备金交存中央银行,中央银行则以这部分资金进行再贷款或再贴现,使之成为调控货币供应量的有效手段。

2. 充当最后贷款人

当工商企业缺乏资金时,可以向商业银行及其他金融机构申请贷款,但如果商业银行也资金周转不灵,而其他同业头寸过紧无法提出帮助时,便要求助于中央银行,以其持有的票据要求中央银行予以再贴现,或向中央银行申请抵押贷款,必要时还可向中央银行申请信用再贷款,从而获取所需资金。从这个意义上说,中央银行成为商业银行及其他金融机构的最终贷款人和坚强后盾,并保证了存款人和投资者的利益以及整个金融体系的安全与稳定。

3. 组织、参与和管理全国票据清算

商业银行相互间因为业务关系,每天都发生大量的资金往来,必须及时清算。与集中准备金制度相联系,由于各家银行都在中央银行开有存款账户,则各银行间的票据交换和资金清算业务就可以通过这些账户转账和划拨,整个过程经济又简便。

(三)中央银行是"国家的银行"

中央银行是"国家的银行",是指中央银行为国家提供各种金融服务,代表国家制定、执行货币政策和处理对外金融关系。其具体职能体现如下:

1. 代理国库

国家财政收支一般不另设机构经办具体业务,而是交由中央银行代理。政府的收入和支出均通过财政部门在中央银行开立的各种账户进行。

2. 代理政府债券的发行

为调剂政府收支或弥补政府开支不足,许多国家的政府经常利用发行政府债券这种形式,中央银行则通常代理政府债券的发行以及办理债券到期时的还本付息等事宜。

3. 为政府融通资金,提供特定信贷支持

在政府财政收支出现失衡或收不抵支时,中央银行一般都负有向政府融通资金、提供信贷支持的义务。其方式主要有:① 在法律许可范围内,直接向政府提供贷款或透支;② 购买政府债券。

4. 为国家持有和经营、管理国际储备

世界各国的国际储备一般都是由中央银行持有并进行经营和管理的。国际储备包括外汇、黄金、在国际货币基金组织中的储备头寸以及特别提款权。

5. 代表政府参加国际金融组织和各种国际金融活动

国家的对外金融活动一般都授权中央银行作为国家和政府的代表,进行政府间的金融实务往来,与外国中央银行进行交往,代表政府签订国际金融协定。

6. 制定和执行货币政策

中央银行作为政府的银行,不以赢利为目标,不受某个经济利益集团的控制,而是一切从国家利益出发,独立地制定和执行货币政策,调控社会信用总量,指导、管理、检查、监督各金融机构和金融市场活动,为国家经济发展的长远目标服务。

7. 对金融业实施金融管理

政府对金融业的监督管理一般都是由中央银行或中央银行及其他金融管理机构进行的。具体包括:① 制定并监督执行有关金融法规、基本制度、业务活动准则等;② 管理、监督金融机构的业务活动;③ 管理、规范金融市场。

8. 为政府提供经济金融情报和决策建议,向社会公众发布经济金融信息

由于中央银行处于社会资金运动的中心环节,是货币、信用的调剂中心,社会资金清算中心和金融业管理中心,因此,它能掌握全国经济金融活动的基本资料信息,能够比较及时地反映整个经济金融运行状况。在政府的经济决策中,中央银行一般都扮演着重要角色,发挥重要的甚或是主导作用。

第三节 中央银行的业务

中央银行的各项职责主要通过各种业务活动来履行。与一般银行相比,中央银行的业务活动有特殊的法定业务权力和业务范围,有特殊的业务活动原则,有特殊的业务种类,其资产负债表的格式与项目定义也不同于一般银行。

一、中央银行业务活动的法律规范

(一)中央银行的法定业务权力

中央银行的法定业务权力是指法律赋予中央银行在进行业务活动时可以行使的特殊权力。根据各国的中央银行法,这种法定业务权力一般有以下几项:

(1) 发布并履行与其职责相关的业务命令和规章制度的权力;
(2) 决定货币供应量和基准利率的权力;
(3) 调整存款准备金率和再贴现率的权力;
(4) 决定对金融机构贷款的数额和方式的权力;
(5) 灵活运用相关货币政策工具的权力;
(6) 依据法律规定对金融机构和金融市场进行监督管理的权力;
(7) 法律规定的其他权力。

（二）中央银行的法定业务范围

中央银行作为发行的银行、银行的银行、政府的银行,其地位和职能具有特殊性,这也决定了其业务的特殊性。中央银行的法定业务范围主要是：

(1) 货币发行和货币流通管理业务;
(2) 存款准备金业务;
(3) 为在中央银行开立账户的金融机构办理再贴现及再贷款业务;
(4) 在公开市场从事有价证券的买卖业务;
(5) 经营黄金、外汇及管理业务;
(6) 经理国库业务;
(7) 代理政府向金融机构发行、兑付国债和其他政府债券;
(8) 组织或协助组织金融机构间的清算业务,协调各种清算事项,提供清算服务;
(9) 对全国的金融活动进行统计调查与分析预测,统一编制全国金融统计数据、报表,按照国家规定定期予以公布;
(10) 对金融机构和金融市场的相关监督管理;
(11) 中央银行财务收支的会计核算和内部监督管理;
(12) 法律允许的其他业务。

（三）中央银行的法定业务限制

为了确保中央银行认真履行职责,各国中央银行法都对中央银行的业务活动进行必要的限制。各国中央银行的法定业务限制主要有以下几项：

(1) 不得经营一般性银行业务或非银行金融业务;
(2) 不得向任何个人、企业或单位提供担保,不得直接向他们发放贷款;
(3) 不得直接从事商业票据的承兑、贴现业务;
(4) 不得从事不动产买卖业务;
(5) 不得从事商业性证券投资业务;
(6) 一般不得向财政透支,不得直接认购、包销国债和其他政府债券。

二、中央银行业务活动的一般原则

与商业银行和其他金融机构相比,中央银行的业务活动不仅拥有特定的权力、特定的业务范围和限制,而且在业务活动中所遵循的原则也不相同。

目前,各国中央银行的业务活动原则基本一致。从总体上看,其最基本的业务活动原则是必须服从于职责履行的需要。在具体的业务经营活动中,中央银行还应遵循以下五个原则。

（一）非盈利性

非盈利性是指中央银行的一切业务不以盈利为目的。中央银行在日常业务活动中,首先要考虑宏观金融管理需要,而非盈利,一些不盈利甚至亏损的业务也要去做。但这也不意味着不讲经济效益,在可能的情况下,也应该获得应有的收益,尽量避免或减少亏损,降低宏观金融管理的成本。中央银行在实际业务活动中,也往往能获得一定利润,但这并非其进行业务活动的初衷,只是一种客观经营结果。

（二）流动性

流动性是指中央银行的资产业务需要保持流动性。中央银行是金融机构的"最后贷款人",进行货币政策和宏观经济调控时,必须拥有相当数量的可随时动用的资金,才能满足其调节货币供求、稳定币值和汇率、调节经济运行的需要。因此,中央银行必须保持资产最大的流动性,不可投资于不易变现的资产,一般不允许发放长期贷款。2003年修正的《中华人民共和国中国人民银行法》第二十八条规定,中国人民银行对商业银行贷款的期限不得超过一年。

（三）主动性

主动性是指中央银行的资产负债业务需要保持主动性。只有中央银行的资产与负债业务保持主动性,才能根据履行职责的需要,通过其资产负债业务实施货币政策和金融监管,有效控制货币供应量和信用总量。

（四）公开性

公开性是指中央银行应定期向社会公布其业务与财务状况,并提供有关金融统计资料,发布经济金融信息。中央银行的业务活动保持公开性,有利于社会公众监督,确保其业务活动公平合理;有利于提高中央银行的信誉和权威;有利于国内外及时了解中央银行的政策意图,便于形成合理预期,调整经济决策和行为,增强货币政策的效果。为此,许多国家以法律形式规定中央银行必须定期公布其财务状况和金融统计资料,其业务活动必须保持公开性,不能隐匿或欺瞒。

（五）相对独立性

这是指中央银行与政府、与其他宏观经济管理部门之间应保持相对独立,能够独立行使中央银行的权利,独立制定、执行货币政策,不受政府的行政干预。专栏7-2充分说明了保持中央银行独立性的重要性。

专栏7-2

中央银行独立性的价值

哈佛大学的学者于1990年对中央银行独立性的价值进行了实证研究。该项研究使用的资料是17个工业化国家从1951年至1988年的国民经济统计资料,研究采取的衡量中央银行独立性的标准有两个：一是政策独立性标准,即通过政府对货币政策决策的干预程度及中央银行行长行使的权力来判断独立性;二是经济独立性标准,即依据中央银行对财政赤字提供财务支持的额度和范围来判断。通过这两个标准将中央银行的独立性分成非常高、比较高、比较低、非常低四个等级,以此来研究中央银行独立性与经济总体发展有关联的一些主要因素之间的联系。其具体数据详见表7-1:

表7-1 各国中央银行独立性与通货膨胀和经济增长情况对照表

中央银行独立性等级	代表国家	通货膨胀指数/%	经济增长率/%
非常高	德国、瑞士	3.10	3.10
比较高	美国、荷兰、日本、加拿大	4.40	4.30
比较低	法国、英国、丹麦、瑞典、比利时等	6.00	3.40
非常低	澳大利亚、新西兰、爱尔兰等	7.50	3.80

注:通货膨胀指数为1951年至1988年期间的平均值,经济增长率为1955至1987年期间的平均值。

资料来源:王家福,陈晓,刘静.关于中央银行与政府之间关系的研究[J].中国社会科学研究生院学报,1996(4):46-54

三、中央银行业务活动的一般分类

由于中央银行的地位和职能的特殊性,其业务活动的种类与一般金融机构相比有很大不同,按是否与货币资金的运动相关,其业务可以分为银行性业务和管理性业务两类。

1. 银行性业务

银行性业务是中央银行作为发行的银行、银行的银行、政府的银行所从事的业务。这类业务都直接与货币资金相关,都将引起货币资金的运动或数量变化。具体分为:

(1) 形成中央银行资金来源和资金运用的资产负债业务,主要有货币发行业务、存款准备金业务、其他存款或发行中央银行债券、再贴现业务和再贷款业务等,这类业务所形成的债权债务状况综合反映在中央银行的资产负债表内。

(2) 与货币资金运动相关但不进入中央银行资产负债表的银行性业务,主要有清算业务、经理国库业务、代理政府向金融机构发行及兑付债券业务、会计业务等。

2. 管理性业务

管理性业务是中央银行作为一国最高金融管理当局所从事的业务。这类业务主要服务于中央银行履行宏观金融管理的职责,其最大的特点一是与货币资金的运动没有直接的关系,不会导致货币资金的数量或结构变化;二是需要运用中央银行的法定特权。

图7-1清晰地列出了中央银行主要业务的种类。需要特别说明的是,图7-1对中央银行的业务分类是相对而言的,虽然各类业务各有特点和范围,但它们之间的界限不是那么泾渭分明,彼此之间也不能截然分离。

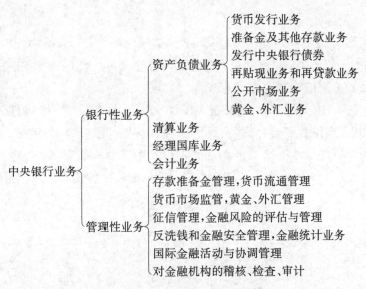

图 7-1　中央银行主要业务的种类

四、中央银行的资产负债表

中央银行资产负债表是其银行性业务中资产负债业务的综合会计记录。中央银行资产负债业务的种类、规模和结构,都综合地反映在资产负债表上。因此,要了解中央银行的业务活动和资产负债情况,必须首先了解中央银行资产负债表的构成。

（一）中央银行资产负债表的一般构成

各国中央银行一般在编制资产负债表时主要参照国际货币基金组织的格式和口径,从而使各国中央银行资产负债表的主要项目与结构基本相同,具有很强的可比性。

表 7-2 是将目前国际货币基金组织编制的《国际金融统计》中货币当局资产负债表的最主要项目简化以后的货币当局资产负债表。

表 7-2　简化的货币当局资产负债表

资　　产	负　　债
国外资产	储备货币
国内资产	定期储备和外币存款
对中央政府的债权	发行债券
对各级地方政府的债权	进口抵押和限制存款
对存款货币银行的债权	对外负债
对非货币金融机构的债权	中央政府存款
对非金融政府部门的债权	对等基金
对特定机构的债权	政府贷款基金
对私人部门的债权	资本项目
	其他项目

(二) 中国人民银行的资产负债表

中国人民银行从1994年起根据国际货币基金组织《货币与金融统计手册》规定的基本格式,编制中国货币当局资产负债表并定期向社会公布。2000年又按照国际货币基金组织公布的货币金融统计制度进行了修订。

从2008年起,中国人民银行增设报表项目"不计入储备货币的金融性公司存款",删除原报表项目"非金融性公司存款"及其子项"活期存款"。自2017年起,对国际金融组织相关本币账户以净头寸反映,"非金融机构存款"为支付机构交存人民银行的客户备付金存款。表7-3是2015—2017年间中国货币当局的资产负债表。

表7-3 中国人民银行资产负债表(2015—2017年)

项目	2015年		2016年		2017年	
	金额/亿元	比重/%	金额/亿元	比重/%	金额/亿元	比重/%
总资产	317 837	100	343 712	100	362 931.6	100
国外资产	253 830.7	79.86	229 795.8	66.86	221 164.1	60.94
外汇	248 537.6	78.20	219 425.3	63.84	214 788.3	59.18
货币黄金	2 329.5	0.73	2 541.5	0.74	2 541.5	0.70
其他国外资产	2 963.6	0.93	7 829	2.28	3 834.3	1.06
对政府债权	15 312.7	4.82	15 274.1	4.44	15 274.1	4.21
对其他存款性公司债权	26 626.4	8.38	84 739	24.65	102 230.4	28.17
对其他金融性公司债权	6 656.6	2.09	6 324.4	1.84	5 986.6	1.65
对非金融性公司债权	71.7	0.02	81	0.02	101.9	0.03
其他资产	15 338.9	4.83	7 497.3	2.18	18 174.5	5.01
总负债	317 837	100	343 712	100	362 931.6	100
储备货币	276 377.5	86.96	308 979.6	89.90	321 870.8	88.69
货币发行	69 886	21.99	74 884.4	21.79	77 073.6	21.24
其他存款性公司存款	206 491.5	64.97	234 095.2	68.11	243 802.3	67.18
非金融机构存款	—	—	—	—	994.9	0.27
不计入储备货币的金融性公司存款	2 826.4	0.89	6 485	1.89	5 019.2	1.38
发行债券	6 572	2.07	500	0.15		
国外负债	1 807.3	0.57	3 195.1	0.93	880	0.24
政府存款	27 179	8.55	25 062.7	7.29	28 626	7.89
自有资金	219.8	0.07	219.8	0.06	219.8	0.06
其他负债	2 855	0.90	−730.6	−0.21	6 315.8	1.74

资料来源:《中国统计年鉴2018》及中国人民银行网站

(三) 中央银行资产负债表主要项目的关系

1. **资产和负债的基本关系**

如果把自有资本从负债中分列出来,资产与负债的基本关系可以用以下三个公式表示：

(1) 资产＝负债＋自有资本
(2) 负债＝资产－自有资本
(3) 自有资本＝资产－负债

上述三个公式表明了中央银行未清偿的负债总额、资本总额、资产总额之间基本的等式关系。

这三个公式的政策意义主要表现为两点：

一是中央银行的资产业务对货币供应有决定性作用；

二是由中央银行自有资本增加而相应扩大的资产业务，不会导致货币发行的增加。

这三种对应关系的分析也是相对而言的，在现实的资产负债业务活动中，中央银行可以在各有关项目之间通过冲销操作来减轻对货币供应的影响，也可以通过强化操作来加大对货币供应的作用。

2. 中央银行资产负债表的项目结构与资产负债业务的关系

各中央银行资产负债表的格式和主要项目虽然基本一致，但各项目的比重却不相同，反映了各中央银行资产负债业务的重点和特点之间的差异。

表7-4～表7-7是中国、美国、欧洲、日本等4家中央银行2018年度的资产负债表。通过对各国中央银行资产负债表结构的比较，可以清楚地了解各国中央银行资产负债业务活动的异同点。在中国人民银行的资产负债表中，资产结构中比重最大的是国外资产，第二是对其他存款性公司债权，第三则是其他资产，第四是对中央政府债权；在其负债结构中，比重最大的是金融性公司存款，其次是货币发行。相比之下，美国和日本中央银行资产负债表的结构大同小异。从资产项目看，占首位的资产项目都是有价证券业务。在负债业务中，占首位的都是货币发行。这种资产负债的结构充分反映了美、日金融市场的高度发达和中央银行以公开市场业务为主的特征。欧洲中央银行因其区域性中央银行的特征，面临的业务对象和业务运作都不同于一般的国家中央银行，其独特性也反映在资产负债表的项目中。

表7-4 中国人民银行资产负债表(2018年)

资产			负债		
项目	金额/亿元	比重/%	项目	金额/亿元	比重/%
国外资产	217 763.22	59.94	储备货币	313 236.23	86.23
外汇	212 544.54	58.51	货币发行	95 776.81	26.37
货币黄金	2 603.83	0.72	金融性公司存款	203 473.79	56.01
其他国外资产	2 614.85	0.72	非金融机构存款	13 985.62	3.85
对政府债权	15 250.24	4.20	不计入储备货币的金融性公司存款	4 762.67	1.31
其中：中央政府	15 250.24	4.20	发行债券	200.00	0.06
对其他存款性公司债权	107 056.24	29.47	国外负债	2 050.67	0.56

续表

资产			负债		
项 目	金额/亿元	比重/%	项 目	金额/亿元	比重/%
对其他金融性公司债权	4 646.28	1.28	政府存款	35 110.81	9.67
对非金融性公司债权	27.92	0.01	自有资金	219.75	0.06
其他资产	18 527.70	5.10	其他负债	7 691.69	2.12
总资产	363 271.82	100.00	总负债	363 271.82	100.00

资料来源：中国人民银行网站

表7-5 美国联邦储备银行资产负债表(2018年)

资产			负债与资本		
项 目	总额/百万美元	比重/%	项 目	总额/百万美元	比重/%
黄金	11 037	0.27	现钞	1 672 109	41.20
特别提款权	5 200	0.13	逆回购协议	276 394	6.81
硬币	1 722	0.04	存款货币机构存款	2 065 917	50.90
直接购买政府机构的债券	3 988 645	98.28	延期可用性现金项目	349	0.01
托收中项目	209	0.01	应付美国的收入汇款	172	
银行营业地	2 202	0.05	其他负债和应计股息	4 305	0.11
央行流动性互换	4 207	0.10	全部资本金	39 133	0.96
外币计价资产	20 999	0.52	总负债	4 058 379	100
其他资产	24 158	0.60			
总资产	4 058 379	100			

资料来源：美联储网站 http://www.federalreserve.gov/

表7-6 欧洲中央银行资产负债表(2018年)

资产			负债与资本		
项 目	总额/百万欧元	比重/%	项 目	总额/百万欧元	比重/%
黄金和应收黄金	355 455	5.80	流通中货币	1 231 545	20.10
对非欧元区居民债权(以外币计)	329 159	5.37	对欧元区居民以欧元计价的负债	1 913 411	31.23
对欧元区居民债权(以外币计)	20 560	0.34	对非欧元区居民以外币计价的负债	4 298	0.07
对非欧元区居民债权(以欧元计)在银行余额、证券投资和贷款	753 737	12.30	经常账户	1 299 746	21.21

续表

资产			负债与资本		
项 目	总额/百万欧元	比重/%	项 目	总额/百万欧元	比重/%
对欧元区信贷机构以欧元计价的其他债权	29 560	0.48	特别提款权	56 036	0.91
欧元区内债权	2 949 280	48.14	其他负债	249 225	4.07
为货币政策持有的证券	1 157 600	18.89	资本和储备	1 044 067	17.04
一般政府债券	23 953	0.39	对欧元区居民以外币计价的负债	4 298	0.07
其他资产	507 616	8.29	对非欧元区居民以欧元计价的负债	324 294	5.29
总资产	6 126 920	100	总负债	6 126 920	100

注：此表为整个欧洲中央银行体系合并的资产负债表。

资料来源：欧洲中央银行网站 http://www.ecb.europa.eu/home/html/index.html

表 7-7 日本银行资产负债表(2018 年)

资产			负债与资本		
项 目	总额/亿日元	比重/%	项 目	总额/亿日元	比重/%
黄金	4 412.53	0.08	发行纸币	1 081 940.77	19.53
现金	2 445.24	0.04	经常账户	3 861 113.30	69.71
政府债券	4 694 332.81	84.75	其他存款	231 491.08	4.18
商业票据等	18 522.22	0.33	政府存款	251 599.75	4.54
公司债券	32 092.28	0.58	回购协议应付款项	2 315.57	0.04
信托(信托财产股)持有的款项	9 108.94	0.16	杂项账户	26 143.08	0.47
信托财产指数挂钩的交易所交易基金	236 933.69	4.28	商业银行法定存款准备金	52 017.97	0.94
信托财产的房地产投资信托基金	5 041.29	0.09	实收资本	1.00	
贷款	461 824.65	8.34	超额准备金(储备)	32 226.72	0.58
外汇	66 792.67	1.21	总负债	5 538 849.24	100
代理账户	98.07				
杂项账户	7 244.83	0.13			
总资产	5 538 849.22	100			

资料来源：日本银行网站 http://www.boj.or.jp/

第四节 金融监管

随着现代科技的发展和金融创新的不断涌现,金融业务之间的界限不断被打破,不同金融机构之间和不同金融工具之间的区别日益模糊,金融国际化和国际资本流动不断扩张,与此同时,金融领域的风险也在急剧增大。由于金融业的特殊性和金融在现代经济体系中的地位显著增强,通过监管保证金融业的稳健运行越来越成为经济与社会健康发展的关键。因此,随着金融业的迅速发展,金融监管的重要性日益凸显。

一、金融监管的涵义与理论依据

(一)金融监管的涵义

金融监管(Financial Supervision)是指国家和政府根据经济金融体系稳定、有效运行的客观需要以及经济主体的共同利益要求,通过一定的金融主管机关,依据法律准则和法规程序,对金融体系中各金融主体和金融市场实行的检查、稽核、组织和协调。中央银行的主要职能之一便是对金融特别是金融机构和金融市场进行监管。

(二)金融监管的理论依据

金融监管理论是在政府管制理论的基础上,结合金融业的特殊性发展和完善起来的。目前,金融监管的理论依据主要有社会利益论、金融风险论、投资者利益保护论和管制供求论与公共选择论。

1. 社会利益论

该理论源于20世纪30年代的美国经济危机,认为金融监管的基本出发点是首先要维护社会公众利益。市场缺陷的存在,有必要让代表公众利益的政府介入经济生活,通过管制来纠正或减少市场缺陷,以达到提高社会资源配置效率,降低社会福利损失的目的。

2. 金融风险论

该理论从金融风险的角度,论述了对金融业实施监管的必要性。首先,金融业是一个高风险行业。与一般企业不同,金融业拥有的自有资本只占很小的比例,大量的资产业务要靠负债来支撑,并通过资产负债的匹配来实现盈利的目的。在经营过程中,金融机构时刻面临着利率风险、汇率风险、信用风险、流动性风险等,因而成为风险集聚的中心。其次,金融业若发生支付危机易产生连锁效应,而且金融体系的风险直接影响着货币政策和宏观经济的稳定。金融风险的这些特性,决定了必须有权威机构对金融业实施适当的监管,以确保整个金融体系的安全与稳定。

3. 投资者利益保护论

该理论认为在金融市场上,存在着大量的信息不对称或信息不完全,这些会导致交易的不公平。对于金融机构的经营管理者来说,对自己所在金融机构的风险,他们比存款人和投保人更加了解,就有可能利用这一信息优势为自己牟取利益,将损失风险转嫁给投资者。为保护投资者利益,有必要对信息优势方的行为加以规范和约束,为投资者创造公平和公正的投资环境。

4. 管制供求论与公共选择论

管制供求论将金融监管本身看成是存在供给和需求的特殊商品。金融机构希望通过金融监管来限制潜在的竞争者,消费者因希望通过监管促使金融机构提高服务质量、降低服务收费而成为管制的需求者。政府机构提供管制是为了得到对自身政绩更广泛的认可。管制供求论认为,监管者具有通过过度监管来规避监管不力的动机,但可能增加被监管者的成本,降低被管制行业的效率,从而受到抵制。

公共选择论与管制供求论有很多相似之处,但该理论强调"管制寻租"的思想,监管者将管制当作一种"租",主动提供给被监管者并以获取收益,被监管者则利用管制来维护自身的既得利益。

专栏7-3充分说明了加强金融监管的必要性。

专栏7-3

既防"黑天鹅",也防"灰犀牛"

2017年7月17日,全国金融工作会议召开后的首个工作日,《人民日报》在头版刊发评论员文章《有效防范金融风险》,文中提到:防范化解金融风险,需要增强忧患意识。……既防"黑天鹅",也防"灰犀牛",对各类风险苗头既不能掉以轻心,也不能置若罔闻。

"黑天鹅"(Black Swan)比喻发生概率小但影响巨大的事件,一般满足三个特点:意外性,影响重大,易被忽视。黑天鹅的存在寓意着不可预测的重大稀有事件,它在意料之外,却又改变着一切。人类总是过度相信经验,而不知道一只黑天鹅的出现就足以颠覆一切。然而,无论是在对股市的预期,还是政府的决策,或是普通人日常简单的抉择中,黑天鹅都是无法预测的。泰坦尼克号、"9·11"事件、美国次贷危机、我国的雪灾、欧债危机都证实了这一点。"黑天鹅"的逻辑在于:你不知道的事比你知道的事更有意义。

"灰犀牛"(Gray Rhino)比喻发生概率大且影响巨大的潜在危机。很多危机事件,与其说是"黑天鹅",其实更像是"灰犀牛"。这些与每个人息息相关的灰犀牛事件,在爆发前已有迹象显现,为什么往往被忽视?在美国次贷危机中,美国房地产泡沫、信贷过度膨胀等迹象早已显现;欧债危机中,欧洲多国债台高筑、财政赤字超标问题也远非一日之寒。在这些危机中,"灰犀牛"风险被忽视,得不到妥善应对,最终酿成重大危机。从全球视角看,全球化、气候变化、难民等全球性问题正面临着巨大的"灰犀牛"风险,如何克服偏见、惰性以及侥幸心理,对潜在的大概率危机进行有效识别和有决断力的应对?各国唯有同舟共济,携手前行。

资料来源:根据360百科(https://baike.so.com/doc/612836-648875.html; https://baike.so.com/doc/24391326-25214463.htm)知识整理

二、金融监管体系

当代各国在不同的经济和金融制度安排下,都是根据本国的实际情况来架构金融监管体系的,因此,各国的金融监管体系各有特色。但总的来说,各国在狭义的金融监管体系构成方面基本相同,即主要是由监管的组织体制、目标与原则、内容与方法等方面构成的。

（一）金融监管的组织体制

金融监管体制的类型有两种划分方法。如按监管机构的设立划分,大致可区分为两类：一类是由中央银行独家行使金融监管职责的单一监管体制；另一类是由中央银行和其他金融监管机构共同承担监管职责的多元监管体制。如按监管机构的监管范围划分,又可分为集中监管体制和分业监管体制。一般来说,实行单一监管体制的国家在监管范围上都是实行集中统一监管,而实行多元监管体制的国家在监管范围上大都实行分业监管,但这种对应不是绝对的。

1. 集中监管体制

集中监管体制是指把金融业作为一个相互联系的整体统一进行监管,一般有一个金融监管机构来承担监管的职责,绝大多数国家由中央银行来承担。有时又称为"一元化"监管体制,即由同一个金融监管当局实施对整个金融业的监管。例如,英国是实行"一元化"监管体制的典型国家,由英格兰银行承担整个金融业监管的职责,这与英格兰银行在英国金融界享有崇高的威望和历史传统有关。目前,实行集中监管体制的国家还有澳大利亚、比利时、奥地利、意大利、卢森堡、荷兰、加拿大、新西兰、瑞典、瑞士等。

2. 分业监管体制

分业监管体制是根据金融业内不同的机构主体及其业务范围的划分而分别进行监管的体制。各国的分业监管体制通常由多个金融监管机构共同承担监管责任,一般银行业由中央银行负责监管,证券业由证券监督管理委员会负责监管,保险业由保险监督管理委员会负责监管。各监管机构既分工负责,又协调配合,共同组成一个国家的金融监管组织体制。目前,实行分业监管体制的国家有美国、加拿大、法国、新加坡、芬兰、西班牙、土耳其、挪威等。

以上两种监管体制各有特色,亦各有利弊,孰优孰劣没有绝对的答案。各国选择何种组织体制,应该充分考虑本国的经济金融现状及特点、现有的管理结构和要求、未来的发展等因素。

我国的金融监管体制经历了从合并到分离再到合并的演变过程,具体见专栏 7-4。

专栏 7-4

中国的金融监管体制

1. 1984—1991年：混业监管时代

我国金融监管体制大体可以追溯到1984年中国人民银行开始专门行使中央银行的职能。这一时期，金融业务刚刚起步不久，业务种类较为单一，涉及的领域有限，中国金融监管体系是由人民银行统一监管所有的金融活动。但是，随着金融业的发展，金融发展的广度和深度不断拓展，央行监管逐渐力不从心，监管的弊端逐渐暴露出来，导致证券市场出现了一系列的违规操作事情，市场混乱，严重阻碍着金融市场的进一步发展。

2. 1992—2017年："一行三会"逐渐形成

1991年，中国有了资本市场，证监会、银监会和保监会分别于1992年、1998年、2003年相继成立，分别履行对证券业、银行业和保险业的监管职责。从此人民银行不再肩负具体的金融监管职责，其使命变成了维护金融稳定，制定和执行货币政策。可以说，银监会的成立标志着我国金融监管体制从人民银行"大一统"的监管模式逐渐演变成"一行三会"的分业监管体制，并在后续发展中得以巩固和完善。

3. 2018年至今："一委一行两会"

2017年，中国成立国务院金融稳定发展委员会（简称"金稳会"），金稳会无论在机构定位还是在职责定位上，都高于"一行三会"，发挥着统筹协调金融与监管的作用。

2018年3月13日，国务院关于提请第十三届全国人民代表大会第一次会议审议国务院机构改革的议案表示，中国将组建中国银行保险监督管理委员会。将中国银行业监督管理委员会和中国保险监督管理委员会的职责整合，组建中国银行保险监督管理委员会，作为国务院直属事业单位。这意味着，从1998年11月18日到2018年3月13日，保监会近二十年的发展历程要画上句点。2018年4月8日，中国银行保险监督管理委员会在北京挂牌，标志着新组建的中国银行保险监督管理委员会正式运行。

银保监会成立以后，中国金融监管体系如图7-2所示。

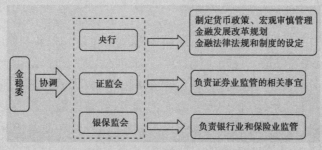

图7-2　银监会和保监会合并后的中国金融监管体系

资料来源：根据《简析银保监会合并对银行业及保险业的影响》（钟玲、龙瑾、张倩，《金融经济》2019年第2期）一文整理

(二)金融监管的目标

金融监管的目标是实现金融有效监管的前提和监管当局采取监管行动的依据。金融监管的目标可分为一般目标和具体目标。世界各国都认为,一般目标应该是促成建立和维护一个稳定、健全和高效的金融体系,保证金融机构和金融市场健康地发展,从而保护金融活动各方特别是存款人的利益,推动经济和金融发展。但由于各国历史、经济、文化背景和发展的情况不同,也就使具体监管目标有所差异。世界大多数国家的具体监管目标体现在银行法或证券法等金融法规上。目前各国无论采用哪一种监管组织体制,监管的目标基本上是一致的,通常称作三大目标体系:第一,维护金融业的安全与稳定;第二,保护公众的利益;第三,维护金融业的运作秩序和公平竞争。

(三)金融监管的基本原则

各国实施金融监管的原则大致相同,这些原则渗透和贯穿在监督管理体系的各个环节和整个过程的始终。

(1)依法监管的原则。即银行机构必须受国家金融管理当局的监督;金融监督必须依法而行,必须保持管理权威性、严肃性、强制性和一贯性,从而达到有效性。

(2)适度竞争原则。即银行监管的重心应放在创造适度的竞争环境上,放在形成和保持适当竞争的格局和程度监测上,放在避免造成银行高度垄断从而失去竞争的活力和生机上,放在防止出现过度竞争、破坏性竞争从而危及银行业的安全稳定上。要求管而不死,活而不乱,限制竞争又不消灭竞争,使银行追求利润但又不能疯狂冒险,有风险但又要保障安全。

(3)自我约束的原则。即将内部的自我约束和外部强制管理相结合。

(4)综合性管理原则。即银行监督应具有综合配套的系统化和最优化的效能,应将行政、经济、法律等管理手段配套使用。

(5)安全稳健与风险预防原则。安全稳健是银行监管的基本目标,而要达到这一目标,必须进行系统的风险监测。

(6)机构的一元化原则。即银行监管各级机构应实现管理口径一元化和管理程度同一标准化。

(四)金融监管的方法和内容

1. 金融监管的方法

金融监管的方法大致可分为预防性监管、存款保险制度和抢救与制裁三大类。其中预防性监管包括金融市场准入(注册登记)管理、资本充足性管理、清偿能力管制、银行业务经营活动管制、贷款集中程度管制、外汇业务风险管制、贷款的国家风险限制等;存款保险制度则是中央银行为了维护广大存款者的利益,维护金融体系的安全和稳健,规定各吸收存款的金融机构将其存款到存款保险公司投保,以便在非常情况下,由存款保险公司对金融机构支付必要的保险金的一种制度;抢救与制裁则是金融当局对陷入困境的金融机构实施挽救以及对违反有关监管法律、法规的金融机构实施惩戒。

在三类监管方法中,预防性监管是经常性的监督管理活动,也是最有效的安全措施;存款保险制度是一种辅助性的稳定器;而抢救和制裁则可视为金融体系的最后防线。

2. 金融监管的内容

金融监管从对象上看,主要是对商业银行及非银行金融机构和金融市场的监管,具体监管内容主要有三个方面,即市场准入监管、市场运作过程监管、市场退出监管。

(1) 市场准入监管。所有国家对银行等金融机构的监管都是从市场准入开始的。各个国家的金融监管当局一般都参与金融机构设立的审批过程。金融机构的申请设立必须符合法律规定,主要包括两个方面:一是具有素质较高的管理人员;二是具有最低限度的认缴资本额。管理人员的条件和资本额的标准各国都有具体规定。我国金融机构的设立申请,一般也是主要审查这两个方面。

市场准入的监管内容主要包括:① 确定金融机构设立的程序;② 规定金融机构设立的组织形式,如采取有限责任公司或股份有限公司或合作制的形式设立;③ 审查批准申请设立金融机构的可行性报告;④ 审查批准金融机构拟订的章程;⑤ 规定最低的资本金要求;⑥ 审查批准金融机构的经营方针和营业场所;⑦ 审查法定代表人及主要负责人的任职资格;⑧ 金融机构的设立采用特许制度的国家,经监管当局审查批准后,颁发给新设立金融机构法人许可证或营业许可证,凭许可证到管理部门办理登记,并领取营业执照。在办妥以上手续后,金融机构才得以正式营业。

(2) 市场运作过程监管。金融机构经批准开业后,监管当局要对金融机构的运作过程进行有效监管,以便更好地实现监管的目标。

各国对金融机构市场运作过程进行监管的具体内容并不完全相同,但一般都将监管的重点放在以下几个方面:

① 金融机构业务经营的合规性。金融机构业务经营的合规性即监管金融机构是否严格遵守国家和地方政府颁布的各种金融法律、法规及各种有关规定,是否严格执行中央银行或监管当局的各种规章制度。

② 资本充足性。资本是各种金融机构赖以生存和从事各种业务活动的基础。监管当局通过对金融机构资本水平和资本结构的监管,有利于金融机构在保持充足资本的条件下稳健运作,同时还可以通过规定资本与各种风险资产的比例关系来控制金融机构资产总量的扩张和风险的程度。

③ 资产质量。资产质量是衡量一家金融机构经营状况最重要的依据。资产质量差会直接影响金融机构的各种业务活动、盈利能力和社会信誉,甚至导致破产倒闭。监管当局主要是通过设定相关指标来监管金融机构的资产质量。

④ 流动性。这是指金融机构偿还到期债务的能力。流动性不足往往成为导致金融机构倒闭和引发金融危机的直接原因。监管当局通过评估金融机构负债的变动情况、对借入资金的依赖程度、可随时变成现金的流动性资产数量、紧急筹资能力等,对金融机构是否保持了必要的流动性进行监管。

⑤ 盈利能力。监管当局除了对金融机构的盈利能力进行评估以外,还要对金融机构在利润分配中的行为进行监管,以使金融机构具备抵御风险和自我积累发展的必要条件,保证金融机构的股东得到应有的回报。

⑥ 管理水平和内部控制能力。从根本上说,金融机构的经营失败,都是与其管理和

内部控制薄弱直接或间接相关的,因而管理水平和内部控制能力成为监管的重要内容。由于管理和内部控制水平很难用一些定量的客观数据、指标来衡量,监管时往往以金融机构内部的各种规章制度、业务政策、经营计划、管理人员的经历与经验、职工的素质等非定量因素作参考,故有一定的监管难度。

(3) 市场退出监管。金融机构市场退出的原因和方式可以分为两类:主动退出与被动退出。主动退出是指金融机构因分立、合并或者出现公司章程规定的事由需要解散,因而退出市场的,其主要特点是"主动地自行要求解散"。被动退出则是指由于法定的理由,如由法院宣布破产或因严重违规、资不抵债等原因而遭关闭,监管当局将依法关闭金融机构,取消其经营金融业务的资格,金融机构因此而退出市场。

各国对金融机构市场退出的监管都通过法律予以明确,并且具有很细致的技术性规定。一般有接管、解散、撤销、破产等几种形式。无论采用哪种形式,当局都要对金融机构的市场退出过程进行监管,保持其退出的合理性和平稳性。例如,监管公众的利益是否得到必要的保护、破产清算的标准和程序是否严谨、被他人兼并或收购是否合理合法等,将不幸事件对公众的损害和引起的社会震荡降低到最低程度。

虽然从理论上讲,金融机构也有从市场退出的可能,但由于金融机构影响的广泛性,对金融机构的退出的处置应谨慎进行(见专栏7-5)。

专栏 7-5

抢救伊利诺斯银行

20世纪80年代,伊利诺斯银行是美国第八大银行,它在1984年发生挤兑前拥有400多亿美元的资产。但是,由于发放了许多笔有问题的贷款(主要是对能源企业和外国贷款),1984年5月有关其财务困难的谣言四起,大额存款人从该家银行提取了数额超过100亿美元的存款。受其影响,小额存户也开始前来挤提存款,从而引发了全面的挤兑骚动,当时,前来取款的人排满了好几个街区。伊利诺斯银行虽然也以高利筹集资金,千方百计地维持资金周转,但最终还是陷入破产危机。

面对这种事态,美国银行监管当局认为,如果对伊利诺斯银行放任不管,可能会导致以下严重后果:第一,引起大银行连锁倒闭。不少美国大银行对中南美等发展中国家提供了大量融资,如果不保护伊利诺斯银行的存款,储户一旦都涌向银行提取存款,大银行有可能会相继出现资金短缺。第二,如果伊利诺斯银行完全倒闭,与伊利诺斯银行进行短期资金交易的小银行将成为牺牲品,形成挤兑"传染"(Contagion)。基于上述考虑,美国银行监管当局决定对该行予以挽救,对其实行了大规模资金援助,从而防止了该行倒闭的发生。

其实,美国银行监管当局本可有序地关闭、清理伊利诺斯银行。也就是说,支付有保险的存款人,然后出售或收集银行的剩余资产,由没有保险的存款和其他债权人分担清算后的损失。但是,若是如此,又一严重的问题可能会出现。该行是全国主要的联行之一,拥有全国几百家银行,尤其是芝加哥附近的美国中西部地区银行的存款账户。其中许多是小银行,它们在伊利诺斯银行有大额账户,以便进行支票清算、证券交易、电汇和其他常规业务交易。对几百家这样的联行来说,它们在伊利诺斯银行的存款超过了自己的资本。如果伊利诺斯银行关闭,它们将资不抵债。这么多银行同时倒闭的可能性令人感到恐怖,其结果将是小银行的存款人和股东严重受损,他们所服务的社区的商业也将遭破坏。而且,如果银行由政府关闭,在美国国内外的许多大公司和银行将损失惨重,因为他们的存单、联邦资金贷款、欧洲美元合同和其他债权将得不到偿付。这也很可能会导致信心危机,使债权人清理其他与俄州银行有业务联系的银行的债权,从而严重冲击整个银行系统。所以最后美国货币当局认为伊利诺斯银行太大,不能任其倒闭,否则将严重威胁美国银行系统的稳定。美联储向该行贷款几十亿美元,满足其流动性的需求,联邦存款保险公司也向该行注资几十亿美元,实际上取代了几乎损失了全部股本的私人股东。联邦存款保险公司成了主要的股东,因此,该行也成了由政府机构所有,这有利于恢复信心。后来,联邦存款保险公司更换了银行管理层,稳定了局势。在新的管理层的领导下,贷款问题得到了处理,银行的规模缩小,逐渐恢复了盈利能力,还清偿了美联储的贷款。1986年底,联邦存款保险公司出售了该行股票,使其重归私人所有。在这个过程中,一场银行危机勉强被避免了,许多通过同业市场与该行有联系的存款人和机构避免了重大损失。

伊利诺斯银行蒙难的这段历史不仅表明了银行之间的相互依赖性,而且体现了稳健的银行运营对支付系统乃至整个经济正常运行的重要性。如果当初政府不是接管而是关闭伊利诺斯银行,其他几百家机构可能随之倒闭,会给整个经济带来严重的后果。

——资料来源:根据《金融学案例教程》(秦艳梅,2002年,经济科学出版社)

第277～280页整理

【能力训练】

一、辨析题

1. 中央银行与商业银行并无本质区别。
2. 不同时期各国中央银行的职能均相同。

二、比较分析题

查阅相关资料,比较各国中央银行组织形式的异同。

三、案例分析题

阅读材料一、二,联系我国国情分析中国人民银行保持独立性的原因及其重要意义;美联储的高度独立性在2008年的金融危机下受到损害,其给我国中央银行独立性带来哪些启示？

资料一：日本中央银行的独立性与日本经济

二战后，日本银行在明显受到政府压力的情况下做出了错误的货币政策选择，并因此严重危害了经济的健康发展，集中反映在以下三个时期：第一，池田内阁的"国民收入倍增计划"实施初期。大藏省掌握了指导权，在此情况下对官定利率进行了政治性的下调。日本银行虽有察觉实施紧缩性货币政策的必要性，但在政府的压力下政策却迟迟不能出台。最后在日本银行的强烈主张下才实施了包括上调官定利率在内的紧缩性货币政策，但为时已晚，1962年日本经济便陷入了一场较为严重的经济危机之中。第二，20世纪70年代初的"列岛改造计划"出台时期。1972年5月，日本银行已经从多方面认识到了经济复苏动向，根据大藏大臣建议实施扩张性货币政策。在过度扩张性货币政策与财政政策的双重压力下，日本经济运行出现很多过热的征兆。在正常情况下，日本银行应该及时实施紧缩性的货币政策，然而受到"列岛改造计划"的影响，日本银行迟迟不能实施合理的货币政策，从而引发了第一次石油危机前后的严重通货膨胀。第三，以"国际协调"为名目而持续实施扩张性货币政策的20世纪80年代后半期。从1986年1月至1987年2月一年多的时间里，日本银行5次调低官定利率。这样80年代后半期日本便发生了严重的泡沫经济现象。

资料二：美国联邦储备体系的独立性与美国金融危机

美联储是公认的世界上独立性最强的中央银行之一，其成功经验为各国所效仿。美国法律制度允许美联储主席的任期可以长于美国总统，以保障美联储政策的长期性和独立性。正是由于美联储的高度独立性，美联储前主席格林斯潘采取了长时期的宽松货币政策，将利率维持在低水平，放松监管，使得美国经济经历了长达10年的繁荣。但是2008年开始席卷全球的金融危机，将格林斯潘拉下了神坛，各方将矛头对准了美联储。尽管将次货危机归咎于长期的低利率是片面的，因为更为主要的原因是金融监管的缺失，但格林斯潘也不得不承认美联储的监管体系是失败的，美联储没有足够重视次级贷款的风险，对大型银行的监管不力，导致了金融衍生品的规模失控。而监管放松和缺失的根源正是美联储的高度独立性。

四、思考题

你认为一国金融监管当局该怎样处理有问题的金融机构？

附录

美联储及其职能

在世界各国众多的中央银行中,美联储无疑是最有影响力的。由于美国经济及其货币政策走向对世界经济有着举足轻重的影响,以及美元承担着世界货币的角色,美联储的一举一动都牵动着世界经济乃至政治格局的神经。甚至有人认为,美联储就是世界的中央银行。

美国联邦储备系统是美国经济发展的积极动力之一,其独特的机构和分散而又协调一致的结构模式是其履行各项央行职能、发挥作用的关键。在美国经济的历次波动中,特别是在"9·11"事件、次贷危机及其后的动荡日子里,美联储经受住了考验,显示出随机应变的能力。美联储之所以能够应对这些事件,除各个职能部门同心协力、协调一致外,还得益于其分散的组织结构。这种分散式结构对美国中央银行至关重要,它为美联储的政策制定提供了必要的地方环境,同时又能保持各地之间的联系。

1913年12月13日,美国国会正式建立了作为中央银行的联邦储备系统。这个系统包括12个自成一体的地区储备银行和25家分支机构,由设在首都华盛顿的一个理事会监督其经营。美联储的核心是联邦储备理事会,其7名理事由总统提名并经参议院批准,任期可长达14年。那么它究竟如何制定和执行货币政策,如何监管银行,又如何提供支付清算系统呢?

一、制定和执行货币政策

货币政策的制定和执行的权利成了让美联储拥有巨大影响力的原因。美联储有三大工具可以调节货币供应量。目前,公开市场业务是其最重要也是最常使用的工具,另两个手段是贴现率和法定准备金率,但它们的使用程度远不及公开市场业务。因为银行大多从银行间的联邦基金市场筹措准备金,几乎很少利用联储的贴现窗口。贴现率实际上只是美联储释放政策意图的信号机制。当提高贴现率时,银行和金融市场把它看作美联储想要减少货币供应量和提高市场利率的一个信号。这几年美联储也几乎不用法定准备金率这个工具了。

美联储要独立制定货币政策,帮助稳定联邦经济的波动,建立联邦公开市场委员会是关键的一步。公开市场委员会在其决策和执行程序方面也保证了美联储同地区经济保持密切联系。首先,它有一套完善的投票表决程序。12名投票成员集体制定公开市场委员会的正式决策,7位理事每次都要投票,12位行长中只有5位轮流投票。这样就保证了每个成员平等地参与讨论并达成共识以举行正式的政策表决。因此决策一般是达成共识后制定的,所以一致通过决策通常是惯例,而不是例外。其次,它有一套完善的执行程序。公开市场委员会决定了联邦资金利率的适当目标水平后,由美联储在纽约联邦储备银行的交易部负责实现目标。为了推动这一过程,公开市场委员会起草了一份政策指示,要求纽约交易部采取适当措施,实现隔夜拆借利率水平目标。时间证明,公开市场委员会的结构最充分地利用了美联储机构分散的优越性。这种结构能够充分运用各种信息,制定全国性的货币政策,并使美联储能够向全国各地传达决策和政策原则。这种信息的双向交流加强了美联储监督经济和建立政策共识的能力。

二、监管银行

1956年以前,美联储的监督功能只是集中在贴现窗口,并没有现代意义上的监管职能。1956年《银行控股公司法》实行以后,美联储的监管权力范围开始扩大。和只能监管国民银行的货币监理署相比,美联储的会员银行囊括了全部的国民银行和大部分的大型州银行,这样所有关于银行控股公司的并购、管理和经营的监管职责就自然落到了美联储的头上。之后,美联储与货币监理署的权力之争愈演愈烈。1999年《金融服务现代化法》推出以后,美联储的权力到达了顶峰。虽然各监管机构仍然各司其职,货币监理署负责监管国民银行,美联储和州政府银行厅负责监管州注册银行,证券交易委员会负责监管证券业务,州保险业监管署负责监管保险业务。然而"美联储独占鳌头,依靠总协调的身份,其触角广为延伸,驰骋各大金融疆场"。比如,为防范华尔街危机的进一步扩大,2008年9日,美联储批准高盛集团和摩根·斯坦利的申请,将两家传统的投资银行转变为银行控股公司。之后,它们将处于美联储的监管之下。

三、提供支付清算系统

付款处理在美联储业务中占的比重最大。目前,美联储全系统共有2.3万多名雇员,其中大约一半,即约1.2万人从事支付业务。多年来,美联储分散的结构使得它在维持支付系统上拥有优势。美联储提供支付清算系统的职能虽不像货币政策或银行监管那样吸引人们的眼球,但它对于保证金融运行的稳定起到了重要的作用,而且给美联储带来了不菲的收入,也是它的独立性得以保持的重要保证。美联储向银行提供各种服务——从付款服务包括支票托收、电子资金转账,到代保管证券服务以及供应硬币和纸币等。全国签发的支票中,大约有35%是通过联邦储备银行和分行,以及该行在全国的11个主要的区域性支票结算中心来进行清算和托收的。美联储还经营着一个自动清算中心,为所有以电子方式汇出、汇入工资存款和已授权付款交易提供服务。美联储还经营着一个电子划转系统,资金和政府证券可以通过此系统即时进行划转。这个也被称为联邦"电划"的系统是大银行从事同业交易时所使用的最主要的支付方式。此外联邦储备银行还负责保管无法通过联邦电划系统转移的实物证券。通过中央银行进行的这种叫作净结算的方式,联邦储备银行在实际上保证了美国国内所有账户记录划转和资金的电子划转能够最终有效地完成。

第八章 货币供求及其均衡

【学习要点】 在现代经济社会中，货币是十分重要的因素，货币供求的均衡与否与社会总供求的均衡与否密切相关，对货币问题的理论研究也因此受到世界各国经济学界的广泛关注。货币供求理论是当代货币经济理论体系的重要内容，也是中央银行制定货币政策的重要依据，所以对货币供求及其均衡的研究具有非常重要的理论意义和实践价值。对货币需求问题的研究，是建立货币理论的起点。因此，本章将首先介绍货币需求的基本概念和基本原理，主要包括不同经济学流派对货币需求的认识、影响货币需求的因素。在此基础上，进一步阐释了货币供给的不同层次、不同层次货币的创造过程及影响因素、经济活动的不同主体是怎样影响货币供给量的，以及货币供求均衡与非均衡的表现和调节机理等内容。

【重点难点】 本章的重点和难点在于灵活运用货币需求、货币供给和货币均衡理论解释现实经济生活中存在的通货膨胀和通货紧缩等经济现象。

【基本概念】 费雪方程式　剑桥方程式　货币需求　流动性偏好　货币供给　基础货币　货币乘数　货币均衡　货币失衡　总量性货币失衡　结构性失衡　社会总供求　物价指数　批发物价指数　消费物价指数　国民生产总值物价指数　生活费用指数　货币购买力指数　通货膨胀　公开型通货膨胀　抑制型通货膨胀　需求拉上型通货膨胀　成本推进型通货膨胀　结构型通货膨胀　适应性预期　理性预期　强制储蓄效应　收入指数化政策　通货膨胀税　通货紧缩

第一节　货币需求

一、货币需求的内涵

货币需求是一个较为抽象的概念。在商品经济社会，人们对货币的需求可能是"越多越好"。这种想法是正常的，也是无可非议的，因为人们可以使用货币购买很多商品。但经济学上的货币需求并不是从这个角度上说的。在经济学上，"需求"这个词不是指在资产（或商品）免费供给的前提下，人们对其需求量是多少，而是从两个不同的角度来说明货币需求。一种是从宏观的角度出发，把货币需求定义为：为完成一定的交易量，需要有多少货币来支撑，或者说流通中的商品需要多少货币作为媒介来完成交换。马克思的货币必要量公式和费雪方程式就是这种类型。另一种是从微观角度出发，指对一种资产相对于人们所需要的对其他资产的需求，即在资产数量既定的情况下，如果持有较多的货币,就只能持有较少的其他资产,这时人们愿意持有多少货币。从剑桥学派提出现金余额学说后,经济学家主要是从后一种角度来理解货币需求的。当人们在选择不同的资产作为财富的保有方式时,必然会考虑各种资产的特性。由于每个人对不同资产的偏好是不同的,所以人们保有财富的方式也是不同的。具体表现就是人们持有各种资产的数量和比例结构是不同的,而且这种不同还处于不断变化之中。因此,整个社会的货币需求在量上是不稳定的。一般来说,通货和活期存款是最基本意义上的货币,因此,凡是以通货和活期存款形式保有资产的行为,都被称为对货币的需求。

二、决定货币需求量的因素

在商品经济条件下,决定和影响货币需求量的因素是多种多样的,概括起来主要有以下几个方面:

(一)收入状况

收入状况是决定货币需求量的主要因素之一。一般来说,货币需求量与收入成正比,即当收入增加时,货币的需求量也会增加;当收入减少时,货币的需求量也会减少。同时,取得收入的时间间隔也会影响对货币的需求。如果人们取得收入的时间间隔延长,货币的需求量就会增加;相反,如果间隔时间缩短,则货币的需求量就会减少。

(二)信用状况

信用发达程度与货币需求量成反比。在一个信用发达、信用制度健全的国家,人们需要货币的时候就能很容易取得现金或贷款,那么,整个社会所需的货币量就会较少;相反,在信用不发达、信用制度不健全,取得现金或贷款不容易或很麻烦的国家,人们手头就要多留一些货币,这就增加了社会货币需求量。

(三)消费倾向

消费倾向是指在人们的收入中消费所占的比重。如果收入是1 000元,其中的700元用于消费,消费倾向为$700/1\,000=0.7$。在一般情况下,消费倾向与货币需求量成正比,即社会消费倾向越大,货币需求量就越大,反之则越小。

(四)货币流通速度

货币需求量与货币流通速度成反比。当其他条件不变时,货币流通速度越快,货币需求量就越少;货币流通速度越慢,货币需求量就越多。

(五)社会商品可供量

一般来讲,货币需求量与社会商品可供量成正比。商品可供量增加,货币需求量也增加;商品可供量减少,货币需求量也减少。

(六)物价水平

货币需求量与物价水平成正比。物价水平越高,所需的货币量就越多;物价水平越低,所需的货币量就越少。

(七)市场利率水平

货币需求量与市场利率水平成反比。市场利率上升,人们就会选择储蓄或投资有价证券,从而就减少了现金的持有量,也就减少了货币需求量;市场利率下降,人们就会减少储蓄和投资,相应地就会增加货币的持有量,也就增加了货币需求量。

（八）人们的预期和偏好

预期是一种主观意识,这种意识因人而异,而且会受到各种因素的影响。预期包括对市场利率变动的预期、对物价的预期、对投资利润率的预期。人们对市场利率上升的预期,会增加对货币的需求,因为利率上升,一方面意味着有价证券价格会下跌,有价证券投资收益将减少,另一方面为了能在未来低价买进有价证券,现在就必须保持较多的货币;预期物价将上涨,就减少对货币的需求;预期投资利润率将上升,也会减少对货币的需求。人们的偏好也是因人而异的,有的人偏好货币,就会增加对货币的需求;有的人偏好其他金融资产,就会减少对货币的需求。

三、货币需求动机

（一）交易动机

交易动机是指人们的收入和支出往往不是同时发生的,所以需要在这个时间间隔期内经常保持一定量的货币以供日常交易之需。这一动机的货币需求量取决于人们收入的多少及收入间隔期的长短。一般来说,收入较少而收入间隔期较短,则交易动机的货币需求就较少;反之,则较多。

（二）营业动机

营业动机是指企业为了使再生产能连续不断地进行,为了满足在收入和支出期间的货币需要,需要经常保持一定量的货币。这一动机的货币需求量取决于企业的产量以及收回这一产量下的销售收入所需要的时间。

（三）预防动机

未来是不确定的,常有各种意外情况出现,如意外的紧急支出、未能预见的有利的购买机会等,因此,人们除了保持日常交易所需的货币之外,还必须再保持一定量的货币,这就是预防动机的货币需求。这一动机的货币需求量主要取决于人们的收入水平。

（四）投资（投机）动机

如果人们只能在货币和有价证券之间进行选择,由于有价证券的价格与利率成反比,与有价证券的收益率成正比,因而,预期利率上升者将保存货币。因为当利率上升时,人们能以较低的价格买进有价证券而从中获利。而预期利率下降者则将保存有价证券,因为利率下降时,人们就能以高价卖出有价证券而获利。当利率变动时,企业也会做出相应的反应,利率下跌,企业会吸收资金,增加投资。这种因利率变动而改变融通资金意向的持有货币的行为,有人称之为投资（投机）动机。显然,投资（投机）动机的货币需求也与利率呈反向变动。

四、货币需求理论的演变

（一）马克思的货币必要量公式

$$执行流通手段职能的货币必要量 = \frac{商品价格总额}{同名货币的流通次数}$$

公式表明,货币必要量取决于价格水平、进入流通的商品数量和货币的流通速度这三个因素,与商品价格和进入流通的商品数量成正比,与货币流通速度成反比。

(二) 传统的货币数量论

基本观点是:货币数量决定货币价值和物价水平,货币价值和货币数量成反比,物价水平和货币数量成正比。

1. 费雪方程式

费雪认为,从货币的交易媒介职能出发,有货币的流通就有商品的转移,有商品的交换就有货币的支付,所以商品交换总额与货币流通总额总是相等的。用 M 表示一定时期内流通中货币的平均数量,V 表示货币流通速度,P 表示各类商品价格的加权平均数,T 表示各类商品的交易数量,则恒等式可以写成:

$$MV = PT \quad 或 \quad P = MV/T$$

从交易方程式中看出货币需求的表达式为:

$$M = \frac{PT}{V}$$

这说明,仅从货币的交易媒介职能考察,全社会一定时期一定价格水平下的交易量与所需的名义货币量具有一定的比例关系,这个比例就是 $1/V$。

2. 剑桥方程式

剑桥的经济学家马歇尔和庇古等人认为,人们的财富要在三种用途上进行分配:一是用于投资以取得收益,二是用于消费以获得享受,三是用于持有现金以获得便利。第三种选择,即把货币保持在手中,便形成货币余额。人们需要货币只是为了保有现金,所以货币需求就是收入中用现金形式保有的部分。如果用 Y 表示人们的全部财富,P 表示物价水平,则 PY 代表了货币形式的财富收入的总额;M 表示现金余额,即货币需求量;k 表示现金余额占全部财富的比例,又称作剑桥系数。则剑桥方程式可表示为:

$$M = kPY$$

它说明,人们保持在手中准备用于购买商品的货币数量,是真正的货币需求量。决定货币需求量的因素是,手持现金占总财富的比例、物价水平 P、总财富 Y。

3. 费雪方程式和剑桥方程式的比较

如果就费雪方程式的 $MV=PT$ 来看,因为 $V=1/k$,所以与剑桥方程式在表达形式上是完全一样的,但实际上这两种理论又有极大的不同。

(1) 对货币需求分析的侧重点不同。

(2) 费雪方程式把货币需求作为流量进行研究,剑桥方程式把货币需求作为存量进行研究。

(3) 两个方程式强调的货币需求的决定因素不同。

(三) 凯恩斯的流动性偏好理论

凯恩斯认为人们持有货币的主要目的是为了交易,这称为交易动机;还为了应付可能遇到的意外支出,这称为预防动机。由交易动机和预防动机引起的货币需求和收入有关,收入增加,货币需求增加,反之,货币需求减少。另外,人们持有货币的目的可能是为了储存价值或财富,这称为投机动机。由投机动机形成的投机性货币需求主要受到市场利率变化的影响,而且是负相关的关系,即市场利率越高,人们的投机性货币需求越小,市场利率越低,投机性货币需求越大。

如果用 L_1 表示由交易动机和预防动机引起的货币需求,用 L_2 表示投机性货币需求,凯恩斯的货币需求函数可以写成:

$$M = L_1(Y) + L_2(r)$$

$L_1(Y)$ 表示由交易动机和预防动机引起的货币需求是收入的函数,$L_2(r)$ 表示投机性货币需求是利率的函数。

(四) 凯恩斯货币需求理论的发展

1. 对交易性货币需求和预防性货币需求的研究

鲍莫尔和托宾从收入和利率两个方面,对交易性货币需求进行了细致的研究,证明了交易性货币需求不但是收入的函数,也是利率的函数。他们的模型合称为鲍莫尔-托宾模型。

2. 对投机性货币需求的研究

托宾和马科维茨等人提出了资产组合理论。他们认为,人们可以选择货币和债券的不同组合来持有财富,在选择不同比例的组合时,不仅要考虑各种资产组合带来的预期报酬率,还要考虑风险。人们进行资产组合的基本原则是在风险相同时选择预期报酬率高的组合,在预期报酬率相同时选择风险低的组合。

(五) 弗里德曼的货币需求函数

弗里德曼认为,货币作为一种资产,最终财富拥有者对它的需求,会受到以下几个因素的影响:

(1) 财富总量。财富总量用实际恒久性收入来代表。恒久性收入是指消费者在较长时间内所能获得的平均收入。

(2) 财富在人力和非人力上的分配。当一个人的人力财富在其总财富中占的比例较大时,必须通过持有货币来增加它的流动性。

(3) 持有货币的预期报酬率。当考虑存款也是货币时,显然持有货币也能带来收益。

(4) 持有货币的机会成本。即其他资产的预期收益。

(5) 物价变动率。

(6) 其他因素。如财富所有者的偏好等等。

在上述影响因素中,实际持久性收入和货币的预期报酬率与货币需求是成正向关系的,除了其他因素外都与货币需求成负向关系。

在以上分析基础上,弗里德曼建立了货币需求函数:

$$\frac{M}{P} = f\left(Y, W; r_m, r_b, r_e, \frac{1}{p} \cdot \frac{dP}{dt}; u\right)$$

上式中,$\frac{M}{P}$ 为实际货币收入;Y 为实际恒久性收入,W 为非人力财富占个人总财富的比例或得自财产的收入在总收入中所占的比例；r_m 为货币预期收益率，r_b 为固定收益的债券利率，r_e 为非固定收益的证券利率；$\frac{1}{p} \cdot \frac{dP}{dt}$ 为预期物价变动率；u 为影响货币需求的其他变数，如主观偏好、客观技术与制度等因素。

（六）麦金农提出的发展中国家的货币需求函数

经济学家麦金农在充分认识发展中国家特点的基础上，对发展中国家的货币需求行为进行了考察。基于发展中国家的经济单位主要靠内源融资，因此总支出中投资所占比例越大，即对实物资产需求越高的经济单位，其货币需求也越大。因为发展中国家的证券市场不发达，甚至没有，所以债券、股票不构成人们资产选择的范围，利率对货币需求的影响只体现在货币收益率上。根据发展中国家普遍存在高通货膨胀率的现实，麦金农认为名义利率减去通货膨胀率后的实际利率才是影响发展中国家货币需求的主要因素。

发展中国家的实际货币需求、实际收入、实际利率水平这三个因素和货币需求都是正相关的关系。而且在内源融资的前提下，实际利率和投资也是正相关的关系，这是发展中国家特有的现象。

五、货币需求的调节

上述各种理论提出了货币需求的不同公式，找出了不同的影响因素。至于不同因素对货币需求有多大程度的影响，不同的理论又有不同的结论。虽然经济学家都同意收入是影响货币需求的最重要的因素，对货币需求的增加或减少起决定作用，但对于利率变化对货币需求到底有多大影响，货币需求函数是否应该是稳定的，货币流通速度是否稳定等问题，则存在着激烈的争论。

（一）货币需求和利率

货币需求变化对利率变化的敏感性是大还是小，是凯恩斯学派和货币学派争论的一个问题。凯恩斯学派认为货币需求对利率是敏感的，货币学派虽然同意货币需求对利率有敏感性，但却认为持久性收入、非人力财富是影响货币需求的更重要的因素。

（二）货币需求的稳定性

货币需求的稳定性关系到货币需求与其相关解释变量之间的对应关系是否会随环境的变化而发生较大的波动。如果货币需求的函数关系是稳定的，我们才可以用它来预测未来的货币需求量；如果不稳定，货币需求函数就只能是对以前发生的货币需求的解释，而没有任何实际意义。

（三）货币流通速度的稳定性

大致有这样一个规律，在经济繁荣时，货币流通速度加快；经济萧条时，货币流通速度则放慢，也就是说货币流通速度是顺周期波动的。在一个较长的时期内，货币流通速度并不是稳定的。

六、中国货币需求函数的构造

影响我国现阶段货币需求的主要因素有以下几个方面：

（一）收入

各种货币需求理论都认为收入是最重要的一个因素,与货币需求成正相关关系。改革开放以来,我国市场化程度进一步提高,人们的劳动收入或消费更多地以货币形式获得或支付,企业之间的货币收支也大幅度增加,货币收支的增加无疑会使货币需求不断增加。

（二）价格

价格越高,在商品和劳务总量一定的前提下,货币需求尤其是交易性货币需求和预防性货币需求越大。现实生活中,物价变动对货币需求的影响很大,尤其是通货膨胀对货币需求的影响极不稳定。因为它会通过人们对未来通货膨胀的预期来影响货币需求。至于这部分货币需求的增加幅度,因其决定因素过于复杂而难以确定。

（三）存款利率

货币收益率是和货币需求成正相关的关系。但是在我国,存款利率对个人的交易性货币需求影响不大,这是因为目前我国的个人消费水平不够高,金融市场还不发达,货币和证券之间的转换并不顺畅。所以即使存款利率较低,人们也不会压缩交易性货币需求而扩大投资需求。

（四）金融资产的收益率

债券、股票等金融资产是作为货币的替代物出现的,金融资产的收益率越高,人们的货币需求越小。随着金融市场的逐步完善,人们的投资性货币需求日益增加。当金融资产的收益率明显高于存款利率时,人们会更多地选择有价证券来代替储蓄性货币需求。同时,对各种金融资产的选择,会影响货币需求结构,使不同的货币需求动机之间产生此消彼长的替代关系。

（五）企业预期利润率

当企业对经营利润率预期很高时,往往有很高的交易性货币需求,为了扩大生产,会保留更多的货币。

（六）财政收支状况

当财政收入大于支出时,意味着货币需求的减少。反之,当财政收入小于支出时,则表现为对货币需求的增加。

（七）其他因素

包括信用发展情况,金融机构的服务手段、服务质量,国家政治形势,人们的生活习惯、文化传统,等等。

第二节 货币供给

一、货币供给的内涵

货币供给是指一定时期内一国银行体系向经济中投入、创造、扩张(或收缩)货币的行为。货币供给首先是一个经济过程,即银行系统向经济中注入货币的过程;其次在一定时点上会形成一定的货币数量,称为货币供给量。

二、货币层次的划分

(一) 货币层次及其划分的原则

通常按照不同形式货币的流动性,或者说不同金融工具发挥货币职能的效率高低确定货币层次。流动性是指金融资产迅速变为现实货币购买力,而且持有人不会遭受损失的能力。

(二) 不同的货币层次

1. 国际货币基金组织的货币层次划分

国际货币基金组织将货币层次分为以下三个:

(1) 通货。指流通于银行体系以外的现金,可随时作为流通手段和支付手段,具有最强的流动性。

(2) 货币。指通货加私人部门的活期存款之和。由于活期存款随时可以签发支票而成为直接的支付手段,所以流动性也是最强的。它相当于各国通常采用的 M_1。

(3) 准货币。指定期存款、储蓄存款与外部存款之和,即除 M_1 之外的各种货币形态。他们都具有转化为现实货币的潜在能力。"准货币"加"货币",相当于各国通常采用的 M_2。

2. 美国的货币层次划分

M_1＝流通中的现金＋非银行发行的旅行支票＋商业银行活期存款＋其他与活期存款性质相近的存款

$M_2=M_1$＋隔夜回购协议和隔夜欧洲美元＋货币市场存款账户＋小额定期存款和储蓄＋货币市场互助基金

$M_3=M_2$＋大额定期存款＋长于隔夜的限期回购协议和欧洲美元

$L=M_3$＋非银行公众持有的储蓄券、短期国库券、商业票据、银行承兑汇票等

3. 日本的货币层次划分

M_1＝现金＋活期存款

$M_2+CD_S=M_1$＋准货币＋CD_S

$M_3+CD_S=M_2+CD_S$＋邮政、农协、渔协、信用组合、劳动金库存款、货币信托、贷方信托存款

4. 我国的货币层次划分

现阶段我国的货币层次有以下几个:

M_0＝流通中的现金

$M_1=M_0$＋单位活期存款＋个人持有的信用卡存款

$M_2=M_1$＋城乡居民储蓄存款＋单位定期存款＋单位其他存款＋证券公司客户保证金

$M_3=M_2$＋金融债券＋商业票据＋大额可转让定期存单等

其中 M_1 是狭义货币供应量,流动性较强;M_2 是广义货币供应量,M_2 减 M_1 是准货币,

流动性较差；M_3是根据金融工具的不断创新而设置的。表 8-1 反映了我国 2017 年按照上述划分标准统计的各层次货币供给量的情况。

表 8-1　我国 2017 年各层次货币供给量（季末余额：万亿元）

项　目	2017 年第一季度	2017 年第二季度	2017 年第三季度	2017 年第四季度
货币和准货币（M_2）	160.0	163.1	165.6	167.7
货币（M_1）	48.9	51.0	51.8	54.4
流通中现金	6.9	6.7	7.0	7.1
活期存款	42.0	44.3	44.8	47.3
准货币	111.1	112.1	113.8	113.3
基础货币	30.2	30.4	30.6	32.2

资料来源：根据中国人民银行 2017 年货币政策执行报告整理

三、中央银行对货币供给的控制

（一）基础货币

1. 基础货币的定义和特点

基础货币也叫强力货币、高能货币，是流通于银行体系之外的现金和银行体系的储备之和。我们用 B 表示基础货币，C 表示流通于银行体系之外的现金，R 表示银行体系的储备，则 $B=C+R$。

流通于银行体系之外的现金就是公众持有的纸币和硬币，也就是货币供给口径中的 M_0，是货币供给中的重要部分，反映为中央银行负债中的现金发行。银行体系的储备包括商业银行在中央银行的法定存款准备金和超额存款准备金，还有商业银行的库存现金。

2. 中央银行对基础货币的影响

因为基础货币表现为中央银行的负债，所以中央银行的行为变化可以影响基础货币。

（1）中央银行通过变动对商业银行的债权规模影响基础货币量。中央银行对商业银行债权的变动，意味着通过商业银行注入流通的基础货币的变化，这必将引起商业银行超额准备金的增加或减少，使货币供给多倍扩张或收缩。

（2）中央银行通过变动外汇、黄金、证券等占款规模影响基础货币量。外汇、黄金、证券等占款是中央银行用基础货币来收购的，所以其规模的变动直接影响基础货币量。

（3）中央银行通过变动对财政的债权影响基础货币量。这是指中央银行在公开市场上买卖政府债券的净额的变动，会直接影响基础货币注入流通的数量。

（二）银行体系的货币创造

1. 中央银行创造银行券

发行银行券是中央银行的重要职能，流通中的现金都是通过中央银行的货币发行业务流出的，中央银行发行的银行券——现金也是基础货币的主要构成部分。

在目前不兑现的信用货币流通体制下,中央银行发行银行券要遵循三个原则:一是垄断发行原则;二是货币发行要有可靠的信用作保证;三是要具有一定弹性。

2. 商业银行存款货币的创造

商业银行一方面要吸收存款,另一方面又要把这些存款贷出去,放出去的贷款经过市场活动又成为另一家银行的存款,这些存款又会被这家银行贷出,等等。资金这样反复进出银行体系,使银行存款不断扩张。这就是商业银行创造存款货币的过程。

(三) 货币乘数和货币供给模型

由于流通中的现金和银行准备金就是基础货币,现金和活期存款之和又是货币供给,银行准备金和活期存款又存在倍数关系,所以货币供给量应该是基础货币的倍数。

我们把货币供给量与基础货币之比定义为货币乘数,用 m 表示。如果货币供给量用 M_s 表示,基础货币用 B 表示,活期存款用 D 表示,就有:

$$m = \frac{M_s}{B}$$

由于狭义货币供给量 $M_1=C+D$,而 $B=R+C$,所以 $m_1=\frac{C+D}{C+R}$

上式同除以 D 可得:

$$m_1 = \frac{\frac{C}{D}+1}{\frac{C}{D}+\frac{R}{D}}$$

上式中的 $\frac{C}{D}$ 指的是现金比率,$\frac{R}{D}$ 为存款准备率。由于存款准备金由活期存款准备金 R_d、定期存款准备金 R_t 和超额准备金 E 构成,所以上述公式可以展开为:

$$m_1 = \frac{\frac{C}{D}+1}{\frac{C}{D}+\frac{R_d+R_t+E}{D}}$$

如果用 r_d 表示活期存款准备金率,T 表示定期存款,r_t 表示定期存款准备金率,t 表示定期存款与活期存款的比率,e 表示超额准备金率,则有:

$$R_d = Dr_d$$

$$R_t = Tr_t = tr_tD$$

$$E = De$$

$$t = \frac{T}{D}$$

另假设现金比率为 c,则:

$$m_1 = \frac{\dfrac{C}{D}+1}{\dfrac{C}{D}+\dfrac{R_d+R_t+E}{D}} = \frac{c+1}{c+r_d+tr_t+e}$$

由此可以看出,决定货币乘数的因素包括:现金比率、活期存款准备金率、定期存款准备金率、超额准备金率以及定期存款与活期存款之间的比率。其中现金比率受经济的货币化程度、居民货币收入、储蓄倾向以及对通货膨胀的心理预期等多种因素影响;定期存款和活期存款法定准备金率均由中央银行直接决定;超额准备金率主要取决于商业银行自身的经营决策;影响定期存款对活期存款比率的因素主要包括定期存款收益率以及收入和财富的增长情况。

因为$m=M_s/B$,所以$M_s=m\cdot B$,这就是货币供给模型。由该模型可知,影响货币供给的两个因素是基础货币和货币乘数,其中,基础货币总量的增减是由中央银行控制的,但上述内容表明中央银行不能完全控制货币乘数。由此可见,中央银行只能在一定程度上控制货币供给量,并不能完全控制。

四、货币供给的调控机制

上述分析表明,中央银行、商业银行和社会公众的行为都会影响货币供给量。

(一)中央银行的行为和货币供给量

中央银行是通过变动基础货币和影响货币乘数来对货币供给量进行调控的,中央银行通过它的资产业务影响基础货币,对货币乘数的影响则是通过调整法定存款准备金率来实现的。

(二)居民个人的行为和货币供应量

居民个人的行为不会影响基础货币总量的变化,但却可以通过收入在手持现金和存款之间的转换影响现金存款比率,从而影响货币乘数。

(三)企业的行为和货币供给量

企业的收入在现金和存款之间如何分配也会受到上述几个因素的影响,所以企业通过改变现金存款比率来影响货币供给量,原理与居民的行为相同。但企业更重要的影响货币供给的行为是其贷款行为。

(四)商业银行的行为和货币供给量

商业银行的行为对基础货币和货币乘数都有影响。

(1)商业银行通过变动超额存款准备金率影响货币乘数。

(2)商业银行行为影响中央银行的再贴现从而变动基础货币的投放量。

从以上分析可以看出,对于货币供给来说,中央银行并不能完全控制,即便是基础货币也要受商业银行主观能动性的制约,而货币乘数更是要受到个人、企业、商业银行的影响,见图8-1。

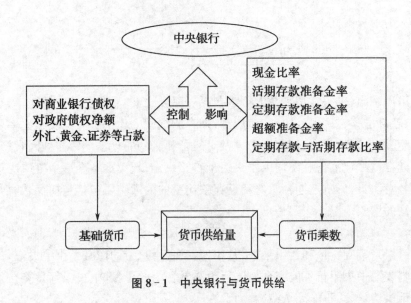

图 8-1 中央银行与货币供给

第三节 货币均衡

一、货币均衡与失衡的含义

(一)货币均衡的含义

均衡是一个由物理学引入经济学的概念,是指供求相等时的市场状态。这里的货币均衡是指货币供给与货币需求基本相适应的货币流通状态。其具体涵义是货币供给量的实际操作结果和客观需求量相一致,或当年的货币发行量与经济增长的合理需求相适应。

以 M_s 表示货币供给量,M_d 表示货币需求量,货币均衡可表示为 $M_s = M_d$。在理解货币均衡的概念时应注意以下两点:

(1) 这里的"="并非数学概念,是指货币供求基本相适应,而非绝对相等,事实上,绝对的相等是不可能的。另外,只要货币供求的变动幅度控制在客观允许的一定弹性区间内,也可以认为是均衡的。

(2) 货币均衡还是一个动态的概念,是一个由均衡到失衡,再由失衡恢复到均衡的不断运动的过程。它不要求某一时点上货币供求完全相适应,它承认短期内货币供求间的不一致,但长期内货币供求之间是相互适应的。

(二)货币失衡

货币失衡是与货币均衡相对的概念,货币失衡可表示为 $M_s \neq M_d$。虽然各国货币当局力求达到货币均衡状态,但事实上货币失衡却是一种经常现象。货币失衡会给国民经济带来负面影响,导致市场价格和币值不稳,造成通货紧缩或通货膨胀以及经济衰退等问题。

货币失衡有两大类型:总量性货币失衡和结构性货币失衡。

总量性货币失衡是指货币供给在总量上偏离货币需求达到一定程度从而使货币运行影响经济的状态,它包括货币供给大于货币需求或者货币需求大于货币供给,即 $M_s>M_d$ 或 $M_d>M_s$。在现代货币制度下,货币供给不足的情况出现得较少,即使出现也容易恢复,经常出现的是货币供给过多引起货币失衡,直接原因是中央银行采取扩张性货币政策,使货币供给超过货币实际需求量,更深层次的原因可能是财政出现赤字,向银行透支。也可能是因为银行信贷过度扩张,与实际物资相脱离;货币发行过多,没有相应物资与之对应;国民经济效益不佳;供给缓慢;外汇收支不平衡;等等。货币供给不足主要是由于商品生产和流通规模扩大,货币供给没有及时增加或是货币当局紧缩银根,减少货币供给量,从而使得货币供求失衡。

结构性货币失衡主要发生在发展中国家,它是指在总量均衡的情况下,货币供给结构与需求结构不相适应。表现为短缺与滞留并存,经济运行中一部分商品、生产要素供过于求,而另一部分求过于供,其原因是经济结构不合理。

二、货币均衡与社会总供求均衡

社会总供求是社会总供给与社会总需求的合称,社会总供给是指一国在一定时期所能提供的商品和劳务的总量,社会总需求是指一国在一定时期实际发生的有支付能力的需求总和,社会总供求均衡是指社会总供给和总需求基本相适应的状态。

货币供求的均衡是实现社会总供求均衡的前提条件。当货币供求均衡时,币值稳定,货币流通正常,物价稳定,这就为经济的发展创造了良好的货币环境,为实现社会总供求的均衡提供了重要条件。同时,社会总供求的均衡也是货币供求均衡的基础,因为货币供求在根本上取决于社会总供求。社会总供求的规模决定了货币供求的总量,社会总供求的结构决定了货币量的分布与结构。因此,货币均衡实质是社会总供求均衡的一种反映。

在商品经济条件下,一国的经济运行可以概括为两方面:一方面是商品、劳务的运行,由此产生社会总供求;另一方面是货币和货币经济的运行,由此产生货币总供求。这两个方面是紧密联系在一起的,所有商品与劳务的供给都与货币需求有关,而货币供给又形成了对商品和劳务的需求,即社会总供给(商品和劳务的供给)决定了货币需求,货币需求决定了货币供给,货币供给形成有支付能力的社会总需求,社会总需求又影响社会总供给。

货币均衡与社会总供求均衡之间的关系见图 8-2,其中 AS 表示社会总供给,AD 表示社会总需求。

在图 8-2 中,货币均衡体现的是社会总供求的均衡,在商品市场中表现为货币流通与商品流通相适应,商品和货币之间能够迅速相互转化,既不存在购买力不足所引起的商品积压现象,也不存在购买力过剩引起的商品供给不足、物价上涨的现象。因此,货币均衡的两个基本标志是:商品市场上的物价稳定和金融市场上的利率稳定。

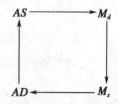

图 8-2 货币均衡与社会总供求均衡之间的关系

三、货币均衡的实现机制

在计划经济体制下,利率由国家统一制定,企业缺乏经营自主权,没有一种有效的机制自动约束企业行为,这导致货币供求与利率的变化之间不存在直接联系,货币均衡也就难以通过利率机制实现。而在市场经济条件下,利率不仅是货币供求是否均衡的重要信号,而且对货币供求具有明显的调节作用。因此,货币均衡主要是通过货币供求的内在机制——利率机制来实现的。

从货币供给方出发,当市场利率升高时,一方面社会公众因持币损失增大而减少现金持有,这样就使现金比率减小,货币乘数加大,货币供给增加;另一方面,银行因贷款收益增加而减少超额准备金来扩大贷款规模,使得超额准备金率下降,货币乘数变大,货币供给增加。因此,利率与货币供给量之间存在着同方向变动关系。

而从货币需求方出发,当市场利率升高时,人们的持币机会成本加大,必然导致人们对金融生息资产的需求增加而对货币的需求减少。所以利率同货币需求之间存在反方向变动关系。

当货币市场上出现均衡利率水平时,货币供给与货币需求相等,货币均衡状态便得以实现。如图 8-3,M_s 为货币供给曲线,向右上方倾斜,M_d 为货币需求曲线,向右下方倾斜,货币供给曲线和货币需求曲线的交点 E 为均衡点,所对应的利率 r_0 为均衡利率水平,所对应的货币量 M_0 为均衡货币量。

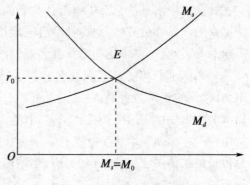

图 8-3 货币均衡示意图

由于市场利率是经常变化的,货币供给和货币需求也会发生变化,我们假定货币供给增加,货币需求不变,即货币供给曲线 M_s 右移,由于货币供大于求,利率会下降,利率的降低又会引起货币需求增加,即货币需求曲线 M_d 右移,这样货币供给与货币需求在新的均衡点上实现新的货币均衡。因此,货币供求均衡主要是靠利率机制的作用来实现的。

第四节 通货膨胀与通货紧缩

通货膨胀与通货紧缩是货币失衡的两种情况,是一对伴随经济周期性变化而出现的货币现象。通货膨胀和通货紧缩都会给经济带来不利影响,因此,各国对通货膨胀和通货紧缩也都非常重视。

一、通货膨胀

第二次世界大战后,特别是 20 世纪 60 年代以后,世界各国都不同程度地受到了通货膨胀问题的困扰,因此各国都把通货膨胀问题作为重要的宏观经济问题来处理,大多数国家都把反通货膨胀作为中央银行的首要任务。

（一）通货膨胀的定义及其衡量

1. 通货膨胀的定义

"通货膨胀"是当代经济学和日常生活中使用频率很高的词汇。在西方经济学界，对于通货膨胀的定义有着不同的说法，但有两点是共同的：一是有效需求大于有效供给，二是物价持续上涨。萨缪尔森在他的《经济学》一书中所下的定义是在一定时期内，商品和生产要素价格总水平的持续不断的上涨；马克思主义货币理论中关于通货膨胀的定义是：在纸币流通条件下，由于纸币发行过度而引起的纸币贬值、物价上涨的现象。无论是西方经济学还是马克思主义货币理论，都把通货膨胀与物价上涨联系在一起，将物价上涨作为通货膨胀的基本标志。因此，通货膨胀的通用定义是：在价值符号流通条件下，由于货币供给过度而引起的货币贬值、物价上涨的现象。

在很多时候，人们通常将通货膨胀等同于物价水平上涨。但准确地说，物价水平的上升并不意味着发生了通货膨胀。通货膨胀通常是指一定时间内，一般物价水平持续的、较明显的上涨过程。需要明确的是：

(1) 通货膨胀不是指一次性或短期的物价总水平的上升，而是物价"持续上涨"的一个过程。季节性、偶然性或暂时性的物价上涨并不能视为通货膨胀，只有当物价持续的上涨不可逆转时，才可称为通货膨胀。

(2) 通货膨胀是指"一般物价水平"的上涨，局部性的商品或劳务的价格上涨不能被视为通货膨胀。一般物价水平是指全社会所有商品和劳务的平均价格水平，即所有商品和劳务价格的加权平均。

(3) 通货膨胀是物价总水平的较大幅度的上升。轻微的物价水平上升，比如1‰，就很难称之为通货膨胀。不过，通货膨胀是一个主观性较强的概念，物价总水平增长率达到多少可以称为通货膨胀，取决于人们对通货膨胀的敏感程度。

(4) 通货膨胀是价值符号流通条件下的特有现象，它的充分条件是货币发行过多，必要条件是物价上涨。

2. 通货膨胀的衡量

(1) 物价指数。市场经济条件下，通货膨胀的结果必然表现为物价总水平上涨，因此可以用物价上涨的幅度，即通过物价指数来衡量通货膨胀的程度。物价指数是指本期物价水平对基期物价水平的比率，它反映的是物价的涨跌程度。常用的物价指数有以下几种：

① 消费者物价指数（Consumer Price Index, CPI）：是用于衡量个人和家庭消费的商品和劳务的价格变化的指数。消费者物价指数与社会公众生活密切相关，因而在许多国家备受关注，并被广泛使用，常被称作通货膨胀的晴雨表。但是，该指数所包括的范围较小，有一定的局限性。

② 批发物价指数（Whole-sale Price Index, WPI）：是根据大宗商品，包括最终产品、中间产品及进出口商品的加权平均批发价格编制的物价指数。该指数对商业周期反应敏感，能灵敏地反映生产资料价格的变动和企业生产成本的变动，缺点是不反映劳务价

格的变动,而且它只计算生产环节和批发环节上的价格变动,不包括商品最终销售的价格变动,所以其波动幅度常常小于零售商品价格的波动幅度。因而,在使用该指数判断总供给与总需求的对比关系时,可能会出现信号失真的现象。

③ 国民生产总值平减指数(GNP Deflator):这是一个涵盖面很广的价格指数,它反映一国所生产的全部最终产品包括消费品、资本品及劳务的价格变化情况,是按当年价格计算的国民生产总值与按基期价格计算的国民生产总值的比率。假如,某国2009年的GNP按当年价格计算为10 000亿美元,按1980年的价格计算为4 000亿美元,1980年基期指数为100,则2009年的国民生产总值平减指数为(10 000/4 000)×100=250,表示2000年比1980年物价上涨了150%。国民生产总值平减指数涵盖范围广,缺点是资料的搜集比较困难,公布次数少,不能迅速地反映通货膨胀的程度和趋势。

(2) 生活费用指数。生活费用指数是反映一定阶层的居民在吃、住、用、行等方面所购买的消费品和服务的价格的变动趋势和程度的相对数。

(3) 实际工资指数。实际工资指数是反映职工在不同时期,同样数量货币工资所换得的商品和服务数量变动情况的指数。职工实际工资指数的变化,能较好反映职工实际生活水平的变化趋势,反映出通货膨胀的严重程度。

(4) 利率。通货膨胀和实际利率之间有着紧密的联系,名义利率与实际利率之间的差额为通货膨胀率,即通货膨胀率=名义利率-实际利率。

(5) 货币购买力指数。货币购买力是指单位货币购买消费品或换取劳动服务的能力,货币购买力指数等于物价指数的倒数。货币购买力指数是反映货币购买力变动情况的相对数,是报告期货币购买力与基期货币购买力的比率。

(二) 通货膨胀的类型

根据不同的标准,通货膨胀有着不同的划分方法。

1. 按物价上涨的速度划分

(1) 爬行的通货膨胀,也叫"温和"的通货膨胀,年通货膨胀率低于10%,通常为2%~4%,不会对社会经济生活产生影响。

(2) 快步的通货膨胀或奔驰的通货膨胀,通常年通货膨胀率达到两位数,人们会明显感觉到通货膨胀,进而采取抢购商品或其他保值措施。

(3) 恶性的通货膨胀,往往通货膨胀率在100%以上,甚至达到天文数字,比如一战后的德国和19世纪30—40年代的中国都曾出现过。据统计,上海从1937年到1949年5月,物价上涨了$3.68×10^{13}$倍。

2. 按通货膨胀的表现形式划分

(1) 公开型通货膨胀:又称开放型通货膨胀,是指在市场经济体制下,物价水平随货币数量增长而公开、持续地上涨,因而物价上涨是通货膨胀的基本标志。

(2) 抑制型通货膨胀:又称隐蔽型通货膨胀,是指在计划经济体制下,由于物价受到管制不能随货币数量变动而自发波动,商品供给短缺不能由物价上涨来反映,表现为商品紧缺,排队购物,凭证供应,黑市猖獗,人们普遍持币待购而使货币流通速度减慢,人们的实际消费水平下降等。

3. 按通货膨胀的成因来划分

（1）需求拉上型通货膨胀。在西方经济学中，"需求拉上"论是产生最早、影响力最大的通货膨胀理论。需求拉上型通货膨胀是指由于社会总需求过度增长，超过了社会总供给的增长幅度，导致商品和劳务供给不足、物价持续上涨的通货膨胀类型。需求拉上型通货膨胀可分为三种类型：

① 自发性的，即支出的增长是独立的，与实际的或预期的成本增长无关而引起的需求拉上型通货膨胀；

② 诱发性的，即成本的增长导致工资及其他收入的增长，诱使消费支出增长导致的需求拉上型通货膨胀；

③ 支持或被动性的，即指一国政府为了阻止失业率的上升而增加支出，或采用扩张性货币政策而使总需求增加所导致的需求拉上型通货膨胀。根据凯恩斯的观点，在未充分就业条件下，资源未被充分利用，货币供给量的增加会促使社会总需求上升，进而促进社会生产发展和资源被更有效地利用，因而不会引起通货膨胀。只有当社会达到充分就业，资源已被充分利用，总供给无法再进一步增加时，货币供给量增加才会引起物价上涨，从而导致通货膨胀。

需特别注意的是，即使在未达到充分就业的情况下，如果总需求增长速度过快，超过总供给的增加速度，也会造成通货膨胀。

（2）成本推进型通货膨胀。20世纪50年代后期，一些国家出现了物价持续上升而失业率却居高不下，甚至失业率与物价同时上升的情况。对此，需求拉上理论无法解释，一些经济学家便将注意力转向总供给方面，提出了成本推进型通货膨胀理论。即在总需求不变的情况下，因生产要素价格上涨引起生产成本上升所导致的通货膨胀。促使生产成本提高有两方面的原因：一是由于工会的强大力量使工资增长率超过了劳动生产率的增长，导致商品成本增加，物价上涨，物价上涨后工人又要求提高工资，形成一种工资—物价的"螺旋式"上升。比如德国1968年每工时报酬年增长率为7.5%，1970年上涨到17.5%。二是垄断组织和垄断企业为了增加利润提高商品价格，引起一般物价水平持续上涨。1973—1974年石油输出国组织将石油价格提高4倍，引发了西方的石油危机。因此，成本推进型通货膨胀又分为工资推进和利润推进两种类型。此外，如果本国货币对外贬值，会导致进口商品价格上涨，使以进口商品为原材料的企业成本增加，商品价格提高，并带动国内其他商品价格的连续上涨。

（3）混合型通货膨胀。需求拉上型通货膨胀着重从需求方面研究通货膨胀问题，成本推进型通货膨胀着重从供给方面研究通货膨胀问题，但在现实的经济中，往往是需求拉上和成本推进同时存在，两者共同作用导致通货膨胀。例如，在总需求增加引起的通货膨胀中，价格上涨又会导致生产成本的提高，从而引起成本推进型通货膨胀。在成本推进型通货膨胀下，工资的提高使货币收入和需求增加，又会导致需求拉上型通货膨胀。因此，人们把由总需求增加和总供给减少共同作用而引起的通货膨胀称为混合型通货膨胀。

混合型通货膨胀有两种情况，一是成本的上升促使物价水平持续上升，形成成本推进型通货膨胀。而通货膨胀又会导致社会总产量的下降,失业率上升,这是政府所不愿接受的事实。因此,政府会实行扩张性的财政政策,增加支出以降低失业率,而政府支出的增加又导致社会总需求上升,总需求的上升促使物价水平上涨,形成了物价"螺旋式"上涨的通货膨胀。二是当需求拉动物价上涨时,工会可能会要求增加工资,而工资增加又会导致成本推进型通货膨胀。

(4) 结构型通货膨胀。需求拉上和成本推进的通货膨胀理论都无法说明一些国家的长期通货膨胀问题,因此一些经济学家便从一个国家的经济结构及其变化方面寻找通货膨胀的原因。结构型通货膨胀是指在总需求和总供给大体均衡的状态下,由社会经济结构方面的原因引起的通货膨胀。结构型通货膨胀主要有以下几种:

① 部门差异型通货膨胀。在一国的经济部门中,有一些部门的劳动生产率增长较快,称为先进部门,而另一些部门劳动生产率增长较慢,称为落后部门。但它们的货币工资增长率却存在互相看齐的倾向。当先进部门的工资由于劳动生产率的提高而上升时,落后部门的工资也会相应地上升,引起工资成本推进的通货膨胀,我们称之为部门差异型通货膨胀。特别是在发展中国家,现代工业部门和落后的农业部门并存,政府往往通过增加农业开支或提高农产品价格的方法来促进农业发展,造成物价总水平上涨。

② 外部输入型通货膨胀。又称斯堪的纳维亚小国型通货膨胀。这种通货膨胀主要发生在实行开放经济的小国,这里的"小国"是指国际市场上商品和劳务价格的接受者。我们将小国的经济部门划分为开放部门和封闭部门,开放部门的产品价格由世界市场决定,这些部门有较高的货币工资增长率和劳动生产率;而封闭部门的商品价格由本国的需求和产品成本决定,货币工资增长率和劳动生产率较低。但由于工资的示范效应,两类部门的货币工资增长率将趋于一致。因此,当发生世界性通货膨胀时,本国开放部门的工资和价格将上升,封闭部门的工资和价格也会随之上升,结果该国的整体物价水平上升,引起通货膨胀。

③ 需求结构转移型通货膨胀。1959年舒尔兹提出了"需求移动论",以经济结构的变化会导致需求在不同部门间移动来解释通货膨胀的成因。在总需求不变的情况下,当需求从某些部门转移到其他部门,而生产要素和劳动力不能马上转移时,会导致需求增加的部门的产品价格和工人工资上涨,而对于需求下降的部门来说,由于工资和价格的刚性,其产品价格和工人工资却不能下降,结果由于需求的转移而引起了物价总水平的上升。

(5) 预期型通货膨胀。预期是指对未来价格波动的预期。预期型通货膨胀是通过分析通货膨胀预期的心理作用来解释通货膨胀的成因。西方经济学家对通货膨胀的预期有两种观点:适应性预期和理性预期。适应性预期是指人们依据以往价格波动和以往的经验来调整自己对未来价格的预期,如果人们发现实际情况与原预期发生出入时,便会调整预期,使之与实际接近。理性预期比适应性预期前进了一步,理性预期认为人们进入市场以前就已经充分了解了以往的价格变动情况,进入市场后,又把以前的信息和现在的信息综合在一起,根据这些信息分析有关变量发展变化的可能,从而对未来价格变动做出预测。实际上,人们在形成通货膨胀预期时是二者兼而有之的。当政府推行通货膨胀政策时,人们会形成通货膨胀预期,在物价还要继续上涨的预期下,人们会事先提高各种商品的价格,以抵消通货膨胀带来的不利影响,结果使物价持续普遍上涨。物价上涨后人们又会形成新的预期,造成通货膨胀—预期—通货膨胀的恶性循环。因此,我们把由于预期而造成的通货膨胀称为预期型通货膨胀。

(三) 通货膨胀的经济和社会效应

1. 经济增长效应

关于通货膨胀对经济的影响问题曾有过激烈的争论,主要观点大致有三种:促进论、促退论和中性论。

(1) 促进论。促进论认为通货膨胀可以促进经济增长。该理论认为,西方经济长期处于有效需求不足、实际经济增长率低于潜在经济增长率的状态,政府要刺激经济增长就要采取增加财政支出、增加货币供应量等手段刺激投资与消费,增加有效需求。因此,政府可以选择通货膨胀政策,实行财政预算赤字,扩大货币发行,增加政府的投资性支出,扩大总需求,刺激经济增长。由于投资乘数的作用,在形成通货膨胀的同时,实际产量也会增加。理由是:

第一,通货膨胀具有一种有利于高收入阶层的收入再分配效应,而且高收入阶层的边际储蓄倾向比低收入阶层要高,因此通货膨胀会通过提高社会储蓄率来促进经济增长。

第二,在通货膨胀开始时,公众对通货膨胀的预期调整较慢,物价上涨时,如果名义工资不变,企业利润会相应提高,从而提高企业的投资积极性,促进经济增长。

第三,通货膨胀会增加持有现金的机会成本。由于通货膨胀率上升,导致持币的机会成本上升,又由于实物资产和现金余额两种财富之间的替代性,经济主体会增加实物资产的需求,从而推动投资和产出的增加。

第四,缺乏资金、投资不足是造成一国产出水平不高的主要原因,而采用增加税收的方式来提高产出又会产生"挤出效应"。因此,在有效需求不足,实际经济增长率低于潜在经济增长率的情况下,政府通过财政赤字政策保持适当程度的通货膨胀能有效地弥补投资不足,促进经济发展。

(2) 促退论。促进论的观点在20世纪60年代凯恩斯主义理论盛行时比较盛行,但20世纪70年代以后随着凯恩斯主义货币政策在西方国家的破产,人们已普遍认识到通货膨胀对经济的严重危害。因此,促退论认为通货膨胀不仅不能促进经济增长,反而会降低生产效率,阻碍经济的增长。其理由是:

第一,在通货膨胀时期,货币贬值,存贷款风险增大,实际利率低于名义利率,企业投资成本降低,会导致对借贷资金的过度需求,而过度的资金需求往往使资金得不到优化配置。

第二,通货膨胀会降低储蓄。一方面,通货膨胀会减少人们的实际可支配收入,削弱其储蓄能力;另一方面,通货膨胀又会使本金贬值,人们不愿意持有货币,而是购买实物资产,出现消费对储蓄的替代现象,导致企业生产规模因资金缺乏、投资下降而缩减。

第三,反复无常的通货膨胀会打乱正常的生产秩序,使市场不确定性因素加大,价格信号失真,导致经济资源配置失调,生产效率降低,从而使经济处于不稳定状态。

第四,通货膨胀会使国内商品价格相对高于国际市场,不利于本国商品的出口,导致国民收入减少。同时,国内物价上涨还会鼓励外国商品的进口,加剧国内市场的竞争,影响进口替代品生产企业的发展,并形成贸易逆差。

第五,从长期来看,通货膨胀最终会引起利率上调,带来生产性投资成本和风险加大,导致资金流向非生产部门,出现所谓的"投资不如投机,生产不如囤积",不利于经济的长期增长。

(3) 中性论。中性论认为通货膨胀与经济增长无关。从长期来看,公众会形成通货膨胀预期,事先提高各种商品价格,做出相应的储蓄、投资决策,从而抵消通货膨胀带来的相关影响。但公众对通货膨胀的预期与实际情况往往并不相符,而且每个人或每个企业的预期也并不相同,因此这种调整行为很难相互抵消。所以中性论的观点难以自圆其说。

2. 收入和财富的再分配效应

通货膨胀对社会各阶层的实际收入水平会产生不同的影响。固定收入者的实际收入水平会下降,原因是货币的购买力下降;另外固定收入者的收入调整也滞后于物价水平的变动,比如工资由于受用工合同的制约,在发生通货膨胀的初期会使其实际收入水平下降。而非固定收入者的实际收入会上升,比如企业主会因产品价格上升而增加销售收入,但其支付的工资成本却不会在短期内上升。政府是通货膨胀中的最大受益者,因为政府的税收往往实行累进所得税制,名义收入的增长会使纳税人所适用的边际税率提高,同时应纳税额增加,所以政府税收收入会增加。

通货膨胀时期,人们所持有的房屋、土地、珠宝等实物资产的价值会随物价上涨而增加;现金、存款以及面值固定的债券、票据等金融资产的实际价值由于物价上涨而下跌。因此,通货膨胀会使持有不同形式资产的人实际占有的社会财富发生变化。一般来说,债务人因为通货膨胀会减轻他们的债务负担,从而获得好处,而债权人往往会因为货币贬值而遭受损失,因为他们收回的债权是已经贬值的货币。

3. 强制储蓄效应

强制储蓄效应是指通货膨胀时期,当政府向中央银行借款造成直接或间接增发货币时,会强制增加全社会的储蓄总量。由于货币贬值,公众在名义收入不变的条件下,按原有模式进行消费和储蓄的实际额均减少,减少部分就是强制储蓄的部分。这里的储蓄是指用于投资的货币积累,其来源有个人、企业、政府。如果政府财政出现赤字,向中央银行透支,就增加了货币发行,可能会引起通货膨胀,货币贬值。其实质是把家庭、企业持有的一部分货币收入强制转移到了政府部门,政府再将这部分收入用于投资。这部分收入也是我们通常所说的通货膨胀税,即政府通过增发货币引起通货膨胀而获得的超额收入,它等于一般货币持有者因通货膨胀而失去的货币价值。如果政府的边际储蓄倾向高于个人和企业,整个国家的平均储蓄水平就会提高,从而增加社会投资总额。尤其是在未充分就业的情况下,若政府在投资中占主体,采取适当的财政赤字政策会增加有效需求,而且不会引起持续的物价上涨。

4. 经济秩序与社会秩序紊乱效应

当通货膨胀较为严重时,还会破坏经济秩序与社会秩序,加大经济发展的不平衡和经济发展的成本,甚至引发社会、经济危机。恶性通货膨胀会对生产和流通造成极大的破坏,加剧经济环境的不确定性以及经济的不平衡,影响政府的经济政策目标和宏观调控能力,增加失误的可能性。恶性通货膨胀会引起突发性的商品抢购和银行挤兑的风潮,使银行破产、货币急剧贬值,最终导致货币制度的崩溃。恶性通货膨胀还会败坏社会风气,激化社会矛盾,损害政府信誉。由于劳动者的工资增长赶不上投机的利润所得,因此会损害劳动者的劳动积极性,而通货膨胀导致的不公平的收入和财富再分配,又会激化社会矛盾,引起社会各阶层的对立。国家公务人员的工资增长滞后,实际收入水平下降,可能会引起贪污受贿,以权谋私,破坏了政府形象。同时,在通货膨胀时政府会面临治理通货膨胀的压力,如果政府不能有效控制通货膨胀,公众会对政府失去信心,甚至会引起政治危机和社会动乱。

(四) 通货膨胀的治理对策

通货膨胀会破坏正常的经济秩序,不利于经济的发展,特别是严重的通货膨胀,还会导致货币急剧贬值,国民经济崩溃,甚至导致社会危机。因此,各国政府都会在发生通货膨胀时采取措施对其进行治理。治理通货膨胀的措施主要有以下几种:

1. 宏观紧缩政策

宏观紧缩政策主要有紧缩性财政政策和紧缩性货币政策。如果通货膨胀主要是由总需求过度膨胀引起的,那么政府采取紧缩性的措施就能取得明显的效果。财政政策和货币政策是基本的宏观经济政策,也是治理通货膨胀的主要手段。

(1) 紧缩性财政政策。紧缩性财政政策直接从限制支出、减少需求等方面来减轻通胀压力,它一般包括以下措施:削减政府支出,包括削减军费开支和政府采购,限制公共事业投资和公共福利支出;增加税收,这样可以直接减少企业和个人的收入,以抑制私人企业投资和个人消费支出。但是财政支出往往具有很大的刚性,如削减教育、国防、社会福利等方面的费用支出有很大的困难,有时并非能由政府完全控制,而增加税收更会受到公众的反对,政府轻易不敢尝试。

(2) 紧缩性货币政策。紧缩性货币政策是指通过减缓货币供应量的增长速度,以遏制总需求的急剧膨胀。具体措施如下:一是提高法定存款准备金率,中央银行通过提高法定存款准备金率来降低商业银行存款创造的能力,从而达到紧缩信贷规模、削减投资支出、减少货币供应量的目的。二是直接提高利率,利率的提高一方面会增加资金的使用成本,从而降低信贷规模;另一方面会提高储蓄的收益,从而减少货币供应量。三是提高再贴现率,这样可以抑制商业银行对中央银行的贷款需求;同时还可增加商业银行的借款成本,迫使商业银行提高贴现率,最终使得企业因贷款成本增加而减少投资。四是出售政府债券,这是公开市场业务的一种方法,中央银行在公开市场上出售各种政府债券,这样可以缩减货币供应及抑制潜在的通货膨胀,这是最重要的且经常被使用的一种抑制通货膨胀的政策工具。

2. 紧缩性收入政策

紧缩性的收入政策又称工资物价管制政策,主要是针对成本推进型通货膨胀。具体有三种方法:一是公布工资物价指导线,政府通过强制的说服或施加压力劝说工会降低工资,限制企业提高商品价格。二是强制性的措施,即政府制定法令冻结工资和物价,或把工资和物价固定在一定水平上。三是政府规定工资和物价增长的标准,如果工资或物价的上涨幅度在规定的范围之内,政府就以减少个人所得税和企业所得税作为奖励;如果超过规定的范围,则增加税收作为惩罚,该方法实质就是政府以税收作为奖励和惩罚的手段来限制工资或物价的上涨。

3. 收入指数化政策

在控制工资和物价方面,收入政策有一定的作用,但是无法克服通货膨胀所带来的收入和财富再分配效应以及资源再分配效应。因此,货币学派提出了收入指数化政策,用来消除通货膨胀对经济运行、收入分配、资源配置的不良影响。其主要内容是:对各种名义收入包括工资和薪金、储蓄和债券的本金和利息、租金、养老金、保险金和各种社会福利津贴等实行指数化,按照物价指数的变动而随时进行调整,使其与生活费用指数紧密相连,以抵消物价波动对实际收入的影响。

4. 供给政策

20世纪70年代以后,资本主义国家出现了滞胀的问题,即物价上涨,失业增加,由此一些经济学家便提出了增加有效供给的主张。凯恩斯学派和供给学派都认为,总供给减少是导致滞胀的主要原因,因此治理滞胀必须从增加供给着手。从供给方面抑制通货膨胀的措施主要有:一是降低税率,一方面提高了人们的工作积极性,增加了劳动力供给;另一方面提高了投资和储蓄的积极性,增加了资本的供给。减税可以达到降低失业率和增加产量,促进生产发展,彻底降低或消除由于供给小于需求所造成的通货膨胀。二是削减社会福利支出,这样既可以减少政府财政赤字,又能促使人们勤勉工作,减少失业。三是实行人力政策即就业政策,从而改善劳动力市场结构,减少失业。具体包括增加国民教育的投入,制定、开发人才战略,建立科学高效的人才培养、人才建设模式等,从而推动经济和科技的发展,增加有效供给。

5. 结构调整

对产业结构、商品市场结构和劳动市场结构进行改革,有助于抑制结构性通货膨胀。考虑到通货膨胀的结构性因素,如果各产业部门的生产之间能够保持一定的比例,会避免某些产品的供求因结构性失调而推动的物价上涨,尤其是关键性产品,如食品、原材料、能源等。因此,政府应通过微观的财政和货币政策,即对税收、公共支出、利率以及信贷等进行结构调整,以影响需求和供给的结构,避免结构失调引起通货膨胀。

6. 货币改革

当通货膨胀达到恶性通货膨胀的程度,很多国家会实行货币改革,即废除旧币,发行新币,并制定一些保证新币币值稳定的措施。1923年11月底,德国的年通货膨胀率为325 000 000%,政府以10 000亿比1的兑换率废除了旧币。21世纪初,津巴布韦开始经历恶性通货膨胀,2006新的津巴布韦元以1比1 000的兑换率取代了旧货币,但通货膨胀仍然无法控制,到 2007 年中的一年时间里通货膨胀率达到了 11 000%,政府先后发行了 1 亿、2.5 亿、5 亿(大约值 2.5 美元)、25 亿和 50 亿面值的津巴布韦元,后来又出现了 100 亿面值的货币。2008 年 8 月份,政府再次进行货币改革,100 亿津巴布韦元相当于 1 新津巴布韦元。

总之,引起通货膨胀的原因比较复杂,对其进行治理的措施也多种多样,在治理的过程中应认真分析通货膨胀的原因,对症下药,才能迅速有效地遏制通货膨胀。

专栏 8-1

高通胀敲响委内瑞拉经济警钟

国际货币基金组织(IMF)2017 年 10 月发布的新版《世界经济展望》预计,2018 年,委内瑞拉的年度通胀率将达到 2 349.3%,超过了对该国 2017 年的通胀预期 2 069%。这是 IMF 预期一国通胀率之最了,而排名第二的刚果 2018 年预期通胀率只有 44%。同时,IMF 上述报告下调了委内瑞拉 2017 年、2018 年 2 年的国内生产总值(GDP)增长预期,分别降至 −12% 和 −6%。此外,IMF 还预计,2018 年委内瑞拉失业率约为 30%,同样高居全球榜首。

委内瑞拉通胀高企有迹可循。2011 年,委内瑞拉通胀率为 27.6%,2012 年为 20.1%,2013 年飙升到 41%。时任委内瑞拉总统查韦斯将通货膨胀转为结构性膨胀,这也开启了委内瑞拉的悲剧。2014 年,委内瑞拉通胀率为 68.5%。大概是数据太过触目惊心,委内瑞拉自 2015 年以后不再公布经济数据,但据 IMF 测算,2015 年该国的通胀率可能在 275% 左右,2016 年末的通胀率可能已飙升至 720%。

委内瑞拉经济已连续五年处于衰退状态,正遭受美国、加拿大和欧盟的经济制裁。该国批评人士和国内的反对党指责政府执政能力低下,且官员腐败严重。但马杜罗和执政党统一社会主义党认为造成经济衰退的原因是西方对委内瑞拉的仇视态度和油价大幅下跌。中国现代国际关系研究院的孙岩峰指出,高通胀是委内瑞拉经济目前面临的最严峻的问题,造成这一问题的症结在于国内产业失衡导致的供给不足。委内瑞拉国内产业主要集中在石油产业,日用消费品等物资则需大量进口。近两年,石油价格萎靡不振导致委内瑞拉外汇储备锐减,现在已经没有足够的外汇储备用于进口生活物资了,由此造成的国内供给不足是酿成高通胀的核心原因。中国社会科学院的谢文泽补充道,为了弥补财政赤字,委内瑞拉央行大量增发货币。2015 年 12 月,委内瑞拉央行不再公布全国通胀数据,但仍公布货币供应量增速。委内瑞拉央行数据显示,截至 2017 年 3 月 24 日,该国广义货币总量达到 13.3 万亿玻利瓦尔,同比增长 202.9%,创下了 1940 年有纪录以来的最快增长速度。相比之下,美国广义货币同期仅增加了 6.4%。

为应对国内通货膨胀,2008 年,时任总统乌戈·查韦斯(Hugo Chávez)推行新的货币,通过减少货币上的 3 个 0,用"强势玻利瓦尔"以 1∶1000 替换了原货币玻利瓦尔,10 年来,"强势玻利瓦尔"连年贬值。2008 年发行"强势玻利瓦尔"时,100"强势玻利瓦尔"面值是最常用、数量占比最高的，当时的100"强势玻利瓦尔"可以购买60升牛奶。到了2016年，100"强势玻利瓦尔"只值2美分，在国内基本买不到任何商品。2016年委内瑞拉政府发出"废币令"以挽救国家经济，直接作废了100"强势玻利瓦尔"面值的货币。到了2017年年末委内瑞拉更是进入"超级通货膨胀"阶段，现任总统马杜罗于2018年3月22日宣布将于6月发行新货币"主权玻利瓦尔"，新货币的面值将是现行货币面值的千分之一，相当于去掉了3个零。马杜罗在国家电视台上认为这样能够缓解现金短缺问题，并呼吁"捍卫玻利瓦尔"。一位在加拉加斯（委内瑞拉首都Caracas）的经济学家在社交网络上表示："去掉3个零根本解决不了问题。"除了发行"摸得到"的新货币，马杜罗还在2017年12月宣布发行加密数字货币"石油币"（Petro），但美国总统特朗普于2018年3月19日签署行政令，禁止美国公民和实体或美国境内的个人和实体与委内瑞拉或其代理人进行数字货币交易，引发委内瑞拉政府的强烈谴责。

在通胀畸高的情况下，委内瑞拉人的日常生活受到了明显的影响。GDP增速暴跌，食品药物等必需品短缺，人民甚至要囤积牙膏、厕纸等日用品。委内瑞拉货币正在迅速丧失购买力。有分析预测，委内瑞拉货币在2018年几乎将丧失购买力，且难以找到替代货币。委内瑞拉石油资源丰富，曾是南美最富有的国家，十年前还不欠外债，如今委内瑞拉却成了全球债务率最高的国家。

资料来源：根据《高通胀敲响委内瑞拉经济警钟》和《通货膨胀太严重，委内瑞拉新货币要减负：去掉3个0》整理(http://finance.jrj.com.cn/2017/10/23090023268894.shtml, 2017-10-23; https://www.toutiao.com/a6536615910994608654/ iWeekly 2018-03-25)

（五）改革开放后我国的通货膨胀问题

1. 我国通货膨胀问题的历史回顾

改革开放后，伴随着我国经济的快速发展，也带来了通货膨胀的问题。在我国的经济发展史上，曾出现过几次比较严重的通货膨胀。

(1) 1979年的通货膨胀。"文革"十年使国民经济受到沉重打击，国家财政巨额赤字，银行信贷规模和货币发行增加较快，物价上涨迅速。1979年4月，中央提出了"调整、改革、整顿、提高"的八字方针。据此，中央银行采取了加强信贷管理以控制货币发行，调整贷款结构以增加供给的政策，来逐步消除通货膨胀和回笼货币，经过4年的治理，收到了较好的效果。

(2) 1984年的通货膨胀。经济建设经过3年的顺利增长，再次出现经济过热，银行贷款增长过猛，现金发行大幅度增长，为此，实行了紧缩性的财政和货币政策。除了严格控制财政预算支出，严格控制固定资产投资规模外，更主要的是运用货币信贷政策紧缩银根，减少货币供给。经过一年的治理，到1986年，零售物价指数年增长率回落到6%，国内生产总值从上年的12.8%回落到8.1%。

(3) 1988年的通货膨胀。这次的通货膨胀出现了抢购商品、挤提存款的风潮，1988

年8月城镇居民储蓄存款出现负增长,经济运行极不正常,信用阻塞。针对当时严峻的经济形势,中央决定对经济实行治理整顿,严格控制货币信贷的增长,恢复对贷款规模的指令性计划管理,提高法定存款准备金率,实行储蓄存款保值利率,开办特种存款。到1988年11月,居民储蓄存款恢复正常,固定资产投资速度开始回落,1991年零售物价指数上涨率回落到4%。

(4) 1993年的通货膨胀。这一阶段社会投资需求和消费需求膨胀,到处是房地产热、开发区热、炒股票热,同时财政赤字居高不下,固定资产投资猛增,非法集资严重,金融秩序混乱,进而物价快速上涨,1993年零售物价指数上涨率为13.2%,1994年为21.7%,是新中国成立以来最高的一年。为此,党中央和国务院在1993年6月发出了《关于当前经济情况和加强宏观调控的意见》,采取了一系列的宏观调控措施,控制了通货膨胀,于1996年年底成功地实现了经济软着陆。在3年多的调整过程中,首先是整顿金融秩序,进一步强化企业内部管理,深化改革,多次紧缩银根,然后在严格的"双紧"政策中及时根据通货膨胀的走势,适当放松银根,同时加大贷款结构调整,适当扩大贷款规模,在这次调控中灵活地运用了财政政策、货币政策、产业政策和收入分配政策等宏观调控工具。

(5) 2007—2008年和2010—2018年的温和通货膨胀。2007年到2018年之间,全年CPI除2009年短暂负增长,比上年下降0.7%外,其他年份均属于温和上涨阶段,其中CPI上涨率比较高的年份是2007年到2008年和2011年,分别是4.8%、5.9%和5.4%,其余年份均低于4%。

2007—2008年属于温和的通货膨胀阶段。2007年,我国经济增长率攀升到13%,经济出现过热苗头,价格上涨压力加大,CPI从7—12月连续6个月上涨率超过5%,11月份达到1996年以来的最高水平6.9%。2008年CPI仍继续上涨,1—3月分别上涨7.10%、8.70%、8.30%,4月达到最高8.50%,2008年全年CPI比上年上涨了5.9%。通常按照经济学家的观点,CPI超过5%就可以看作出现了通货膨胀,我国从2007年7月到2008年7月,CPI已经连续12个月超过5%,同时,生产资料价格也逐步上涨,国际市场大宗商品价格居高不下,国际原油价格屡创新高,在2007年7月份达到每桶147美元的历史高点,工业品出厂价格涨幅持续攀升,到2008年8月份生产者物价指数(PPI)最高达到10.1%。本次通货膨胀的成因主要是国际市场价格传导、国内供给约束以及资源要素价格调整等因素导致的。为防止经济增长由偏快转为过热、防止价格由结构性上涨演变为明显通货膨胀,央行的货币政策逐步从"稳健"转为"从紧",频繁上调金融机构人民币存款准备金率,从2007年年初的9.5%,最高调到2008年6月的17.5%,同时央行还开展公开市场操作,上调金融机构人民币存贷款基准利率,加强对金融机构的窗口指导和信贷政策指引等措施,控制货币信贷过快增长,回收银行体系过多的流动性。

2009年CPI为负增长,同比下降0.7%,PPI同比下降5.4%。主要是由于2008年9月份以后,美国次贷危机急剧恶化为国际金融危机,对我国经济产生了明显冲击,外部需求明显收缩,部分行业产能过剩,企业生产经营困难,城镇失业人员增多。CPI、PPI在2008年2月和8月达到本轮上涨的高峰后,随着国内农副产品供给改善,国际大宗商品价格暴跌,国际油价跌破60美元/桶,铜、煤炭以及农产品等品种的期货价格也都大幅下挫,分别于2009年2月和2008年12月步入同比负增长,2009年7月达到本轮低点。针对国内外经济形势的变化,我国及时调整经济政策,实施积极的财政政策和适度宽松的货币政策。我国政府在2008年11月推出了"4万亿元"投资计划,中国人民银行在2008年9月开始五次下调存贷款基准利率,四次下调存款准备金率,适时适度开展公开市场操作,明确取消对金融机构信贷规划的硬约束,积极配合国家扩大内需等一系列刺激经济的政策措施,做好"家电下乡""汽车下乡"等金融配套服务,使得我国经济在2009年1季度探底回升后重回上升轨道,物价上涨十分明显。CPI于2009年11月结束了连续9个月的同比负增长,同比上涨0.6%,PPI于2009年12月结束了连续12个月的同比负增长,同比上涨1.7%。

2010年到2018年CPI温和上涨。其中2011年是CPI同比上涨最高的年份,为5.4%,从2011年开始,我国的货币政策又从宽松转向稳健,实施稳健的货币政策。2012年到2018年,CPI一直处于温和波动状态,均低于3%。没有出现明显的通货膨胀。

2. 我国通货膨胀的成因

借鉴西方经济学中关于通货膨胀成因理论的分析以及我国通货膨胀的具体情况,一般认为我国通货膨胀的形成主要有以下几个方面的原因:

(1) 财政赤字说。主要是由于基本建设投资规模过大,形成财政赤字,而政府在发生财政赤字时,通常采用增收节支、向银行透支和增发纸币、发行公债等措施来弥补。如果纸币发行过多,导致货币供应量增长过快,超过实际经济增长的需要,必然会造成总需求膨胀,推动物价上涨,形成通货膨胀。

(2) 信用膨胀说。在高度集中的计划经济体制下,借贷双方并不是真正的企业。作为借款方的国有企业,借款需求存在刚性。而作为贷款方的银行,由于政府干预过多,缺乏自主权,对企业不合理的借款需求也只能予以满足,最后形成"信贷资金财政化"的现象,必然会导致信用膨胀,形成通货膨胀。

(3) 国际收支顺差说。国际收支顺差尤其是贸易顺差一方面会使国内市场上商品由于出口多于进口而使得供给量减少,另一方面外汇则是相对供过于求,国家不得不增发本国货币收购外汇,因此会造成过多的货币追逐较少的商品,引起社会总需求大于总供给,从而导致通货膨胀。

(4) 体制说。在经济体制转轨过程中,市场机制不健全,产权关系不明确,在资金上吃国家银行"大锅饭",国有企业破产和兼并体制不完善,停产和半停产企业的职工也照拿工资,企业产品无销路也能得到国家的贷款支持,这样必然会导致投资需求和消费需求的过度积累,推动物价上涨。

(5) 摩擦说。在我国特定的所有制关系和特定的经济运行机制下,计划者需要的经济结构与劳动者需要的经济结构不相适应引起经济摩擦而造成通货膨胀,即计划者追求的高速度经济增长及对应的经济结构,与劳动者追求的高水平消费及对应的经济结构之间不相适应而产生矛盾,也就是积累与消费之间的矛盾。由于国家追求高速经济增长,必然会引起货币超发,导致消费需求膨胀和消费品价格上涨。

(6) 混合说。混合说认为我国的通货膨胀的形成机理十分复杂,其成因有三类,即体制性因素、政策性因素和一般因素。体制性因素是指财政金融体制、外汇外贸体制、银行信贷体制、企业制度、价格双轨制等的改革变化；政策性因素是指宏观经济政策选择不当，对社会总供求均衡带来的不利影响；一般因素是指在体制性和政策性因素之外的，经济发展本身存在的引发物价总水平持续上涨的中性原因，例如我国人多地少的矛盾、能源短缺的问题等。在通货膨胀的形成中，以上三种因素交叉发生作用。

二、通货紧缩

1997年亚洲金融危机后，一些国家不同程度地出现了国内需求萎缩、物价持续走低的现象，一时间，"通货紧缩"成了国际经济界谈论最热门的话题。

（一）通货紧缩的定义

通货紧缩是与通货膨胀相对立的一个概念，如何定义通货紧缩目前仍存在较大的分歧。萨缪尔森和诺德豪斯在其《经济学》（第16版）中将其定义为"物价总水平的持续下跌"。加拿大经济学家戴维·E. W. 莱德勒认为，通货紧缩是物价下跌和币值上升的一个过程，其反义词是通货膨胀。国内经济学界对于通货紧缩有四种观点：一是认为通货紧缩是价格水平的持续下降，被称为单因素论；二是认为通货紧缩是指价格水平和货币供应量同时持续下降的现象，被称为双因素论；三是认为通货紧缩是指价格水平、货币供给和经济增长三个指标的持续下降，被称为三因素论；四是认为通货紧缩是指价格持续负增长、经济实际增长率持续低于潜在增长率的现象。因此，我们可以把通货紧缩理解为由于货币供给量持续减少所引起的有效需求不足，经济衰退，一般物价水平持续下跌，币值上升的一种货币现象。对于这一概念的理解应注意以下几点：

（1）通货紧缩从本质上说是一种货币现象。在经济活动中，总需求对总供给的偏离或实际增长率与潜在增长率的偏离是产生通货紧缩的根本原因。

（2）通货紧缩也是一种实体经济现象。它通常与经济衰退相伴而生，表现为投资收益下降和投资机会相对减少，整个市场普遍低迷。从1929年到1933年的世界经济危机及其随后的大萧条就是通货紧缩的典型例证。但经济衰退并非就是通货紧缩，因为造成经济衰退的原因有很多。

（3）通货紧缩是与通货膨胀相反的经济现象，其表现为物价水平的持续、普遍下跌。究竟物价持续下降多长时间才算出现了通货紧缩并无统一标准。巴塞尔国际清算银行提出，如果一国消费品价格连续两年下降便可视为出现了通货紧缩。

（二）中国通货紧缩的成因及治理对策

1. 中国通货紧缩的成因

1996年底中国经济实现"软着陆"后，再加上1997年亚洲金融危机的影响，到1999年9月，消费者价格指数连续18个月负增长，零售物价指数连续24个月负增长，批发物价指数36个月负增长，至此，中国的经济界、政府承认中国出现了明显的通货紧缩。导致中国通货紧缩的原因大致有如下几种：

（1）通货紧缩的直接原因是货币供给增长率的下降。1993年中国出现了经济过热，投资需求和消费需求急剧扩张，超过社会总供给能力的现象，引发了较为严重的通货膨胀,1994年年底零售物价指数增长率最高达到21.7%。为了抑制通货膨胀,中央银行采取了"适度从紧"的货币政策,使得货币供给量的增长速度不断下降,1994年增长率为34.4%,1995年增长率为29.5%,1996年增长率为25.3%,1997年增长率为17.3%,1998年增长率为15.3%。

(2) 通货紧缩的根本原因是有效需求不足。通货紧缩是供需失衡的一种表现。当供给大大超过需求,有效需求严重不足时,物价水平就会持续下降,形成通货紧缩而且会不断加重。导致有效需求不足的原因很复杂,至少包括以下三个方面:一是农民收入水平偏低,农民需求不大。原因是乡镇企业效益大幅下滑,收入减少;农产品价格下降,农民实际收入增长缓慢。二是缺乏新的投资需求扩张机制,降低了投资需求的增长。随着投融资体制改革的深入,使得重复建设的虚假投资需求和派生的消费需求得到抑制,而与新增长方式、新经济体制相适应的需求扩张机制没能建立,或新创造的需求小于被抑制的虚假需求,造成有效需求不足。另外,企业竞争激烈,风险加大,使得金融机构加强了风险约束机制,出现了强烈的信贷紧缩趋势,也降低了投资需求的增长。三是居民的预期心理抑制了消费需求的增长。一系列重大改革措施的出台,如机构精简、国企改革等,在一定程度上降低了居民的预期收入,提高了居民的未来预期支出。这势必会导致居民缩减当期消费,提高储蓄,从而导致货币流通速度下降,总体物价水平下降。

(3) 通货紧缩的主要原因是制度性调整。中国正处在经济体制改革时期,制度性的调整对原有收入分配关系和收入预期都会产生影响,从而引起需求不足。首先,民间借贷的不畅妨碍了投资的启动。其次,下岗和失业人数的增加不利于启动消费。再次,住房货币化改革吸纳了大量居民储蓄,居民手中用于购买其他商品的资金大幅度下降。此外,房地产、电信等部门的垄断高价以及失业、养老、医疗等社会保险措施出台的滞后都使居民负担加重。因而,居民对未来支出的预期增大,纷纷减少当期消费,使社会总有效需求严重不足。

(4) 通货紧缩的内在原因是生产能力过剩。改革开放以后,中国的供给能力得到了迅速发展,但也出现了盲目投资和重复建设,以及各地区产业结构趋同,造成了生产能力过剩。生产能力过剩必然会导致市场供给超过市场需求,引起商品价格持续下降。同时,生产者之间的过度竞争也会引起价格的进一步下跌。

(5) 通货紧缩的外部原因是受全球经济形势,主要是亚洲金融危机的影响。在经历了20世纪30年代的大萧条以后,世界经济首次进入了全球性的通货紧缩时期。同时,亚洲金融危机后,东南亚各国经济衰退,需求下降,对我国商品需求也明显减少,而国际市场上由于需求减少商品价格也相应下滑。此外,日本经济衰退、欧洲经济发展缓慢等原因导致这些国家对各种初级产品的需求进行了结构性的调整,使得这些国家的进口需求减少,从而导致中国产品的国外市场需求不足,价格下降。

2. 通货紧缩的治理对策

治理通货紧缩就是要采用各种政策措施使过低的物价恢复到正常的均衡水平。其政策措施大致包括以下几种:

(1) 货币政策。从本质上来说通货紧缩是一种货币现象,货币供给的相对不足是通货紧缩产生的根本原因。因此,采用积极的货币政策、保证货币的正常供给是治理通货紧缩的一个有效对策。积极货币政策的核心是从防止通货紧缩、防范金融风险出发,适当增加货币的供给量,促进国民经济持续、快速、健康地发展。

1998年,针对国内总需求不足和国外需求下降的局面,中国政府采取了稳健的货币政策,其措施主要包括:

① 扩大公开市场业务操作,增加基础货币投放。公开市场业务操作对控制基础货币投放和货币供给量发挥了重要作用,已成为中央银行货币政策日常操作的主要工具。

② 积极调整信贷政策,扩大商业银行信贷领域,适度增加货币供应量。1998年、1999年中国的广义货币供给量分别增长了15.3%和14.7%;金融机构贷款规模分别增加了1.15万亿元和1.08万亿元,货币供给量和贷款的增长与经济增长基本适应。同时,中国的狭义货币供给量分别增长了11.9%和17.7%,扭转了中国狭义货币供给量增速下降的趋势。

③ 灵活运用利率工具。1996—1999年连续降息7次,存款利率下调2.15个百分点,贷款利率下调2.97个百分点。1998年和1999年又2次下调存款准备金率,使商业银行可用资金大为增加。在下调利率的同时,积极推进利率市场化改革。

④ 积极采取措施,防范金融风险。在实施反通货紧缩的货币政策中,既要化解金融机构旧的不良资产,又要避免形成新的不良资产。因此,为支持和配合财政部发行的2700亿特别国债,中央银行特别补充了国有商业银行资本金,以提高其资本充足率。同时,央行还为一些资产管理公司发放了贷款,以支持它们从国有银行收购不良资产和进行债转股。此外,中央银行还采取了很多其他措施,以增加对中小金融机构的贷款,调整信贷结构,刺激投资和消费欲望,加快货币流通速度,支持国民经济发展,保持金融的稳定。

但是,从1998年到2000年的货币政策执行的效果来看,货币政策拉动经济增长的效果并不明显。造成这一结果的原因可能是多方面的,如金融体制上的原因、政策的时滞问题、货币流通速度问题及微观主体的预期因素的抵消作用等等。

(2) 财政政策。治理通货紧缩主要是采取积极的财政政策,增加财政支出,刺激投资,并通过投资的乘数作用,拉动全社会的投资和消费,达到实现经济增长的目的。积极的财政政策其实就是扩张的政策,从1998年第四季度起开始使用扩张性的财政政策,增加基础设施的投资和加强技术改造,扩大投资需求。从税收政策上,1999年底,陆续出台了一些税收政策,如减免商品房交易税,开征利息税,以影响社会总支出水平和支出结构,刺激投资和消费。从理论上讲,财政政策比货币政策作用直接、时滞短、效果快,能较快克服和消除经济中的通货紧缩现象。实施扩张性财政政策时不仅要加大投资力度,还应注意刺激消费需求,因为消费需求才是经济增长的真正、持久的拉动力。

(3) 收入政策。从1997年中国进入通货紧缩以来,理论界和政府部门都逐渐认识到居民收入增长速度放缓、收入差距扩大是制约内需增长、造成通货紧缩的另一个重要原因。因此,1999年以来,政府开始运用收入政策刺激内需、拉动经济增长,一是想方设法增加农民的收入;二是增加国家机关和企事业单位及离退休人员的工资;三是建立三条社会保障线,即国有企业下岗职工基本生活保障制度、失业保险制度、城镇居民最低生活保障制度,从而较大幅度地提高城镇低收入者的收入;四是注重对高收入阶层收入的调节,加大对个人所得税的征收力度;五是鼓励拓宽收入渠道。经过政府的收入调节,中国在保持一定经济增长速度的前提下,保证了全国人民的实际收入水平以较高的速度增长,进一步促进了消费,保持了社会的稳定,缓解了通货紧缩的状况。

(4)继续深化改革,加快市场经济体制建设和企业制度改革,大力推进财政、金融、流通、科学、教育、住房、医疗、失业和收入分配制度的改革,改善供给,扩大有效需求,从根本上治理通货紧缩。

专栏 8−2

全球较高增长、较低通胀与主要发达经济体货币政策正常化

2017年以来,全球经济呈现复苏态势,但大部分经济体通胀普遍处在较低水平。据国际货币基金组织(IMF)估计,2017年全球GDP同比增长3.7%,其中发达经济体增长2.3%,新兴市场与发展中经济体增长4.7%,较2016年均有所提高。与此同时,发达经济体2017年通胀率预计为1.7%,虽显著高于2016年水平,但仍不及多数发达经济体的货币政策目标;新兴市场经济体尽管通胀走势有一定分化,但总体通胀率预计为4.1%,低于2016年的4.3%。

以美国、欧元区、日本为例,美、欧、日三大经济体2017年以来复苏势头良好,增速均处于近年来较高水平,美、欧2017年GDP同比分别增长2.3%和2.5%,日本2017年三季度GDP环比折年率增长2.5%;劳动力市场表现强劲,三大经济体失业率不断创金融危机以来新低,2017年12月分别为4.1%、8.7%和2.6%;然而三大经济体同期通胀水平却相对较低,剔除能源与食品价格的核心通胀率均较为疲软,2017年11月分别为1.7%、0.9%和0.9%,持续低于其通胀目标。

经济增长回暖、劳动力市场表现良好为主要经济体逐步启动货币政策正常化创造了适宜的环境,但通胀水平持续低迷又使得政策制定者仍为宽松货币政策保留了一定空间。目前,美联储已逐步走上退出量化宽松(2014年10月)、提高政策利率(2015年12月起已加息5次)、缩减资产负债表(2017年10月)的货币政策正常化路径,同时坚持渐进式加息,强调将密切关注通胀情况并适时调整货币政策。欧央行货币政策正常化进程滞后于美联储,已于2016年12月、2017年10月两次延长其资产购买计划,但两次都缩减了购买规模,释放出一定的货币政策正常化信号;欧央行同时强调为实现其通胀目标,如有必要仍可延长资产购买计划。日本央行在货币政策决议中继续强调实施收益率曲线管理下的量化与质化宽松货币政策,直到通胀率稳定在2%的目标。持续低迷的通胀已成为影响主要发达经济体货币政策正常化的一个重要因素。

目前对于主要发达经济体低通胀现象讨论较多,纵观各方观点,低通胀现象的成因既可能有暂时性、周期性因素,也可能有趋势性、结构性因素。一是原油、粮食等大

宗商品价格处在近年来的低位,对通胀上升产生了拖累;二是劳动力市场兼职劳动者、临时雇佣合同和低技能劳动者占比上升等结构性因素导致工资增长缓慢;三是主要经济体目前都存在通胀预期较低的问题,影响了工资和商品价格的上涨,抑制了家庭和企业的消费与投资需求,导致通胀缺乏上升动能;四是近年来主要经济体货币政策大多转向以通胀为目标,并对外明示了通胀目标的水平,在主要经济体的央行可信度进一步提升的情况下,通胀预期被锚定在通胀目标之下,在稳定通胀的同时,也导致了通胀低迷;五是全球价值链发展与技术进步因素可能带来价格下行压力。

总体而言,与经济复苏态势背离的低通胀现象的背后成因复杂,各方仍存在较大争议。低通胀持续的时间超过了货币当局的预期,也为未来货币政策走向带来一定的不确定性。若通胀持续低迷,货币政策可能以更渐进的方式走向正常化,在当前全球杠杆率与资产价格高企的背景下,抑或导致金融风险进一步积聚。近期国际股市大幅震荡,一定程度上也与前期宽松货币政策导致股市估值较高有关。考虑到宽松货币政策可能带来的资产价格泡沫、金融体系脆弱性以及贫富分化等问题,中央银行是否应仅盯物价稳定目标引起了越来越多的关注和反思。这些问题都值得进一步深入研究。当然,未来全球通胀走势仍可能有较大不确定性,对通胀的变化亦须密切监测和关注。

资料来源:《2017年第四季度中国货币政策执行报告》

【能力训练】

1. 2017年末,我国广义货币供应量M2余额为167.7万亿元,同比增长8.2%,增速比上年末低3.1个百分点。请从货币需求和货币供给两方面分析M_2增速下降的原因。

2. 某银行吸收存款100万元,假设法定存款准备金率为7%,可发放多少贷款?如果现金比率和超额准备金率均为2%,可创造多少派生存款?存款乘数是多少?

3. 假设活期存款法定准备金率为7%,定期存款法定准备金率为4%,现金比率为15%,定期存款与活期存款的比率为180%,超额准备金率为4%,请计算货币乘数。

4. 试比较通货膨胀和通货紧缩的经济效应。

5. 案例分析题

2015年,居民消费价格温和上涨,全年消费者价格指数(CPI)同比上涨1.4%,涨幅比上年回落0.6个百分点。工业生产者出厂价格降幅加深,工业生产者出厂价格同比下降5.2%,工业生产者购进价格同比下降6.1%。企业商品价格指数(CGPI)比上年下降6.4%。初级产品价格跌幅较大,投资品价格跌幅大于消费品。GDP平减指数(按当年价格计算的GDP与按固定价格计算的GDP的比率)同比下降0.5%。

2016年,居民消费价格温和上涨,生产者价格指数由降转升。CPI同比上涨2.0%,涨幅比上年扩大0.6个百分点。工业生产者出厂价格涨幅由负转正,生产资料价格涨幅快速上升。PPI同比下降1.4%,降幅比上年缩小3.8个百分点。PPI自2016年9月份结束54个月连续同比下降,转为上升,涨幅逐月扩大,12月份为5.5%。工业生产者购进价格自 2016 年 10 月开始同比涨幅由负转正,全年生产者购进价格指数同比下降 2.0%,降幅比上年缩小 4.1 个百分点。企业商品价格指数(CGPI)比上年下降 1.6%。GDP 平减指数涨幅扩大,同比上涨 1.2%,比上年高 1.1 个百分点。

2017 年,居民消费价格温和上涨,工业生产价格上涨较快。CPI 同比上涨 1.6%,涨幅比上年回落 0.4 个百分点。PPI 同比上涨 6.3%,涨幅比上年提高 7.7 个百分点。工业生产者购进价格同比上涨 8.1%,涨幅比上年高 10.1 个百分点。企业商品价格指数(CGPI)同比上涨 6.8%。GDP 平减指数涨幅扩大,同比上涨 4.1%,比上年高约 3 个百分点。

2018 年,CPI 同比上涨 2.1%,涨幅比上年扩大 0.5 个百分点,消费品价格涨幅明显扩大,服务价格涨幅有所回落。PPI 同比上涨 3.5%,涨幅比上年回落 2.8 个百分点。工业生产者购进价格同比上涨 4.1%,涨幅比上年回落 4.0 个百分点。企业商品价格指数(CGPI)同比上涨 3.0%,比上年回落 3.8 个百分点。GDP 平减指数同比上涨 2.9%,比上年回落 0.4 个百分点。

(1) 根据以上资料,判断我国经济中是否发生了通货膨胀或通货紧缩?理由是什么?

(2) 从 2016 年开始我国经济发生了哪些变化?结合国内外的宏观经济形势,理论上应该采取哪些货币政策进行调控?

提示:从通货膨胀和通货紧缩的定义、衡量指标及治理措施入手。

第九章 货币政策

【学习要点】通过本章学习,要求了解以下内容:货币政策最终目标的内涵及各目标之间的关系;货币政策中介目标的选择标准及主要中介目标的优劣;各种具体货币政策工具的内涵、特点及适用条件;货币政策传导机制的内容及货币政策效应的影响因素。

【重点难点】本章重点介绍货币政策的相关内容,主要包括:货币政策的最终目标、货币政策的中介目标、货币政策工具、货币政策的传导机制以及货币政策的效应。货币政策的传导机制以及货币政策的效应是本章学习的难点。

【基本概念】货币政策最终目标 中介目标 一般性货币政策工具 选择性货币政策工具 货币政策传导机制 存款准备金政策 再贴现政策 货币政策时滞

所谓货币政策,是指中央银行为实现其特定的经济目标而采用的各种控制和调节货币供给量或信用量的方针和措施的总称。从表面上看,货币政策仅包括货币政策目标和货币政策工具,但货币政策一旦实施,就涉及如何使其按照政策意图发生作用,如何进一步影响实体经济中的总需求和总供给等问题,所以货币政策的理论研究实际上包括政策目标、实现目标的政策工具、政策的传导机制及政策效果等内容。

第一节 货币政策的目标

货币政策的目标即通常所说的货币政策的最终目标,它是中央银行通过货币政策的运用而最终达到的宏观经济目标。然而,这些目标却是中央银行无法直接控制和实现的,为了保证政策的作用机制不偏离轨道,获得最佳的调控效果,需要设立中介目标,以观察最终目标的实现情况。因此,有关货币政策目标的研究主要涉及两方面的内容:货币政策的最终目标与货币政策的中介目标。

一、货币政策最终目标

(一)货币政策最终目标的内涵

货币政策的最终目标也就是通常所说的货币政策的战略目标或长期目标,是中央银行制定和实施货币政策所期望达到的最终实施结果,是中央银行制定和执行货币政策的依据。虽然各国在经济发展的不同时期货币政策的目标有所不同,表述上也有差异,但影响经济发展的基本问题一般集中在通货膨胀、失业、经济衰退以及国际收支平衡等方面。因此,货币政策的最终目标包括:物价稳定、充分就业、经济增长和国际收支平衡。

1. 物价稳定

物价稳定就是中央银行通过货币政策的实施设法使一般物价水平保持基本稳定,在短期内不发生显著的或急剧的波动。这里的物价是指一般物价水平,而不是指某种商品的价格。物价水平不稳定的表现形式有两种,一是通货膨胀,二是通货紧缩。众所周知,通货膨胀是经济发展的大敌,长期以来防止通货膨胀一直都是各国货币政策的最主要目标。20世纪90年代后期,通货紧缩、物价下跌成了世界性的现象,其危害也不容忽视。因此,抑制通货膨胀和避免通货紧缩是保持物价稳定的不可分割的两个方面。但究竟什么是物价稳定,物价应控制在什么范围之内,由于各国的社会经济情况不同、人们对物价变动的承受能力不同以及各国经济发展所追求的目标不同,因此各国中央银行稳定物价的目标不可能有统一的标准。但是有一点是十分清楚的,就是各国政府和中央银行大都摒弃了保持物价绝对稳定的幻想,而倾向于较为宽松、现实的波动范围,以实现经济的可持续增长。

2. 充分就业

西方国家之所以把充分就业作为货币政策的目标之一,是因为一个国家的劳动力能否充分就业,是衡量该国的各种资源是否达到充分利用,经济是否正常发展的标准。实现充分就业,就意味着各种资源达到了最大限度的运用,经济运行正常。但是,充分就业并不简单地等同于百分之百的就业。在一个动态发展的经济中,科学技术的进步与行业的发展不同步,工人的劳动技术与行业的需求不协调,再加上产品需求经常发生波动,因而失业是常见的现象。因此,经济理论中的充分就业都允许一定的失业率存在,一定数量失业者的存在能满足生产扩张和结构性调整对劳动力的需求,同时也能在就业工人中产生竞争压力,是劳动市场要素流动的必备条件。这就使得货币当局只能确定一个反映近似充分就业的失业率界限,对于失业率上限的确定也没有明确的标准,因时因地有不同的答案,有的经济学家认为失业率低于5%,就可以看成是充分就业了,而有的经济学家则认为这个比率太高应该将失业率控制在2%或3%以下,否则就不能算实现充分就业,一般认为充分就业是把失业率降低到自然失业率水平。

3. 经济增长

一国的经济增长既是提高社会生活水平的物质保障,也是一国具有经济实力和国际竞争力的重要表现,同时又是保障国家安全的必要条件,因此,促进经济发展是各个国家的主要经济目标,对发展中国家尤为重要。作为宏观经济目标的增长应是长期稳定的增长。过度追求短期的高速甚至超高速的增长可能导致经济比例的严重失调、经济的剧烈波动。货币政策作为国家干预经济的重要手段,保持国民经济长期稳定的增长是其不可推卸的责任,因此,经济增长也是中央银行货币政策的目标之一。

4. 国际收支平衡

保持国际收支平衡是保证国民经济持续稳定增长和经济安全甚至政治稳定的重要条件。一个国家的国际收支失衡,无论是顺差还是逆差,都会给该国经济带来不利影响。巨额的国际收支逆差可能导致在外汇市场中对本币的信心急剧下降,本币大幅贬值,资本大量外逃,外汇储备急剧下降,进而有可能造成严重的货币和金融危机。而长期的巨额国际收支顺差,一方面使大量的外汇储备闲置,造成资源浪费;另一方面为了购买外汇带来本币供给量的增加,有可能引起或加剧国内的通货膨胀。也正是由于这样,西方经济学家认为每个国家的国际收支都应该自谋平衡,但实际上任何一个国家在短期内要实现国际收支的绝对平衡都是不可能的,只能是在短期内允许国际收支略有盈余或赤字,而在较长时期内则通过不同年份收支进行相互弥补,从而实现国际收支的基本平衡。目前,一般认为这种平衡的时间跨度可以延长至三年或五年。

(二)各目标之间的关系

中央银行通常总是试图通过货币政策实现这四大政策目标,但是,理论分析和社会实践都表明这些政策目标之间,并不都是兼容协调的,存在着一定的矛盾与冲突。

1. 物价稳定与充分就业

当失业人数过多时,需要采取扩张性的货币政策,放松银根,利率随之下降,企业生产的边际成本小于边际效益,这样就会刺激投资需求,伴随着企业生产规模的扩大,就业就会增加。但是,随着信用规模的扩张,货币供给量增加,引起社会总需求增加,进而导致物价上涨。反过来,为了稳定物价就要采取紧缩性的货币政策,这样会引起利率上升,抑制投资需求,伴随着生产规模的缩小,失业会进一步增加。显然,物价稳定与充分就业是相互矛盾的。1958年澳大利亚籍的英国经济学家菲利普斯研究了1861—1957年英国的失业率和货币工资变动的关系,并得出结论:在失业率和通货膨胀率之间存在着此消彼长的关系,他把这种现象概括为一条曲线,人们称之为"菲利普斯曲线"(见图9-1)。

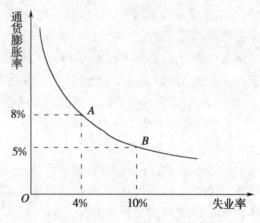

图9-1 菲利普斯曲线

图9-1说明,要实现充分就业,比如把失业率控制在4%的水平上,就必须增加货币供给量以刺激社会总需求的增加,而总需求的增加会引起物价上涨,比如通货膨胀率上涨到8%的水平。如果要降低通货膨胀率,例如将通货膨胀率控制在5%,就要减少货币供应量以抑制社会需求,而总需求减少,会使失业率增加,例如增加到10%的水平。因此要么是低失业率与高物价并存,要么是高失业率与低物价并存,宏观经济目标就会产生如下组合:第一,以充分就业为目标,后果是通货膨胀率较高(如图中的A点);第二,以物价稳定为主要目标,后果是失业率高(如图中的B点);第三,物价上涨率与失业率都在一定的可接受的幅度以内。所以,按照菲利普斯曲线,作为中央银行的货币政策目标,只有根据当时的社会经济条件,寻求通货膨胀率与失业率之间的某一适当的组合点,而不可能有两全其美的办法。

2. 物价稳定与经济增长

一般理论上来讲,这两个目标是可以相辅相成的。物价稳定可以为经济发展提供一个良好的金融环境和稳定的价值尺度,从而使得经济能够稳定增长;经济增长了,又为物价稳定提供了雄厚的物质基础。因此物价稳定是经济增长的前提,经济增长则是物价稳定的基础,两者在一定范围内可以互相促进。但是,就现代市场经济的实践而言,经济的增长大多伴随着物价上涨,这就如前所述,经济增长与充分就业是相一致的,而充分就业与物价稳定是相矛盾的一样,按照这种逻辑关系来讲,经济增长与物价稳定之间也是矛盾的,因此,经济增长与物价上涨相伴。在现代信用货币环境中,虽然也可以在物价稳定条件下实现经济增长,但要实现经济的较快增长,使一国实际的国内生产总值尽量接近潜在的国内生产总值,物价就不能平稳了。在实际操作中,中央银行在很多情况下,只能在两者之间做出协调,即在可接受的物价上涨率水平上发展经济,在不妨碍经济最低增长需要的前提下保持物价稳定。

3. 经济增长与国际收支

从长期来看,当经济持续快速增长时,国家的经济实力不断增强,有利于国际收支的平衡,但从短期来看,这两个目标也存在冲突。一个经济高速增长的国家,常常会遇到以下两个问题:第一,一国经济增长,有利于提高本国商品的国际竞争力,出口能力不断增强,会引起国际收支顺差;第二,经济增长带动国民收入增加,居民对商品的需求和购买力提高,这样会导致进口的增加,引起国际收支逆差。此外,如果经济增长依赖投资,为了刺激经济增长,必须增加投资,除了动员国内的投资外,还须吸引外资,其结果可能会造成资本项目出现顺差。以上三种情况的作用效果各不相同,造成了货币政策在经济增长和国际收支平衡两个目标之间的协调困难。

4. 物价稳定与国际收支平衡

物价稳定主要是指稳定货币的对内价值,平衡国际收支则是为了稳定货币的对外价值。尽管两者都在寻求稳定货币的价值,但却很难同时实现。如果国内物价不稳定,国际收支就很难平衡。假如一国出现了通货膨胀,而别国物价相对稳定,物价上涨引起国内货币贬值,外国商品价格相对低廉,导致本国输出减少,输入增加,造成国际收支恶化。即使在本国物价稳定的情况下,也可能会发生国际收支的不平衡。假如本国物价稳定而外国发生了通货膨胀,则导致本国输出增加,输入减少,国际收支会发生大量的顺差,而顺差也是一种不平衡,对国内经济也会产生一定的影响。因此从根本上讲,只有各国都维持基本稳定的物价水平,并保持贸易规模和商品输出输入结构不变,才能同时实现物价稳定与国际收支平衡。但是,在现实生活中,世界经济发展不平衡,各国经济实力、贸易结构和规模在不断改变与调整,因此实践中无法同时实现上述两个目标。

(三)货币政策目标的选择

正是由于货币政策目标之间存在着矛盾与冲突,所以货币政策目标无法同时实现,世界各国根据自己的经济环境,要么在众多目标中进行权衡选择,要么在复杂的关系中寻求适度的目标间的组合,于是便出现了多种类型的货币政策目标主张。

1. 单一目标论

这种理论认为,由于各种目标之间存在矛盾,货币政策只能以单一目标为主。例如,德国和澳大利亚的中央银行就仅以货币和物价稳定作为唯一的目标。关于单一目标又存在两种对立的观点:一种主张物价稳定是货币政策的唯一目标,此种观点是从稳定的物价是经济正常运行和发展的基础出发的;另一种主张以经济增长为货币政策的唯一目标,此种观点是从经济增长是稳定物价的基础出发的。

2. 双目标论

这种理论认为,货币政策的目标不可能是单一的,而应同时兼顾物价稳定和经济增长两个目标。经济增长是物价稳定的基础,而币值稳定又有利于经济的长期稳定增长,二者相互制约和相互影响。因此,只偏重某一目标不仅不可能在长期经济运行中实现该目标,而且对整个国民经济的稳定协调发展也是不利的。

3. 多目标论

这种理论认为,货币政策作为宏观经济间接调控的主要经济手段之一,对各个宏观经济目标都具有十分重要的影响,不能只以一个或两个宏观目标作为其政策目标,而应该在整体上兼顾各个目标,在不同时期以不同的目标作为重点。例如,美国的货币政策目标就是强调国民经济的稳定与增长、就业水平的提高、美元购买力的稳定、对外贸易收支合理平衡,即通常所说的经济增长、充分就业、物价稳定和国际收支平衡,只是在不同时期侧重点有所不同。20世纪30年代经济危机以前,大多数西方学者和政府当局都信奉"萨伊定律",他们认为市场具有自发调节经济,使之趋于均衡的功能,只要币值能够保持稳定就可以了,所以当时货币政策目标侧重于物价稳定。1929—1933年世界经济危机以后,美国经济一直处于不景气之中,失业率很高,"充分就业"自然而然就成为当时关注的焦点。针对这种情况,罗斯福政府采用凯恩斯的政策主张,利用宽松的财政政策和货币政策来刺激有效需求,带动经济增长,创造了较多的就业机会。到了20世纪50年代后半期,西欧各国和日本经济迅速复兴,经济出现较高速度的增长,超过了美国的经济增长速度,这使得美国经济霸主的地位受到挑战,美国政府随即把适度的经济增长作为主要目标。20世纪70年代,美国物价节节上升,物价上涨率三度超过两位数,1980年高达13.5%,这就促使20世纪80年代以后,里根政府采取紧缩政策,以抑制通货膨胀,从而以物价稳定为主要目标。

二、货币政策的中介目标

由于货币政策的最终目标是中央银行经过一定的努力才能达到的,从货币政策启动到最终目标实现需要一段相当长的时间,而且最终目标不在中央银行的直接控制下,因此,为了实现最终目标,中央银行必须选择与最终目标关系密切,中央银行可以直接调控,并在短期内可以度量的金融变量作为中介性指标,以实现对最终目标的调节与控制,这就是货币政策的中介目标。简言之,货币政策的中介目标是指为实现货币政策的最终目标而选定的便于调控,具有传导性的金融变量。

(一)中介目标的选择标准

中介目标作为货币政策作用过程中一个十分重要的中间环节,它的选择无疑是保障货币政策效果的一个关键因素。一般来说,中介目标的选取需要符合以下标准:

(1)相关性。作为中介目标的金融指标必须与最终目标有密切的、稳定的和统计数量上的联系,中央银行只要实现或接近实现中介目标,就能实现或接近货币政策的目标。

(2)可测性。可测性指中央银行能够迅速地、准确地获得它所选定的中介目标的各种资料,并且能被社会理解、判断和预测。一方面,中央银行能够迅速获取这些指标的准确数据;另一方面,这些指标必须有明确的定义,便于观察、分析和监测。

(3) 可控性。可控性是指中央银行通过各种货币政策工具的运用,能对作为中介目标的金融变量进行有效的控制和调节,能较为准确地控制该金融变量的变动状况及其变动趋势。

(4) 抗干扰性。货币政策在实施过程中常会受到许多外来因素或非政策因素的干扰,只有选取那些受干扰程度较低的中介目标才能较为准确地反映政策的效果。

(5) 与经济体制、金融有较好的适应性。中介目标的选择应从本国经济金融发展所处的阶段出发,适应本国的经济金融体制。

(二) 中介目标的选择

根据中介目标的选择标准,尤其是前三个标准,当今市场经济比较发达的国家,选取的中介目标一般有利率、货币供应量、超额准备金和基础货币等,但是几乎没有一个中介目标能够完全符合五个标准的要求,各国都根据自己的实际状况,不断地调整中介目标。从二战后西方各国货币政策中介目标的演化来看,主要经历了从以利率为主到以货币供应量为主,再到以利率、汇率等价格变量为主的中介目标的过程。因此,货币政策的中介目标实际上主要有两个候选对象,即利率及货币供应量。

1. 利率

凯恩斯学派认为,利率是影响总需求的关键变量,而且中央银行能够采取有效措施调控利率,所以他们主张将利率作为货币政策的中介目标。

利率作为货币政策的中介目标,就可测性而言,中央银行在任何时候都可以观察到资金市场上的利率水平及其结构,所以中央银行易于及时收集有关利率变动的数据。

就可控性而言,尽管中央银行不能直接控制市场利率,但是中央银行可以根据市场上资金供求的松紧状况和一定时期实现货币政策目标的要求,通过公开市场业务,调节市场的资金供求,或通过再贴现率的变动,影响市场利率,这样可以间接调控市场利率。

就该指标与货币政策目标的相关性而言,也是不容置疑的。首先,利率是经济过程的内生变量,它的变化是顺经济循环的。经济繁荣时,利率因信贷需求增加而上升;经济萧条时,利率随信贷需求减少而下降。其次,利率又是货币政策的外生变量,它的变动会直接反作用于经济过程。利率的调整可以把中央银行的政策意图及时地传递给金融机构,并通过金融机构迅速地传达给企业和消费者,进而影响消费支出和投资支出,从而调节总供求。其作用力度大,影响面广,与货币政策的最终目标相关性强。

但是,在现实中,将利率作为货币政策的中介目标也有许多不理想之处。首先,利率容易受非政策性因素的影响,抗干扰性差。经济过热时,为了抑制过热的需求,应提高利率;经济萧条时,为了刺激有效需求,应降低利率。由此可见,作为经济内生变量和政策变量,利率在变化方向上是一致的,这就往往使政策效果与非政策效果混合在一起,使中央银行难以弄清真相而做出错误判断,影响最终货币政策目标的实现。其次,对经济产生作用、影响投资决策的是预期实际利率水平,而预期实际利率的准确数据很难获得,中央银行也就难以对它进行有效控制。最后,利率对经济活动作用的大小还取决于货币需求的利率弹性。只有当货币需求的利率弹性较大时,利率变动对经济活动的影响才会明显。然而货币需求的利率弹性既受经济体制的影响,也受金融市场发达程度的影响,还与经济运行的阶段、时期密切相关,上述因素都是中央银行无法控制的,这无疑增加了中介目标利率与最终目标之间关系的不确定性,相关性也相应减弱。

2. 货币供给量

货币主义学派认为,货币供给量的变动直接影响人们的名义收入和支出水平,并由此影响投资、就业、产出及物价水平,主张以货币供给量作为货币政策的中介目标。

货币供给量作为货币政策的中介目标,就可测性而言,不言而喻。具体地说,尽管货币供给量有 M_0、M_1、M_2、M_3 等不同的层次,但是这些指标随时都分别反映在中央银行、商业银行及其他金融机构的资产负债表上,可以进行定量的测量和分析。

就可控性而言,M_0 是直接由中央银行创造并注入流通的,其可控性最强;M_1、M_2、M_3 尽管并不是由中央银行直接控制的,但是商业银行的这些货币性负债都是靠中央银行的货币性负债支撑的。因此,中央银行可以通过控制基础货币的投入量,间接地控制 M_1、M_2、M_3 的供给量。

就货币供给量与货币政策最终目标的相关性而言,一般来说,货币供给量代表一定时期的社会总需求量,代表了整个社会的购买力,因此一定时期的货币供给量不足时,社会的总需求必然小于总供给,有效需求不足,资源闲置,从而阻碍经济的发展;相反,当货币供给量过多时,社会的总需求大于总供给,社会需求过旺,必然会导致物价上涨,通货膨胀,同样也有碍于经济的发展。因此,只要中央银行将货币供给量控制在适度的水平,也就控制了一定时期的社会总需求,从而有利于实现总需求与总供给的平衡,实现货币政策目标。

就抗干扰性而言,货币供给量的政策性影响与非政策性影响一般不会混淆,政策效果明晰。根据马克思的观点,商品流通决定货币流通,生产和商品交易的变化必然引起货币供给量产生相应的变化,因此,货币供给量是经济过程的内生变量。当经济繁荣时,生产和商品交易规模扩大,信贷需求增加,信贷规模随之扩大,引起货币供给量增加;反之,当经济衰退时,生产和交易萎缩,信贷需求减少,信贷规模随之减小,引起货币供给量减少。此外,货币供给量又是中央银行所能控制的,因此它又是政策性变量。当经济处于繁荣时期,由于投资需求、消费需求过旺,容易引起通货膨胀,此时中央银行往往采取措施减少货币供给量,控制需求,抑制通货膨胀。反之,当经济处于衰退时期,有效需求严重不足,失业严重,此时中央银行只能扩大货币供给量,增加总需求,刺激经济复苏。由此可见,作为内生变量与政策性变量,货币供给量的变化方向是明确的,政策效果是比较确定的,不会导致中央银行产生错误判断。

但是货币供给量作为中介目标也不是完美无缺的,也有不足之处。首先,由于货币供给量有不同的层次,而以哪个层次的货币供给量作为中介目标,目前还存在很多争议。究竟应该以哪个层次的货币供给量为准,主要取决于它与最终目标的相关性,即 M_0、M_1、M_2、M_3 中哪个指标更能代表一定时期的社会总需求和购买力,从而通过对它的调控就可以直接影响总供求。伴随着交易手段和支付手段的发展,现金在现代生活中已经起不了这种作用。问题是 M_1、M_2 孰优孰劣难以抉择,但从发展趋势来看,越来越多的国家把控

制的重点由 M_1 转向 M_2。其次,中央银行对货币供给量的控制力不是绝对的,货币供给量既取决于基础货币的变化,也取决于货币乘数的变化,而后者的影响因素中央银行不能完全控制,如现金—存款比率、超额准备金率等因素主要受公众和银行行为的影响,虽然中央银行可通过利率等对其施加影响,但这种影响是不确定的。最后,货币政策调节货币供给量还存在时滞。

第二节 货币政策工具

货币政策工具是中央银行为实现货币政策目标而使用的各种策略手段。货币政策工具形式多种多样,各有特点,适用条件也不尽相同,因此,可以从不同角度出发对其进行分类研究。通常使用的分类方法是按照操作对象划分,可分为一般性货币政策工具、选择性政策工具和其他等三类政策工具。

一、一般性货币政策工具

一般性货币政策工具,又称经常性、常规性货币政策工具,它通过对货币供给总量或信贷总量的调节和控制,对经济活动的各方面产生影响,主要包括法定准备金政策、再贴现政策和公开市场操作,俗称中央银行的"三大法宝"。

(一)法定存款准备金政策

法定存款准备金政策是中央银行在法律赋予的权力范围内,对商业银行等存款金融机构的存款规定存款准备金率,强制性地要求其按照规定的比例计提并上缴存款准备金,通过调整存款准备金的比率,控制商业银行的信用创造能力,从而间接控制社会货币供给量。

将存款准备金集中于中央银行这一做法,最初始于英国,但是以法律的形式规定商业银行必须向中央银行缴存存款准备金,则始于1913年美国的《联邦储备法》。当时,这个储备法硬性规定了法定准备金率,以保持银行资产的流动性,提高银行等金融机构的清偿能力,从而保证存款人的利益及银行本身的安全。1935年美国的银行立法,开始授权联邦储备委员会对会员银行的存款准备率进行调升、调降,自此准备金制度才演变成"发挥金融调节机制"作用的手段。20世纪30年代经济大危机以后,西方各国效仿美国的做法,都纷纷以法律的形式规定存款准备金的比率,并授权中央银行依照货币政策的需要,随时加以调整。目前,凡是实行中央银行制度的国家,一般都实行法定准备金制度。

在做法上,目前许多国家都对不同期限的存款规定不同的存款准备金率。一般来说,存款的期限越短,存款的流动性越强,规定的存款准备金率就越高,因此,活期存款的准备金率高于定期存款的准备金率,也有的国家仅对活期存款规定应缴纳的准备金比率。1953年以后建立存款准备金制度的国家,大多对所有存款都按同一比率计提存款准备金。此外,有些国家对规模不同和经济环境不同的银行,规定不同的存款准备金率。一般来说,商业银行的规模较大,所处的经济环境较好,其存款准备金率就较高。

存款准备金政策的核心是通过提高或降低存款准备金率来影响商业银行信用创造

的倍数,以达到调节社会信用规模和市场货币供给量的目的。当中央银行调低法定准备金率时,商业银行超额准备金增加,在货币乘数机制作用下,市场上的货币供给量成倍地增加;相反,若中央银行调高法定准备金率,则减少了商业银行的超额准备金,抑制了商业银行的信用创造能力。若此时商业银行的超额准备金已全部贷出,则会迫使商业银行迅速收回已贷出的部分款项或已做出的部分投资,在货币乘数机制作用下,市场货币供应量成倍地减少。中央银行可依据上述准备金政策的基本原理,针对经济的繁荣与衰退来调整法定存款准备金率,发挥其金融调节的作用。例如,在经济处于需求过度和通货膨胀的情况下,中央银行可以提高法定存款准备金率,借以紧缩信用及信贷量。如果经济处于衰退状况,中央银行则可降低法定存款准备金率,使银行及整个金融体系成倍地扩张信用及货币供给量,借以刺激经济增长。

借助货币乘数机制,存款准备金政策成为中央银行控制信用规模的一个快捷有力的工具,其政策效果主要表现在以下几个方面:① 法定存款准备金率的调整对货币供给量具有极强的影响力。存款准备金率的调整,影响货币乘数和准备金结构,通过乘数作用引起货币供给量更大幅度的变化,即使是准备金率很小幅度的调整,也会引起货币供给量的巨大波动,力度大、速度快、效果明显,是中央银行收缩和放松银根的有效工具。② 即使法定存款准备金率维持不变,它也是中央银行控制信贷规模和货币供给量的一个重要工具。法定存款准备金的存在,本身就很大程度上限制了商业银行体系创造信用的能力,使之不至于无限地创造。更为重要的是,中央银行所有的货币政策工具都是以存款准备金政策为基础的,没有法定存款准备金,其他货币政策工具就难以正常发挥作用,也缺乏应有的依据。③ 即使商业银行等存款机构由于种种原因持有超额准备金,法定存款准备金的调整也会产生效果。因为提高准备金率,实际上就是冻结了商业银行持有的一部分超额准备金,这样可以使全社会缩减一些不必要的支出。④ 存款准备金政策对所有的商业银行一视同仁,所有的金融机构都同样受到影响,这不像公开市场操作和再贴现政策,只对参与市场操作或申请中央银行贷款的银行才发生作用。

存款准备金政策通常被认为是货币政策中最猛烈的工具之一,但也存在明显的局限性:① 由于法定存款准备金率的调整对货币供给量的影响较为强烈,不宜作为中央银行经常性的货币政策工具,一般只在经济发展阶段转换时才用,在一个阶段内则要保持稳定。② 法定存款准备金率的调整对整个经济和社会心理预期都会产生显著的影响,会使得货币金融领域中的其他经济变量产生相应的变化,因此存款准备金率有固定化倾向。③ 法定存款准备金率的调整可能使超额准备金较低的银行陷入流动性困境,导致金融不稳定。根据数学中的"大数定律"的原理,大银行持有的超额准备金可以比小银行少,如果小银行持有与大银行相同的超额准备金,法定准备金率的调整就极易造成小银行的流动性危机。某种意义上,存款准备金制度对小银行并不公平,因此美国对小银行要求的法定准备金率较低。

正是由于法定准备金政策有一定的局限性,存款准备金率的降低或取消目前成为准备金政策的改革方向,20世纪90年代以来,存款准备金政策开始弱化。专栏9-1反映了我国法定存款准备金政策的运用情况。

专栏 9-1

我国的法定存款准备金政策

改革开放以来,为了控制货币量,调节经济周期,中国人民银行在货币政策执行过程中,曾经数次采取调整法定存款准备金率的方法。图9-2展示了我国1985—2018年历次法定存款准备金率的调整情况。从该图可以发现,我国的法定准备金率发生了数次较大的变化。大致可以分为下面几个较大调整的阶段:① 1985—1988 年间从10%上调到13%;② 1988—1999 年从13%下降到 6%;③ 2000—2008 年 9 月从 6%提高到17.5%;④ 2008 年 10 月—2009 年末从17.5%下调到15.5%;⑤ 2010—2011 年从15.5%上调到21.5%;⑥ 2012 年以后持续下降,至2018 年 1 月降到14.5%。

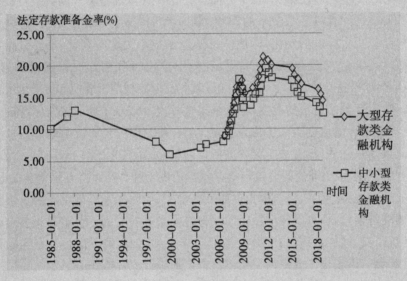

图 9-2 中国 1985 年以来历次法定存款准备金率的调整情况

传统的货币政策理论认为,法定准备金率是"一剂猛药",威力巨大,对宏观经济影响深远,那么,我国法定准备金率多次调整后产生的经济效果如何呢?下面,对此加以分析。

在 1987 和 1988 年我国出现的经济形势是,国内的通货膨胀率开始快速上升,1987 年达到 7.3%,1988 年达到 18.0%。为了稳定价格水平,中央银行采取了提高法定存款准备金率的手段。从价格变化来看,这一次采用法定存款准备金率的货币政策对于价格控制是相当有效的,2 位数的高通胀率在短短 2 年时间内就得到了有效的控制。但是,这种通过提高法定存款准备金率来达到快速紧缩的政策对于经济的实际方面产生了十分明显的负面影响,在 1988 年之后的两三年时间里,我国进入了一个严重的经济衰退期。从总量来看,实际 GDP 的增长率从 1987 年和 1988 年的 11.6%和11.3%下降到 1989 年的 4.1%,1990 年继续下降到 3.8%。

时隔10年后,在1998—1999年,由于内部和外部的因素,我国经济陷入了通货紧缩中。中央银行开始实行全面的扩张性货币政策,迅速降低了法定存款准备金率,1998年法定存款准备金率从13%下调到8%,下降了5个百分点,这是前所未有的降幅。不幸的是,我们没有看到这一调整对物价下降和经济紧缩产生非常明显的改善作用。从物价来看,1999年的CPI反而继续下降了1.4%,到2000年CPI略微上涨;从实际GDP增长率来看,2000年GDP增长率略为提高,达到8.4%,2003年增长率为8.3%。但是,这一增长率远远低于1997年前10年的平均为10.0%的增长率。

2006年,国内出现的经济形势是经济开始过热,GDP增长率达到11.6%,中央银行迅速调整法定存款准备金率,在2006年就上调了3次,每次上调0.5个百分点,达到9%。但是,进入2007年,过热的经济形势并没有好转,GDP继续增长了11.9%,并且开始出现通货膨胀,当年CPI上升4.8%。此后,中央银行开始频繁地提高法定存款准备金率,在2007年法定存款准备金率总共上调了10次,提高到14.5%,达历史最高水平。进入2008年,CPI指数并没有在紧缩的货币政策下下降,2008年前6个月又5次向上调整了法定存款准备金率,到2008年6月25日高达17.5%。在这样猛烈的政策操作下,我国经济逐步走向衰退,2008年后半年至2009年初GDP增长率直线下跌,2009年第一季度GDP增长率为6.1%,创下多年来的新低。尽管很多学者认为2008年下半年出现的经济衰退主要原因来自于国外,但不可否认这与过去一年里频繁提高法定存款准备金率的货币政策高度相关。

为了使经济尽快从衰退的泥潭中复苏,从2008年10月开始,货币政策转向,法定存款准备金率开始下调,商业银行信用急速扩张,2009年全年新增贷款超过9万亿元,再加上中央财政4万亿元的投资,我国经济实现V形反转,2010年第一季度GDP增长率高达12.2%。面对过热的经济态势,中央银行被迫从2010年年初开始收紧银根,上调法定存款准备金率,过热的势头被遏制,但从此国民经济步入下降通道,中央银行不得在2011年末又改变了政策方向,持续不断地降低法定准备金率,从21.5%降到2018年1月的14.5%,但经济仍然在低位徘徊。

综上所述,法定存款准备金率的调整对货币总量产生的震动太大,政策效果不易控制,我国历次法定存款准备金率调整后对实现经济目标的作用相当有限,因此,中央银行不要过度依赖通过调整法定存款准备金率来实现既定的政策目标。

(二)再贴现政策

再贴现政策是中央银行通过制定或调整再贴现率来干预和影响市场利率以及货币市场的供给和需求,从而调节市场货币供给量的一种措施。再贴现政策的内容包括两方面:一是再贴现率的制定与调整;二是规定申请再贴现的商业银行的资格。前者主要是影响商业银行的准备金及社会资金供应,后者则主要是影响商业银行及全社会资金的流向,通过对这两方面的控制,中央银行分别从长期和短期调节货币供给量。

再贴现政策影响经济的途径有三个:一是借款成本效应,即中央银行提高或降低再贴现率影响商业银行的资本成本,从而影响商业银行的融资决策,使其改变放款和投资活动,从而影响基础货币的投放以及货币供给量和其他经济变量。当中央银行需要紧缩信用时,会相应提高再贴现率,使商业银行因借款成本的提高而减少向中央银行的再贴现,或者用其他资产偿还中央银行的借款,从而导致中央银行投放市场的基础货币减少。同时,出于成本上升的考虑,商业银行会提高贷款利率,银行信用规模收缩。在上述两个方面的作用下,中央银行达到了减少基础货币的投放,收缩信用的目的。二是告示效应。再贴现政策有强烈的告示效应,因为再贴现率的变动会向全社会明确传递中央银行的政策意图,它的提高表明中央银行采取紧缩的货币政策,反之,则表明中央银行将放松银根。这就会改变人们的预期,影响人们的经济行为,国民经济活动会随之产生相应的变化。三是结构调整效应。规定再贴现票据的种类,对不同用途的信贷加以支持或限制,促进经济发展中需要扶持行业、部门的改进和发展;还可以对不同票据实行差别再贴现率,从而影响各种再贴现票据的再贴现规模,使货币供给结构与中央银行的政策意图相符合。

再贴现政策的最大优点是中央银行可利用它来履行最后贷款人的职责,通过再贴现率的变动,影响短期利率、商业银行的资金成本以及超额准备金,达到既调节货币总量又调节信贷结构的政策目的。但是,它还存在着许多不足之处:① 再贴现业务的主动权在商业银行,这就使得中央银行失去了调节货币供给的主动性。商业银行是否愿意到中央银行申请再贴现,或再贴现多少,取决于商业银行的行为。如果商业银行可以通过其他途径筹措到资金而不依赖于再贴现,那么再贴现政策就不能有效地控制货币供给量。② 再贴现率的调节作用有限。在经济高速增长时期,再贴现率无论多高,都难以遏制商业银行向中央银行借款的冲动;在经济萧条时期,再贴现率无论多低,都无法刺激商业银行的借款需求。③ 再贴现政策缺乏弹性。再贴现率的经常调整通常会导致市场利率变动不居,这会使企业或商业银行无所适从。在正常情况下,再贴现率不宜随时变动,弹性很小。④ 再贴现业务具有顺经济走势的倾向。繁荣时期,交易活动频繁,使得再贴现票据的金额上升,货币供给增加;萧条时期,人们的预期悲观,交易惨淡,再贴现金额下降,货币供给减少。因此,再贴现政策对于经济而言,在繁荣时期犹如"火上浇油",而在萧条时期犹如"雪上加霜"。

近年来,随着中央银行操作手段的市场化推进,中央银行能广泛地运用信息技术,主动地调控货币供给,不少国家的货币政策当局降低了再贴现政策的使用,再贴现政策呈自由化趋势。专栏 9-2 简要介绍了我国再贴现政策的现状。

专栏 9-2

我国再贴现政策的现状

再贴现政策是西方中央银行最早拥有的货币政策工具,在整个 19 世纪和 20 世纪的前 30 年,再贴现被认为是中央银行的主要工具。直到现在,它仍然是西方各国中央银行稳定经济和币值的重要武器。再贴现业务在我国起步较晚,1986 年,中国人民银行才在上海等中心城市开始试办该业务,逐步经历了试点、推广到规范发展的过程。

1986年,针对当时经济运行中企业之间严重的货款拖欠问题,中国人民银行下发了《中国人民银行再贴现试行办法》,决定在北京、上海等10个城市对专业银行试办再贴现业务。这是自中国人民银行独立行使中央银行职能以来,首次进行的再贴现实践。

1994年下半年,为解决一些重点行业的企业货款拖欠、资金周转困难和部分农副产品调销不畅的状况,中国人民银行对"五行业、四品种"领域专门安排了100亿元再贴现限额。

1995年末,中国人民银行规范再贴现业务操作,开始把再贴现作为货币政策工具体系的组成部分,并注重通过再贴现传递货币政策信号。中国人民银行初步建立了较为完整的再贴现操作体系,并根据金融宏观调控和结构调整的需要,不定期公布再贴现优先支持的行业、企业和产品目录。

1998年后,为适应金融宏观调控由直接调控转向间接调控,加强再贴现传导货币政策的效果、规范票据市场的发展,中国人民银行出台了一系列完善商业汇票和再贴现管理的政策。通过进一步改革再贴现、贴现利率生成机制,使再贴现利率成为中央银行独立的基准利率,为再贴现率发挥传导货币政策的信号作用创造了条件。同时,为适应金融体系多元化和信贷结构调整的需要,扩大再贴现的对象和范围,把再贴现作为缓解部分中小金融机构短期流动性不足的政策措施,提出对资信情况良好的企业签发的商业承兑汇票可以办理再贴现。将再贴现最长期限由4个月延长至6个月。

2008年以来,为有效发挥再贴现促进结构调整、引导资金流向的作用,中国人民银行进一步完善再贴现管理:适当增加再贴现转授权窗口,以便于金融机构尤其是地方中小金融机构申请办理再贴现;适当扩大再贴现的对象和机构范围,城乡信用社、存款类外资金融机构、存款类新型农村金融机构以及企业集团财务公司等非银行金融机构均可申请再贴现;推广使用商业承兑汇票,促进商业信用票据化;通过票据选择明确再贴现支持的重点,对涉农票据、县域企业和金融机构及中小金融机构签发、承兑、持有的票据优先办理再贴现;进一步明确再贴现可采取回购和买断两种方式,提高业务效率。

尽管经过多年的实践,我国的再贴现业务取得了长足的发展,但是由于商业信用欠发达且行为扭曲、票据承兑贴现量小且不规范等原因,客观上导致再贴现业务在中国人民银行资产中所占比重微不足道,再贴现政策在我国宏观调控中的作用还没有得到有效发挥。

(三)公开市场操作

所谓公开市场操作,是指中央银行为实现货币政策目标而在公开市场买进或卖出证券的行为。当金融市场上资金缺乏时,中央银行就可以通过公开市场业务操作,买进有价证券,向流通中注入货币,增加货币供给量;反之,当金融市场上游资泛滥,货币过多时,中央银行就可以卖出有价证券,回笼货币,货币供给量随之减少。

公开市场操作发挥作用的基本原理是中央银行通过在公开市场买卖证券,改变基础货币,从而影响利率和货币供给量。中央银行购买有价证券,银行体系的准备金增加,这就刺激银行增加贷款,流通中的货币供应量随之增加;反之,中央银行卖出有价证券,货币供给量就会减少。此外,中央银行购买有价证券还会引起有价证券价格的提高,证券价格与利率成反向相关关系,于是利率水平下降;反之,中央银行卖出有价证券,利率水平则上升。因此,如果中央银行买卖不同期限的有价证券,还可能影响利率的结构。利率结构的调整,会进一步影响利率敏感性不同的贷款和投资,从而实现多重货币政策目标。

中央银行公开市场业务起源很早,19世纪,英格兰银行把公开市场业务当做维持其准备金的重要工具,其后许多国家都仿效它的作法。目前,在西方发达国家中,公开市场业务被认为是中央银行所掌握的最重要、最常用的政策工具。同其他货币政策工具相比,公开市场操作具有明显的优越性:① 公开市场业务是按中央银行的主观意愿进行的,主动权完全在中央银行,操作规模的大小完全由中央银行控制,避免了再贴现政策的"被动等待",从而确保货币政策具有超前性。② 公开市场业务的规模和方向可以灵活安排,中央银行可以运用它对货币供给量进行微调,而避免了"一刀切"式的存款准备金率调整所产生的震动性影响。③ 公开市场政策具有较强的伸缩性,中央银行可以随时根据金融市场的变化,不受时间、数量和方向限制地进行连续的操作。实践中,公开市场操作已成为各国中央银行日常使用的一个重要工具。④ 公开市场业务具有极强的可逆转性。当中央银行在公开市场操作中发现错误时,可立即逆向使用该工具,以纠正其错误,而其他货币政策工具则不能迅速逆转。也正是由于公开市场操作具有上述的特点和优势,弗里德曼坚持主张中央银行可以用公开市场操作完全取代法定准备金政策和再贴现政策。

公开市场操作虽然具有许多优点,但并不是所有国家的中央银行都可以采用的,有效地开展公开市场业务必须具备以下条件:① 中央银行具有强大的、足以干预和控制整个金融市场的资金实力,这是运用公开市场操作的前提;② 有一个发达、完善和全国性的金融市场,证券种类齐全,且达到一定规模;③ 有其他政策工具的配合。

二、选择性货币政策工具

选择性的货币政策工具是指中央银行针对某些特殊的经济领域或特殊用途的信贷采用的信用调节工具。与侧重于货币总量调节的一般性货币政策工具相比,选择性的货币政策工具侧重于信贷资金的结构性调节,因此,又被称为"质的控制"。选择性货币政策工具通常包括证券市场信用控制、消费信用控制、不动产信用控制、优惠利率、预缴进口保证金等工具。

证券市场信用控制是指中央银行对与证券交易有关的各种贷款进行限制,目的在于抑制过度投机。证券投资信用控制的主要手段是规定保证金比率。所谓保证金比率,是指证券购买人首次支付证券交易价款的最低比率。保证金比率越高,现金支付的比率越大,以信用方式购买有价证券的比重就越小。中央银行可根据金融市场及经济形势,随时改变证券保证金比率,以控制对证券市场的信贷规模。

不动产信用控制是指中央银行对商业银行等金融机构向客户提供不动产抵押贷款

的管理措施,目的在于控制房地产投机,抑制房地产泡沫。不动产信用控制的主要内容有:规定不动产贷款的最高限额和最长期限,规定首付款的最低比例,规定每次分期还款的最低金额。

消费信用控制是指中央银行对不动产以外的各种耐用消费品的销售融资予以控制。主要包括以下内容:① 规定用分期付款购买耐用品时第一次付款的最低金额;② 规定用消费信贷购买商品的最长期限;③ 规定可用消费信贷购买的耐用消费品种类,对不同消费品规定不同的信贷条件,等等。控制消费信用,可以抑制消费需求,控制消费品价格的上涨。

优惠利率是指中央银行根据国家产业政策对需要重点发展的经济部门或产业,规定较低的贴现利率或放款利率的一种管理措施。例如国家对基础产业、高科技产业、出口创汇产业等采取鼓励措施,执行优惠利率政策。优惠利率不仅被发展中国家采用,发达国家也普遍采用。

预缴进口保证金是指为保证国家收支平衡,抑制进口过度增长,中央银行要求进口商按照进口商品总值的一定比例,预缴进口商品保证金,并存入中央银行。中央银行也可以根据调控的需要,适度地改变预缴保证金的比例。预缴进口保证金通常被国际收支经常出现逆差的国家采用。

三、其他货币政策工具

除一般性货币政策工具和选择性货币政策工具外,中央银行有时还运用一些补充性的货币政策工具对信用进行直接控制和间接控制。这些补充性的货币政策工具又称为其他货币政策工具,主要包括直接信用控制工具和间接信用控制工具。

(一)直接信用控制

直接信用控制是指中央银行以行政命令或其他方式,从质和量两个方面直接对金融机构尤其是商业银行的信用活动进行控制。主要包括信用配额、利率最高限额、流动性比率和直接干预等。

信用配额是指中央银行根据经济形势及金融市场的资金供求状况,分别对各个商业银行的信用规模加以分配和控制,从而实现对整个信用规模的控制。信用配额管理是一种行政控制手段,在资金供给相对紧张的发展中国家被广泛采用。我国在计划经济时期和经济转轨初期也采用了这种信用控制手段,但随着我国市场经济的发展及金融市场的不断完善,信用分配的作用已大大降低了。1998 年 1 月 1 日,中国人民银行取消了对国有商业银行的贷款规模限额控制,只对国有商业银行按年(季)下达贷款增量的指导性计划,实行"计划指导、自求平衡、比例管理、间接调控"的信贷资金管理体制。2015 年 10 月 1 日,将存贷比由法定监管指标转变为流动性风险监测指标。中央银行对货币供给总量的控制转变为通过对基础货币的调控来实现。

利率最高限额是指中央银行依法直接对商业银行的存、贷款利率的水平实行限制,目的是为了防止商业银行用抬高利率的办法竞相吸收存款以及为谋取高利而进行高风险存贷。如 1935 年美国银行法禁止对活期存款支付利息,对定期存款和储蓄存款则规定利率最高限,这就是通常所说的"Q条例"。

流动性比率是指中央银行为了限制商业银行扩张信用,规定流动资产与存款的比例。为了达到中央银行规定的流动性比率,商业银行一方面要持有一部分随时应付提现的资产,另一方面必须缩减长期性放款的比重,信贷规模受到限制,社会信用得到有效的控制。

直接干预也称直接行动,是指中央银行利用其"银行的银行"的身份,直接对商业银行的信贷业务施以合理的干预。中央银行直接干预的方式有：直接限制放款的额度；直接干涉商业银行对活期存款的吸收；对业务经营不当的商业银行可以拒绝再贴现,或采用高于一般利率的惩罚性利率；明确规定各家银行的放款或投资的范围,以及放款的方针；等等。

（二）间接信用控制

间接信用控制措施是指中央银行通过道义劝告、窗口指导等办法对商业银行和其他金融机构信用活动的方向和重点,实施间接指导,以影响其信用创造能力。

道义劝告是指中央银行利用自己在金融体系的特殊地位和威望,对商业银行及其他金融机构发出通告、指示或与各金融机构的负责人进行面谈,交流信息,解释政策意图,劝告其遵守和贯彻中央银行政策,以影响其贷款的数量和投资的方向,从而实现货币政策目标。道义劝告既能影响信用总量,又有助于调整信用的构成。但是,道义劝告不具有强制性,一般不依靠法律赋予的特殊权利,而是通过金融机构领会政策意图,自动地根据中央银行的政策意向采取相应措施。

窗口指导是指中央银行根据产业行情、物价趋势和金融市场动向,规定商业银行的贷款重点投向和贷款变动数量等。这些规定虽然没有法律强制力,但其作用有时也很大。窗口指导是日本银行经常使用的一种政策工具,早在 20 世纪 50 年代,日本银行利用其在金融体系中的威信以及其他金融机构对日本银行的高度依赖,劝告它们自动遵守日本银行提出的要求,从而达到控制信贷总量的目的。2008 年全球性的金融危机爆发后,中国人民银行也加大了通过窗口对金融机构的政策指导。2012 年 11 月,中国人民银行营业管理部组织召开 2012 年前三季度北京经济金融形势分析会暨"窗口指导"会,要求金融机构继续贯彻落实稳健货币政策要求,重视经济逆周期信贷资金支持的重要性,积极寻找和发现优质项目,支持实体经济健康发展。2015 年 6 月,人民银行天津分行深入 10 家金融机构开展调研和窗口指导,要求各金融机构充分理解和把握金融宏观政策意图,牢牢抓住发展机遇,为天津市经济社会持续健康发展提供有力的金融支持。窗口指导现在已成为中国人民银行经常使用的一种政策工具。

第三节 货币政策的传导机制与效应

一、货币政策的传导机制

所谓货币政策传导机制,是中央银行确定货币政策目标后,从选用一定的货币政策工具现实地进行操作开始,到最终目标的实现,所经过的各种中间环节相互之间的有机联系及因果关系的总和。简单地说,货币政策的传导机制就是货币政策工具如何引起某些社会经济关键因素发生变化的过程。经济学家在货币政策如何影响经济活动的问题上存在着分歧,主要有两种不同的理论主张,即凯恩斯学派的货币政策传导机制和货币学派的货币政策传导机制。

(一)凯恩斯学派的货币政策传导机制

凯恩斯学派的货币政策传导机制的最初思路是:在货币领域中货币供给量是中央银行可以调控的外生变量,通过增减货币供给量,可以影响利率的升降。利率的变化通过对资本边际效益,使投资以乘数方式增减。在其他支出不变的情况下,投资支出的变动会进一步影响总支出,进而影响总收入。即

$$M \to R \to I \to E \to Y$$

这里,M 为货币供给,R 为利率,I 为投资,E 为总支出,Y 为总收入。

具体地说,如果面临一个通货紧缩的经济环境,中央银行应采用扩张性的货币政策。随着中央银行货币政策的实施,首先引起流通中货币供给量的增加,这就打破了原有货币市场的均衡,货币供给大于货币需求,借款比较容易,促使利率降低。利率降低,则意味着资本的边际收益相应提高,这说明投资有利可图,从而刺激企业增加投资,通过乘数效应,直接增加社会的总支出,最终引致社会总收入的增加。即

$$M\uparrow \to R\downarrow \to I\uparrow \to E\uparrow \to Y\uparrow$$

反之,如果经济处于通货膨胀的态势,则应采用紧缩性的货币政策,即采取措施减少货币供给量,进而引起一系列与上述相反的政策作用过程。

在这个传导机制发生作用的过程中,主要的环节是利率的变化。货币供给量的调整,首先影响利率的升降,利率的升降进一步带来投资和产出的变化,因此利率是整个传递机制的核心。货币供给量增加以后利率是否随之降低,以及降低的程度,就决定了货币政策是否有效及作用程度的大小。如果货币供给量的增加不能对利率产生影响,即存在流动性陷阱,则货币政策无效。

上述分析仅仅表明了货币市场变动对商品市场的影响,而没有显示它们之间循环往复的相互作用,因此凯恩斯学派称之为局部均衡分析的货币政策传导机制。后来许多学者对该理论进行了发展和补充,英国经济学家希克斯和美国经济学家汉森在此基础上建立了 IS-LM 模型,凯恩斯学派称之为一般性均衡分析,内容如下:

(1)假定货币政策工具的运用使得货币供给量增加,在既定的产出水平下,利率会相应下降,利率的下降会刺激投资并引起总支出的增加,总支出的增加推动产出上升。这与原来的分析是一样的。

(2)总产出的增加又会使货币需求上升,如果没有新的货币供给投入经济生活,货币供求的对比就会使下降的利率回升。这是商品市场对货币市场的作用。

(3)利率的回升又会使总需求减少,产出随之下降;而产出下降又导致货币需求下降,那么利率又会回落,这是往复不断的过程。

(4) 这一过程最终会逼近一个均衡点,在这个点上,货币市场和商品市场同时达到均衡。在这个点上,可能利率较原来的均衡水平低,而产出量较原来的均衡水平高。

尽管凯恩斯学派试图从经济学原理出发阐明货币政策的传导机制,这无疑是十分必要的。但是由于市场经济的复杂性,影响市场经济运行因素的多样性和易变性以及市场经济参与主体行为的随机性,使得要比较精确地描述货币政策的传导机制是异常困难的。

(二)货币学派的货币政策传导机制

弗里德曼及货币学派认为货币政策的传导是比较直接和迅速的,并不像凯恩斯学派认为的那样间接和迂回。当货币供给量增加时,由于货币需求函数中的其他变量都没有发生变化,实际的货币需求量不变,这样导致货币资产的持有者即个人或企业等经济单位会发现他们实际所持有的货币资产比他们希望持有的数量要多,于是,他们的反应是将多余的货币用于购买各种资产。这种支出的变化不仅影响金融资产,也影响耐用消费品、房屋等真实资产。具体地说,货币供给量的增加,首先引起人们对金融资产的需求增加,使其价格上升,利率下降。此时,耐用消费品和房屋等真实资产的价格显得相对低廉,人们就会增加对这类真实资产的需求,使其价格上涨,并且会波及其他的真实资产。需求决定供给,伴随着人们对商品需求的增加,总产出增加。简言之,上述的传导过程无非是货币供给量的增加,引起总支出水平的增加,进而带动总产出的增加。即

$$M\uparrow \rightarrow E\uparrow \rightarrow Y\uparrow$$

因此,货币政策的作用机制就是货币数量的变动引起总支出水平的变化,总支出水平的变化进而引起总产出的变化。即

$$M \rightarrow E \rightarrow Y$$

但是,弗里德曼还认为,对于短期的经济变动来说,货币数量的变化是决定名义收入与实际收入的主要因素,或者说,货币数量的变化是决定经济变动的主要因素。而从长期来看,货币增长率的变化只会引起价格水平的变化,不会对实际产量产生影响。

尽管以上内容论述了货币政策的作用机理,但是货币学派认为货币对国民收入影响的途径是多种多样和不断变化的,要想弄清楚货币政策的全部传导机制是不可能的。实际上也没有必要搞清全部传导机制,只要能证明货币变动与国民收入变动的相关性,也就为货币政策的制定找到了依据。

二、货币政策效应及其衡量

(一)货币政策效应的含义及其影响因素

所谓货币政策效应,是指中央银行推行一定的货币政策之后,社会经济运行所做出的现实反应,它是货币政策的实施对社会经济产生的影响,是货币政策传导于经济过程之后的必然结果。

由于货币政策是在特定的社会经济金融中运行的,影响货币政策效应的因素来自方方面面,现就以下几个主要因素进行分析:

(1) 时滞。货币政策从制定到最终目标的实现,必须经过一段时间,这段时间被称为货币政策的时滞。通常货币政策的时滞可以分为内部时滞和外部时滞。

内部时滞是中央银行从制定政策到采取行动所需要的时间。这一过程又可以分为两个阶段:第一,认识时滞,指从经济现实有实行政策的需要到中央银行认识到存在这种需要之间所耗费的时间。这段时滞存在的原因,一是因为搜集各种信息资料需要耗费一定时间;二是对各种复杂的经济现象进行综合分析,做出客观的、符合实际的判断需要耗费一定的时间。第二,决策时滞,指从认识到需要改变政策到提出一种新的政策所需耗费的时间。这部分时滞的长短取决于中央银行对各种信息资料的占有程度、对经济金融形势的分析和判断能力以及中央银行决策水平的高低和对金融调控能力的强弱。

外部时滞是指从中央银行采取行动到政策对经济社会发生作用所耗费的时间,也就是作为货币政策调控对象的金融部门和企业部门对中央银行实施的货币政策的反应过程。外部时滞较为客观,是一个由金融部门的行为、企业部门的行为以及社会经济结构和产业结构等多种因素决定的复杂变量,中央银行难以对它进行实质性的控制。

时滞是影响货币政策效应的重要因素。如果货币政策的时滞可预测,时长有限,并且非常均匀,那么中央银行就能有效地调控货币政策作用的力度和方向,从而更好地实现货币政策的目标。反之,如果货币政策的时滞长并且不稳定,中央银行就无法在特定的时期准确地观察政策的执行情况,货币政策或许会在错误的时间产生错误的作用,或者使经济形势更加恶化,货币政策作用的效果将严重受损。

(2) 货币流通速度。货币流通速度是建立一国货币供给量与国内生产总值之间的联系的关键变量,也是影响货币政策效应的一个重要因素。即使是货币流通速度的一个相当小的变动,如果政策制定者未能预料到或在估算这个变动幅度时出现了误差,都可能使货币政策的效果受到严重影响,甚至可能使本来正确的政策走向反面。假设在预测年度,GNP将增长20%,并且根据对前些年的年度有关数据的实证分析得出,只要包括货币流通速度在内的其他条件不变,货币供给量的等比例增加即可满足GNP增长对货币的追加需求。如果货币流通速度在预测年度内加快了10%,不考虑其他条件的变化,货币供给量只需增加9.1%即可。如果中央银行没有预测到上述货币流通速度的变化,仍然使货币供给量增加20%,那么新增的货币供给量将成为滋生通货膨胀的直接因素。

但是,在现实经济中,影响货币流通速度的因素很多,如居民收入水平和支出结构的变化、经济单位数量和金融市场发展水平以及产业结构及生产专业化状况,因此,很难准确地估算货币流通速度,这无疑限制了货币政策效应的提高。

(3) 微观主体的预期。理性预期学派认为,当一项新的货币政策提出时,经济主体会搜集所有可能获得的信息,在有效利用这些信息的基础上形成理性预期,并很快做出对策,从而抵消货币政策的效用,所以该学派认为,货币供给的系统性的、可预测的变化不会对实际产出和就业产生影响,只有货币供给的突然的、未预料的变化才会对这些重要的实际变量产生影响。但是,从实际情况来看,由于存在信息不对称,且经济主体并不具备完全的预测能力,他们的预期经常是不准确的,即使预期是非常准确的,实施对策的步伐也很快,但其效应的发挥也要有个过程,因此货币政策仍可奏效,只是货币政策的效应会大打折扣。

(4) 社会政治团体的利益。由于不同社会政治团体的利益不完全一致,为了扩大自身利益,必然要干预货币政策,进而对货币政策效应产生一定的影响,主要表现如下:

① 政治性经济周期的影响。一般来讲,高经济增长和低失业会给执政党带来不少选票,所以执政党在大选之前都力图刺激经济,而新政府一般在大选后便及时采取收缩政策使国民经济平稳下来,这叫作"政治性经济周期"。但由于大多数西方国家中央银行理事会成员的任期与政府首脑的不一致,因此,在大选之前往往会出现货币政策与财政政策大相径庭的局面,总统力图刺激国民经济,降低失业率,中央银行力图稳定国民经济,抑制通货膨胀。所以,政治性经济周期的存在也会在一定程度上影响货币政策的效果。

② 其他政治因素的影响。由于任何一项货币政策方案的贯彻,都可能给不同阶级、集团、部门或地方的利益带来影响。这些主体如果在自己利益受损时做出较强烈的反应,就会形成一定的政治压力。这些压力足够有力时,就会迫使货币当局对货币政策进行调整。

(二) 货币政策效应的衡量

货币政策效应的衡量主要有两个方面:一是效应发挥的快慢,即货币政策从制定到获得主要的或全部的效果所经过的时间,也就是上述时滞的长短;二是发挥效力的大小,这是政策效应衡量的主要方面。

对货币政策效应大小的判断,一般着眼于实施货币政策所取得的效果与预期所要达到的目标之间的差距。以治理通货膨胀为例,若通货膨胀是社会总需求大于社会总供给造成的,可以从以下几方面进行考察:① 如果通过紧缩的货币政策的实施,减少了货币的供给,并且平抑了价格的上涨,同时又不影响产出或供给的增长率,那么紧缩货币政策的效应最大。② 如果货币政策的实施,在平抑价格水平上涨的同时也抑制了产出量的增长,那么货币政策的效应较小。③ 若紧缩的货币政策无力平抑价格上涨,却抑制了产出的增长甚至导致产出为负,则可以说货币政策是无效的。

【能力训练】

1. 货币政策的最终目标有哪些?它们相互之间的关系如何?
2. 选择货币政策中介目标的标准有哪些?
3. 结合实际经济状况,试分析我国当前应采取什么样的货币政策?
4. 试论为了实现货币政策目标,应如何改革和完善我国的货币政策工具。
5. 试分析我国当前货币政策的有效性。

附：

我国法定存款准备金率的变化情况（1985—2018年）

时　　间	大型存款类金融机构/%	中小型存款类金融机构/%
1985 - 01 - 01	10.00	10.00
1987 - 01 - 01	12.00	12.00
1988 - 01 - 01	13.00	13.00
1998 - 03 - 21	8.00	8.00
1999 - 11 - 21	6.00	6.00
2003 - 09 - 21	7.00	7.00
2004 - 04 - 25	7.50	7.50
2006 - 07 - 05	8.00	8.00
2006 - 08 - 15	8.50	8.50
2006 - 11 - 15	9.00	9.00
2007 - 01 - 15	9.50	9.50
2007 - 02 - 25	10.00	10.00
2007 - 04 - 16	10.50	10.50
2007 - 05 - 15	11.00	11.00
2007 - 06 - 05	11.50	11.50
2007 - 08 - 15	12.00	12.00
2007 - 09 - 25	12.50	12.50
2007 - 10 - 25	13.00	13.00
2007 - 11 - 26	13.50	13.50
2007 - 12 - 25	14.50	14.50
2008 - 01 - 25	15.00	15.00
2008 - 03 - 25	15.50	15.50
2008 - 04 - 25	16.00	16.00
2008 - 05 - 20	16.50	16.50
2008 - 06 - 15	17.00	17.00
2008 - 06 - 25	17.50	17.50
2008 - 09 - 25	17.50	16.50
2008 - 10 - 15	17.00	16.00
2008 - 12 - 05	16.00	14.00
2008 - 12 - 25	15.50	13.50

续表

时　间	大型存款类金融机构/%	中小型存款类金融机构/%
2010-01-18	16.00	14.00
2010-02-25	16.50	14.50
2010-05-10	17.00	15.00
2010-11-16	17.50	15.50
2010-11-29	18.00	16.00
2010-12-20	18.50	16.50
2011-01-20	19.00	17.00
2011-02-24	19.50	17.50
2011-03-25	20.00	18.00
2011-04-21	20.50	18.50
2011-05-18	21.00	19.00
2011-06-20	21.50	19.50
2011-12-05	21.00	19.00
2012-02-24	20.50	18.50
2012-05-18	20.00	18.00
2015-02-05	19.50	17.50
2015-04-20	18.50	16.50
2015-09-06	18.00	16.00
2015-10-24	17.50	15.50
2016-03-01	17.00	15.00
2018-04-25	16.00	14.00
2018-07-05	15.50	13.50
2018-10-15	14.50	12.50

第十章 外汇与汇率

【学习要点】本章主要介绍外汇与汇率的基本概念和种类、汇率的标价方法、不同汇率制度的优劣及外汇交易和风险管理。

【重点难点】重点和难点在于掌握汇率与汇率制度的相关内容。

【基本概念】外汇 自由外汇 记账外汇 直接标价法 间接标价法 基本汇率 官方汇率 市场汇率 买入汇率 卖出汇率 现钞汇率 固定汇率制 浮动汇率制 货币局制度 管理浮动汇率制度 汇率目标区制度

在开放经济条件下,外汇是使一国的对外经济活动能够正常进行的不可或缺的支付手段,而汇率则因此成为一国的重要经济变量。汇率的变动会对一国的宏观经济状况产生举足轻重的影响,而外汇交易及其风险管理又直接影响到一国的微观经济主体的利益。所以,如何选择合适的汇率制度,稳定汇率水平,防范汇率风险,已成为金融学研究的重要内容。

第一节 外汇与汇率概述

绝大多数国家都有自己的货币,但本国货币并不能在别国自由流通。如果本国居民与别国居民发生了经济业务往来,抑或由于这种经济业务的往来而产生了债权债务关系,从而需要进行清偿时,就要将本国的货币兑换成外国货币,或将外国货币兑换成本国货币,随即形成外汇交易的过程。外汇起源于国际间的商品生产和交换,实质是实现国际间商品交换的工具,是清偿国与国之间债权债务的手段。

一、外汇

作为一种对外支付的手段,一种具有融通性质的债权,外汇是为适应国际间商品流通和劳务交换的需要而发展起来的。其最初的含义是国际汇兑,是国与国之间进行经济活动的基本手段。

外汇,具有动态的和静态的两种含义。所谓动态的外汇,是指通过特定的金融机构(如外汇银行),将一种货币兑换成为另一种货币,以汇款或托收的方式,利用国际信用工具的划拨转付对国际间债权债务关系进行非现金国际结算的一种业务活动。而静态的外汇又有狭义和广义之分。狭义的静态外汇是指以外币表示的可用于进行国际间结算的支付手段,即我们平时所理解的外汇。没有特别说明,以下所说的外汇都指狭义的静态外汇。广义的静态外汇,是指一切用外汇表示的资产,一般是由国家外汇管理法令规定。

国际货币基金组织曾对外汇做出明确的说明："外汇是指货币行政当局（中央银行、货币管理机构、外汇平准基金组织及财政部）以银行存款、国库券、长短期政府债券等形式所保有的在国际收支逆差时可以使用的债权。"按此定义，外汇具体包括：① 可以自由兑换的外国货币，包括纸币、铸币等；② 长短期外币有价证券，即政府公债、国库券、公司债券、金融债券、股票、息票等；③ 外币支付凭证，即银行存款凭证、商业汇票、银行汇票、银行支票、银行支付委托书、邮政储蓄凭证等。

我国的《中华人民共和国外汇管理条例》规定："外汇是指下列以外币表示的可以用作国际清偿的支付手段和资产，具体包括：① 外国现钞，包括纸币、铸币；② 外币支付凭证或者支付工具，包括票据、银行存款凭证、银行卡等；③ 外币有价证券，包括债券、股票等；④ 特别提款权；⑤ 其他外汇资产。"

（一）外汇的特征

理论上讲，任何一个国家所发行的货币对于别国而言都可作为外汇使用。但现实中，任何一种货币要被世界各国广泛地接受成为外汇，必须具备以下三个条件：

1. 普遍接受性

外汇不是一般的外国货币或资产，要想充当国际间商品和劳务交换的流通手段和国际间债权债务关系的清偿工具，这种货币或资产就必须得到国际承认，并为各国普遍接受和运用。一国货币及以该货币表示的票据、有价证券是否能够成为国际清偿工具，是以其是否为国际所承认和普遍接受为前提的。

2. 可兑换性

作为外汇，必须能够自由地兑换成其他国家的货币或购买其他信用工具，以具备进行多边支付的功能。由于各国的货币制度、外汇管理制度不同，一国货币一般不能在别国流通使用。为了清偿国际间的债权债务关系，抑或实现单方面转移，作为国际间支付手段的外汇必须能够不受限制地按一定比例兑换成别国货币，以实现国际间的清偿。当然，这种不受限制的自由兑换性是与该国的经济实力密切相关的。

3. 可偿性

外汇必须具有可靠的物质偿付保证。一个国家的货币能被其他国家普遍地接受，这实际上反映了该国具有相当规模的生产和出口能力，或者该国具有其他国家所稀缺的丰富的自然资源，因而，该国货币有着充分的物质偿付保证。

（二）外汇的种类

根据不同的划分标准，可以将外汇划分为不同的种类。常见的外汇分类有以下几种。

1. 按外汇的管制程度或兑换方式划分，可以划分为自由外汇与记账外汇

自由外汇是指在国际结算和国际市场上，不需要货币发行当局的批准，就可以兑换，或可以向第三国支付的外国货币、支付凭证或有价证券，如美元、欧元、日元等。这些货币的发行国基本上都取消了外汇管制，货币可以自由兑换或向第三国办理支付。

记账外汇又称协定外汇、双边外汇。这种外汇不能自由兑换，也不能转给第三国使用，但由于在协定双边银行账户上记载并计量结算的双边贸易额，以记账的方式充当双

边支付手段使用,因而在性质上可作为外汇看待。这种外汇以本币、外币或第三国货币表示,通过协定确定汇率、记账方法、运用范围、协定项下的收支差额。在一定时间内相抵后,通过转账清算。有的国家将差额转入下一年度贸易项下平衡,有的用自由外汇兑换相关货币在当年进行清算。

2. 按外汇的来源和用途划分,可以划分为贸易外汇与非贸易外汇

贸易外汇是指由国际商品交换引起收支的外汇。出口贸易可以赚取外汇,进口贸易需要支出外汇,贸易外汇是一国主要的外汇来源,贸易外汇的支出是外汇的主要用途。

非贸易外汇是指由非商品输出入的其他贸易往来引起收付的外汇。非贸易外汇实际上是非商品贸易外汇,主要由劳务外汇、旅游外汇和侨汇构成。可见,除侨汇外,非贸易外汇主要是服务贸易外汇。这种外汇随着国际服务贸易的扩大而日益显得重要。

3. 按外汇的交割期限划分,可以划分为即期外汇与远期外汇

即期外汇,又称现汇,是指外汇买卖成交后的两个营业日内交割完成的外汇。

远期外汇,又称期汇,是指外汇买卖合同签订时约定在将来的某一天办理交割手续的外汇。

二、汇率

外汇汇率,又称外汇汇价或外汇行市,是不同国家货币兑换的比率或比价,即一种货币表示成另一种货币的价格。如,100美元=667.65元人民币,表示美元与人民币的兑换比率为100美元兑换667.65元人民币。

外汇是一种可以在外汇市场上进行交易的特殊商品,而汇率即为这种特殊商品的特殊价格。商品的价格是以货币来表示的,即单位某商品等价于若干单位货币。就一般情况而言,我们不说单位货币等于多少单位的某商品,因为,这种表示没有任何意义(除了以若干单位的不同种类的特定商品的组合来表示单位货币以此来衡量货币的购买力)。而在国际汇兑中,不同货币之间可以相互表示对方的价格。如前所述,100美元=667.65元人民币,那么也可以说,100元人民币=14.9779美元。因此,外汇汇率具有双向性,它既可以用本币来表示外币的价格,亦可用外币来表示本币的价格。

(一) 汇率的标价法

折算两种货币的兑换比率,首先要确定以哪一国货币作为标准,即是以本国货币表示外国货币的价格,还是以外国货币表示本国货币的价格。常见的汇率标价方法有直接标价法、间接标价法和美元标价法。

1. 直接标价法

所谓直接标价法,是指以一定单位(1或100等)的外国货币作为标准,折成若干数量的本国货币来表示汇率的方法。也就是说,在直接标价法下,以本国货币表示外国货币的价格。从外汇交易的角度而言,就是指以固定单位的外国货币为标准来折算应付的若干单位的本国货币的汇率标价法,因而又称应付标价法。在直接标价法下,汇率的上升表示外国货币币值的上升,亦即本国货币币值的下降;汇率的下降即表示外国货币币值的下降,亦即本国货币币值的上升。例如,我国人民币市场汇率某月月初的牌价为

USD 1=CNY 6.331 4,而到该月月末的牌价为 USD 1=CNY 6.450 0,说明美元币值上升,人民币币值下跌。目前,除伦敦和纽约外汇市场以外的全球大多数的外汇市场使用的都是直接标价法。

2. 间接标价法

所谓间接标价法,是指以固定单位的本国货币为标准来折算应收若干单位的外国货币的汇率标价法,因而又称为应收标价法。在间接标价法下,汇率的上升表示外国货币币值的下降,亦即本国货币币值的上升;汇率的下降表示外国货币币值的上升,亦即本国货币币值的下降。这与直接标价法下汇率变动的意义正好相反。目前,伦敦外汇交易市场上使用的是间接标价法,纽约外汇市场上除美元对英镑使用的是直接标价法以外,美元对其他货币使用的都是间接标价法。

例如,伦敦外汇市场汇率月初为 GBP 1=USD 1.311 5,月末为 GBP 1=USD 1.301 0,说明美元汇率上升,英镑汇率下跌。

3. 美元标价法

美元标价法是指以固定单位的美元折算成若干单位的他国货币的汇率标价法。二战后由于纽约外汇市场的外汇交易量迅速扩大和美元国际货币地位的确定,西方各国银行在报出的各种货币的买卖价格时普遍采用美元标价法以简化报价程序并广泛地比较各种货币的汇价。

(二) 汇率的种类

根据划分的标准不同,汇率可以划分为以下几种:

1. 按汇率制度划分,可以划分为固定汇率与浮动汇率

固定汇率是指汇率由货币当局制定、调整和公布,而且只能在规定的幅度内波动,汇率在长期内相对固定不变。当汇率的波动幅度超过规定的范围时,货币当局有义务对汇率进行干预,以维系规定的汇率水平。

浮动汇率,即汇率完全由外汇市场上的供求双方来决定的汇率,一国的货币当局对汇率不做任何的规定,也无义务对汇率的波动加以干预。

2. 按确定汇率的方式划分,可以划分为基本汇率与套算汇率

基本汇率是指一国货币对关键货币的汇率。这里的关键货币是指可以自由兑换的,并在本国国际收支中使用最多、在外汇储备中所占比重最大的货币。各国一般都将美元作为关键货币来制定基本汇率。

套算汇率,即通过基本汇率套算所得的汇率,或在没有基本汇率的情况下,根据两种货币套算出第三种货币的汇率,又称交叉汇率。在国际外汇市场上,各种货币均以美元标价,非美元货币之间的买卖汇价必须通过对美元的汇率进行套算。通过套算而得出的汇率就称为套算汇率,或交叉汇率。

例如:我国某日制定的人民币与美元的基本汇率是:USD 1= CNY 6.227 0,而当时伦敦外汇市场英镑对美元的汇率为:GBP 1=USD 1.781 6。这样,就可以套算出人民币与英镑间的汇率为:

$$GBP\ 1=CNY(1.781\ 6\times 6.227\ 0)=CNY\ 11.094\ 0$$

3. 按汇率受管制的程度划分,可以划分为官方汇率与市场汇率

官方汇率是指由一国货币当局规定并公布的汇率。一般多存在于对外汇买卖、资金流动等实行严格外汇管制的国家中,且官方汇率倾向于高估本国货币。

市场汇率是指在外汇市场上由外汇供求关系决定的汇率。在市场汇率与官方汇率并存的国家中,市场汇率一般都是围绕官方汇率而上下波动的。而不实行外汇管制或实行浮动汇率制的国家中,外汇交易就是按照市场汇率进行的。

黑市汇率,即在黑市中买卖外汇而形成的外汇交易价格,是在政府实行严格外汇管制的情况下,违反外汇管理条例而自发形成的汇率。黑市汇率一般明显高于官方汇率和市场汇率,但它不一定就是外汇市场的均衡汇率。

4. 按银行买卖外汇的价格划分,可以划分为买入汇率、卖出汇率、中间汇率与现钞汇率

买入汇率,又称买入价,是指外汇银行在外汇交易中购买外汇时使用的汇率。采用直接标价法时,外币折合本币数额较少的汇率是买入价;采用间接标价法时,外币折合本币数额较多的汇率是买入价。

卖出汇率,又称卖出价,是指外汇银行在外汇交易中售出外汇时所使用的汇率。采用直接标价法时,外币折合本币数额较多的汇率是买入价;采用间接标价法时,外币折合本币数额较少的汇率是买入价。

如:某日巴黎外汇市场和伦敦外汇市场的报价如下:

巴黎外汇市场:USD 1＝EUR 0.788 5～0.789 5
(直接标价法)　　　　(银行买入美元价)(银行卖出美元价)

伦敦外汇市场:GBP 1＝USD 1.340 5～1.342 0
(间接标价法)　　　　(银行卖出美元价)(银行买入美元价)

中间汇率,又称中间价,是买入汇率和卖出汇率的算术平均数。中间汇率主要用于新闻报道和经济分析,它表示两国货币的真实比价,没有附加外汇银行买卖外汇的兑换收益。

现钞汇率,又称现钞价,是外汇银行买卖外国货币所使用的汇率价格。由于外国货币不能在本国流通,银行买入外国货币后,必须将其运往货币发行国变为该银行在国外的存款才能使用。这样,在运送过程中就产生了运输费、保险费、包装费,以及资金在途时所损失掉的其会产生的利息即这笔外国货币的机会成本,银行在报出现钞的买入价时要扣除这些费用,从而现钞的买入价比外汇买入价要低。

5. 按外汇的交割日期划分,可以划分为即期汇率与远期汇率

即期汇率,又称现汇汇率,是指外汇买卖双方成交后,在当日或两个营业日内进行外汇交割所使用的汇率。

远期汇率,又称期汇汇率,是指外汇买卖双方在成交时约定在未来的某一个特定的日期进行交割所使用的汇率。

远期汇率和即期汇率的差称为远期汇水。当远期汇水为正时,即远期汇率大于即期

汇率,称为升水;当远期汇水为负时,即远期汇率小于即期汇率,称为贴水;当远期汇水为零时,即远期汇率等于即期汇率,称之为平价。

远期汇率的计算因标价法的不同而异,具体公式如下:

直接标价法下:远期汇率=即期汇率+升水,或远期汇率=即期汇率-贴水

间接标价法下:远期汇率=即期汇率-升水,或远期汇率=即期汇率+贴水

例如,在瑞士外汇市场上,美元的即期汇率为 USD 1=CHF 1.100 0,3 个月美元升水 500 点,6 个月美元贴水 450 点。那么,在直接标价法下,3 个月期的美元汇率就为 USD 1=CHF 1.150 0,6 个月期的美元汇率为 USD 1=CHF 1.055 0。

再如,在伦敦外汇市场上,美元的即期汇率为 GBP 1=USD 1.318 5,1 个月期的美元升水 300 点,3 个月期的美元贴水 400 点。则在间接标价法下,1 个月期的美元汇率为 GBP 1=USD 1.288 5,3 个月期的美元汇率为 GBP 1=USD 1.358 5。

6. 按外汇的汇兑方式划分,可以划分为电汇汇率、信汇汇率和票汇汇率

电汇汇率是外汇银行通过电报、电讯的方式买卖外汇时所使用的汇率。由于电汇汇付时间短、费用高,银行无法实现对客户的资金占用,因而电汇汇率高于其他汇率。目前外汇市场所使用的汇率一般多为电汇汇率。

信汇汇率是指外汇银行通过信函的方式买卖外汇时所使用的汇率。因为信汇汇付有一个邮程的时间,在此期间内银行对客户的资金实现了一定时段的占用,故信汇汇率扣除了邮程期间这笔资金的利息,从而它低于电汇汇率。

票汇汇率是外汇银行通过票汇的方式买卖外汇时所使用的汇率。由于票汇是由银行开出的汇票,要求国外的分行或代理行见票付款,并交由汇款人,由汇款人自带或寄往国外取款的方式,这样,从开票到付款就有一个时段,在此期间,银行可以对客户的资金实现占用并用以获利,因此,票汇汇率也要比电汇汇率低。票汇汇率又分即期票汇汇率和远期票汇汇率,远期票汇汇率要低于即期票汇汇率。

第二节　汇率的影响因素与汇率制度

一、影响汇率变动的因素

在现代货币制度下,影响汇率变动的因素有很多。归纳起来,主要有以下几个方面:

(一) 国际收支

国际收支状况是影响一国货币汇率变动的一个直接且主要的因素。当国际收支表现为顺差时,在外汇市场则表现为外汇供大于求,从而外币贬值,本币升值;当国际收支表现为逆差时,在外汇市场则表现为外汇的供不应求,从而外币升值,本币贬值。

国际收支对汇率的影响具有长期性的特点。即一国的国际收支如果长期保持为顺差,那么该国货币的汇率就会上升;但一国的国际收支如果长期保持逆差,那么该国货币的汇率就会下降。这在实施固定汇率制的国家中表现得尤为明显。投机性的国际短期

资本,即国际游资的流动对一国外汇市场的冲击亦会引起汇率的波动。这在采用浮动汇率制的国家中表现得比较明显,而在采用固定汇率制的国家则更多地表现为一种升值或贬值的压力。如,东南亚金融危机时期,对冲基金对港币的冲击,以及2003年以来国际游资豪赌人民币升值等事件都可说明。

(二) 相对通货膨胀率

通货膨胀意味着货币购买力的下降,即对内货币贬值。在其他条件不变的情况下,这种对内的贬值必定导致货币对外贬值——汇率下降。具体而言,通货膨胀率相对较高的一国,其产品的国际竞争力较弱,从而减少了其出口。同时提高了外国产品在本国市场的竞争力,增加了进口。通货膨胀通过国际收支间接地影响了汇率的变动。此外,对高通胀国而言,人们预期该国货币将趋于疲软,于是进行货币替代,即将手中的该国货币抛出,买入其他货币,于是造成高通胀国货币在外汇市场的下跌。

(三) 相对经济增长率

经济增长对汇率变动的作用是多方面的,就商品、服务而言,一方面,相对经济增长率较高的国家,意味着其国民收入增加,进而进口需求增加;另一方面,高经济增长率同时也意味着劳动生产率的提高和生产成本的下降,从而增强了本国产品的国际竞争力,刺激了出口。因而,经济增长率对汇率的影响作用要看进出口两股力量的对比结果。此外,经济增长也会对国际资本流动产生影响。高经济增长率的国家,国内对资本的需求较大,国外投资者也愿意将资本投入到这一未来回报率高的经济体中,于是带来了资本的流入。总的说来,就长期来看,高经济增长率对本国货币的升值会产生有力的支持作用,且这种影响的持续时间也较长。

(四) 相对利率

资本是具有逐利的特点的。而作为资本价格的利率,其高低直接引导着资金的流动。如果一国利率相对较高,那就会刺激国际资金的流入,在外汇市场上表现为外汇的供给增加,从而外汇汇率下降,本币汇率上升。反之,如果一国利率相对较低,那就会导致国际资金的流出,从而使得外汇市场上外汇供不应求,外汇汇率上升,本币汇率下降。由于利息是在一定的时段后生产出来的,因而,由利率引致的资本流动就必须考虑未来的汇率变动。如果预期一国利率的变动不足以弥补未来汇率的变动所带来的不利影响,那么资本的流动是不可能发生的。

正是由于资本的逐利性的特点,利率对长期汇率的影响是十分有限的,而对短期汇率则会产生很大的影响。

(五) 心理预期

在金融市场中,心理预期是一个对资金流动很重要的因素,对外汇市场也不例外,因而其对汇率变动的影响作用也更为明显。就经济方面而言,心理预期包括对经济增长、国际收支、物价水平、利率水平等方面的预期。由于国际资本的规模日益庞大,一个微小的心理预期,都可能会引起市场投机行为的活跃,从而加剧汇率的波动。

(六) 政府干预

各国政府为实现经济目标,会通过经济政策或其他手段来对外汇市场进行干预,进而影响汇率,如通过在外汇市场的操作来传达一种影响心理预期的声明等。虽然这些都无法改变汇率的长期走势,但却可对汇率的短期波动产生一定程度的影响。

(七)国际储备

对于固定汇率制国家而言,较高的国际储备表明了政府干预外汇市场,稳定汇率的能力很强。因此,国际储备能够影响外汇市场上对本币的信心。

此外,还有其他许多因素,诸如政治和社会等方面的因素,也会影响汇率变动。在现实经济中,这些因素并非是孤立存在、孤立作用的,而是和其他主次要因素交织在一起共同对汇率产生影响。在这些影响作用中有正面的,也有负面的,这样它们对汇率的影响就有可能相互促进抑或相互抵消,从而使得对汇率波动的分析变得更为复杂,对汇率的预期也更为不确定。因此,只有对各种因素的作用方向和对汇率影响的权重做出具体分析,才有可能对汇率的变动做出准确可靠的判断。

二、汇率制度

汇率制度,又称汇率安排,是指一国货币当局对本国汇率变动的基本方式所做的一系列安排或规定。具体包括:① 汇率确定的原则和依据;② 维持与调整汇率的办法;③ 管理汇率的法规、体制和政策等;④ 制定、维持与管理汇率的机构。

(一) 传统汇率制度

传统汇率制度主要可分为固定汇率制和浮动汇率制。

1. 固定汇率制

固定汇率制是指现实汇率受平价的制约,只能围绕平价在一个被限定的范围内波动的一种汇率制度。其中,在不同的货币制度下,平价的标准也不同。

从历史发展上看,自19世纪中末期金本位制在西方主要各国确定以来,一直到1973年,世界各国的汇率制度基本上属于固定汇率制。固定汇率制度经历了两个阶段:一是从1816年到第二次世界大战前的国际金本位制度时期的固定汇率制,二是第二次世界大战后从1945年到1973年的布雷顿森林体系下的固定汇率制。

(1) 金本位制下的固定汇率制。金本位制又经过了金铸币本位制、金块本位制和金汇兑本位制三个阶段。金铸币本位制是以黄金作为货币制度的基础,并实行金铸币自由流通的一种货币制度。金块本位制没有金币流通,但国家为纸币或银行券规定含金量,并对黄金的兑换也做出了限制。在金汇兑本位制下,也没有金币流通,但规定了货币单位的含金量,本国货币不能直接兑换金币或金块,本国将黄金与外汇存于另一实行金本位制的国家,允许以外币间接兑换黄金。因此,金铸币本位制度是典型的金本位,而金块本位和金汇兑本位事实上是削弱了的金本位。我们一般谈到金本位制下的汇率决定,往往主要关注金铸币本位制下的汇率决定。

一般而言,在金本位制下,黄金是货币本位,各国的货币都规定有一定的含金量,而这一含金量就是各国货币比价的基础,称之为金平价。在典型的金本位制,既金铸币本位制下,各国货币的含金量之比称为铸币平价,它是决定各国货币兑换率的基础。在金铸币本位制下,在外汇市场上,由于外汇供求的影响,汇率总是会上下波动的。但是由于黄金的价格相对稳定,汇率的上下波动被限定在由黄金的国际间的自由运送而产生的运费和保险费而决定的黄金输出入点内。这种以铸币平价为中心,黄金输出入点为汇率波动上下限的汇率制度就构成了在金币本位制下的固定汇率制。

在金块和金汇兑本位制下,黄金的国际贸易清算和支付的功能已大大削弱,取而代之的是以国家信用或银行信用为基础的纸币或银行券,并且国家对这种充当清算手段的货币单位规定了含金量。这种货币单位间含金量的比例就决定了在金块和金汇兑本位制下汇率决定的基础,称之为法定平价。因为它仍属于金本位制,所以也是金平价的一种。而汇率波动的范围也不再由黄金输出入点来限制了,汇率的波动幅度由政府来制定和维护,以保持汇率的稳定。这就是金块和金汇兑本位制下的固定汇率制。

(2) 纸币流通制度下的固定汇率制。纸币流通制度下的固定汇率制,其平价是由人为的协定来具体规定的。以布雷顿森林体系最为典型。二战后,为了恢复国际金融秩序,西方国家于 1944 年 7 月在美国的布雷顿森林城召开会议,最后各国签订的《国际货币基金协定》确立了以美元为中心的固定汇率制度,建立了布雷顿森林体系。该体系的最大特点是确定了"双挂钩",即美元与黄金以 35 美元兑 1 盎司黄金相挂钩;各国货币依据本国货币含金量和美元直接挂钩。各国货币与美元的固定比率称为黄金平价,或货币平价,而货币间的波动幅度则根据《国际货币基金协定》人为规定准许上下浮动 1%,不再将以黄金输出入点为幅度的上下限作为依据。

我们可以通过两种固定汇率制度的比较来进一步理解纸币流通制度下的固定汇率制度。

① 两种固定汇率制度的共同点。两种固定汇率制都是以各国货币的含金量作为汇率的决定基础,黄金都起着货币的作用。在金本位制下黄金通过自由的输出入执行着世界货币的职能,而且各国纸币的发行量都受黄金准备量的限制。通过金币的自由铸造与自由销毁,黄金与纸币形成严格的比例关系。在布雷顿森林体系下,虽然没有金币的流通,黄金也不能自由输出入,但协议规定美元与黄金挂钩,各国官方可以按 1 盎司 35 美元的价格将自己手中的美元向美国政府兑换黄金。黄金仍然拥有世界货币的地位,而且与纸币仍然有一个严格的比例关系。总之,在两种固定汇率制度下,货币黄金都是汇率决定的基础,汇率的波动都是围绕以货币含金量为基础的平价而上下波动。

② 两种固定汇率制度的不同点。首先,在金本位制下固定汇率是自发形成的,两国货币之间的中心汇率是按铸币平价决定的,黄金的特点能自动保证现实汇率的波动不超过黄金输送点。而在纸币流通条件下,固定汇率制只是通过国际间的协议(布雷顿森林协定)人为建立起来的,各国当局通过规定虚设的金平价来制定中心汇率,并且现实汇率也是通过外汇干预、外汇管制或国内经济政策等措施被维持在人为规定的狭小范围内波动。其次,在金本位制下,各国货币的金平价是不会变动的,因此各国之间的汇率能够保持真正的稳定。而在纸币流通条件下,各国货币的金平价则是可以调整的,当一国国际收支出现根本性失衡时,金平价可以经由国际货币基金组织核准而予以变更。因此金本位制度下的固定汇率制是典型的固定汇率制,而纸币流通条件下的固定汇率制,严格来

说只能称为可调整的钉住汇率制。

2. 浮动汇率制

浮动汇率制是指一国货币当局对本国货币的汇率不做任何规定,而是完全由外汇市场的供求决定的汇率制度。1973年2月美元第二次贬值后,各国纷纷放弃纸币流通下的固定汇率制,实行了浮动汇率制。

按照政府是否对汇率进行干预,浮动汇率制可分为自由浮动和有管理的浮动。自由浮动(Free Floating)又称"清洁浮动"(Clean Floating),意指货币当局对外汇市场不加任何干预,完全听任汇率随市场供求状况的变动而自由涨落。管理浮动(Managed Floating)又称"肮脏浮动"(Dirty Floating),指货币当局对外汇市场进行干预,以使市场汇率朝有利于己的方向浮动。目前各国政府都会对本国货币的汇率水平做出或多或少的规定,并进行指导和干预。因此绝对的自由浮动是不存在的。

此外,浮动汇率制还可分为单独浮动和联合浮动。单独浮动(Independent Floating),又称独立浮动,指本国货币不与外国任何货币发生固定联系,其汇率根据外汇市场的供求状况单独浮动。例如美元、澳大利亚元、日元、加拿大元和少数发展中国家的货币。联合浮动(Joint Floating)指原欧洲货币体系各成员国货币之间保持固定汇率,而对非成员国货币则采取共同浮动的做法。例如欧元与暂且未加入欧元的原欧洲货币体系各成员国货币(如英镑)。关于欧元的汇率制度安排详见专栏10-1。

专栏 10-1

关于欧元的汇率安排

1996年12月13日至14日在都柏林召开的欧盟理事会就欧盟内部的欧元汇率机制安排达成协议,1997年6月16日至17日阿姆斯特丹欧盟理事会批准从1999年1月1日开始实行新的汇率机制。欧元的汇率机制安排的主要内容是:

汇率机制的结构 欧元的汇率机制以所谓的"轮毂—轮辐"模型为基础。对于这个机制来说,欧元是制动器("轮毂")和记账单位,暂不参加欧元区的成员国的货币仅以双边汇率为基础与这个制动器相联系("轮辐"),现行的汇率机制中的多边平价网(每两个成员国的货币有一个为中心汇率)将不复存在。

中心汇率和波动幅度 中心汇率以欧元为标准确立,暂不参加欧元区的成员国的货币对欧元的中心汇率的标准波动幅度为正负15%。至于中心汇率和波动幅度,则由欧元区成员国财政部部长、欧洲中央银行、参加新汇率机制的非欧元区成员国财政部部长和中央银行行长通过多边协商并遵循欧盟委员会的通常程序来确定。

汇率机制的管理 管理中央银行的董事会(由欧洲中央银行行长组成)负责欧元汇率机制的日常管理,并作为在欧元区和暂不参加欧元的成员国之间协调货币政策的论坛。欧盟经济和财政部长委员会以及欧盟委员会将对暂不参加欧元区的成员国的货币和金融形势进行检查。

> **干预和备用信贷安排** 原则上,对汇率偏离标准波动幅度的干预是自动的和不受限制的。不过,如果欧洲中央银行和(或)暂不参加欧元区的成员国中央银行的物价稳定目标受到威胁,干预也许会暂停。现行汇率机制中的波幅内协调干预和为干预融资的备用信贷安排将予以保留。
>
> 新的汇率机制的运行将有助于保证名义汇率能真实反映各成员国的经济状况,促使这些国家积极采取措施稳定货币和经济,为经济趋同和早日加入欧元区奠定基础。新的汇率机制将会进一步巩固欧盟这个利益共同体,强化欧盟各成员国对欧元的向心力;通过构建避免汇率过大或过快波动的制度,将提高欧元作为国际通货的稳定性,提高欧盟在国际金融市场上的整体抗风险能力。
>
> ——摘编自:方福前.欧元的汇率机制安排[N].金融时报,1998-12-22

作为两种极端的汇率制度,固定汇率制和浮动汇率制各有千秋。总体来说,固定汇率制相对稳定并利于交易的进行,但缺乏弹性,无法反映市场的真实供求,而且维持这种汇率制度的代价较大;浮动汇率制和固定汇率制恰好相反,它灵活,能够反映市场对外汇的真实供求关系,维持该汇率制的成本较小,但汇率的波动不利于国际贸易的结算,并带来了不安定的因素和风险,也给国际游资和投机者带来了套汇套利的可乘之机。因此在选择汇率制度时要结合本国的政策目的、经济实力和经济结构以及地区经济合作的情况等因素综合考虑。

(二)其他汇率制度

除了固定汇率制和浮动汇率制外,还有一些处于二者之间的汇率,如爬行钉住汇率制、货币局制度、管理浮动汇率制度汇率目标区制度等。

1. 爬行钉住汇率制

爬行钉住汇率制是指汇率按照某一固定的、事先宣布的幅度,或是根据某些量化指标的变化,经常地、小幅地调整的固定汇率制。这一汇率制有两个特点:其一,爬行钉住汇率制的实施国有维持汇率平价的义务,这使它属于固定汇率制;其二,这一汇率平价可以经常地、小幅地调整,这又使它有浮动汇率制的因素而区别于一般可调整的钉住汇率制,因为后者的平价调整是偶然的,而且是大幅度的。

支持爬行钉住汇率制的学者认为,货币当局在进行汇率调整时可以规定汇率调整的上下限,这样可以给货币当局在理论上提供某种管理的标尺。另外,爬行钉住汇率制下,汇率定期调整意味着汇率具有调整国际收支的作用,而且由于调整幅度小,因此对货币进行大规模投机的可能性就较小。但爬行钉住汇率制也有着明显的缺点,在经济冲击面前当国际收支严重失衡时,如果拘泥于严格的爬行钉住汇率制,由于汇率的调整幅度较小,就可能要求该国牺牲一部分内部经济目标来维持国际收支的平衡。

2. 货币局制度

货币局制是指在法律中明确规定本国货币与某一国可兑换货币保持固定的兑换比率,并且对本国货币的发行做一特殊限定以保证汇率制度的履行。货币局制度通常要求货币发行必须以一定的外国货币作为准备金,并在货币流通中始终满足准备金的要求。

该制度下的货币当局称为货币局,而不是中央银行,因为在这一制度下,货币发行量的多少不再完全听任货币当局的主观愿望或经济运行情况,而是取决于准备金的多少。因而,货币当局失去了货币发行的主动权。当然,在货币局设立之初,各国常常会根据具体情况对之进行一定的修改。

3. 管理浮动汇率制度

管理浮动汇率制度意味着货币当局通过对外汇市场进行一定程度的干预来影响汇率走势,以达到减少汇率波动的目的。管理浮动汇率制的特点是,货币当局对汇率波动进行某种干预,但如何干预由货币当局决定。即货币当局不对外宣布干预的指导方针或标准,也没有平价汇率或汇率水平,也不规定汇率波动的界限,而是凭借经验和智慧根据现实的需要来对波动的汇率做出调整。我国从1994年实行的新的外汇管理体制开始确定了我国的汇率制度为有管理的浮动汇率制度。

4. 汇率目标区制度

汇率目标区制度有广义和狭义之分。广义的汇率目标区泛指将汇率浮动限制在一定区域内的汇率制度。狭义的汇率目标区是特指以限制汇率波动范围为核心的,包括中心汇率及浮动的确定方法、维持目标区的国内经济政策搭配、实施目标区的国际政策协调等一整套内容的国际政策协调方案。

进入2001年以来,国际货币基金组织对成员国的汇率制度重新进行了划分,并对相应的国家数目做一统计,见表10-1。

表10-1 国际货币基金组织成员国的汇率制度类型

汇率制度类型	国家数目(2001年)
没有独立法偿货币的汇率制(可理解为完全的固定汇率制)	38
货币局制度	8
传统的钉住汇率制(包括管理浮动下的实际钉住制)	44
钉住水平带的汇率制	7
爬行钉住汇率制	5
爬行的带状汇率制	6
不事先公布干预方式的管理浮动汇率制	32
自由浮动	46

资料来源:IMF,《国际金融统计》,2001年

三、中国汇率制度的发展

(一)改革开放前的中国汇率制度

新中国成立初期,国家对人民币汇率实行机动调整,这一时期汇率变动幅度很大。人民币汇率由中国人民银行参照物价对比法,并按照国家政策要求予以制定。1949年至1950年3月,我国实行"奖出限入、照顾侨汇"的政策方针,人民币汇率频繁下调。1950年3月至1952年年底,实行"鼓励出口、兼顾进口、照顾侨汇"的方针,人民币汇率逐步提高。

进入社会主义建设时期,国民经济计划管理,金融物价超常稳定,人民币汇率也保持基本稳定。为了实现重工业优先发展的战略目标,降低使用外汇的成本,本币被严重高估。当时国际上在布雷顿森林体系下实行的是以美元为中心的国际货币体系,我国基本维持纸币流通下的固定汇率制。人民币只有在某种外币公开贬值或升值时才按其变动幅度进行调整。1973年布雷顿森林体系解体后,我国采用一篮子货币计价方法,即用加权平均法计算出人民币对美元的汇率,再套算对其他外币的汇率。

(二) 1981—1992年间的中国汇率制度

1981年,我国进行汇率改革,实行汇率双轨制,即贸易内部结算价和官方牌价(用于非贸易外汇结算);1985年取消了贸易内部结算价;1986年允许额度调剂,形成了官方汇率和外汇调剂价并存的新双轨制,但调剂价格由国家控制,额度交易不活跃;直到1988年,外汇调剂市场放开额度调剂价格,此时额度调剂价格对市场的供求反映比较真实。双重汇率是在牌价汇率对人民币高估,外汇牌价与人民币实际购买力脱节,不能反映外汇供求的情况下,为了促进出口而采取的一项过渡性措施。由于它不能从根本上解决不合理的汇率形成机制,因而对出口的促进功能只能一时奏效。

(三) 1993—2004年间的中国汇率制度

1993年年底国务院发布的《中国人民银行关于进一步改革外汇管理体制的公告》指出,从1994年1月1日起人民币汇率实行以市场供求为基础的、单一的、有管理的浮动汇率制。自此,我国进入了管理浮动汇率制度时期。在管理浮动汇率制下,中国人民银行可以运用各种手段干预外汇市场,通过影响外汇市场上的供求关系来操纵本币汇率的变动。

但是,1994年确定的汇率制度存在如下问题:

一是中央银行干预外汇市场的被动性。从1994年起实行结售汇制,绝大多数国内企业的外汇收入必须结售给外汇指定银行,同时中央银行又对外汇指定银行的结售周转外汇余额实行比例幅度管理。上述管理办法使央行干预成为必需行为。特别是后来我国国际收支出现大量顺差,国家外汇储备大幅增加。外汇储备的多少成为一种信心指标,具有向下刚性,一旦外汇储备下降,市场贬值预期骤增,会迫使中央银行干预市场,以确保储备的增长。

二是汇率变化缺乏弹性。由于我国国际收支连年顺差,央行对外汇市场的干预不可避免,因此人民币汇率水平不纯粹由市场供求来决定,在很大程度上受国家宏观经济政策影响。又因规定汇率波动幅度小于1%,汇率被国际货币基金组织认定为盯住美元的固定汇率。

三是汇率的形成机制不健全。现行人民币汇率形成机制的基础即银行结售汇制,强制结售汇使得市场参与者,特别是中资企业和商业银行,持有的外汇必须在市场上结汇,不能根据自己未来的需求和对未来汇率走势的预测自主选择出售时机和出售数量,这种制度上的"强卖"形成的汇率并不是真正意义上的市场价格。

四是形成汇率的外汇市场不完善。目前我国外汇市场存在交易主体过于集中、交易工具单一的问题。银行间市场主体主要由股份制商业银行、经批准的外资金融机构、少量资信较高的非银行金融机构和央行操作室构成。从交易额来看,中国银行是最大的卖方,中央银行是最大的买方,双方交易额占总交易量的60%以上。主体构成较为单一,交易相对集中,这也使得外汇交易带有"官方与民间"交易的色彩。

(四) 2005年之后的中国汇率制度

人民币汇率制度的进一步改革引起了人们的广泛关注。为了缓解对外贸易不平衡的矛盾,贯彻以内需为主的经济可持续发展战略,进一步提升企业国际竞争力,提高对外开放的水平,自2005年7月21日起,我国开始实行以市场供求为基础、参考一篮子货币进行调节、有管理的浮动汇率制度。

2005年中国人民银行于7月21日发布公告称,对人民币汇率的形成机制进行改革。人民币汇率不再盯住单一美元,而是形成更富弹性的人民币汇率机制。中国人民银行于每个工作日闭市后公布当日银行间外汇市场美元等交易货币对人民币汇率的收盘价,作为下一个工作日该货币对人民币交易的中间价格。2005年7月21日19时,美元对人民币交易价格调整为1美元兑8.11元人民币,作为次日银行间外汇市场上外汇指定银行之间交易的中间价,外汇指定银行可自此时起调整对客户的挂牌汇价。现阶段,每日银行间外汇市场美元对人民币的交易价仍在人民银行公布的美元交易中间价上下千分之三的幅度内浮动,非美元货币对人民币的交易价在人民银行公布的该货币交易中间价上下一定幅度内浮动。

这次人民币汇率形成机制改革的内容是,人民币汇率不再盯住单一美元,而是按照我国对外经济发展的实际情况,选择若干种主要货币,赋予相应的权重,组成一个货币篮子。同时,根据国内外经济金融形势,以市场供求为基础,参考一篮子货币计算人民币多边汇率指数的变化,对人民币汇率进行管理和调节,维护人民币汇率在合理均衡水平上的基本稳定。参考一篮子货币表明外币之间的汇率变化会影响人民币汇率,但参考一篮子货币不等于盯住一篮子货币,它还需要将市场供求关系作为另一重要依据,据此形成有管理的浮动汇率。可见,人民币汇率改革的总体目标是,建立健全以市场供求为基础的、有管理的浮动汇率体制,保持人民币汇率在合理、均衡水平上的基本稳定。

2005年以来,人民币汇率的调整情况具体见专栏10-2。

专栏 10-2

人民币汇率弹性化调整大事记

2005年07月21日:中国人民银行正式宣布,废除原先盯住单一美元的货币政策,开始实行以市场供求为基础、参考一篮子货币进行调节的浮动汇率制度。当天,美元对人民币官方汇率由8.27调整为8.11,人民币汇率升幅约为2.1%。

2007年01月11日:人民币对美元汇率7.80关口告破,自1994年以来首次超过港币。

2007年05月21日:中国人民银行决定,银行间即期外汇市场人民币兑美元交易价浮动幅度,由0.3%扩大至0.5%。

2008年04月10日:人民币对美元汇率中间价突破7.00。

2008年中期至2010年6月:人民币自2005年汇改后升值19%,但受到2008年金融危机的影响,人民币停止了升值走势;同时,在金融危机爆发后,人民币开始紧盯美元。

2010年6月19日:中国人民银行宣布,重启自金融危机以来冻结的汇率制度,进一步推进人民币汇率形成机制改革,增强人民币汇率弹性。

2012年4月14日:中国人民银行决定自2012年4月16日起,银行间即期外汇人民币对美元交易价的浮动幅度,由0.5%扩大至1%,为5年来首次。

2014年3月15日:中国人民银行决定自2014年3月17日起,银行间即期外汇市场人民币对美元交易价的浮动幅度由1%扩大至2%,即每日银行间即期外汇市场人民币对美元的交易价可在中国外汇交易中心对外公布的当日人民币对美元中间价上下2%的幅度内浮动。外汇指定银行为客户提供当日美元最高现汇卖出价与最低现汇买入价之差不得超过当日汇率中间价的幅度由2%扩大至3%,其他规定仍遵照《中国人民银行关于银行间外汇市场交易汇价和外汇指定银行挂牌汇价管理有关问题的通知》(银发〔2010〕325号)执行。

资料来源:国家外汇管理局官网

第三节 外 汇 市 场

一、外汇市场概述

外汇市场是进行外汇交易的场所。它是金融市场的重要组成部分,是以经营外汇业务的银行为中心,由进出口商、政府当局、外汇经纪人以及其他外汇供求者所组成。外汇市场的形态有两种,一种是有形市场即外汇交易所,另一种是无形市场。外汇市场的交易有三个层次。第一个层次是银行同业之间的外汇交易,主要参与者是各种银行、外汇经纪公司等,交易的金额一般比较大,每笔至少100万美元。第二个层次是银行与客户之间的外汇交易,多为本币与外币的买卖,与国际结算相联系。银行在与客户的交易中,一方面买入外汇,另一方面卖出外汇,实际上是在外汇的最终供给者与需求者之间起中介作用,赚取买卖的差价。第三个层次是外汇银行与中央银行之间的外汇交易,主要是为了监管外汇市场运行,干预外汇市场,使汇率稳定在某一个期望的水平上。其中,银行间的外汇交易市场是外汇市场的主体。

目前,由于通讯技术的快速发展,绝大部分外汇交易都是在无形的、抽象的市场上进行的,即通过以电报、电话、传真、因特网等现代通讯设施所构成的交易网络来进行。全球各地外汇市场按时区差异相互衔接,形成了一个从星期一至星期五24小时不间断的世界范围的外汇交易市场。伦敦外汇市场和纽约外汇市场是目前世界上主要的两个外汇市场。

二、外汇交易

目前,外汇市场上主要的外汇交易有即期外汇交易、远期外汇交易、套汇与套利交易、外汇期货和期权交易等形式。

(一)即期外汇交易和远期外汇交易

1. 即期外汇交易

即期外汇交易又称现汇交易,是指买卖双方在成交后的两个营业日内(指当日或次日,遇节假日顺延),按成交时的市场汇率进行交割的外汇交易方式。即期外汇交易一般使用电汇汇率。例如,2019年2月28日(星期四)纽约花旗银行和香港某银行通过电话达成一项外汇买卖交易,纽约花旗银行愿意按1美元兑换7.849 2港元的汇率卖出200万美元,买入等值的港元。3月1日(星期五),花旗银行和香港某银行分别按照对方的要求将卖出的货币解入对方指定的账户内,从而完成了整个交易过程。

2. 远期外汇交易

远期外汇交易也称期汇交易,是指买卖双方成交后,根据合同约定的币种、汇价、金额和期限在未来约定日期办理交割的外汇交易。远期外汇交易的期限一般为1、3、6、9个月,最长为12个月,常见的是3个月期。

远期外汇交易的目的主要有两种:套期保值和投机获利。套期保值是指买入或卖出金额相当于一笔外币负债或外币资产的外汇,使这笔外币负债或外币资产以本币表示的价值免遭汇率变动的影响。投机是指根据对汇率变动的预期,有意持有外币的多头或空头,希望从汇率的变动中获利。具体来说,人们利用远期外汇交易的目的有:

第一,进出口商、资金借贷者和银行等为了避免汇率变动的风险而进行期汇买卖。我们知道,在国际贸易中,从合同的签订到货款的收付要有一个过程。为了避免在这个过程中因汇率波动而带来的损失或不确定性,有时进出口商就需要进行远期外汇买卖。

例如,某一中国进口商从美国进口一批货物,价值1 000万美元,按合同订立时美元对人民币的汇率1∶6.67计算,该批货物需支付人民币6 670万元。但3个月后汇率发生了变化,假定美元对人民币汇率为1∶6.77,那么我国进口商就要支付6 770万元人民币,要比订立合同时多支付100万元人民币。该进口商为了避免汇率变动的风险,减少损失,在签订合同的同时,向银行按约定的美元对人民币为1∶6.71的远期汇率买进3个月期的美元,则3个月后该进口商只要向银行支付6 710万元人民币就可得到1 000万美元了,只比订立合同时多支付40万元人民币,否则将多支付100万元人民币。可见,远期外汇交易可在一定程度上防范风险,减少损失。

相反,如果是出口商将来要收进一笔外汇货款,而该出口商又担心汇率将要下降,此时,他就可以利用远期外汇交易提前把外汇货款卖给银行,而不必再担心汇率是否下降。这种远期外汇买卖叫作抵补保值,其目的是为了避免风险和不确定性。在实行浮动汇率的今天,外汇市场上的抵补保值是一种常见的业务。

第二,投机者为谋取汇率波动的差价而进行期汇交易。投机者根据自己的专业知识和各方面的信息进行判断,如果预计某种货币的汇率将要下跌,便预先出售该种货币,称为做空头,等到日后该种货币汇率下降,再买进以抵补空头。反之,当预计某种货币汇率将要上升,便预先买进该种货币,称为做多头,等到日后该种货币汇率上升后再出售。通过贱买贵卖,投机者从中赚得利润。但是,如果汇率的变动和投机者的预期相反,投机者将要蒙受损失。投机交易与保值交易的区别:第一,投机交易没有真实的商业或金融交易为基础,其交易目的是为了赚钱。第二,投机交易在买进卖出时,并非有实际数额的资金,在到期时也不需要真正进行现汇的买卖,双方只需交割汇率变动产生的差价即可。

3. 掉期交易

掉期交易是指在买进或卖出某种外汇的同时,卖出或买进金额相同的该种货币,但买进和卖出的交割日期不同。掉期交易实际上是将即期交易和远期交易结合在了一起,其目的是为了避免汇率变动的风险。掉期交易一般有以下几种形式:

(1) 即期对远期。即买进或卖出一笔现汇的同时,卖出或买进一笔期汇。这是掉期交易最常见的形式。

例如,某进口商现在有一笔外汇资金准备用于将来的进口支付需要,该进口商担心汇率将要上涨,此时,他就可以利用即期外汇交易把暂时多余的外汇资金卖给银行,同时又以远期的方式将其买回来。

(2) 远期对远期。即在买进或卖出某货币较短期限的远期的同时,卖出或买进该货币较长期限的远期。例如:中国某银行在6个月后将向外国某银行支付800万美元,同时在1个月后又将收到另一笔800万美元的收入。假定该银行预计美元汇率将上涨,那么它就应该卖出1个月期的远期美元800万,同时买入6个月期的远期美元800万,进行远期对远期的掉期交易。

(3) 明日对次日。即成交后第二个营业日(明日)交割,第三个营业日(次日)再做反向交割的外汇交易。多用于银行同业之间的隔夜资金拆借。

(二) 套汇与套利交易

1. 套汇交易

套汇交易是指在同一时间不同的外汇市场中,当某种货币的汇率差异达到一定程度时,套汇者可以在低价市场买进,在高价市场卖出,从而获取汇率差额收益的一种外汇交易。在世界各国的外汇市场上,由于空间的分离和外汇供求的影响,不同的外汇市场在信息交流不充分的条件下,会发生汇率不一致的现象,如果这种汇率差额足以抵补资金的调动成本,就会发生套汇交易。套汇交易分为直接套汇和间接套汇两种。

(1) 直接套汇。直接套汇又叫两角套汇、两地套汇,是指利用同一时间两个不同地点的外汇市场上某些货币之间的汇率差异而进行的贱买贵卖活动。

例如,某日伦敦和纽约的外汇市场上外汇行市如下:

伦敦外汇市场　　　　　　GBP 1＝USD 1.615 0～1.616 0
纽约外汇市场　　　　　　GBP 1＝USD 1.618 0～1.619 0

很明显,英镑在伦敦外汇市场上便宜,在纽约外汇市场上贵,而美元在伦敦外汇市场上贵,在纽约外汇市场上便宜。此时,若套汇者拥有1 616万美元,他就可以在伦敦市场以GBP 1＝USD 1.616 0的汇率将美元卖出,买入1 000万(1 616万÷1.616 0＝1 000

万)英镑,同时在纽约市场再以 GBP 1＝USD 1.618 0 的汇率将英镑卖出,买入 1 618 万(1 000万×1.618 0＝1 618 万)美元。这样,套汇者通过贵卖贱买,获得了 2 万(1 618 万－1 616 万＝2 万)美元的收益。

(2) 间接套汇。间接套汇又叫三角套汇、三地套汇,是指利用三个不同地点的外汇市场上的汇率差异,同时在这三个外汇市场上进行贱买贵卖,从中赚取汇率差价的一种套汇交易。

例如,假定某日有三个外汇市场的外汇行市如下:

纽约外汇市场　　　　　　USD 1 ＝ EUR 1.183 0
法兰克福外汇市场　　　　GBP 1 ＝ EUR 2.093 0
伦敦外汇市场　　　　　　GBP 1 ＝ USD 1.781 0

现有一个套汇者用 1 000 万美元进行套汇,根据这三个外汇市场的外汇行市,套汇者首先在纽约市场上以 USD 1＝ EUR 1.183 0 的汇率卖出 1 000 万美元,买进 1 183 万(1 000万×1.183 0＝1 183 万)欧元,同时在法兰克福市场上以 GBP 1＝ EUR 2.093 0 的汇率卖出 1 183 万欧元,买进 565.217 4 万(1 183 万÷2.093 0＝565.217 4 万)英镑,同时又在伦敦市场上以 GBP 1＝ USD 1.781 0 卖出 565.217 4 万英镑,买回 1 006.652 2 万(565.217 4 万×1.781 0＝1 006.6 522 万)美元。这样,套汇者通过贵卖贱买,获得了 6.652 2 万(1 006.652 2 万－1 000 万＝6.652 2 万)美元的收益(未除去套汇费用)。

在实际操作时,套汇者在三地或多地套汇中应如何判断其是否存在着套汇机会? 可以按照下面的原则进行：将三个或多个外汇市场上的汇率转换成用同一种标价法(间接或直接标价法)表示的汇率,并将被表示货币的单位(等式左边的数)都统一为 1,然后将得到的各个汇率(等式右边的数)相乘。如果乘积为 1,说明汇率均衡,无套汇机会,如果乘积大于 1,说明存在着汇率差,可以进行套汇。

仍以上述三点套汇为例,我们将纽约、法兰克福、伦敦市场上的汇率都采用间接标价法来表示,并将被表示货币的单位(等式左边的数)都统一为 1,于是有：

纽约外汇市场　　　　　　USD 1 ＝ EUR 1.183 0
法兰克福外汇市场　　　　EUR 1 ＝ GBP 2.093 0
伦敦外汇市场　　　　　　GBP 1 ＝ USD 1.781 0

将这三个汇率值相乘,就有 1.183 0÷2.093 0×1.781 0≈1.006 7,1.006 7 大于 1,说明存在套汇机会。

2. 套利交易

套利交易是指在两国短期利率出现差异的情况下,将资金从低利率的国家调到高利率的国家,以赚取利差收益的外汇交易活动。例如,在某一时期,美国金融市场上的 3 个月定期存款年利率为 6％,英国金融市场上的 3 个月定期存款年利率为 4％,在这种情况下,资金就会从英国流向美国,以牟取高利。英国的投资者以 4％的利率借入资金,购买美元现汇,存入美国银行,做 3 个月的短期投资。这样,他可以获得年率 2％的利差收益。如果借入资金总额 100 万英镑,该投资者就可以通过套利净获利润 5 000(1 000 000×

2‰×3÷12＝5 000)英镑。

上面的结果是在假定美元与英镑之间的汇率在这3个月内保持不变的前提下而得到的结果。如果3个月以后，美元汇率下跌，不仅可能使英国投资者无利可图，甚至还可能遭受亏损，使其收回的英镑数额少于原来投资的数额。假定当前美元汇率为 GBP 1＝USD 1.78，3个月后美元汇率下跌到 GBP 1＝USD 1.80，那么3个月后投资者收进的投资本息为 180.67 万[100万×1.78×(1＋6‰×3/12)＝180.67 万]美元，按照 GBP 1＝USD 1.80 折算约为 100.372 2万英镑。扣除借款的成本 101 万[100万×(1＋4‰×3/12)＝101万]英镑，投资者反而亏损 6 278(101万－100.372 2万＝0.627 8万)英镑。

相反，3个月后，美元汇率也可能上升，由此，英国投资者在获得利差收益的同时，还会获得一笔汇率差价收益。假如，3个月后，美元汇率上升为 GBP 1＝USD 1.76，英国投资者收进的美元投资本息 180.67 万美元就可以兑换成 102.653 4万英镑。扣除成本 101 万英镑后，净得收益额 16 534 英镑，其中 11 534(16 534－5 000＝11 534)英镑为汇率差价收益。

为了防止资金在投资期间汇率变动的风险，投资者可以将套利交易与掉期交易结合进行。这种在进行套利交易的同时，进行外汇抛补以防止汇率风险的行为，称为抛补套利。假设在上例中，3个月的美元期汇汇率为 GBP 1＝USD 1.782 0，那么，英国投资者在买入美元现汇存入美国银行的同时，卖出3个月期的美元期汇，不论以后美元汇率如何变动，他都可以确保赚取一定的利差收益。3个月后，他将投资收进的本息额 180.67 万美元，按 GBP 1＝USD 1.782 0 的汇率换回约 101.386 1 英镑。扣除成本 101 万英镑，仍可净赚 3 861 英镑。

套利机会在外汇市场上往往转瞬即逝，一旦出现套利机会，便会有大量资金进入，使两国利差与远期差价之间的不一致迅速消失，即利率高的国家的货币现汇汇率上升，期汇汇率下降，利率低的国家的货币现汇汇率下降，期汇汇率上升，远期差价不断扩大，套利成本相应提高，直到两国所提供的收益率完全一致，套利活动停止。

(三) 外汇期货与外汇期权交易

1. 外汇期货交易

外汇期货交易最早起源于美国，1972年5月，美国芝加哥国际货币市场首次开办了外汇期货交易。外汇期货交易实质上是一种标准化的远期外汇交易，是指签订外汇期货交易合同的双方，按既定汇率，约定在将来某一时刻相互交割若干标准单位数额的外汇。外汇期货交易是为了避免汇率风险或投机获利，不是为了买卖实物资产，因此，绝大多数合同都是在到期之前通过购买一份内容相同、方向相反的合同来对冲掉。外汇期货合约的金额、交割月份是标准化的。例如，在美国芝加哥国际货币市场上，英镑、加元、日元、瑞士法郎的期货合同分别为 6.25 万英镑、10 万加元、1 250 万日元、12.5 万瑞士法郎，交割月份为每年的3月、6月、9月和12月。一年中其他营业时间可以买卖，但不能交割。外汇期货交易在固定场所进行，以美元标价。

下面是一个利用外汇期货交易进行套期保值的例子。在国际货币市场上，某美国出口商6月5日向加拿大出口了一批价值50万加元的货物，合同约定3个月后付款，该出口商预测加元汇率将下跌,为防止3个月后加元汇率下跌带来的风险,该出口商在外汇期货市场上卖出了5份9月份交割的加元期货合约,每份10万加元,当时的现汇汇率为CAD 1= USD 0.789 0,9月份交割的加元期货汇率为CAD 1=USD 0.788 9。3个月后,加元果然贬值,现汇汇率为CAD 1= USD 0.787 0,9月份交割的加元期货汇率为CAD 1=USD 0.786 0,该出口商便买回5份9月份交割的加元期货合约。那么,在外汇期货市场上该出口商获利1 450[5×10万×(0.788 9−0.786 0)=1 450]美元,在现汇市场上亏损1 000[50万×(0.789 0−0.787 0)=1 000]美元,净盈利450美元(1 450−1 000=450)美元,该出口商成功利用了期货市场的盈利弥补了现货市场的亏损,实际收回货款39.495万(50万×0.787 0+1 450=39.495万)美元。

如果该出口商预测不准确,3个月后,加元汇率没有下跌而是上升,现汇汇率为CAD 1= USD 0.790 0,9月份交割的加元期货汇率为CAD 1=USD 0.789 8,那么,在外汇期货市场上该出口商亏损450[5×10万×(0.789 8−0.788 9)=450]美元,在现汇市场上盈利了500[50万×(0.790 0−0.789 0)=500]美元,净盈利50(500−450=50)美元,实际收回货款39.455万(50万×0.790 0−450=39.455万)美元。所以,套期保值虽然可以规避汇率风险,但也可能抵消潜在收益。

2. 外汇期权交易

外汇期权是指外汇期权合同购买者具有按规定的条件(如一定期限和价格)买卖一定数量的某种外币的权利。

外汇期权从内容上,可分为买方期权和卖方期权。买方期权又叫看涨期权,是指期权的持有者有权在合约期满时或在此之前按规定的汇率即协定价格购买一定数额的外汇。卖方期权又叫看跌期权,是指期权的持有者有权在合约期满时或在此之前按规定的汇率出售一定数额的外汇。

从期权的执行时间来分,外汇期权又分为美式期权与欧式期权。美式期权是指期权的买者可以在合约期满前的任何一天执行合约,欧式期权则只有在到期日才能执行合约。

外汇期权合约的到期日和金额同外汇期货交易一样,都是标准化的。外汇期权合约的买者要向卖者交纳期权费,购得一种买或卖的权力。因此,对于期权的买者,外汇期权是一种选择的权利,而不是义务,如果未来市场汇率与协定汇率相比,协定汇率对买者有利就执行合约,否则就放弃合约,最多损失期权费而已。而对于卖者,由于收取了期权费,从一开始就承担了汇率风险,不论汇率如何变化,只要期权买者要求执行合约,卖者就必须履行。

下面是利用外汇期权交易进行投机获利的例子。某投机商预测2个月后英镑对美元汇率将上升,于是按协定汇率GBP 1=USD 1.76购买一份美式英镑买权,现汇汇率为GBP 1=USD 1.73,期权的价格为每英镑0.02美元,这样,他获得在未来两个月内随时以协定汇率购买英镑的权利。2个月后,如果英镑汇率如投机商所预测的,上升到GBP 1=USD 1.86,投机者即执行合同,以GBP 1=USD 1.76的协定汇率购买英镑,加上期权费0.02美元,每英镑可净赚0.08(1.86−1.76−0.02=0.08)美元。如果投机商预测失误,在到期日之前,英镑汇率没有上升,而是下降,低于协定价格 GBP 1＝USD 1.76,则期权购买者不会执行合同,每英镑仅损失期权费 0.02 美元。

第四节 外汇风险

20世纪70年代实行浮动汇率制度以来,由于金融危机的影响,国际金融领域的动荡加剧,各国货币的汇率不仅大幅度地、频繁地波动,而且经常出现难以预料的地位强弱转变。变化无常的货币汇率给国际贸易、国际投资带来了巨大的外汇风险。在各种涉外经济主体中,如何防范外汇风险是个非常重要的问题。

一、外汇风险的概念

外汇风险又称汇率风险,是指经济主体在持有或运用外汇的过程中,由于汇率变动而蒙受经济损失的一种可能性。汇率的变动,有可能给企业和个人带来损失,也有可能带来收益。在从事进出口贸易、国际投资、借贷等活动中,经常会发生大量的外汇收支,或形成以外币表示的债权债务。如果外汇汇率上升,则以外币表示的债权在收回时,兑换的本国货币数额将会增加,给债权人带来意外的收益,而以外币表示的债务在清偿时,支付的本国货币数额也会增加,给债务人带来了意外的损失;如果汇率下降,则相反,会给债权人带来意外的损失,给债务人带来了意外的收益。

二、外汇风险的种类

外汇风险可划分为交易风险、会计风险和经济风险三个主要类型。

1. 交易风险

交易风险是指在运用外币进行计价收付的交易中,经济主体因外汇汇率变动而蒙受损失的可能性。交易风险是一种流量风险,它主要有以下几种不同的情形。

(1) 商品或劳务的进出口交易中。一般情况下,在以外币计价、远期付款为条件的进出口合同中,出口商要承受出口收入的外汇汇率下跌的风险,也就是说,如果外汇汇率下跌,出口商收进的外币货款兑换成本国货币的数额会减少,因此遭受损失。相反,进口商将要承受进口货款的外汇汇率上升的风险,也就是说,如果外汇汇率在支付时上涨,进口商将要支付的进口货款的本国货币数额会增加,进口商因此遭受损失。

例如,我国某外贸公司从美国进口一批机械设备,价值 500 万美元。双方约定以信用证方式结算,付款日期为出票后 90 天付款。合同签订时,美元对人民币汇率为 USD 1＝CNY 6.67,但 90 天后,付款时,美元汇率上浮,USD 1＝CNY 6.75,此时该外贸公司要购买 500 万美元,需支付人民币 3 375 万(500 万×6.75＝3 375 万)元,比合同订立时多支付 40 万(3 375 万－500 万×6.67＝40 万)元人民币。

(2) 国际投资和国际借贷活动中。在对外投资中,若将一笔资金投资于某种外汇资产,如果在投资期间该外汇汇率下跌,当投资者收回投资时,将外币兑换为本国货币的数额同外汇汇率下降前相比会减少,投资者因此遭受损失。而向外筹资或借入资金时,如果借入的外汇汇率不断上升,则会增加筹资成本;或者借入货币与使用货币、借入货币与还款货币不相同时,借款人也将承受因货币间汇率变动而产生的交易风险。例如,我国某金融机构在日本东京债券市场上发行了一笔总额100亿日元,5年期限的武士债券,所筹集的资金用来发放5年期的美元贷款用以支持国内某大型投资项目。按照当时日元对美元的汇率为 USD 1=JPY 224.93,该金融机构将100亿日元在国际外汇市场上兑换成4 445.83万美元。但5年期满后,由于美元贬值,日元升值,日元对美元的汇率变为USD 1=JPY 120,即使不考虑利息部分,该金融机构要偿还100亿日元,就需要8 333.33万美元,比该金融机构收回的美元贷款本金4 445.83万美元多了3 887.5万美元。这些额外增加的美元,就是该金融机构因为所借外币的汇率上浮而蒙受的损失。

(3) 外汇银行在外汇买卖业务中。外汇银行每日都要从事外汇买卖业务,难免会出现某些币种的货币买入多于卖出,即持有外汇头寸的多头;或另一些币种的货币卖出多于买入,即持有外汇头寸的空头。如果持有多头的货币的汇率出现下跌,持有空头的货币的汇率出现上涨,那么在将来卖出多头,买进空头时,该外汇银行就要蒙受少收(多付)本币或其他币种的货币的损失。

例如,某年3月2日,苏黎世外汇市场上,英镑对瑞士法郎的收盘汇率为 GBP 1=CHF 3.084 5~3.085 5,某家瑞士银行按 GBP 1=CHF 3.084 5 的英镑买入价从某一客户手中买入100万英镑,同时又按 GBP 1=CHF 3.085 5 的英镑卖出价,向另一客户卖出80万英镑,从而出现20万英镑多头。按照当日收盘时英镑的卖出价,该瑞士银行若卖出20万英镑,应当收回61.71万瑞士法郎。然而,翌日外汇市场开市时,英镑对瑞士法郎的开盘汇率跌至 GBP 1=CHF 2.976 2~2.977 2,该瑞士银行按 GBP 1=CHF 2.977 2 的英镑卖出价将多头的20万英镑卖出,只能收回59.544万瑞士法郎,显然比前日收盘时少收了2.166万(61.71万-59.544万=2.166万)瑞士法郎。

2. 会计风险

会计风险又称转换风险、账面风险、折算风险等。会计风险是指经济主体对资产负债表进行会计处理时,将功能货币转换成记账货币时,因汇率变动而呈现账面损失的可能性。会计风险是一种存量风险。

每个经济主体经营管理的一项重要内容就是进行会计核算,通过编制资产负债表来反映其经营状况。为此,拥有外币资产负债的经济主体就需要将原来以外币度量的各种资产(包括实物资产和金融资产)和负债,按照一定的汇率折算成用本国货币表示的资产和负债,以便汇总编制综合的财务报表。在这里,功能货币是指经济主体在经营活动中流转使用的各种货币;记账货币是指经济主体在编制综合财务会计报表时使用的报告货币,通常是母国货币。一旦功能货币与记账货币不一致,在会计上就要做相应的折算。这样,由于功能货币与记账货币之间的汇率变动,资产负债表中某些项目的价值也会相应发生变动。同一般的涉外经济主体相比,跨国公司在海外的分公司或子公司所面临的会计风险更复杂,比如,美国某跨国公司在新加坡的子公司,当它与其他国家的公司进行经济交易时,需要将各种外币折成东道国的货币入账或编制资产负债表,而向母公司报告时又需要将其折算成美元。由于汇率变动,折算时可能会出现账面收益或损失。

例如，美国某跨国公司在日本的子公司于年初购买了一笔价值2 600万日元的资产，按当日汇率 USD 1＝JNY 130 计算，这笔资产价值折成美元为20万美元。到了年底，由于日元升值，美元贬值，汇率为 USD 1＝JNY 120，于是该子公司在向母公司报告时，在财务报表上，这笔日元资产的价值变为21.67万美元，比年初资产价值增加了1.67万美元。如果日元贬值，美元升值，汇率为 USD 1＝JNY 140，则该子公司在向母公司报告时，在财务报表上的这笔日元资产价值变为18.57万美元，比年初资产价值减少了1.43万美元。这就是折算风险所产生的收益或损失，这种收益或损失是不真实的，仅存在于账面上，而交易风险所造成的收益或损失是真实的。

3. 经济风险

经济风险又称经营风险，是指由于意料之外的汇率变动通过影响企业未来的销售量、价格和产品成本，使得企业在一定时期的收益或现金流量可能发生变化的潜在风险。经济风险是汇率变动对企业未来纯收益的影响，是长期的，而交易风险、会计风险的影响则是一次性的，在各种外汇风险中，经济风险尤其重要，他直接关系到企业在海外的经营效果。

由于经济风险取决于在一定时期内预测的汇率对企业未来现金流量产生影响的能力，所以对于经济风险的测算必然带有主观色彩。因此，经济风险不是产生于会计核算，而是来源于经济分析。

三、外汇风险管理

外汇风险管理是对外汇市场可能出现的变化做出相应的决策，以减少汇率风险所造成的损失。对于不同类型的风险，应采取不同的政策。

（一）交易风险的管理

减少交易风险的方法主要有两大类：一是在签订合同时可以选择的方法，主要是事前防止外汇风险；二是在合同签订后可以选择的方法，主要是事后转嫁外汇风险。

1. 签订合同时可供选择的方法

签订合同时可以选择的防止外汇风险的方法主要有：选择好合同货币、加列货币保值条款、调整价格或利率。

（1）选择好合同货币。在有关对外贸易和资金借贷等经济活动中，在合同中选择何种货币作为计价结算的货币或计值清偿的货币，直接关系到交易主体是否将承担汇率风险。在选择合同货币时可以遵循以下基本原则：

第一，尽量争取使用本国货币作为合同货币。这实质上是将汇率风险转嫁给了交易的另一方，因为以本币进行结算，清偿时不会发生本币与外币之间的兑换，外汇风险也就不会发生。

第二，在出口和借贷资本输出时争取使用硬币，而在进口和借贷资本输入时争取使用软币。所谓硬币是指在外汇市场上汇率呈现上升趋势的货币。软币则是指在外汇市场上汇率呈现下降趋势的货币。对于出口商或债权人，如果争取使用硬币作为合同货币，当合同货币的汇率在结算或清偿时上升，就可以兑换更多的本国货币或其他货币。

同样,对于进口商或债务人,如果争取使用软币作为合同货币,当合同货币的汇率在结算或清偿时下降,就可以少支付一些本国货币或其他货币。这种方法的实质是将汇率变动所带来的风险推给了对方。但也要注意,由于各种货币的"软"或"硬"并不是绝对的,往往会出现变化,因此,这种方法并不能保证经济实体免遭汇率变动带来的损失。

(2) 在合同中加列货币保值条款。货币保值就是选择一种或几种与合同货币不一致的、价值稳定的货币作为保值货币,将合同的金额转换成用所选货币来表示的金额,在结算或清偿时,按所选货币表示的金额再转换为合同货币后完成收付。在合同中加列货币保值条款,能够防止汇率多变的风险,多用于长期合同。目前,各国所使用的货币保值条款主要是"一篮子"货币保值条款,首先确定一篮子货币的构成,然后确定每种货币的权数,先定好合同货币与每种保值货币的汇率,计算出每种保值货币的金额比例,到期支付时再按当时汇率调整折成合同货币。由于一篮子保值货币与合同货币汇率有升有降,汇率风险分散,可以有效地避免或减轻外汇风险。

(3) 调整价格或利率。由上所述,出口商或债权人应争取使用硬币,而进口商或债务人应争取使用软币。但任何交易都是由买卖或借贷双方洽谈商定,不能由单方决定,交易双方都争取到对己有利的合同货币也是不可能的。当一方不得不接受对己不利的货币作为合同货币时,还可以争取对价格或利率做适当调整,即可以要求适当提高以软币计价结算的出口商品的价格和以软币计值清偿的贷款利率,或适当降低以硬币计价结算的进口商品的价格和以硬币计值清偿的借款利率。例如,若进口交易中对方坚持收硬币,而进口的设备物资又是我方所必需,可以争取降低价格。

在可供签订合同时选择的外汇风险管理方法中,选择好合同货币是第一步,只有选定好合同货币之后,才能根据所选货币的"软""硬"性质,进一步决定是否应该加列合同保值条款,是否调整价格或利率。

2. 合同签订后可供选择的方法

合同签订后可以选择的转嫁外汇风险的方法主要有:一是进行金融市场操作避免外汇风险。具体方法有现汇交易、期汇交易、期货交易、期权交易、借款与投资、外币票据贴现、利率和货币互换等。二是提前或错后收付款、配对和保险等。下面我们简要介绍一下借款与投资、外币票据贴现、提前或错后收付款、配对和保险。

(1) 借款与投资。通过创造与未来外汇收入或支出相同币种、相同金额、相同期限的债务或债权,也可以达到消除外汇风险的目的。其中借款用于未来有外汇收入的场合,投资用于未来有外汇支出的场合。出口商在签订商品出口合同后,可以从银行借入一笔与未来外汇收入相同币种、相同金额、相同期限的款项,并将这笔借款在现汇市场上卖出,换成本国货币,当借款到期时,再用当日所收进的外汇偿还。而对于进口商,在签订合同后可以进行一笔现汇交易,买进与将要支出的外汇币种相同、金额相同的外汇,然后将这笔外汇投资于货币市场,如购买国库券、定期存单、商业票据等,其投资期限与未来外汇支出的期限相同。

(2) 外币票据贴现。外币票据贴现有利于加速出口商的资金周转,还能达到消除外汇风险的目的。出口商在向进口商提供资金融通,拥有远期外汇票据的情形下,可以用远期外汇票据到银行要求贴现,提前获取外汇,并将外汇出售,换成本国货币。除了一般的外币票据贴现外,国际上还有一种称作"福费廷"的特殊贴现交易。"福费廷"(Forfeiting)是指出口商将经过进口商承兑的期限较长的远期汇票以贴现的方式,无追索权地出售给开展福费廷业务的银行,以提前取得货款的一种融资方式。在这一业务中,银行在办理经进口商往来银行承兑的远期外币汇票贴现后,不能对出口商行使追索权。出口商在贴现这种票据时是一种卖断,以后票据拒付与出口商无关。出口商将票据拒付的风险和外汇风险,一起转嫁给了贴现票据的银行。

(3) 提前或错后收付外汇。涉外经济主体根据对计价货币汇率的走势预测,将收付外汇的结算日或清偿日提前或错后,从而达到防范外汇风险的目的。比如,若预测计价货币的汇率将要下降,则出口商和债权人应设法提前收汇,以避免应收款项的贬值损失,而进口商或债务人则应设法推迟付汇。相反,若预测计价货币的汇率将要上升,出口商或债权人则应尽量推迟收汇,而进口商或债务人则应尽量设法提前付汇。

(4) 配对。配对是指涉外主体在一笔交易发生后,再进行一笔与该交易在币种、金额、收付日期上完全相同但资金流向正好相反的交易,使两笔交易所面临的汇率风险能够相互抵消。例如,某公司出口了一批价值100万美元的货物,3个月后收款,为了避免美元贬值,它可以在1个月后(或其他时间)进口一批100万美元的货物,争取将付款日安排在2个月后(或其他对应日)。这样,在它收进100万美元出口贷款的同时就可以履行支付进口货款的义务。

(5) 保险。涉外主体可以向有关保险公司投保汇率变动险,一旦因汇率变动而蒙受损失,可以由保险公司进行赔偿。汇率风险的保险一般由国家承担。在美国,由国际开发署承担保险责任,保险标的为美国居民的对外投资。在日本,保险标的仅限于部分长期外币债权。

交易风险的管理方法很多,既可以单独采用,也可以综合配套采用。在具体选择时,应结合交易的性质,并比较各种方法成本的大小,争取以最小的成本来达到消除风险的目的。

(二) 折算风险的管理

涉外主体对折算风险进行管理时,通常是实行资产负债表保值。这种方法要求在资产负债表上的以各种功能货币表示的受险资产与受险负债的数额相等,使其折算风险的头寸(受险资产与受险负债之间的差额)为零。只有这样,汇率变动才不会带来折算上的损失。实行资产负债表保值,要求做到以下几点:

首先,弄清资产负债表中各账户、各科目上各种外币的规模,明确综合折算风险头寸的大小。

其次,根据风险头寸的性质确定受险资产或受险负债的调整方向。如果以某种外币表示的受险资产大于受险负债,则可以减少受险资产,或增加受险负债,或者同时调整至两者大致相等。反之,如果以某种外币表示的受险资产小于受险负债,则可以增加受险资产,减少受险负债,或者同时调整至两者大致相等。

最后,在明确调整方向和规模后,要进一步确定对哪些账户、哪些科目进行调整。需要注意的是有些账户或科目的调整可能会带来其他账户、科目调整的更大损失,或造成新的风险(如信用风险、市场风险等)。

还有,在外汇风险的管理中,交易风险的防范与折算风险的防范可能会发生冲突,加大风险管理的难度。比如,对于跨国公司来说,所有在国外的分支机构都使用母国货币进行日常核算可以防范折算风险,但会面临更多的交易风险,因为分支机构日常使用最多的通常是东道国货币。同样的,假定分支机构要避免交易风险,那么一定会面临折算风险。

(三) 经济风险的管理

经济风险的管理主要是企业对经营活动和财务活动实行多样化,从而避免汇率风险。

1. 经营多样化

经营多样化是指跨国公司在国际范围内分散其销售地、生产地以及原材料来源地。经营多样化的方针对减轻经济风险的作用体现在两方面。一是管理部门由于实行国际经营多样化,在汇率出现意外变动后,必然会通过比较不同地区的生产、销售和成本的变化趋利避害,迅速调整经营策略,改善竞争条件,相应增加一些分支机构的生产,减少另一些分支机构的生产,从而使公司的产品在市场上更有竞争力。二是即使管理部门不积极采取措施调整其经营活动,经济风险也会因为经营多样化而降低。因为汇率出现意外变动后,公司的竞争力可能在某些市场上下降,也可能在另一些市场上提高,使公司现金流量所受到的影响相互抵消。

2. 财务多样化

财务多样化是指在多个金融市场、以多种货币寻求资金来源和资金运用,即实行筹资多样化和投资多样化。在筹资方面,公司应该从多个金融市场、以多种货币来筹资;同样在投资方面,公司也应该向多个国家投资,创造多种外汇收入。这样,在有的货币贬值,有的货币升值的情况下,公司就可以使大部分的外汇风险相互抵消。另外,由于资金来源和运用的多渠道,公司可以更好地在各种外币资产和负债之间进行配合。

专栏10-3介绍了在人民币汇率新形势下企业应如何进行外汇风险的管理。

专栏 10-3

如何避免在风险中沉浮?人民币汇率新形势下企业外汇风险管理方略

2017年下半年以来,人民币汇率呈现出"双向波动""波幅增大"和"清洁浮动"的特点。

而很多企业没有建立合理的汇率风险敞口判断流程和套保机制,使得自身更多地暴露在汇率风险下。

一、单向波动时期企业汇率风险管理

2005年汇改以来,我国实行有管理的浮动汇率制度。但人民币对美元汇率波动幅度相对很小,并呈现较强的单边特点:2005~2013年间以持续小幅升值为主,2014~2016年间则呈现单边贬值。

从宏观层面看,稳定的汇率和外汇储备的积累为境外直接投资提供了信心和保障,是中国经济在高速增长阶段的必要制度安排。但在微观层面,这样的汇率制度安排产生了两个"技术性"问题:

一是央行积累外汇储备,会在基础货币和 M_2 两个层面上扩大货币供给,需要开展对冲操作,一定程度上对货币政策形成掣肘。

二是稳定且可预期的汇率走势引致了境内外主体对汇率变化的大规模投机,当人民币处于升值趋势,利率高于美元时,对汇率的投机有十分丰厚的获利前景,而由于实行意愿结售汇制度,加之离岸市场的不断发展,再完善的外汇管理制度也很难有效阻止此类投机行为。

这两个技术性问题都产生了一定的隐性成本。对于第二个问题,部分企业长期以来习惯于汇率投机,不仅没有建立有效的汇率风险识别机制和集团层面的汇率风险管控体系,还通过本外币资产负债错配、提前/延迟结售汇、叙做远期/掉期衍生品等方式主动持有汇率敞口,通过看似可预测的汇率变动赚取无风险收益。这种思维惯性的影响至今依然存在。

此类操作确曾给企业带来过一定收益,但积累到一定程度便会产生系统性风险。在 2014 年人民币开始贬值前夕,部分企业实质上持有了大量的美元兑人民币空头头寸。在资本大规模流出新兴市场,美元上扬的大环境下,企业的汇率风险敞口迅速暴露,争相平盘,造成挤兑行情,反过来又加剧了短期内人民币贬值的压力。

而在 2015 年、2016 年,部分企业无视这两年我国外贸顺差近 1.1 万亿美元的基本情况,又开始囤积美元,实质上做空人民币,从而在 2017 年人民币大幅升值过程中再次受伤。

更重要的是,很多企业没有建立合理的汇率风险敞口判断流程和套保机制,在人民币汇率波动进入新形势,双向波动加大的环境下,部分企业更易出现首尾难顾、犹豫不决的情况,更多地暴露在汇率风险下。

二、人民币汇率波动新形势

所谓人民币汇率波动"新形势",是指 2017 年下半年以来,汇率呈现出"双向波动""波幅增大"和"清洁浮动"的特点。在人民币汇改如此长的时间内,仅依靠价格波动自发调节便可实现市场供求均衡,尚属首次。这无疑表明我国汇率形成机制改革已经发生了前所未有的突破。

从宏观角度看,如果说 2005 年汇改之后的 10 年时间内,人民币汇率稳定是"利大于弊",那么现阶段,过于稳定和可预测性高的汇率则是"弊大于利",无益于发挥"市场在配置外汇资源、决定人民币汇率方面的基础性作用"。从历史经验看,在"布雷顿森林体系Ⅱ"的国际汇率体系下,"外围国家"随着其自身的经济增长,对出口和外资的依赖性越来越低,从而逐渐转化为"核心国家",其汇率制度也由固定汇率或爬行钉住转为自由浮动,日本和东亚新兴经济体都经历了这一历程。

从我国国际收支的基本情况看,当前无疑具备了市场决定汇率的条件。首先,经常账户顺差占GDP比重降至2%以下,经济增长对出口和外商投资的依赖度大幅下降,无须过度关注汇率对外贸的影响;其次,国际收支呈现经常账户小幅顺差,资本账户基本均衡或小幅逆差局面,外汇供求大体均衡;最后,金融监管不断强化和完善,信贷闸门得到控制,金融体系应对资本流动冲击的能力和实体经济对汇率波动风险的抵御能力也在增强。

2017年下半年以来的外汇市场运行情况充分体现了上述变化。从供需看,自2017年2月起,境内银行代客及自身结售汇月均逆差50亿美元,考虑银行持有头寸等各类因素,供需基本保持了平衡;从外汇储备看,2017年至今官方储备规模稳定在3.1万亿美元上下,体现了汇率的"清洁浮动";从汇率波动看,人民币汇率的隐含波动率和历史波动率接近历史高位,汇率日间和隔夜的波动明显增大。

三、新形势下企业的汇率风险保值方略

实际经营中,很多企业往往过多关注汇率预测和时点分析,而能从源头搭建汇率风险管理体系的企业则相对较少,造成这种"舍本逐末"误区的原因有以下几点:

(1) 市场发展进程中的"红利陷阱"。不可否认,在人民币市场发展的部分阶段,单向波动使得市场趋势较为容易预测,叠加各产品间的价格联动性尚不健全,从而导致市场中存在套取价差的可能性。

(2) 对自身的角色定位不清晰。对于绝大部分企业来说,汇率风险敞口来源于其进出口贸易,而在汇率风险管理方面,企业则往往缺乏专业的框架和人员。因此在这种情况下,企业理应控制自身的风险敞口,将汇率风险更多地转嫁给金融机构,利用银行的专业性提升自身保值的效果,但多数企业的转变和调整相对滞后。

(3) 缺乏对于衍生产品的了解。近几年越来越多的企业开始运用远期、掉期、期权、利率互换等多种衍生品来管理汇率风险,对产品本身的保值效果也逐步熟悉,但并不代表企业对产品的认知是充分的。此外,企业对于衍生品的选择还受制于其财务制度,汇兑损益与衍生品损益科目的不同往往增加了企业使用衍生品保值的不便性,业务人员和财务人员之间对于产品的理解亦有差异,沟通成本显著增加。

因此可以看到,企业管理汇率风险,既存在主观上的认知能力的局限性,又受到客观上企业内部流程和制度的制约,在面对人民币汇率市场的快速发展时,难免出现力不从心的状况。企业更应侧重于企业内部自上而下的体系构建,方能更高效地应对市场的万千变化。

首先,明确内部的决策和问责机制,尤其是对于大中型集团企业而言,整合各子公司或成员单位的资源,统筹进行汇率风险管理是更为高效的方式,因此成立财务公司或是建立自身专业化团队成为近年来的趋势。但在实际运作中,还需事先建立起有效的决策机制,在适当范围内授权相关人员,使其能在市场波动中自主决策应对,提高保值操作的时效性、专业性和灵活性。

其次,企业需要更全面地评估自身,认知风险,树立正确的保值理念。以往人民币汇率波动相对单一,波幅也比较有限,企业无论判断正误或是保值与否,对于自身业务

经营的实质影响有限。但伴随着市场的快速发展,其复杂程度和潜在波动均显著上升,企业应更多关注于保值避险而非押注增值,并明确自身的应对能力和风险偏好。

最后,对市场变化和衍生产品的把握是企业在汇率风险管理过程中的核心和基础。但相较于市场本身的发展速度,近年来企业认知和应对相对滞后,因此企业应更多通过与监管机构及商业银行的沟通交流,充分了解衍生产品的内在价值和适用范围,确保在政策导向和市场形势等方面与时俱进,并通过内外部培训等形式加强相关人员的业务能力。

——摘编自:张迪,刘冰.人民币汇率新形势下企业外汇风险管理方略[J].

中国货币市场,2018(4):21-24

【能力训练】

一、判断分析题

1. 固定汇率制是指汇率在某一点上固定不变、绝对稳定的一种汇率制度。
2. 在浮动汇率制度下,汇率受黄金输送点的限制。
3. 两种货币的对内价值是形成汇率的基本依据。
4. 在直接标价法下,一定单位的外币折算的本国货币数量增多,说明本币汇率上升。
5. 在间接标价法下,一定单位的本国货币折算的外币数量增多,说明本币升值。

二、简答题

1. 简述外汇的定义。
2. 请归纳在直接标价法、间接标价法和美元标价法下,根据远期差价计算远期汇率方法的相同点。
3. 布雷顿森林体系下维持固定汇率制度的必备条件是什么?
4. 比较固定汇率制度与浮动汇率制度的优缺点。
5. 简述外汇风险的类型并结合实际谈谈如何进行外汇风险的防范。

三、论述题

1. 分析现行人民币汇率制度的特点。
2. 请收集近期美元、日元或欧元等主要货币的变动情况,分析这些货币之间汇率变动的特点。
3. 请了解我国的外汇牌价汇率的形成机制和外汇交易中心的运行机制,并说明其历史沿革。

四、计算题

1. 某日,纽约和苏黎世的外汇市场外汇行市如下:

$$\text{纽约外汇市场} \quad USD 1 = CHF 1.242\ 2 \sim 1.242\ 6$$
$$\text{苏黎世外汇市场} \quad USD 1 = CHF 1.248\ 1 \sim 1.248\ 7$$

若有一个套汇者用1 000万美元进行套汇,收益为多少?

2. 某日纽约、伦敦、香港三个外汇市场的外汇行市如下：

纽约外汇市场　　　　　GBP 1＝USD 1.849 0～1.849 4
伦敦外汇市场　　　　　GBP 1＝HKD 14.302 1～14.302 5
香港外汇市场　　　　　USD 1＝HKD 7.856 0～7.856 4

若有一套汇者用1 000万英镑进行套汇，收益为多少？

3. 在某一时期，美国金融市场上的3个月定期存款年利率为6%，英国金融市场上的3个月定期存款年利率为10%，伦敦外汇市场美元的即期汇率为GBP 1＝USD 1.849 0～1.849 4，3个月的远期差价为升水105～100，若某人借入100万美元进行套利活动，收益为多少？

五、案例分析拓展题

2008年的国际金融危机引发了各国对以美元为核心的金融体系所存在的多种弊端的深刻反思，为了应对美元等"硬通货"的波动带来的风险，东亚、中亚甚至南美的各国都在寻找避险货币，中国也开始推进人民币国际化。

人民币国际化从贸易到投资，从金融市场交易到资本市场开放，经历了一个循序渐进的过程。

2008年12月12日，中国人民银行和韩国银行签署了双边货币互换协议，两国通过本币互换可相互提供规模为1 800亿元人民币的短期流动性支持。2009年7月，我国发布跨境贸易人民币结算试点管理办法，我国跨境贸易人民币结算试点正式启动；2011年8月开始，跨境贸易人民币结算境内地域范围已扩大至全国。2012年11月，人民币国际化进程正式在南非起步，我国和南非之间的贸易都是直接将南非兰特兑换成人民币来结算。2013年10月，中国和英国同意人民币与英镑直接交易。2014年6月18日，中国建设银行担任伦敦人民币业务清算行；2014年6月19日，中国银行担任法兰克福人民币清算行；2014年7月4日，中国人民银行发布公告称，决定授权交通银行首尔分行担任首尔人民币业务清算行，这成为在首尔打造人民币离岸中心的重要一步。2016年3月29日，亚洲首个人民币国际化研究中心在北京举行启动仪式。2016年5月，中国财政部在伦敦发行人民币国债；2016年10月1日，人民币被纳入国际货币基金组织特别提款权货币篮子，与美元、欧元、英镑和日元一起跻身全球储备货币之列，成为全球第五大国际支付货币。

经过10年的发展，人民币国际化经历了政策从无到有、汇率由升至贬、人民币资金由净流入到净流出的完整周期，呈现出波浪形前进的特征。2018年以来，国际形势的变化，使人民币国际化面临着新的机遇和挑战。首先，全球经济下行风险增大，保护主义上升，美元的系统性风险、美国发起的各类制裁迫使其他国家丰富储备币种与结算模式，为人民币国际使用创造了一定的契机。其次，中国经济减速，中美贸易摩擦对中国经济和市场信心产生了一些消极影响，中美货币政策发生分化，新兴国家市场出现动荡。这些因素会对人民币汇率产生下行压力，强化贬值，影响人民币国际化的进程。我们要明确人民币国际化的长期性和艰巨性。据环球银行金融电信协会统计，2018年8月份人民币国际市场份额为2.12%，位列第五位，与美元(39.69%)、欧元(34.13%)、英镑(6.88%)、日元(3.43%)存在显著差距。理论研究表明,一国货币要想成为国际货币需要具备诸多条件,如宏观经济的稳定强大、资本自由流动、金融市场具备一定的广度和深度等。未来,人民币国际化进程不仅面临中国经济转型发展、金融改革与市场开放等重大任务或考验,还要突破原有国际货币格局惯性。美元成为国际货币大约经历了40多年的时间,德国马克用了30年左右,日元也经历了至少15年,根据历史经验,人民币也难以在短期内快速晋升为主要国际货币。因此,短期内人民币要成为主要储备货币,难以一蹴而就。

1. 人民币能否三分天下？有人提出,亚洲也应向欧洲一样,有自己的"亚元",你对这一说法有什么评论？
2. 你认为我国人民币在1997年的亚洲金融风暴中保持稳定的原因是什么？
3. 谈谈你对人民币国际化的看法。

第十一章 国际收支与国际储备

【本章提要】 国际收支和国际储备之间存在着密切的联系。从国际储备对国际收支的作用看,国际储备是进行国际收支结算的准备;从国际收支对国际储备的影响看,国际收支不仅是增加国际储备存量的"源",而且是国际储备支出的"流"。一国国际收支顺差会增加国际储备,而国际收支逆差会引起国际储备的减少。因此,撇开国际收支谈国际储备或是撇开国际储备谈国际收支都是不全面的。本章主要介绍国际收支的概念,国际收支平衡表的记账原理与账户分析;国际收支失衡及其调节;国际储备的概念及其构成,国际储备的规模管理和结构管理。

【重点难点】 了解国际收支、经常差额、综合差额、国际储备、国际清偿能力、在国际货币基金组织的储备头寸和特别提款权的概念;掌握国际收支平衡表的编制方法、国际储备管理的基本方法;理解国际收支失衡的原因和经济影响、国际储备的作用;领会国际收支与主要宏观经济变量的关系、影响国际储备的主要因素和国际储备管理的基本原则;能够运用所学知识分析我国国际收支平衡表、我国国际储备问题。

【基本概念】 国际收支 国际收支平衡表 自主性交易 补偿性交易 国际储备 外汇储备 特别提款权 黄金储备

第一节 国际收支概述

一、国际收支的概念

国际收支来源于国际经济交往,随着这种交往的不断深入,国际收支这个概念本身也处于不断发展之中。

国际收支是一个历史的概念,其外延随着国际经济交易的发展而不断丰富。国际收支的概念最初起源于17世纪初期。当时,国际经济往来的基本形式是商品贸易,位居经济学主流的重商主义学派把国际收支简单地解释为一个国家的对外贸易差额,即贸易收支(Balance of Trade)。这反映了资本主义形成时期商品交易在国际经济往来中占统治地位的状况。在这以后很长一段时期内,国际金融界一直通行这一概念。即使在现代经济条件下,由于商品贸易仍然在国际经济往来中占有重要地位,人们有时还会以贸易收支指代国际收支,因此,狭义的国际收支就仅仅指这种贸易收支。第一次世界大战以后,由大规模移民形成的侨汇和战争赔款构成的单方面转移、国际投资导致的资本流动,使国际经济交易的形式明显增多。此外,伴随着金本位制度的解体,黄金逐步退出流通领域,纸币流通日益盛行,外汇已成为国际贸易、国际结算和国际投资的主要支付手段。这使得外汇收支的重要性与日俱增,这时,各国通行的国际收支概念就由从简单的国际贸易收支,发展为全部外汇收支。第二次世界大战之后,国际收支的概念又有了新的发展。由于国与国之间政治、经济、文化等方面的往来更加频繁和广泛,贸易方式更加灵活,如补偿贸易、易货贸易和记账贸易,而这些贸易方式并不涉及外汇收支,于是,为了完整地考察一国的对外经济活动,就必须把不发生外汇收支的交易也纳入国际收支的范畴,由此形成了以所有国际经济交易为外延的国际收支概念。当前,全球经济一体化日益深入,各国的经济、政治、文化等方面的往来更加密切,国际收支的概念与过去相比,已有了全新的内涵。国际货币基金组织(International Monetary Fund,简称 IMF)在 1993 年出版的《国际收支手册》(第五版)对其下了新的定义:"国际收支(Balance of Payments,简称 BOP)是在一定时期内一国居民(Resident)与非居民(Nonresident)之间各项经济交易的系统记录。"要想正确理解国际收支这一概念,必须注意以下两个方面:

(1) 国际收支记录的是一国居民与非居民之间的交易。判断一项交易是否应包括在国际收支的范围内,依据的是交易双方是否有一方是该国居民。居住地的不同是划分居民与非居民的主要依据。区分居民地,并不是以国籍或法律为标准,而是以交易者从事生产、消费等经济活动和交易的所在地作为划分的基础。在国际收支统计中,居民是指一个国家的经济领土内具有一经济利益中心的经济单位。所谓一国的经济领土,一般包括一个政府所管辖的地理领土,还包括该国天空、水域和邻近水域下的大陆架,以及该国在世界其他地方的飞地。依照这一标准,一国的外交使节、驻外军事人员是所在国的非居民,而联合国、国际货币基金组织等国际性组织及其代表处对任何国家来说都是非居民。

(2) 国际收支是一个流量概念。国际收支是对一定时期内(一般是一年)的各项经济交易的总计。与此相对应的,专门记载存量数据的概念是国际投资头寸(International Investment Position,简称 IIP)。国际投资头寸反映了一定时点上的经济体对世界其他地方的资产与负债的价值和构成,这一存量的变化主要是由国际收支中的各种经济交易引起的,有时也可能是因为汇率、价格变化或其他调整引起的计价变化所造成的。而这后一点通常是不在国际收支中反映出来的。

二、研究国际收支的意义

国际收支是一国国际经济活动的直接结果,由于国际贸易和国际投资的迅速发展,世界各国在经济上存在着广泛而复杂的联系。无论是东南亚金融危机还是墨西哥金融危机,国际收支恶化、经常项目巨额赤字是其爆发前的共同特征。据此,有关专家断言,导致一国金融动荡的重要因素往往是该国的国际收支恶化。国际收支通常能反映一国经济结构的性质、经济活动的范围和经济发展的趋势;同时它又能反映一国对外经济活动的规模和特点及该国在世界经济中的地位和所起的作用。国际收支是一国制定对外政策的依据,是分析一国经济和世界经济发展的重要工具。概括起来,研究国际收支的重要意义主要体现在以下几个方面:

1. 可以预测货币汇率的升降趋势

在以市场供求为基础的浮动汇率制度下,一国国际收支产生盈余,则该国货币将会升值;反之,若是国际收支赤字,则该国货币将会贬值。

1994年汇率制度改革以前,中国国际收支与汇率没有明显的相关关系。人民币对美元汇率由1982年的1.92一直贬值到1993年的5.80,而这一阶段经常账户差额、金融账户差额和储备资产变动都呈现出较为平稳的变化趋势。

1994年,中国进行了汇率制度改革,官方汇率与市场汇率并轨,国际收支的变动成为影响汇率变动的主要因素之一。先观察图11-1中的国际收支,1994—1997年经常账户(CA)差额缓慢增长,金融账户(FA)差额小幅波动,储备资产(RA)增加速度略有加快。受1997年亚洲金融危机的影响,经常账户差额、金融账户差额和储备资产增加额都有所减少。2000—2004年中国金融账户顺差额持续增长,2004—2008年中国金融账户顺差呈现"波浪式"变动。2002年加入世界贸易组织以后,中国经常账户顺差呈现指数型增长,这一趋势一直持续到2008年。2008年爆发全球金融危机,中国经济一枝独秀,吸引了大量外资涌入。相比2008年,2010年中国金融项目顺差增幅高达661%。2011年后,中国金融项目顺差缩小,2012年中国金融项目出现了13年来首次逆差,2013年虽有反弹,此后却近乎直线下跌。2015年中国金融账户逆差额为34年来之最。2008年以来中国经常账户顺差收缩,到2013年完成了一个"W"反弹。

再观察图11-1中的汇率变动,1994年汇率制度改革,人民币对美元汇率(EX)由5.80飙升至8.45,此后人民币缓慢升值,1996—2004年人民币对美元汇率一直稳定在8.28左右。2005年以后人民币汇率步入了8年的升值之路,2005—2013年人民币对美元汇率累积升值超过26%,其中2007年和2008年人民币对美元汇率年升值幅度超过6.4%。2013年以后人民币汇率开始下降,2015年人民币对美元汇率下降逾6%。

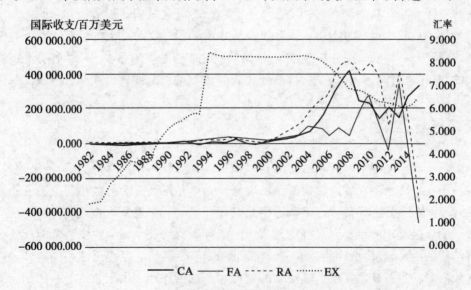

图11-1 1982—2015年中国国际收支与汇率变动

数据来源:中国国家外汇管理局

2. 可以了解货币政策的趋向

与一国经济发展相适宜的国际收支差额通常是一个对外开放国家的外部均衡目标，因此，一国也必然用货币政策来影响国际收支状况。例如，当一国国际收支出现赤字，很可能是该国国内需求加大引起的进口增加、出口减少所致，因此，要改变赤字，一般该国会采取紧缩性的货币政策；反之，一国出现国际收支盈余时，该国将采取扩张性货币政策。

3. 可以预测未来的进出口情况

导致一国进出口变动的因素很多，但国际收支状况是一个不可忽视的因素。在一国国际收支赤字的情况下，外汇汇率上升，该国出口商品的价格相对降低，在该国存在闲置资源，能够扩大出口商品的生产规模的条件下，将有利于扩大出口。

4. 可以判断一国的外汇管制程度

一般情况下，若一国出现国际收支赤字，则该国有可能通过外汇管制来压缩对外汇的需求，而国际收支盈余国则可能会通过外汇管制的放松来扩大对外汇的需求。发达国家放松甚至取消外汇管制，而发展中国家实行严格的外汇管制就是这个道理。

第二节 国际收支平衡表

一、国际收支平衡表的基本原理

国际收支平衡表（Balance of Payments Statements）也称国际收支账户，是指遵循一定的编制原则和格式，采用会计方法，系统地记录一个国家在一定时期内（如一年、半年或一季）所发生的各种对外经济交易的统计报表。一国国际收支平衡表所包含的内容很多，由于各国的国际经济交易不完全一样，因而编制的国际收支平衡表也有所不同。为指导成员国向国际货币基金组织定期提交国际收支报表，并使各国的国际收支平衡表具有可比性，国际货币基金组织编制了《国际收支手册》对国际收支平衡表的编制所采用的概念、准则、惯例、分类方法以及标准构成都做出统一的说明。2008年，国际货币基金组织已出版了第六版《国际收支手册》。下面，我们按照这一最新规定对国际收支平衡表进行介绍。

（一）国际收支平衡表的账户设置

国际收支平衡表的主要组成可分为两大类：经常账户、资本与金融账户。由于国际收支平衡表采用复式记账原理，所以除上述两项外，各国在国际收支平衡表中设置了用于抵消统计偏差的误差与遗漏项目。

1. 经常账户（Current Account）

经常账户又称经常项目，是国际收支平衡表中最基本、最主要的项目，它是记录实际资源在国际间的流动行为的账户，包括货物与服务、一次收入和二次收入。

（1）货物（Goods）。具体说来包括国际收支统计的一般商品、转手买卖货物的净出口（该项采用交易价格估价）、非货币性黄金。一般在处理上，货物的出口和进口应在货物的经济所有权从一国居民转移到另一国居民时记录下来。货物按边境的离岸价(FOB)计价。

(2) 服务(Service)。又称无形贸易，它是经常账户的第二个大项目，包括对他人拥有的实物投入的制造服务(加工服务)、别处未涵盖的维护和修理服务、运输、旅游、建设、保险和养老服务、金融服务、别处未涵盖的知识产权使用费，还包括电信、计算机和信息服务等。

(3) 初次收入。包括雇员报酬、投资收益(包含金融账户各项产生的收益)和其他初次收入(包括租金、生产税和进口税、补贴)。

(4) 二次收入。包括个人转移和其他经常转移(例如，对所得、财富等征收的经常性税收、社保缴款、社会福利、经常性国际转移等)。见表11-1。

2. 资本与金融账户(Capital and Financial Account)

资本与金融账户是指对资产所有权在国际间流动行为进行记录的账户，它包括资本账户和金融账户两大部分。

(1) 资本账户。资本账户反映资产在居民与非居民之间的转移，包括资本转移和非生产、非金融资产的取得(借记)或处置(贷记)。资本转移包括政府部门的资本转移(如债务减免、投资捐赠、资本转移的税款、未保险严重事故的补偿等)和其他部门的资本转移(如移民转移、债务减免、投资增款、补偿支付、税款、巨额捐赠等)。所谓非生产、非金融资产的取得或处置是指各种无形资产如自然资源，契约、租约和许可，营销资产的交易。

(2) 金融账户。金融账户反映的是居民同非居民之间投资与借贷的增减变化。根据其投资类型，可以分为直接投资、证券投资、金融衍生品(储备除外)和雇员认股权、其他投资、储备资产五个子项目。金融账户的各个项目与经常账户不同，是按净额来计入相应的借方或贷方，并不是按借贷方总额来记录。

① 直接投资(Direct Investment)。其主要特征是投资者对非居民企业的经营管理活动拥有发言权和永久利益获得权。它可以采取在国外直接建立分支企业的形式，也可以采用购买国外企业一定比例以上股票的形式。《国际收支手册》中规定投资者在国外投资的企业拥有10%或者10%以上的普通股或投票权从而对该企业拥有管理权即为直接投资。

② 证券投资(Portfolio Investment)。指本国居民购买或售卖(不包括直接投资内的)外国债券和股票，外国居民购买或售卖(不包括直接投资在内的)本国债券和股票。与直接投资相区别，证券投资者所关心的不是企业的长期前景，而是资本价值上升所带来的利得收益。证券投资的主要对象是股本证券和债务证券。对于债务证券而言，它可以分为中长期债券、货币市场工具(如国库券、商业票据、银行承兑汇票、大额定期可转让存单等)和金融衍生工具(如各种金融期权、期货等)。

③ 金融衍生品(储备除外)和雇员认股权。

④ 其他投资(Other Investment)。是不包括所有直接投资、证券投资或储备资产的金融交易。包括预付款、短期票据、金融租赁项目下的货物等。

⑤ 储备资产(Reserve Assets)。储备资产是货币当局可随时动用并控制在手的外部资产。主要包括货币黄金(包括金块、未分配黄金账户)、特别提款权(特别提款权的分配被记录为接受分配的成员国所发生的负债)、在国际货币基金组织的储备头寸、其他储备资产(包括货币、存款和有价证券)和其他债权。储备资产的相关问题将在本章第四节内容中做详细介绍。

3. 错误与遗漏账户(Errors and Omissions Account)

错误与遗漏账户是一个人为的平衡项目,用于轧平国际收支平衡表的借、贷方总额。按照国际收支平衡表的编制原理,从理论上讲,所有账户的借方总额和贷方总额应相等,差额为零。但是,由于不同账户的统计资料来源不一、记录时间不同以及一些人为因素(如虚报出口)等原因,会造成国际收支平衡表的借方和贷方不平衡,因此,需要设立"错误与遗漏账户",对国际收支平衡表产生的不平衡进行人为的轧平。

(二) 记账规则

1. 一般记账规则

国际收支账户运用的是复式记账法,即每笔交易都是由两笔价值相等、方向相反的账目表示。根据复式记账的惯例,不论是对于实际资源还是金融资产,借方表示该经济体资产持有量的增加,贷方表示资产持有量的减少。

具体说来,记入借方的项目包括：(1)反映进口实际资源的项目；(2)反映资产增加或负债减少的金融项目。记入贷方的项目包括：(1)表明出口实际资源的经常项目；(2)反映资产减少或负债增加的金融项目。更具体来说,有：① 进口商品属于借方项目,出口商品属于贷方项目；② 非居民为本国居民提供服务或从本国取得收入属于借方项目,本国居民为非居民提供服务或从外国取得的收入属于贷方项目；③ 本国居民对非居民的单方向转移,属于借方项目；本国居民收到的国外的单方向转移,属于贷方项目；④ 本国居民获得外国资产属于借方项目,外国居民获得本国资产或对本国投资属于贷方项目；⑤ 本国居民偿还非居民债务属于借方项目,非居民偿还本国居民债务属于贷方项目；⑥ 官方储备增加属于借方项目,官方储备减少属于贷方项目。

2. 记账经验法则

上述记账惯例有时在具体运用时容易混淆,产生记账错误,下面介绍两个便于操作的经验法则。

第一,凡是引起外汇供给的经济交易都记入贷方,凡是引起外汇需求的经济交易则记入借方。该法则不适用于单项实物转移项目,因为单向转移并不会引起外汇供给与需求。例如,货物出口会产生外汇供给,记入贷方；货物进口会产生外汇需求,记入借方。

第二,凡是引起本国从国外获得货币收入的交易记入贷方,凡是引起本国对国外的货币支出的交易记入借方。如,甲国企业出口价值100万美元的设备,这一出口行为导致该企业在海外银行存款相应增加。这笔出口交易对国家来说产生了货币收入,那就记入贷方,而这笔货币收入本身在借方反映。因此,这一笔交易准确的记录是：

借：本国在外国银行的存款　100万美元
　贷：商品出口　　　　　　　100万美元

当收入大于支出有盈余时称为顺差,反之为逆差。

根据国际收支平衡表的记账规则和账户设置,国际收支平衡表可示意如表 11-1(根据《国际收支手册》第六版编制)。

表 11-1 国际收支平衡表

借方(记为一号)	贷方(记为+号)
1. 货物和服务 货物进口 服务进口:运输、金融、旅游和通信等	货物出口 服务出口:运输、金融、旅游和通信等
2. 初次收入 雇员报酬、利息、公司的已分配收益、再投资收益、租金等支出	雇员报酬、利息、公司的已分配收益、再投资收益、租金等收入
3. 二次收入 对所得、财富等征收的经常性税收、非寿险净保费、非寿险索赔、经常性国际转移、其他经常转移、养老金权益变化调整等支出	对所得、财富等等征收的经常性税收、非寿险净保费、非寿险索赔、经常性国际转移、其他经常转移、养老金权益变化调整等收入
4. 经常账户差额	
5. 资本账户 本国居民在海外的资产增加(资本输出) 资本转移 非生产、非金融资产取得	外国居民在本国的资产增加(资本输入) 资本转移(入) 非生产、非金融资产的放弃
6. 金融账户 (本国对外国的) 直接投资 证券投资 金融衍生产品(储备除外)和雇员认股权 其他投资 储备资产	(外国对本国的) 直接投资 证券投资 金融衍生产品(储备除外)和雇员认股权 其他投资 储备资产
7. 资本与金融账户(5、6 项之和)	
8. 错误与遗漏(4、7 项之和) (4、7 项之和为贷方余额)	(4、7 项之和为借方余额)

3. 特殊情况说明

一个国家的国际收支出现顺差和逆差时,最后必须通过增减其储备资产来获得平衡。由于平衡整个账户的需要,人为地把官方储备的增加反映在借方,把官方储备的减少反映在贷方。

4. 记账实例

【例 11-1】 印度洋海啸灾难后,甲国政府动用外汇库存 2 亿美元向受灾国提供无偿援助,另提供相当于 1 亿美元的粮食药品援助。这笔交易可记为:

  借:二次收入　　　　3 亿美元
   贷:官方储备　　　　2 亿美元
    商品出口　　　　1 亿美元

【例 11-2】 甲国居民携带旅行支票到国外旅游,费用共计 10 万美元。这笔交易可记为:

  借:服务进口   10 万美元
   贷:在外国银行的存款 10 万美元

【例 11-3】 外商以价值 1 090 万美元的设备投入甲国,兴办合资企业。这笔交易可记为:

  借:商品进口   1 090 万美元
   贷:外国对甲国的直接投资 1 090 万美元

【例 11-4】 甲国企业出口价值 150 万美元的钢材,出口收入存入该企业在海外银行的账户。这笔交易可记为:

  借:本国在外国银行的存款 150 万美元
   贷:商品出口   150 万美元

【例 11-5】 甲国某企业用在国外的银行存款 1 000 万美元买入一家国外公司 51% 的普通股股票。这笔交易可记为:

  借:直接投资   1 000 万美元
   贷:在外国银行的存款 1 000 万美元

【例 11-6】 甲国居民支取其在海外存款,用以购买外国某公司发行的价值 20 万美元的债券。这笔交易可记为:

  借:证券投资   20 万美元
   贷:在外国银行的存款 20 万美元

(三)我国国际收支平衡表的编制

国际收支统计体系是我国宏观经济监测体系的重要组成部分,它主要反映我国与世界其他国家或地方经济交往的基本状况和趋势,是开放经济条件下进行宏观经济决策的主要信息来源之一。

我国自 1980 年开始着手建立国际收支统计制度,其概念、原则和框架取自于国际货币基金组织编写的《国际收支手册》(第四版),同时也根据我国当时实行计划经济的实际情况做了适当调整。编制国际收支平衡表所需的资料主要来源于原有的各个专业部委的有关业务统计,国家外汇管理局不再做专门的调查。这一制度实行了 18 年,基本上反映了我国的国际收支状况。

随着经济的发展,原有的国际收支统计制度也逐渐显露出其缺陷。具体表现为:原有的国际收支统计制度与新的国际收支统计标准,即与《国际收支手册》(第五版)不衔接;原有的国际收支统计制度还保留了一定的计划经济时期的特色,与社会主义市场经济体制不相适应;原有的国际收支统计资料来源缺口较大,导致国际收支表误差与遗漏过大。为此,国家外汇管理局对原有的国际收支统计制度进行了重大改革:一是引入了新的数据采集方法,即采用了交易主体申报制,将直接申报与间接申报、逐笔申报与定期申报有机地结合起来,并在 1996 年 1 月 1 日实施了《国际收支统计申报办法》;二是自 1997 年开始,我国参照国际货币基金组织编写的《国际收支手册》(第五版),并按其要求编制国际收支平衡表。目前,我国已经建立起完整、科学的国际收支(依据第六版《国际收支手册》,2011年)申报体系。同时,我国在这方面的工作成果得到了国际货币基金组织的认可,也受到了国际信用评估和外国金融公司的普遍重视。国际收支统计资料已成为我国政府制定宏观政策,国际社会分析我国对外经济状况的重要依据,也为外国投资者来华投资提供了重要的参考资料。我国的国际收支平衡表由国家外汇管理局负责编制,表11-2反映了我国2017年国际收支平衡表的基本内容。

表11-2 中国国际收支平衡表(2017年)

单位:亿美元

项目	差额	贷方	借方
一、经常项目	1 649	27 089	25 440
A. 货物和服务	2 107	24 229	22 122
a. 货物	4 761	22 165	17 403
b. 服务	-2 654	2 065	4 719
B. 初次收入	-344	2 573	2 918
C. 二次收入	-114	286	400
二、资本和金融项目	570		
A. 资本项目	-1	2	3
B. 金融项目	571	4 353	3 782
1. 直接投资	663	1 682	1 019
2. 证券投资	74	1 168	1 094
3. 金融衍生工具	5	15	10
4. 其他投资	744	1513	769
5. 储备资产	-915		
a. 货币黄金	0		
b. 特别提款权	-7		
c. 在基金组织的储备头寸	22		
d. 外汇	-930		
e. 其他	0	0	0
三、净误差与遗漏	-2 219	0	2 219

注:1. 本表根据《国际收支和国际投资头寸手册》(第六版)编制。
    2. 本表计数采用四舍五入原则。
数据来源:根据中国国家外汇管理局2018公布的中国国际收支平衡表简化整理而得

二、国际收支平衡表分析

一国的国际收支平衡表记录了开放条件下一国对外经济交往的综合情况。它集中反映了一个国家对外经济活动的特点,国际金融活动的内容、范围,以及这个国家的国内经济的发展情况。因此,对国际收支平衡表的分析是研究一国经济金融状况极为重要的一个方面。分析国际收支平衡表的方法主要有逐项分析、差额分析和对比分析三种。逐项分析是通过把握每个账户的独特内容,分析一国国际收支各个账户的变化情况;差额分析法一般采用逆推法,即以检查总差额开始,继而分析局部差额,再追溯到各个具体项目,最后研究各项目中的各种交易情况;对比分析法就是将同一国家不同时期的国际收支平衡表进行相互比较或将国际收支的某一项目同其他国家的相同项目进行比较,分析其变化。由于国际收支平衡表各个项目是一个有机联系的整体,所以,实际中对国际收支平衡表的分析是以差额分析法为主,将上述三种方法交叉运用,由表及里,透过现象,掌握实质,找出其内在联系与规律。以下我们通过表 11-2,对我国 2017 年的国际收支平衡表进行分析。

1. 贸易账户余额

贸易账户余额是指包括货物与服务在内的进出口之间的差额。贸易账户余额在传统上经常作为整个国际收支的代表,这是因为对一些国家来说,贸易收支在全部国际收支中所占的比重相当大,它表现了一个国家或地区自我创汇的能力,反映了一国的产业结构和产品在国际上的竞争力及在国际分工中的地位,是一国对外经济交往的基础,影响和制约着其他账户的变化。2017 年,我国货物贸易顺差为 4 761 亿美元,较上年下降 3%(其中,出口 22 165 亿美元,进口 17 403 亿美元,较上年分别增长 11% 和 16%)。2017 年,服务贸易逆差 2 654 亿美元,较上年增长 14%(其中,收入 2 065 亿美元,较上年下降 1%;服务贸易支出 4 719 亿美元,较上年增长 7%。)

2. 经常账户余额

我们知道,经常账户除包括贸易账户外,还包括收入账户和经常转移账户。2017 年,我国经常账户顺差 1 649 亿美元,较上年下降 18%。其中,按照国际收支统计口径计算,货物项目顺差 4 762 亿美元,服务项目逆差 2 654 亿美元。由于经常账户在宏观经济中的这种举足轻重的地位,使得它被视为衡量国际收支的最好的指标之一。

3. 资本与金融账户余额

2017 年,资本和金融项目顺差 570 亿美元。其中,直接投资重现顺差,直接投资顺差 663 亿美元(2016 年为逆差 417 亿美元);证券投资差额由逆转顺,证券投资顺差 74 亿美元(2016 年为逆差 523 亿美元);其他投资呈现顺差,贷款、贸易信贷以及资金存放等其他投资为顺差 744 亿美元(2016 年为逆差 3 167 亿美元);储备资产平稳增长,2017 年,我国交易形成的储备资产(剔除汇率、价格等非交易价值变动影响)增加 915 亿美元,其中,交易形成的外汇储备增加 930 亿美元。由于国际收支平衡表采用复式记账法,在记录国际收支平衡表时,一笔贸易流量对应着一笔金融流量。经常账户中实际资源的流动与金融账户中资产所有权的流动是同一问题的两个方面。不考虑错误与遗漏因素时,经常账户中的余额必然对应着资本与金融账户在相反方向上的数量相等的余额。这也就意味着一国可以利用金融资产的净流入为经常账户赤字融资。

4. 综合账户余额

综合账户余额是指经常账户和资本与金融账户中的资本转移、直接投资、证券投资、其他投资账户所构成的余额,也就是将国际收支账户中官方储备账户剔除后的余额。2017年中国国际收支中,经常项目、资本和金融项目均呈现顺差,综合账户余额保持较大顺差,这对于增强我国综合国力,提高抵御外部冲击的能力具有重要意义。但是,我们也应理性地意识到,国际收支出现较大逆差或较大顺差,将会影响经济的持续健康发展。

5. 错误与遗漏

国际收支统计中的错误与遗漏一般是由于统计技术原因造成的,有时也有人为因素,它的数额过大会影响国际收支分析的准确性。对错误与遗漏进行分析,可以发现实际经济中存在的一些问题。例如,企业为骗取出口退税而虚报出口,就会导致实际资源出口和资本流入数额的差异,造成国际收支借方余额小于贷方余额,形成错误与遗漏的借方余额。在实行资本管制的国家,假借各种合法交易的资本外逃最终会反映在错误与遗漏账户中。所以,有些国家把资本流出额加错误与遗漏账户的数额作为衡量资本外逃的指标。由此可见,错误与遗漏是具有很大的分析价值的。

第三节 国际收支失衡及其调节

一、国际收支失衡的原因

引起国际收支失衡的原因是多方面的,不同国家和地区以及同一国家和地区在不同时期引起国际收支失衡的原因也各不相同,概括起来主要有以下几种:

1. 季节性和偶发性因素

季节性因素导致国际收支不平衡是指由于商品供求的季节性而引起的进出口的淡旺季所产生的收支不平衡。偶发性因素主要是指因突发性事件而导致的国际收支失衡,如政变、战争及自然灾害等。当一国进口大于出口时会形成国际收支逆差。

2. 周期性因素

在市场经济条件下,由于受市场供求机制的影响,在价值规律的作用下,经济会出现周期性的波动。一国在经济周期性的波动过程中,经济变量会不同程度地发生变化,从而会引起国际收支的不平衡。当一国处于经济繁荣阶段时,其国内投资与消费需求会很旺盛,进口需求也会很旺盛,国际收支容易出现逆差。

3. 结构性因素

结构性失衡是指一国的经济、产业结构不能适应国际市场的变化而导致的国际收支不平衡。当国际市场产品的供求结构发生巨大变化时,如果某国不能适应这一变化,就会影响其国际收支的平衡。

4. 货币性因素

货币性失衡是指由于一国的物价水平、成本、汇率、利率等货币因素的变化,对该国产品的进出口成本及资本的流动产生影响,从而导致国际收支的不平衡。比如,一国货币发行过多造成通货膨胀,物价上涨,那么该国的商品成本与物价水平会相对高于其他国家,从而该国出口会减少,进口会增加,同时,利率下降,资本流出会增加,资本流入会减少,最终形成国际收支逆差。

5. 收入性因素

收入性不平衡是指由于国民收入的变化,使一国的进出口贸易发生变动,从而造成国际收支的不平衡。通常,当一国国民收入相对快速增长而导致进口需求的增长超过出口增长时,一国的国际收支会出现逆差。当一国国民收入相对减少时,则会减少对进口的需求,相对于进口来说,出口得以增长,于是国际收支就会出现盈余。

6. 外汇投机因素

国际金融市场上存在着巨额的游资(也称热钱),这些游资以追求投机利润为目的,在各国之间频繁地移动。这种短期资本移动带有很大的突发性,而且数额巨大,常常会导致一国国际收支的失衡。例如,1997年、1998年的亚洲金融危机,外汇投机即起了推波助澜的作用,是危机形成的原因之一。

二、国际收支调节的必要性

国际收支失衡会在不同程度上影响一国的经济。那些规模不大、持续时间较短的国际收支失衡对一国经济的影响相对较小,但是大规模、持续性的失衡则会引起一国经济的强烈震荡。

1. 国际收支顺差对经济的影响

(1)国际收支的持续顺差首先会引起外汇储备的大量增加,导致本国货币供给增加,物价上涨,从而加大本国通货膨胀的压力。

(2)国际收支的持续顺差使得外汇供大于求,会引起本币汇率上升,本币升值,由于本国商品相对于外国商品价格上涨,影响本国商品出口,所以不利于本国的生产和就业。

(3)如果国际收支的持续顺差是由于贸易顺差而形成的,说明商品和劳务的出口大于进口,减少了国内的生产资源,势必会影响该国将来的经济发展速度。

(4)一国的顺差意味着他国的逆差,长此下去,会造成贸易摩擦,加剧国际经济贸易关系的紧张程度。

2. 国际收支逆差对经济的影响

(1)一国国际收支逆差意味着外汇支大于收,外汇供小于求,会促使本币汇率下降,本币贬值。

(2)如果过多地耗费国际储备来弥补国际收支逆差,本国会出现储备不足,进而会削弱金融实力,降低国家信用,最终增加国际筹资的难度和成本。

(3)国际收支逆差会引起外汇储备减少,导致本国货币供给减少,利率上升,从而影响本国的生产和就业。

(4)国际收支持续逆差还会引起本国对外负债超过对外支付,引发债务危机。

三、国际收支的自动调节机制

国际收支失衡后,有时并不需要政府当局立即采取措施来加以消除,经济体系中存在着某些自动调整机制,这些自动调整机制能使国际收支失衡得到缓解,甚至让国际收支自动达到平衡。

1. 金本位制下的国际收支自动调节机制

在金本位制下,一国的国际收支失衡可通过物价的涨落和现金(即黄金)的输出输入自动恢复平衡。这一自动调节机制被称为"物价—现金流动机制"。该机制是由古典经济学家大卫·休谟提出来的,所以也叫"休谟机制"。

当一国的国际收支(指贸易收支)出现逆差时,意味着本国黄金出现了净输出,由于黄金外流导致本国货币供给减少,从而使货币流通量减少,物价下跌。这样本国商品的相对价格会低于外国商品的价格,从而会提高本国商品在国际市场上的竞争力,削弱外国商品在本国市场上的竞争力,促使本国出口增加,进口减少,于是国际收支逆差会得到改善或消除。反之亦然。

"物价—现金流动机制"的自动调节过程可用图11-2来表示。

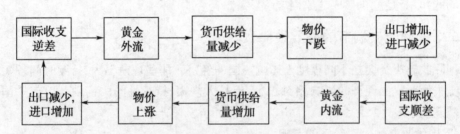

图11-2 金本位制下国际收支的自动调节机制

2. 纸币本位的固定汇率制度下的国际收支自动调节机制

在纸币本位的固定汇率制度下,一国货币当局通过变动外汇储备来干预外汇市场,以维持汇率稳定。在这种制度下,当一国国际收支出现不平衡时,仍有自动调节机制在发挥着作用,但自动调节的过程较为复杂。其调节过程为:国际收支失衡后,外汇储备、货币供给量会发生变化,进而影响利率、国民收入和物价等变量,从而使国际收支趋于平衡。

(1) 利率机制

如图11-3所示,当一国的国际收支发生逆差时,该国为维持汇率稳定,就要减少外汇储备,干预市场,本国货币供给量会减少,利率会上升,资金外流减少,内流增加,资本账户得到改善,从而使国际收支趋于平衡。反之亦然。

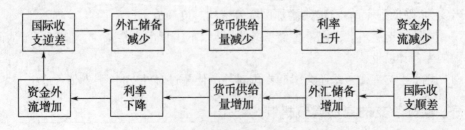

图11-3 利率机制的自动调节过程

(2) 收入机制

如图 11-4 所示,当一国的国际收支发生逆差时,一方面对外支出会增加,另一方面货币供给量会减少。因此,本国国民收入水平会下降,进而引起社会总需求下降,对进口商品的需求也下降,从而可改善贸易收支状况。而且由于本国国民收入水平下降,还会引起对外国的劳务和金融资产的需求下降,从而整个国际收支得到改善。反之亦然。

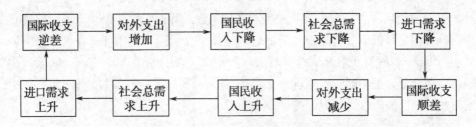

图 11-4 收入机制的自动调节过程

(3) 价格机制

如图 11-5 所示,当一国的国际收支发生逆差时,会引起货币供给减少,本国国民收入下降,从而导致国内信用紧缩、利率上升,投资和消费减少,失业率上升,闲置资源增多,物价下跌。当进出口商品的价格需求弹性和供给弹性均较大时,物价下跌可刺激出口,抑制进口,即该国商品与外国商品相比,价格较低,本国居民将会购买本国生产的商品,减少购买进口商品。而外国人由于该国商品价格较低,会增加购买该国商品。从而使出口增加、进口减少,国际收支逐渐平衡。反之亦然。

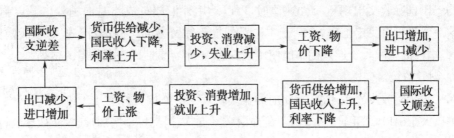

图 11-5 价格机制的自动调节过程

3. 浮动汇率制度下的国际收支自动调节机制

在浮动汇率制度下,一国货币当局不对外汇市场进行干预,即不通过增减储备来影响外汇供求,而是任由市场的外汇供求来决定汇率的上升和下降。在这种制度下,如果一国的国际收支逆差,那么外汇需求就会大于外汇供给,外汇汇率就会上升,本币汇率则会下降,本国商品的相对价格就会下降,而外国商品的相对价格就会上升,于是出口增加,进口减少,国际收支逆差得以改善。当然,这种情况的发生必须要符合马-勒条件。所以,在浮动汇率制度下,一国国际收支的调节是通过汇率机制的作用,引起商品的相对价格发生变动,最后改善国际收支的失衡。关于马-勒条件的介绍见专栏 11-1。

专栏 11-1

马-勒条件

马-勒条件是马歇尔-勒纳条件(Marshall-Lerner Condition)的简称,它被认为是货币贬值国通过贬值改善贸易收支所必须具备的条件。降低汇率能否改善国际收支,取决于净出口弹性之和的绝对值是否大于1。如果$|Ex+Em|=1$(式中,Ex为出口需求弹性,Em为进口需求弹性),货币贬值对该国国际收支状况没有影响;若$|Ex+Em|<1$,则货币贬值反而会使该国国际收支状况恶化;只有当$|Ex+Em|>1$,即符合马-勒条件时,货币贬值才使该国国际收支状况好转。

四、国际收支调节方法

国际收支自动调节机制的正常运行是以国家对经济生活不干预为前提的,它只能在某些条件或某种经济环境中才会发挥作用,而且作用的效果和程度都无法保证。现在,多数国家都不同程度地对经济进行干预。当国际收支失衡,国际收支自动调节机制无法有效发挥作用时,各国主要还是要通过人为调节使国际收支恢复平衡。以逆差为例,国际收支的调节方法主要有以下几种:

1. 动用外汇储备或向国外借款

当一国国际收支出现暂时性逆差时,可以动用外汇储备或临时向国外借款以弥补逆差。这一政策可以稳定汇率,有利于本国对外投资和贸易的顺利进行。但对于那些长期、巨额、根本性的国际收支逆差则不能使用该方法,否则容易造成外汇储备的枯竭。

2. 财政政策

当一国国际收支发生逆差时,相应的财政政策主要是减少财政开支和提高税率。如果一国进口大于出口,发生逆差,政府可削减财政开支,或提高税率增加税收,使社会上的通货减少,物价下降,通过利率、收入和价格机制,刺激出口、抑制进口,逐步消灭逆差。对于顺差,则应采取增加财政开支和降低税率的政策。

3. 货币政策

利用货币政策调节国际收支逆差的方法,主要是:提高存款准备金率,提高再贴现率,在公开市场卖出债券等。通过这些措施向市场提供一个紧缩经济的信号,促使利率上升,社会总需求得到抑制,物价水平下跌,出口增加,进口减少,资本流入增加,从而逐渐消除逆差,使国际收支恢复平衡,反之亦然。

4. 直接管制

直接管制是指一国政府以行政命令的办法,直接干预外汇买卖、对外贸易和资本的输出输入。另外,采取差别汇率的办法也可以达到管制外汇的目的。

直接管制的主要措施有:外贸管制,比如采取进出口许可证制、进口配额制、出口补贴、出口退税、出口信贷等;资本流动管制,比如鼓励长期资本流入、限制资本外流;外汇管制等。

如果国际收支的不平衡是局部性、结构性失衡,则直接管制更为有效,而不必影响整个经济局势;但是,一国的外汇、外贸管制,必然会影响有经济联系的其他国家,容易招来对方的报复,最终有可能抵消预期的效果。

5. 国际经济合作

随着国际间相互依赖程度的加深,不同国家在不同时期、不同情况下,应采取不同的调节方法和对策。各国应通过国际经济合作与政策协调,消除自由贸易的障碍,促使生产要素自由移动,从而更好地改善一国的国际收支状况。

第四节　国际储备及其管理

一、国际储备概述

(一)国际储备的定义及其构成

通常所讲的国际储备是指狭义的国际储备,是指一国货币当局所持有的,用于调节国际收支、干预外汇市场、维持本国货币汇率稳定的国际间可以接受的一切资产。1965年十国集团在《创造性储备资产研究小组的报告》中对国际储备的定义所作的描述为:一国货币当局所持有的、当国际收支出现赤字时可直接或有保障地通过同其他资产的兑换,用来支持其汇率水平的所有资产。在不同历史时期,国际储备资产的构成内容也有所不同。二战之前,黄金和可兑换成黄金的外汇构成了各国的储备资产。二战之后,国际货币基金组织(IMF)为弥补各成员国储备资产不足的问题,又先后给成员国提供了两类资产,即在IMF的储备头寸和特别提款权(SDR),以补充成员国的国际储备。目前,国际货币基金组织成员国的国际储备,一般可以分为四种类型:黄金储备、外汇储备、在IMF的储备头寸和特别提款权。

1. 黄金储备

黄金储备即一国货币当局作为金融资产所持有的黄金,也叫货币性黄金。显然,非货币用途的黄金(包括货币当局持有的)不属于黄金储备。在金本位制度下,黄金为世界各国最主要的国际储备资产。从1976年起,根据国际货币基金组织的《牙买加协议》,黄金同国际货币制度和各国的货币脱钩,黄金不准成为货币制度的基础,也不准用于政府间的国际收支差额清算,即黄金的非货币化。但是长期以来,黄金一直被人们认为是一种最后的支付手段,它的贵金属特性使它易于被人们接受,而且有发达的黄金市场为黄金与外汇之间的买卖提供方便。因此,黄金仍然是一种非常重要的潜在的国际储备资产,在货币基金组织统计和公布成员国的国际储备时,依然把黄金储备列入其中。

2. 外汇储备

外汇储备是当今国际储备中的主体,在国际储备中所占的比例最高,而且在实际中使用也最多。二战以后,外汇储备增长很快,在国际储备总额中所占的比重越来越大,1950年仅占27.6%,到1994年高达72.8%。

在国际金本位制度下,英镑是各国最主要的储备货币。20世纪30年代,随着美国经济实力的增强,美元崛起,与英镑共同作为储备货币。二战后,在布雷顿森林体系下,美元是唯一与黄金挂钩的货币,美元等同于黄金,成为各国外汇储备的主体。随着20世纪70年代布雷顿森林体系崩溃,国际储备货币出现了多样化的局面,美元虽仍是最主要的国际储备货币,处于多样化储备体系的中心,但其所占的比重不断下降,其他货币如日元、欧元等货币的地位则相应地不断上升。

3. 在IMF的储备头寸

在IMF的储备头寸,也叫普通提款权,是指在IMF普通账户中成员国可以自由提取使用的资产,具体包括成员国向IMF缴纳份额中的外汇部分和IMF用掉的本国货币的数额。IMF相当于一个股份制性质的储蓄互助协会。根据IMF的规定,加入IMF要缴纳一定份额的资金,其中25%以黄金或外汇认购,75%以本国货币认购,该份额决定着成员国从IMF获取贷款的限额。IMF向成员国提供普通贷款的最高限额为其认购份额的125%,共分为5档,其中第一档25%部分(以黄金或外汇认购的部分)称为"储备档"贷款,其余4档为信用提款权部分。储备档贷款是无条件的,成员国根据需要随时可以用本国货币去购买,是一种国际储备资产。另外,IMF为满足其他成员国的资金要求而使用掉的本国货币部分是成员国对IMF的债权,IMF应随时可向成员国偿还,即成员国可以无条件地用来支付国际收支赤字。所以,某成员国在IMF的净储备头寸等于它的储备部分贷款加上基金组织使用掉的本国货币的数额。各会员国都把自己在IMF的净储备头寸列为自己的官方储备资产。

4. 特别提款权(Special Drawing Rights 简称SDR)

特别提款权是国际货币基金组织为补充各成员国储备资产的不足而创造的一种记账单位。特别提款权在1969年创设,1970年1月正式发行。特别提款权由基金组织按照成员国认缴的份额来分配,可用于归还国际货币基金组织贷款和成员国政府之间支付国际收支逆差,是对普通提款权的补充,可与黄金、外汇一起作为IMF成员国的国际储备。一国国际储备中的特别提款权部分,是指该国在国际货币基金组织特别提款权账户上的贷方余额。

特别提款权本身不具有内在价值,是一种纯粹的账面资产,只能用于IMF及各成员国政府之间,任何私人企业不得持有和使用,不能直接用于贸易或非贸易支付。2008年,全球金融危机爆发,美元的地位再次受到冲击和质疑。为了缓解全球金融体系的流动性紧张,同时希望通过将SDR也分配给以往不曾分得SDR的新兴市场国家来更好反映他们的经济地位,IMF在2009年创造了1 826亿SDR,根据每个成员国在IMF中的份额分配给各成员国。这是历史上的第三轮,也是规模最大的一轮SDR发行。全球各国持有的SDR总额因此达到2 041亿。特别提款权在整个国际储备中所占的比例很小。

(二)国际清偿力

与国际储备相近的一个概念是国际清偿力。国际清偿力的含义比国际储备要广泛一些,它不仅包括货币当局所持有的各种国际储备,而且包括该国商业银行所持有的外汇,该国从国际金融机构和国际资本市场融通资金的能力,其他国家希望持有这个国家的资产的愿望,以及该国提高利率时可以引起资金流入的程度等。实际上,国际清偿力是指一国弥补国际收支逆差时无须采取调整措施的能力。如果把广义的国际储备划分为自有储备和借入储备,那么国际清偿力就等于自有储备与借入储备之和,而狭义的国际储备就是指自有储备。一般来说,发达国家所拥有的国际清偿力要比发展中国家强,因为发展中国家进入国际金融市场筹措资金以及吸引资金流入的能力较低,所以有些学者认为发展中国家的国际清偿力等于其国际储备。

(三) 国际储备的作用

国际储备数量的多少是体现一国金融实力的重要标志,对保持一国经济的稳定发展,维持一国金融体系的良好运转起着非常重要的作用。具体来说,国际储备的主要作用可体现在以下三个方面:

1. 弥补国际收支逆差,平衡国际收支

这是持有国际储备的首要作用。对于短期、暂时性的国际收支逆差,可以通过动用国际储备来弥补,而不必采取调整政策即不必采用紧缩的财政货币政策,以避免使国内整个宏观经济受到影响。如果国际收支逆差是长期的、巨额的,或根本性的,采取调整政策是不可避免的,此时,国际储备则可以起到一种缓冲作用,使政府有时间渐进地推进财政货币政策,避免因猛烈的调节措施可能带来的国内经济社会的震荡。

2. 干预外汇市场,维持本国汇率稳定

国际储备可用于干预外汇市场,影响外汇供求,将汇率维持在一国政府所希望的水平上。汇率的频繁、剧烈波动会严重影响有关国家的经济稳定和发展,因此,各国动用国际储备干预外汇市场,维持本国汇率稳定就显得十分必要了。当本币汇率受到非稳定的投机因素的影响而向下浮动时,金融当局可以通过出售国际储备购入本币,使本币汇率上升;反之,可以通过购入国际储备抛出本币,增加市场上本币的供应,使本币汇率下降。

3. 充当借债的保证,维持本币信誉

国际储备数量的多少,表明了一国平衡国际收支、维持汇率稳定的能力。充足的国际储备,是向国外借款和还本付息的一项重要保证,还可以加强一国的资信,吸引资金流入,促进经济发展,支持本币汇率的稳步上升,维持本币信誉,提升一国在国际经济中的地位。

二、国际储备供求

(一) 国际储备的需求

国际储备的需求是国际储备理论的中心。一国对国际储备的需求主要是为了弥补国际收支逆差,通过动用国际储备而避免采用调整政策对国内经济造成不利的影响,但影响国际储备需求的因素又有哪些呢?影响一国国际储备需求的因素很多,主要包括以下几方面:

1. 持有国际储备的机会成本

持有国际储备的机会成本与国际储备需求呈负相关。一国的国际储备往往以存款的形式存放在外国银行。将获取的国际储备存放在国外,会导致一定的机会成本,即放弃了使用这部分国外资源来增加投资、加快经济增长的机会,这部分成本就表现为进口品的投资收益率。同时持有大量的国际储备还会导致国内货币供应量增加、物价上涨,影响国内经济的发展,这也构成了持有国际储备的另一种成本。因此,持有国际储备的相对(机会)成本越高,则国际储备的持有量就应该越低。

2. 进出口规模

由于国际储备主要是为了弥补国际收支逆差,所以它需要同一国的对外贸易水平保持一定的比例关系。对外贸易数量越大,需要的国际储备就越多,反之则越少。一般习惯上采用年进口额这一指标来表示对外贸易规模,以进口额为分母,储备为分子,采用比例法来推算一国的最佳国际储备量。一般认为最佳国际储备量应是一国年进口总额的20%～50%。由于比例法简单,易操作,所以至今仍然是国际储备需求研究中最常用的方法之一。但是,近年来由于国际资金流动的迅速发展,其适用性明显下降。

3. 国际收支差额的波动幅度

确定一国的最佳国际储备量还要考虑国际收支差额的波动幅度,以对将来可能出现的逆差的概率和规模进行预测。对一个国家来说,每年的差额是不一样的,有时大,有时小;有时顺差,有时逆差。一国的国际收支差额的波动幅度越大,国际收支状况越不稳定,对国际储备的需求就越大;反之则越小。一般可用经济统计的方法来求得或预测一段时期中的平均波动幅度,以此作为确定储备需求的参考。

4. 国际收支自动调节机制和调节政策的效率

当一国发生国际收支逆差时,该国的自动调节机制和政府调节政策的效率,也会影响国际储备需求。如果国际收支的自动调节机制能够顺利运行,调节政策对经济的负面影响越小,即调节成本越低,调节效率越高,那么所需的国际储备就越少;反之,需要持有的国际储备就越多。另外,国际收支的调节速度也影响着一国对国际储备的需求,尤其是对于长期性的、大规模的国际收支逆差,必须采取一定的调整政策。为了避免快速调整而对国内经济造成强烈震荡,政府在推进其财政货币政策的过程中,要动用国际储备作为辅助手段。调整速度越慢,所需的国际储备也就越多;初始的调整规模大,速度快,所需的国际储备就可以少一些。

5. 汇率制度与外汇管制

国际储备需求与汇率制度的灵活性呈负相关。在固定汇率制度下,一国为了维持既定的汇率水平,需要持有较多的国际储备。而在浮动汇率制度下,由于政府没有维持既定汇率的义务,国际收支的调整是由汇率的自发波动来进行的,因此可以持有较少的国际储备。但从实际情况来看,20世纪70年代布雷顿森林体系崩溃,实行浮动汇率制度以后,国际储备量不但没有减少,反而增长更快。原因是各国实质上实行的是一种管理浮动汇率制度,在这种制度下,国际储备的需求取决于货币当局对外汇市场的干预程度。另外,外汇管制情况也会影响国际储备需求。实行严厉外汇管制的国家,国际储备持有量可以相对较低;反之,则应该高些。

6. 货币当局的融资能力

国际储备的需求与一国的融资能力呈负相关。当一国出现国际收支逆差而需要进行弥补时,货币当局可以动用国际储备,也可以向国际金融市场和国际金融机构筹措资金。原则上说,如果一国能够确保随时从国外筹措到应急资金,它就不需要持有任何国际储备。所以,一国筹措应急资金的能力越大,所需要持有的国际储备应该越少。

7. 国际货币合作状况

如果一国政府同外国货币当局和国际货币金融机构有着良好的合作关系,签订有较多的互惠信贷和备用信贷协议,或当国际收支发生逆差时,其他货币当局能协同干预外汇市场,则该国政府对自有储备的需求就较少。反之,该国政府对自有储备的需求就较大。

除了以上所列举的影响国际储备量的因素外,国际资金流动状况对国际储备需求的影响也非常重要。在当前国际资金流动非常频繁的情况下,为抵消国际资金流动对一国金融和经济的冲击,维持国际收支平衡,也需持有一定的国际储备。如果国际资金流动的规模非常大,而一国借入国际储备的能力有限,则其自有国际储备的需求就要大大增加。在1997年的东南亚金融危机中,部分国家运用国际储备与国际游资较量,力图稳定住汇率水平,结果不仅国际储备几乎耗尽,而且还造成了金融危机的进一步恶化。所以,在当前国际资金流动的条件下,如何确定一国的适度国际储备量在国际社会引起了一定的争论。

(二) 国际储备的供给

国际储备的供给或来源可以从两个方面考虑。一方面,从单个国家来说,国际储备的来源,主要是通过本国国际收支顺差、货币当局的国外借款、外汇市场的干预(出售本币、购入外币)、国际货币基金组织分配的特别提款权和货币当局购买黄金等渠道来获得。由于国际货币基金组织分配的特别提款权是按照其所缴纳的份额来分配的,所以一国无法主动增加其持有额。因此,一国国际储备的增减只能是从黄金和外汇方面入手。对于非储备货币发行国来说,只有用本国货币在国内收购黄金,才会增加其黄金储备,而储备货币发行国还可以通过用本国货币在国际黄金市场上购买黄金来增加其黄金储备。另外,一国增加外汇储备的途径主要是通过本国国际收支顺差和外汇市场的干预(出售本币、购入外币),或货币当局直接从国际金融市场或国际金融机构借款,以及两个储备货币发行国之间通过互换货币协议相互提供外汇储备等。另一方面,从全世界范围来说,国际储备的主要来源有黄金的产量增加、国际货币基金组织创设的特别提款权、储备货币发行国的货币输出等。

国际储备供应虽然可从上述两个方面考虑,但研究的重点应为从全世界的角度出发,探讨如何增加国际储备的世界供应来满足世界各国正常、合理的国际储备需求。具体来说有以下三个方面:

(1) 黄金产量减少,非货币用黄金增加。一方面,世界黄金的生产量,自1493年至1978年,共生产了约95 600吨,其中84.5%是在20世纪生产的。从1945年起黄金产量逐年增长,到1970年,年产量已达到1 288吨(不包括苏联的产量,下同)。但从1971年起,年产量却逐年下降,1974年减到1 003吨。从1975年开始,年产量更是降到了1 000吨以下。主要原因是金价定位不合理、黄金开采成本高、劳动力缺乏。另一方面,目前工业用金不断增加,尤其是首饰业、牙科、电子、装潢等行业,工业用金的需求量占世界黄金市场供应量的比重最大。虽然,近年黄金产量有所增长,但其增长量仍赶不上世界经济的增长,黄金已经不再是国际储备的主要来源。以绝对数量计,IMF 成员国的黄金储备,在 1970 年是 10.6 亿盎司,到 1992 年 11 月底下降到 9.3 亿盎司。在此期间,IMF 成员国数量增加了,但黄金储备反而减少了 1.3 亿盎司。

(2) 国际货币基金组织创设的特别提款权。特别提款权是应对以美元为中心的国际货币体系危机的产物。在这种体系下,由于其他国家的货币不具备成为国际储备货币的必要条件,所以一旦美元危机爆发,国际货币基金组织就必须提供补充的储备货币或流通手段以保证国际贸易持续发展。因此,IMF 在 1969 年的年会上正式通过了十国集团提出的"特别提款权"方案,以补充黄金储备的不足,并作为补充现有储备资产的一种手段。

(3) 储备货币发行国的货币输出。二战以后,世界储备的主要来源是储备货币发行国通过国际收支逆差输出的该国货币。其中,输出的货币一部分进入各国官方手中,成为了它们的外汇储备;另一部分进入了国外银行手中,成为了它们对储备货币发行国的债权。如果各国官方和银行机构未将这些货币直接存入货币发行国的银行,而是存入了国际金融市场,那么通过各个国际银行的辗转存贷和信用扩张,又会创造出部分派生储备。所以,储备货币发行国的货币输出是国际储备供应的最主要部分。

三、国际储备的管理

一国对国际储备的管理主要包括两个方面,一是数量管理,即国际储备需求的数量管理或最佳国际储备量的确定问题,数量管理指的是一国应保持多少国际储备才算合理;二是结构管理,主要是币种管理,即各类储备资产的分配和在外汇储备中怎样搭配不同种类的储备货币,才能使风险最小或收益最大。

(一) 国际储备的数量管理

国际储备的数量管理就是如何确定和维持一国的最适度国际储备水平或最佳国际储备量。国际储备过多是一种浪费,过少又不能保证清偿能力,不能维护国际信誉,因此需要寻求一个最适度的水平。

测算最适度国际储备水平的方法有比例分析法和定性分析法。其中最为简便、使用最广的是比例分析法。

1. 比例分析法

比例分析法认为,一国国际储备的合理数量,约为该国年进口总额的 20%~50%。实施外汇管制的国家,因政府能有效地控制进口,国际储备可以少一点,但底线在该国年进口总额的 20%;不实施外汇管制的国家,国际储备应该多一点,但一般不应超过该国年进口总额的 50%。对大多数国家来说,保持国际储备占年进口总额的 30%~40% 是比较合理的。

利用比例分析法衡量国际储备的适度性简单易行,并且用一元回归分析已证实了进口额与储备额二者之间确实存在一种稳定的关系,因此许多国家采用这种分析方法来测算国际储备的适度性。但特里芬把国际贸易中的进口作为唯一的变量,忽视了影响国际储备需求的其他变量,所以难免存在偏差。另外,各国具体情况不同,所需储备水平也应不同。所以,比例分析法只能作为衡量国际储备需求水平的粗略指标,一国在测算国际储备适度水平时,必须结合其他一些指标综合进行考核。

目前,货币当局主要是利用下面三个指标作为确定最佳国际储备量的参考指标:一是国际储备量与国民生产总值之比;二是国际储备量与外债总额之比,该指标反映的是一国清偿能力的大小;三是国际储备量与月平均进口额之比,它反映的是外贸输出输入的变化对国际储备量的要求。

2. 定性分析法

定性分析法认为,国际储备不足或过剩会影响一些经济变量,从而使政策倾向发生变化,通过考察这些经济变量和政策倾向就可以得出国际储备量是否合理的结论。判断国际储备不足的指标有:国内高利率、高失业率、汇率下浮、对国际经济交易限制加强、新增国际储备主要来源于信用安排,以及积累国际储备成为经济政策的首要目标等。判断国际储备过剩的指标有:通货膨胀、国内低利率、汇率上浮、资本输入管制、扩张性需求政策等。定性分析法有一定的道理,但也有不少缺陷。首先,它不能直接指出国际储备是不足还是过剩,只是间接提示了储备量是否合理;其次,在经济生活中,有些变化不一定是国际储备变化所引起的,而且有时在经济生活中有一些指标会同时存在,比如高失业和高通货膨胀,但二者一个表明的是国际储备不足,一个表明的是国际储备过剩,这就增加了判断的难度。

(二) 国际储备的结构管理

确定了最适度国际储备水平后,一国中央银行如何持有和管理这笔储备资产,各类储备资产的比例如何分配,外汇储备中币种如何分配,以及储备资产的资产组合和风险分散等问题,构成了国际储备资产结构管理的主要内容,其中,核心问题是外汇储备中币种的管理问题。国际储备资产管理的一般原则包括安全性、流动性和盈利性三个方面。

安全性,就是要求储备资产的存放安全可靠,同时还要保证作为外汇储备货币的币值稳定。国际储备作为价值储藏,其本金的安全性备受各国中央银行的密切关注,管理的任务就是根据汇率和通货膨胀率的实际走势和预期走势,经常地转换货币,搭配币种,以达到收益最大或损失最小。

流动性,又称变现性,即要求储备资产能够随时兑现,灵活调拨。国际储备首先是一国能随时使用的干预性资产,是实现宏观均衡的重要砝码,因此,储备资产的流动性是应该遵守的首要原则。

盈利性,即要求储备资产能够有较高的收益。国际储备是一种资产,因而需要讲求盈利性,特别是在当今国际金融市场风云变幻、难以捉摸的情况下,资金的风险性更是不可避免的,要保证资金完好无损,就必须要有盈利,只有盈利才能真正弥补资金的风险损失。因此,对国际储备的管理来说,在保证流动性和安全性的前提下,又要尽可能地追求盈利性。如果这三项原则之间互相矛盾,储备资产的流动性无疑应该放在首位。

有些学者和有些货币当局(如英格兰银行)根据流动性将储备资产划分为三个档次:

(1) 一级储备或流动储备资产,是指流动性非常高的资产,即活期存款和短期票据(如 90 天国库券),平均期限为 3 个月。

(2) 二级储备,是指收益率高于一级储备,而流动性低于一级储备但仍然很高的储备,如中期国库券,平均期限为 2～5 年。

(3) 收益率高但流动性低的储备资产,如长期公债和其他信誉良好的债券,平均期限为 4～10 年。

各国应根据本国的具体情况来安排这三个档次的储备资产。大体来说,一国应该拥有足够的一级储备以满足储备的交易性需求。这部分国际储备随时可以动用,充当日常干预外汇市场的手段。一旦满足了这种交易性需要,货币当局就可以将剩余的储备资产在各种二级储备与高收益的储备之间进行组合投资,以期在保持一定的流动性条件下获取尽可能高的预期收益。

另外,一国在安排储备资产的流动性结构中,还应将黄金、特别提款权和储备头寸考虑进去,以保持整个国际储备较优的流动性结构。从流动性来看,成员国在 IMF 的储备头寸随时可以动用,类似于一级储备。特别提款权的使用尽管不附带限制条件,但必须向 IMF 申请,并由 IMF 安排接受特别提款权、提供可兑换外汇的国家。这一过程需要一定的时间,可以将特别提款权视为二级储备。而黄金投机性最强,一国货币当局往往只有在被认为是合适的价格水平上才愿意出售,故黄金应列为高收益低流动性的储备资产。

由于国际储备的主体是外汇储备,一旦各主要货币间汇率发生波动,会造成以不同货币持有的储备资产的收益产生差异,因此,储备资产的币种管理显得非常必要和迫切。各种储备货币在一国外汇储备中所占比例的多少,取决于该国贸易结算货币的构成、外债货币的构成以及充当外汇干预的货币的构成。

四、中国的国际储备问题

改革开放以前,中国的国际储备规模有限,而且外汇资金实行统收统支,因此,国际储备问题一直未引起人们足够的重视。随着对外开放的不断深入,中国的对外经济交往日见频繁,对外贸易和利用外资的数额不断增加,外汇储备量增加迅速,国际储备及其管理也就显得越发重要。

(一) 中国国际储备的特点

自 1980 年中国正式恢复在国际货币基金组织和世界银行的合法席位以来,中国的国际储备资产同样是由黄金储备、外汇储备、在 IMF 的储备头寸和特别提款权四个部分构成。但由于中国在国际货币基金组织中所占份额较低,所以特别提款权和储备头寸的数额十分有限,只有约 10 亿美元,占中国国际储备总额的比例很小。随着我国经济实力的增强,特别提款权和储备的头寸的份额也在增加。2010 年中国特别提款权份额占比从 3.996% 升至 6.394%,排名从第六位跃居第三,仅次于美国和日本。2016 年 10 月 1 日,特别提款权的价值是由美元、欧元、人民币、日元、英镑这五种货币所构成的一篮子货币的当期汇率确定,所占权重分别为 41.73%、30.93%、10.92%、8.33% 和 8.09%。黄金储备基本稳定在 1 270 万盎司(1981 年之前为 1 280 万盎司)的水平上。截至 2018 年末,中国央行的黄金储备为 5 956 万盎司(合 1 688.495 吨),11 月末时为 5 924 万盎司。

改革开放以来,中国外汇储备增长迅猛,但波动的特征也极其明显(见表 11-3)。外汇储备由 1980 年的-12.96 亿美元迅速增加到 1983 年的 89.01 亿美元,1986 年下降至 20.72 亿美元。到 1991 年外汇储备又增至 217.12 亿美元,1992 年又有所下降。从 1993 年到现在外汇储备增长迅猛,1996 年突破 1 000 亿美元,2003 年突破 4 000 亿美元。截至 2006 年 2 月底,我国外汇储备已达 8 537 亿美元,比日本同期外汇储备多 30 亿美元,成为外汇储备第一大国。而到 2018 年末,国家外汇储备余额为 30 727.1 亿美元,稳居世界首位。

表 11-3 中国历年外汇储备(1980—2018 年)

单位:亿美元

年份	储备	年份	储备	年份	储备	年份	储备
1980	-12.96	1990	110.93	2000	1 655.74	2010	28 473.38
1981	27.08	1991	217.12	2001	2 121.65	2011	31 811.48
1982	69.86	1992	194.43	2002	2 864.07	2012	33 115.89
1983	89.01	1993	211.99	2003	4 032.51	2013	38 213.15
1984	82.20	1994	516.20	2004	6 099.32	2014	38 430.18
1985	26.44	1995	735.97	2005	8 188.72	2015	33 303.62
1986	20.72	1996	1 050.49	2006	10 663.44	2016	30 105.17
1987	29.23	1997	1 398.90	2007	15 282.49	2017	30 051.24
1988	33.72	1998	1 449.59	2008	19 460.30	2018	30 727.10
1989	55.50	1999	1 546.75	2009	233 991.52		

资料来源:根据国家外汇管理局网站和网络资料整理

(二)中国国际储备的管理

中国国际储备的管理包括储备总量的管理和储备结构的管理两个方面。

1. 国际储备总量的管理

总量管理就是确定和维持最适度储备水平或最佳储备量。中国的国际储备量究竟为多少才算适宜?近年来,中国外汇储备增加较快,引起了人们对中国国际储备量是否过度的争论。传统理论认为,应以一国 3 个月的进口额为基准,但亚洲金融危机之后,人们又说应该以一国 6 个月的进口额为基准。但进口不是消耗国际储备的唯一途径,如果有外债的话,还债也需要多一些国际储备,比如有一种说法是外债的一半。在外商直接投资方面,由于要向海外投资者分红,所以有些人认为应该按照外商直接投资总额的一定比例用于应付分红的需要。概括起来,关于中国国际储备的规模问题主要有以下两种观点:

(1) 认为中国应该增加国际储备持有额的,理由有以下几个:

① 国际收支调节方面。目前,中国的进出口结构不太合理,进出口商品缺乏弹性,出口商品的竞争力较差,中国向外融资能力较差,进口的突发性较强,因此必须持有足够的国际储备,以应对国际收支逆差。

② 外债偿还方面。随着中国外资流入的增加,外汇储备在外债偿还中的作用也越来越大,2003 年中国是吸引外资流入最多的国家。

③ 维持人民币汇率的稳定。目前中国实行的是以市场供求为基础的、有管理的浮动汇率制度,无数事实证明,一国货币汇率的稳定需要足够的国际储备。1997 年亚洲金融危机中人民币和港币不贬值,与中国拥有大量的国际储备是分不开的。

此外,人民币还将经历货币完全自由兑换以及走向世界成为世界货币的冲击,所以足够的国际储备更是必不可少的。

(2) 认为中国应该减少国际储备持有额的,理由有:

① 持有国际储备的机会成本高。中国是发展中国家,经济发展潜力大,资金短缺,投资收益率高,应该利用国际储备促进经济发展。

② 与吸引外资政策相抵触。在吸引外资的同时增加国际储备,等于高价借入资金又低价将其借出(存入外国银行或购买外国债券),外汇储备过多与利用外资的政策相抵触。

③ 易引发通货膨胀。由于国际储备持有过多,通过外汇占款使国内人民币投放过多,容易引起通货膨胀,物价上涨,不利于国内经济的稳定发展。

④ 资源浪费。因为外汇储备大部分都是由于长期的对外贸易顺差形成的,过多的储备实际上相当于大量的物质资源长期闲置在国外,是一种资源的浪费。

2. 国际储备结构的管理

国际储备结构的管理主要是解决各储备资产之间的比例结构问题。

(1) 对于黄金储备,应该坚持稳定的政策。因为相对来说黄金价值比较稳定,在一定程度上可起到保值的作用,一定量的黄金还有利于提高国家信誉。但是黄金流动性较差,不能直接用于国际支付,而且还要支付一定的保管费用,所以不宜过多持有。

(2) 在 IMF 的储备头寸和特别提款权在中国现有的国际储备中所占比例很小。由于其来源具有特殊性,通常其数量的多少并非我们所能完全控制的。因此,对于在 IMF 的储备头寸,基本是用作偿还 IMF 对中国的各类贷款,如 IMF 的备用信贷和信托基金贷款等。对于分得的特别提款权,基本用于缴纳中国在 IMF 中不断增长的份额。

(3) 外汇储备在中国国际储备中的比重最大,因此,外汇储备的管理是中国国际储备管理的重点。目前,中国的外汇储备管理应坚持以下基本原则:第一,货币储备多元化,以分散汇率变动风险。第二,合理掌握储备货币比例,一是根据支付进口商品所需要的货币币种和数量,确定其在储备货币中的比例;二是在对外负债过程中遵循借、用、收、还一致性的原则,确定不同货币在储备中的比例;三是根据外汇汇率的变化,随时调整储备货币的比例。

【能力训练】

一、判断题

1. 国际收支是个流量的、事后的概念。
2. 国际货币基金组织采用的是狭义的国际收支概念。
3. 资产减少、负债增加的项目应记入借方。
4. 储备账户借方和贷方所表示的含义与经常项目和资本项目是一样的。
5. 由于一国的国际收支不可能正好收支相抵,因而国际收支平衡表的最终差额绝不恒为零。
6. 理论上说,国际收支的不平衡指自主性交易的不平衡,但统计上很难做到。
7. 国际收支的自动调节机制可存在于任何经济条件下。
8. 固定汇率制度之下所需的国际储备要多于浮动汇率制度。
9. 黄金储备是一国国际储备的重要组成部分,它可以直接用于对外支付。
10. 储备货币发行国可持有较少的国际储备。
11. 一国国际储备就是该国外汇资产的总和。
12. IMF成员国的普通提款权共分为五档,每档占其所交份额的20%,档次愈往上,条件愈严。
13. 储备货币发行国拥有巨大的铸币税利益。
14. 根据国际储备的性质,所有可兑换货币所表示的资产都可成为国际储备。
15. 特别提款权由五种主要西方货币组合定价,因而受国际外汇市场汇率波动的影响较大。
16. SDR的定价是按其组成货币的算术平均数计算的。
17. 国际储备的过分增长,会引起世界性的通货膨胀。

二、分析题

以下是某开放小国在某年的国际收支平衡表,完成表中数字,并回答问题。

某开放小国国际收支平衡表

单位:万美元

项　　目	借方	贷方	差额
商品贸易	100 500	1 600	−8 900
服务贸易	300	—	−300
收入	—	1 500	
经常转移	1 000	—	
经常账户合计		3 100	−8 700
直接投资	750	10 000	
证券投资	400	—	−400
其他投资	1 000	700	
官方储备	250	400	+150
资本与金融账户合计			
错误与遗漏	0	0	0
总计			0

(1) 从国际收支平衡表可以看出该国经常账户余额是顺差还是逆差？预测该国货币币值的变动方向。

(2) 该国当年的外汇储备是增加了还是减少了？为什么？

(3) 该国当年的国际收支平衡表中错误与遗漏借贷方均为 0 的含义是什么？

三、问答题

1. 什么是国际收支和国际收支平衡表？
2. 国际收支平衡表包括哪些项目？这些项目包括哪些经济交易？
3. 试述国际收支平衡表的编制原理。
4. 如何理解国际收支失衡？失衡之后，如何进行调节？
5. 简述国际储备的构成内容及其作用。
6. 论述国际储备的需求受哪些因素影响？
7. 结合中国目前的储备情况，谈谈中国应该如何进行国际储备管理？
8. 人民币成为 SDR 的定价系列货币意味着什么？

第十二章 金融与经济发展

【学习要点】 通过本章学习,要求学生掌握经济货币化和经济金融化,了解金融对现代经济发展的双重作用,了解发展中国家金融发展的基本特征,理解金融深化对经济发展的影响,掌握金融创新的内容,掌握金融危机的概念、分类和特征,了解金融危机发生的一般原因与传导机制,理解金融危机的防范措施。

【重点难点】 本章学习的重点是经济货币化和经济金融化、金融创新的内容以及金融危机的概念、分类和特征;难点是准确理解金融深化对经济发展的影响、金融危机发生的一般原因与传导机制。

【基本概念】 经济货币化 经济金融化 金融抑制 金融深化 金融自由化 金融全球化 金融创新 金融危机 溢出效应 季风效应 羊群效应

在现代经济生活中,金融的核心地位与作用日益增强。金融活动已经渗透到经济生活的方方面面,金融的运行与经济的运行相互交融,金融发展与经济发展相互作用,金融与经济的关系也越来越密切。那么,金融与经济谁主谁从?金融在经济发展中居于什么地位?有什么作用与影响?正确认识这些问题,对于正确发挥金融应有的功能与推动作用、防范可能出现的不良影响具有重要意义。

第一节 经济金融化与经济发展

一、经济货币化与经济金融化

经济货币化率是指一国国民经济中用货币购买的商品和劳务占其全部产出的比重及,简称为货币化率。一般用一定时期的货币存量与名义收入之比来代替这一指标,具体计算时表现为一定时期的货币供给量与国内生产总值之比。货币化率越高,说明一国的货币化程度越高,使用货币作为商品与服务交换媒介的范围越广。

经济货币化是与经济实物化相对应的一个经济范畴,货币化程度与实物分配或物物交换的比例成反比,同时又与经济商品化程度和货币作用力成正比。一般说来,商品化是货币化的前提和基础,但商品化不一定就是货币化。在现实生活中,商品经济的发展不是必然伴随着货币化程度的提高,仍然会存在一部分"非货币化"的物物交换或实物分配。

经济货币化的差别既表明了经济发展水平的差异,也体现了货币在经济运行中的地位、作用及其职能发挥状况的优劣。货币化程度的提高,意味着社会产品成为商品的比例提高,商品价值均通过货币来表现与衡量,商品和劳务均以货币为尺度进行分配。货币的作用范围大,则其渗透力、推动力和调节功能强,反之亦然。所以,经济货币化对于商品经济的发展和市场机制的运作具有重要作用,提高货币化程度是促进现代市场经济发展的内在要求。

现代市场经济的发展和金融业的高度发达,促使经济货币化向纵深推进,进入经济金融化的高级阶段。所谓经济金融化程度,是指全部经济活动总量中使用金融工具的比重。由于金融工具总值表现为社会金融资产总值,而全部经济活动总量通常可用国民生产总值(GNP)来表示,所以经济金融化程度可用金融资产总值与国民生产总值的比率来衡量,该比率与经济金融化程度成正比。经济金融化程度越高,表明金融在经济中的地位越重要,作用力越大,金融运行与经济运行的融合程度越高。因此,经济金融化程度的提高,有利于金融在经济发展中充分发挥其先导和推动作用,扩大金融的影响面和影响力。但与此同时,也将加大金融在经济发展中出现不良影响和副作用的可能性,并且使这些不良影响和副作用的破坏力随之增加。20世纪50年代以后,主要发达国家已进入货币信用经济的发展阶段,金融业高度发达,特别是大规模的金融创新之后,非货币性的金融资产迅速增加,经济金融化程度提高很快,表明金融在这些国家经济中的地位与作用日益重要,调控金融总量、监管金融运作也就成为这些国家的政策重心。

二、金融对现代经济发展的双重作用

(一)金融对经济发展的推动作用

在现代经济生活中,金融在经济发展中的作用日益加强,突出表现在它对经济发展的推动力日益加强。这种推动作用主要是通过以下四条途径实现的:

1. 通过金融的基本功能为经济发展提供资金支持

如通过吸收存款、发行有价证券、向国外借款等多种形式为经济发展组织资金来源;通过发放贷款、贴现票据、购买有价证券等形式为经济发展提供资金投入。因此金融对经济发展的推动作用与其筹集资金和运用资金的能力正相关。

2. 通过金融运作为经济发展提供条件

现代经济是高度发达的货币信用经济,一切经济活动都离不开货币信用因素,所有商品和劳务都以货币计价流通,各部门的余缺调剂都要借助各种信用形式,各种政策调节的实施也都与货币信用相关,而金融正是通过自身的运作特点为现代经济发展服务的,如提供货币促进商品生产和流通、提供信用促进资金融通和利用、提供各种金融服务来便利经济运作,从而为现代经济发展提供必要的条件。

3. 通过金融机构的经营活动节约交易成本,提高经济发展效率

如通过金融市场的活动为资本集中、转移和重组提供便利,促进资本融通,为经济活动提供便利,优化社会资源的合理配置;通过对科技提供资金支持和金融服务,促进技术进步和科技成果的普及应用,从而大幅度提高社会生产率。

4. 通过金融业自身的产值增长直接为经济发展做出贡献

随着现代市场经济的发展,金融业有了快速的发展,金融业产值大幅度增加,占国民

生产总值的比重也在不断提高。主要发达国家20世纪60年代时这个比值大约占10%，到90年代初已上升到15%~20%，是第三产业中增长最快的行业。金融业产值的快速增长，直接增加了国民生产总值，提高了经济发展的水平。

随着经济的不断发展，金融服务经济的范围也在随之扩大。专栏12-1简要介绍了我国绿色金融的发展情况。

专栏 12-1

绿色金融与经济发展

改革开放以来，我国经济取得了举世瞩目的成就。然而，传统的以消耗资源和污染环境为代价的经济发展模式隐藏着巨大风险，对生活环境和居民健康构成了巨大威胁，其发展模式不可持续。2016年以来，我国雾霾天气的持续时间和范围不断刷新历史纪录，给居民生活和健康造成了极大的影响，持续的雾霾正是环境不断恶化的具体体现，我国经济增长方式必须转变。新常态背景下，为使我国产业结构实现转型，经济实现持续健康增长，发展绿色经济是必然要求和战略方向，而能为绿色产业提供资金和服务支持的绿色金融也被赋予了更多的责任和使命。

绿色金融从环境保护及可持续发展的视角重新定义了金融业的管理政策和业务流程，在帮助经济实现转型的同时，还可实现金融自身的可持续发展，因此绿色金融又被称为"环境融资"或"可持续性金融"。金融业因其资金支持功能同经济发展间的关系密切，绿色金融和绿色经济间的关系亦是如此，两者相互支持，互相促进。

2007年，中国正式推出绿色信贷相关政策，绿色金融获得了长足发展，经过多年的探索和发展，中国的绿色金融已在政策环境、市场建设和产品种类等方面获得较大发展。我国的绿色信贷项目从2007年的2700个，增加到2015年的接近1.8万个，绿色信贷的贷款余额从2007年的3400亿元上升至2015年的超过8万亿元；截至2016年3月，中国绿色债券发行总量已达78.3亿美元，约占全球157.1亿美元发行量的50%，中国已经成为重要的绿色债券发行市场；中国资本市场拥有节能、清洁能源、环保和新能源交通等类型的绿色企业上市公司超过150家，市值超过2.5万亿。

中国绿色金融的发展尽管已经取得较大成就，但仍不能满足经济发展及产业转型的要求，应不断加强绿色金融宣传力度，完善绿色金融法律法规，加快建设绿色金融市场机制以及加强绿色金融产品创新。

——摘编自：冯馨，马树才.中国绿色金融的发展现状、问题及国际经验的启示[J].理论月刊，2017(10)：177-182

（二）金融对经济发展的不良影响

现代金融业的快速发展在有力推动经济发展的同时，出现不良影响和副作用的可能性也在不断增大。当这种可能性变成现实时，就会阻碍甚至破坏经济发展。这种不良影响主要表现在以下几个方面：

1. 由于金融总量失控出现通货膨胀、信用膨胀，导致社会总供求失衡，破坏经济发展

在不兑现信用货币制度下，由于货币发行不受贵金属储备的硬约束，在技术上具有无限供应的可能性，而在信用货币的供给完全由人为因素确定的状态下，一旦人们的认识发生偏差或操作失当，就可能引发货币供大于求的状态，导致通货膨胀。同样，当代信用关系已经渗透到经济生活的各个方面，信用形式日益丰富发展，信用的扩张可以发挥扩大社会总需求、提高经济均衡点的作用，但若信用过度膨胀或经济进入总需求大于总供给状态时，信用扩张只会加剧供求矛盾，引发通货膨胀、信用危机和金融危机，出现泡沫经济，损害经济发展。

2. 由于金融业经营不善导致金融业危机，并会破坏经济发展的稳定性和安全性，引发经济危机

与其他行业相比，金融业是一个高风险行业。其风险性首先表现在行业风险上，金融业具有很高的负债比率（一般银行均在 90% 以上），自有资金少，营运主要依靠外部资金来源，既要随时满足客户提款或支付的需要，又要从事短借长贷的期限变换及证券投资等高风险经营，因此金融机构的经营具有内在的风险性，其正常运转高度依赖公众的信任；其次表现在营运风险上，银行经营必然受到利率、存款结构和规模、借款人信誉和偿债能力、汇率等因素变化的影响，这些未知因素给金融机构带来了利率风险、流动性风险、信用风险和汇率风险等；最后，金融业还存在着系统性风险，如因金融电子化而产生的电子转账和信息系统风险，因金融国际化而产生的国际风险，因金融业间的相互依赖性产生的伙伴风险等。这些风险的存在直接威胁着金融业的安全，必须严加防范和控制。一旦风险失控，就会出现债务危机、清偿力危机，就会失去公众信任，引发挤提存款、抛售有价证券、抢购保值品等金融恐慌现象，造成社会支付体系中断和货币信用关系的混乱，通过连带的"多米诺骨牌"效应，使大批金融机构破产倒闭，整个国家将陷入金融危机之中，会破坏整个经济体系的运转和社会经济秩序，甚至引发经济危机，累及世界经济。1997 年发生的东南亚金融危机就是一个典型的实例。

3. 由于信用过度膨胀产生金融泡沫，剥离金融与实际经济的血肉关系

随着金融创新的不断出现，新型金融市场不断形成，新业务、新交易层出不穷，特别是衍生性金融工具与市场的出现，在活跃金融、推动金融发展的同时，也加大了信用膨胀的可能性和现实性。如从虚拟资本中衍生出来的股票指数交易、股票指数期货交易、股票指数期权交易等，从外汇交易中衍生出来的外汇掉期、利率互换、货币互换等，从设计到交易都与真实信用和现实的社会再生产无关，与市场流通或产业发展无关。这些虚拟资本衍生品在金融市场上通过反复交易而自我膨胀，成为最有刺激性的投机工具，在交易量呈几何级数放大的过程中，拉大了有价证券与真实资本价值的差距，滋生金融泡沫，使虚拟资本膨胀，刺激过度投机，增大投资风险，对经济发展有很大的破坏性。

4. 资本流动国际化运用失当也会促使金融危机在国际间蔓延，不仅侵蚀世界经济的基石，更使发展中国家备受打击

近年来国际资本流动加速，信息跨国界传播，特别是国际金融自由化和电子化的影

响,增加了金融市场的复杂性和管理的艰巨性。金融全球化和一体化虽使国际资本流动更加便捷,给发展中国家带来了好处,但同时也使其遭受了巨大风险,国际金融投机势力挟资造市,借垄断优势牟取暴利,把许多国家和地区,特别是发展中国家和地区推入灾难的深渊,成为投机者的取款机。国际投机者在自由市场的幌子下实现其自由"宰割"发展中国家和地区的勾当,他们既是国际金融市场游戏规则的制定者,又是游戏的仲裁者,既参加游戏,又解释游戏,从中获取暴利,进行金融掠夺。

正因为在现代经济发展中金融可能带来的这些不良影响具有很大的破坏性,所以当代各国都十分重视金融宏观调控和金融监管,力图通过有效的宏观调控实现金融总量与经济总量的均衡,通过有效的外部监管、内部自律、行业自律和社会公律来控制金融机构的经营风险,防止金融泡沫,保持金融安全与健康,实现经济的持续、稳定、协调发展。

第二节 金融与经济发展的相互关系

关于金融与经济发展的理论研究,美国经济学家罗纳德·麦金农(Ronald Mckinnon)和爱德华·肖(Edward Shaw)以发展中国家为研究对象,重点探讨了金融与经济发展的相互作用问题,提出了金融深化论和金融抑制论的政策主张,他们的理论和政策不仅在西方经济学界具有较大影响,而且引起了许多发展中国家的高度重视,并以该理论为依据,推行了以金融自由化为核心的金融改革。

一、发展中国家金融发展的基本特征

要建立一套适合于发展中国家的货币金融理论,必须首先了解和分析发展中国家金融发展的现状和特征,在此基础上才能深入研究金融与经济发展之间的关系及应采取的对策。麦金农和肖将发展中国家金融发展的现状和特征概括为五个方面:

1. 经济货币化程度低下,市场机制作用没有得到充分发挥

如前所述,货币化是衡量一个国家商品经济和金融发展程度的重要指标。货币化程度低下,就表示该国尚未摆脱"自然经济"和"实物交换"的原始落后状态,货币的作用范围小,货币供给量、利率、汇率等金融变量的功能难以发挥,金融宏观调控能力差。

2. 金融体系存在明显的"二元结构",现代化金融机构与传统金融机构并存

现代化的金融机构是指以现代化管理方式经营的大银行和非银行金融机构(包括外国银行和金融机构),它们有雄厚的资本和资金实力、精良的设备和技术、先进的管理制度和管理方式,它们主要集中在经济和交通发达的大城市等经济中心营业。传统的金融机构是指以传统方式经营的钱庄、当铺、合会和以放债机构为代表的小金融机构,它们具有经营规模小、风险大、在商品经济发展中作用力较弱的特征,主要分布在广大的农村和经济落后或偏远的小城镇。这种二元金融体系结构是由其二元的经济结构和社会结构决定的。

3. 金融机构形式单一,金融工具形式有限

发展中国家的商业银行在金融活动中居于绝对的主导地位,非银行金融机构则极不

发达。金融机构的专业化程度低,金融效率低下;同时金融工具形式单一,规模有限,不能满足经济发展对金融工具的要求。

4. 金融市场落后,并主要是作为政府融资的工具而存在

发展中国家的各个经济单位之间的货币资金难以相互融通,有的发展中国家根本就没有金融市场。有的国家即使有金融市场,也是低级的,并由行政机关来组织其活动,大量的企业和居民被排斥在形式化的金融市场之外;直接融资的资本市场尤为落后,金融工具品种少,数量小,交易方式落后,交易活动呆滞,价格机制失灵,市场管理薄弱,投机过度,市场稳定性很差。因此,这些国家无法通过金融市场来多渠道、多方式、大规模地组织和融通社会资金,并顺利地使储蓄转化为投资,从而导致资本供给不足,资金使用效率低下。

5. 政府对金融实行严格管制,对金融活动做出种种限制

主要表现为:一是对利率和汇率实行严格管制和干预,导致利率和汇率的价格严重扭曲,失去了反映和调节资金或外汇供求的功能;二是对一般金融机构的经营活动进行强制性干预;三是采取强制措施对金融机构实行国有化,或限制非国有机构经营金融业务,从而使整个金融机构体系中国家银行保持绝对垄断地位,其结果是金融业缺乏竞争和官银作风盛行,金融机构经营效率很低。

上述五个特征在发展中国家都或多或少地存在,差别只在于程度不同。金融深化论和金融抑制论就是针对这些发展中国家提出来的。麦金农和肖认为,金融和经济发展之间存在着一种相互影响和相互作用的关系。当金融业能够有效地动员和配置社会资金促进经济发展,而经济的蓬勃发展加大了金融需求并刺激金融业发展时,金融和经济发展就可以形成一种互相促进和互相推动的良性循环,这种状态可称作金融深化。但当政府对金融业实行过分干预和管制政策,人为压低利率和汇率并强行配给信贷,造成金融业的落后和缺乏效率从而制约了经济发展,而经济的呆滞反过来又制约了金融业的发展时,金融和经济发展之间就会陷入一种相互掣肘和双双落后的恶性循环状态,这种状态就称作金融抑制。

二、金融抑制对经济发展的影响

在推动本国经济发展的过程中,发展中国家经常面对的现实是经济发展水平低,政府财力薄弱,外汇资金短缺。为获得资金实现其发展战略,只好采取金融抑制政策。

(1) 通过设定存贷款利率上限方式来压低利率水平,同时依靠通货膨胀政策来弥补巨大的财政赤字,通货膨胀率居高不下,实际利率通常很低,有时甚至是负数。这就严重脱离了发展中国家资金稀缺从而要求利率偏高的现实,金融资产的实际规模无法得到发展。

(2) 由于面临着严重的资金短缺,往往实行选择性信贷政策,引导资金流向政府偏好的部门和产业。而这些政府所偏好的部门和产业,大多是享有特权的国有企业和具有官方背景的私有企业,由此导致的直接后果是资金分配效率十分低下。

(3) 对金融机构实施严格的控制。直接后果是造成金融机构成本高昂、效率低下,金

融机构种类单一,服务水平落后,缺乏市场竞争力。

(4) 为了降低进口产品的成本,常常人为地高估本币的汇率,使其严重偏离均衡的汇率水平,导致本国产品的国际竞争力进一步削弱,对国外产品的进口需求进一步提高。其结果是使自己陷入了更为严重的外汇短缺境地,不得不实行全面的外汇管制,对有限的外汇资源进行行政性分配。

金融抑制政策加剧了金融体系发展的不平衡,极大地限制了金融机构的业务活动,束缚了金融市场的形成和发展,降低了社会储蓄并阻碍其向社会投资的顺利转化,资金利用效率和投资效益低下,最终制约了国民经济的发展,并通过消极的反馈作用加剧了金融业的落后状态。所以,消除金融抑制,推进金融深化,是发展中国家繁荣金融,发展经济的必要条件。

三、金融深化对经济发展的影响

与金融抑制相反,金融深化是指一个国家金融和经济发展之间呈现相互促进的良性循环状态。然而,发展中国家要实现金融深化首先应具备两个前提条件:第一,政府放弃对经济活动特别是金融体系和金融市场的干预和管制;第二,政府允许市场机制特别是利率、汇率机制自由运行。这样,一方面,健全的金融体系和活跃的金融市场就能有效地动员社会闲散资金并促使其向生产性投资转化,还能引导资金流向高效益的部门和地区,实现资源的优化配置,促进经济发展;另一方面,经济的蓬勃发展,通过增加国民收入和提高各经济单位对金融的需求,又刺激了金融业的发展,由此形成金融—经济发展相互促进的良性循环。

(一) 衡量金融深化程度的指标

1. 利率、汇率的弹性与水平

利率和汇率的市场化是金融深化的重要标志,只有市场化的利率和汇率才是富有弹性的,才能真实反映资金的供求情况,标明投资的机会成本,从而增强各种经济变量对利率和汇率的弹性。

2. 金融资产的存量和流量

金融资产存量的品种范围扩大、期限种类增多、利率弹性大、质量好时,金融资产作为储蓄或投资对象就具有较强的吸引力。金融资产的流量更多地来源于国内各部门的储蓄,这样经济增长对通货膨胀和外债外援的依赖性下降。若经济货币化程度稳定上升,则金融资产与国民收入或与有形物质财富的比值即经济金融化程度也会逐渐提高。

3. 金融体系的规模和结构

现代金融机构已经取代传统金融机构,金融机构增多,网点分布均匀,出现了各种类型的金融机构并存的局面,特别是非银行金融机构和非国有金融机构的并存和发展,有利于打破国有银行的垄断与特权,各类金融机构在平等的基础上展开竞争,金融业的经营效率则会大大提高。

4. 金融市场的运行和功能

金融市场上参与者众多,金融工具丰富,市场容纳量增大,交易活跃,运作规范,竞争有序,管理有方,外源性融资十分便利,市场的投融资功能发挥充分,黑市、倒卖或利用官价牟利的不合理现象因失去生存基础而销声匿迹。

(二) 实现金融深化的政策措施

(1) 尽量减少政府对金融业的干预,允许非国家、非银行的金融机构存在和发展,放松对金融市场的管制,减少对金融机构审批限制,促进金融同业竞争,缩小指导性信贷计划的实施范围,鼓励各类金融机构、企业、居民和外国投资者积极参与金融市场的活动。

(2) 放松对利率、汇率和资本流动的限制,取消对存贷款利率的硬性规定,使利率能够正确反映资金的供求状况和稀缺程度。只要政府放弃利率管制,就可以消除负利率,保持实际利率为正数,从而有利于扩大储蓄,提高资金使用效益,促进资源合理配置。

(3) 放弃以通货膨胀政策刺激经济增长的做法,不能依靠增加货币供给来解决资金供求矛盾,而应该力求稳定通货、平抑物价,为金融体系有效地吸收资金和运用资金创造条件,通过金融深化来促进经济增长。

(三) 金融深化对经济增长的影响

麦金农和肖认为,金融深化之所以能形成金融—经济发展的良性循环,是因为金融深化可以通过以下效应对经济发展起到促进作用。

(1) 储蓄效应。取消利率管制后,随着储蓄实际收益率(实际利率)的上升,以及金融资产的多元化,私人部门储蓄的积极性提高,将使国内私人储蓄率上升,国内利率高于国际金融市场利率,在放松资本管制的条件下,还会吸引大量外资流入。

(2) 投资效应。取消利率管制后,利率将作为一种有效的相对价格引导资源的配置。随着储蓄效应和金融中介作用的发挥,投资规模和投资效率都将提高。一方面,金融中介的发展使得企业能在更大范围内、更方便地筹集资金;另一方面,政府对资金的行政性分配减少,信贷资金更多地流向高收益的投资项目,使社会的投资效率得以提高。

(3) 就业效应。一方面,通过金融深化改善了储蓄的稀缺程度和利用效率,能够为生产流通提供充足的资金从而扩大社会再生产,无疑将产生扩大就业的效应;另一方面,解除利率管制后,使用资本的成本上升,劳动力相对便宜,人们更偏好于劳动密集型产业,从而扩大了就业,这对于人口众多、劳动力过剩的发展中国家具有重大意义。

(4) 收入分配效应。一方面,扩大了总收入,随着投资和就业的扩大、生产和销售的增加,人们的收入就会上升;另一方面,有助于促进收入分配的公平化,通过市场的扩大和金融深化可以减少特权收入和垄断收入,拉平因割裂经济造成的收益不均,纠正扭曲的收入分配关系,铲除贪污腐化的土壤,充分调动人们在经济活动中的积极性和创造性。

(5) 稳定效应。金融深化有助于改善国内储蓄流量和国际收支状况,使得经济对国际贸易、国际信贷和国际援助等方面的波动有较强的适应能力;还有利于改善国内财政收支,减少财政对通货膨胀政策的过度依赖,从而使稳定的货币政策成为可能。

金融抑制论和金融深化论揭示了现代市场经济中金融与经济发展之间相互影响的重要关系,明确提出了金融与经济发展之间双向作用的理论,特别是强调金融在经济发展中的作用,以及金融的落后或发达对于经济发展所产生的不同影响,对于研究现代货币信用经济发展问题具有重大的理论和实践价值。但是,该理论把发展中国家经济落后的原因仅归结为金融发展落后是片面的,而发展中国家的经济发展仅仅依靠解决金融问题也是远远不够的,甚至可能出现误导。例如,忽视社会物质生产能力的提高、社会真实资本的增长和经济结构的改善,而热衷于刺激金融机构和金融市场的扩大、虚拟资本的增长,这极易导致信用危机和金融危机,出现泡沫经济,最终危害社会经济的发展。

专栏 12-2

普惠金融

据世界银行的定义,"普惠金融"(Inclusive Finance)是指能够广泛获得金融服务且没有价格、非价格方面的障碍,能够为社会所有阶层和群体提供合理、便捷、安全的金融服务的一种金融体系。联合国和世界银行在内的多家国际组织在全球范围内致力于推动普惠金融的发展,力图通过发展小额信贷和微型金融等金融模式来扩展现有金融服务的覆盖范围,尽可能为全社会所有阶层和群体提供合理、便捷、安全的金融服务,以支持实体经济发展和消除不平等。

普惠金融的发展能够推动经济增长。通过扩大金融体系的覆盖范围,普惠金融的发展能够让更多的居民和企业合理地享有其所需的金融产品和服务,有效缓解金融排斥。普惠金融重视消除贫困、实现社会公平,但这并不意味着普惠金融就是面向低收入人群的公益活动。普惠金融要坚持商业可持续原则,坚持市场化和政策扶持相结合,建立健全激励约束机制,确保发展可持续。

——摘编自:李涛,徐翔,孙硕.普惠金融与经济增长[J].金融研究,2016(4):1-16

第三节 金融创新与经济发展

20 世纪 70 年代前后,随着经济金融的发展,需求的刺激、供给的推动,原有的管制出现了不合时宜或限制过分的问题,管制的副作用开始加大。与此同时,日益兴盛的经济自由主义思潮为金融业要求放松管制、追求自由经营提供了思想武器和理论武器。在经济自由主义支配下,金融业掀起一股声势浩大的金融自由化浪潮,不约而同地通过金融创新来逃避管制。各国政府在经济自由主义思潮影响下,一方面主动放弃了一些明显不合事宜的管制,另一方面被迫默认了许多规避管制性创新成果,放松了金融管制的程度。而新的科技革命不仅改变了金融观念和金融运作,而且直接推动了金融创新,掀起了一场金融领域的科技革命,使金融创新进入一个更高的层次与阶段。

一、金融创新的内容和表现

金融创新是金融业为适应实体经济发展的要求在制度安排、金融工具、金融产品等方面进行的创新活动,是金融结构优化的主要方式和金融发展的主要推动力量,现代金融发展史实质上是金融不断创新的过程。金融创新是金融领域内部通过各种要素的重新组合和创造性变革所创造或引进的新事物,包括广泛采用的新技术,不断形成的新市场,层出不穷的新工具、新交易、新服务等。它不仅革新了传统的业务活动和经营管理方式,模糊了各类金融机构的界限,加剧了金融业的竞争,打破了金融活动的国界局限,形成了要求放松金融管制的强大压力,而且改变了金融总量和结构,对货币政策和宏观调控提出了严峻挑战,由此对经济发展也产生了巨大而深刻的影响。

金融创新的内涵比较丰富,对金融创新可以按照不同的角度进行分类。按时间因素可划分为历史上的金融创新和当代金融创新;按创新目的可划分为逃避管制的金融创新、降低成本的金融创新和避免风险的金融创新;按与现有金融制度的关系可分为回避性创新和自发性创新;按创新的程度可分为变革性创新和创造性创新,前者指在现有业务活动、管理方式、机构设置等基础上所进行的变革,后者是指新创造的全新业务、方式或机构等。较为简单概括的分类是按其表现形式分为金融制度创新、金融业务创新和金融组织结构创新。

(一)金融制度创新

金融制度创新包括各种货币制度创新、信用制度创新和金融管理制度创新等与制度安排相关的金融创新。当代金融制度创新主要表现在两个方面:

1. 国际货币制度的创新

20世纪70年代初以美元和固定汇率制维系的布雷顿森林体系彻底崩溃以后,主要发达国家宣布实行浮动汇率制,创立了先行的在多元化储备货币体系下以浮动汇率制为核心的新型国际货币制度。国际货币制度创新的另一表现是区域性货币一体化趋势,通常以某一地区的若干国家组成货币联盟的形式存在,成员国之间统一汇率、统一货币、统一货币管理、统一货币政策。其中最著名的就是于1993年1月1日正式成立的欧洲联盟,在1999年1月1日实行统一的欧洲货币——欧元。其他如阿拉伯货币基金组织、西非货币联盟、中非货币联盟、中美洲经济一体化银行、安第斯储备基金会等,都是地区性的货币联盟。

2. 国际金融监管制度创新

在经济全球化和金融一体化进程中,面对动荡的国际金融环境、频繁的国际金融创新和日益严重的金融风险,各国强烈要求创建新型有效的国际金融监管体制。1975年,在国际清算银行主持下成立的"巴塞尔委员会"专门致力于国际银行的监管工作,该委员会于1988年7月通过的《巴塞尔协议》,成为国际银行业监管的一个里程碑。随着国际证监会组织(IOSCO)、国际保险监督管理协会(IAIS)、联合国国际投资与跨国公司委员会、期货业国际公会、证券交易所国际公会等国际性监管或监管协调机构及国际性行业自律机构的创立,一个新型的国际性金融监管组织体系已经开始运转,不断创新监管方式和手段,着手创建一个集早期预警、风险防范、事后救援三大系统为一体的新型国际化监管体系。

(二)金融业务创新

金融业务创新包括金融工具创新、金融技术创新、金融交易方式或服务创新、金融市场创新等与金融业务相关的各种创新。当代金融业务创新主要表现在以下几个方面：

1. 金融技术创新

电子计算机技术和网络在金融业的广泛应用，使金融业务发生了巨大变革，彻底改变了传统的业务处理手段和程序。存、贷、取、汇、证券买卖、市场分析、行情预测，乃至金融机构的内部管理，均通过计算机处理；电子化资金转移系统、电子化清算系统、自动付款系统等金融电子系统的创建，形成了国内外纵横交错的电子化资金流转网络，资金的调拨、转账、清算、支付等都可以通过计算机系统处理；各种金融交易也普遍使用计算机报价、撮合、过户、清算等，金融信息的传递、储存、显示、记录、分析等，均借助计算机进行处理。电子计算机正在把各种金融业务织进一张巨大的电子网络之中，其终端触角延伸到各个家庭、企业、地区和国家，发达国家已经实现了金融业务处理电子化、资金流转电子化、信息处理电子化和交易活动电子化。

2. 金融工具的创新

各类金融机构一方面对原有金融工具进行解捆和重绑，不断推出新型的金融工具；另一方面，在新的金融结构和条件下创造出具有全新特征的新工具。如有可满足投资、投机、保值和提高社会地位等多种需求的金融工具，有适合大中小投资者、长短期资金余缺者、国内外投资者等不同对象的金融工具，有介于定活期存款间、股票债券间、存款和债券间、存款和保单间、贷款和证券间等各种组合式的金融工具，有定期转活期、债券转股票或股票转债券、贷款转证券、存款转证券等可转换式的金融工具，有与价格指数、市场利率或某一收益率挂钩等弹性收益式的金融工具，等等。总之，品种多样化、特性灵活化、标准国际通用化的各种新型金融工具，源源不断地涌现出来。

3. 金融市场的创新

金融市场的创新主要表现在两个方面：其一，金融市场的国际化。在金融自由化浪潮的冲击下，各国陆续取消或放松了对国内外市场分隔的限制，各国金融市场逐步趋于国际化；计算机技术引入金融市场后，各国金融市场互相连接，形成了国际性的连体市场，24小时全球金融交易已经梦想成真；欧洲及亚洲美元市场、欧洲日元市场等新型的离岸金融市场纷纷出现；计算机屏幕式跨国交易所业已诞生；新型的国际化金融市场不断出现。其二，金融衍生工具市场异军突起。人们通过预测股价、利率、汇率等变量的行情走势，以支付少量保证金签订远期合同、买卖选择权或互换不同金融商品，由此形成了期货、期权、掉期等不同衍生工具市场。20世纪90年代以来，金融衍生工具市场呈现爆发式增长。

4. 金融交易方式创新

银行、证券、保险、信托、租赁等各类金融机构一方面在传统基础上推陈出新，另一方面积极开拓全新的业务与交易方式。如银行在传统的存、贷、汇业务基础上推出了CDs、NOW账户、协议账户等新型的存款负债业务，各类批发或零售贷款业务或安排，新的结算工具与方式，同时大量开发新型的跨国业务，如信息业务、表外业务、信用卡业务、咨询业务、代理业务及各种服务性业务等，期货交易、期权交易、掉期交易等各种新型融资技术、融资方式、交易方式被不断地设计开发出来。

(三) 金融组织结构创新

(1) 创设新型金融机构。20世纪50年代以来,在金融创新中涌现出与传统金融机构有别的新型金融机构。其中有以计算机网络为主体而无具体营业点的电子银行;有以家庭为专门对象,居民足不出户就可以享受各种金融服务的家庭银行;有为企业提供一切金融服务的企业银行;有一切业务均由机器受理的无人银行;有多国共组的跨国银行;有各国银行以股权方式联合成立的国际性联合银行;还有集银行、证券、保险、信托、租赁和商贸为一体的大型复合金融机构,它们经营一切银行和非银行业务,同时还经营商业零售和批发业务。20世纪70年代以后,跨国大型复合金融机构、金融百货公司或金融超级市场等新兴金融机构风行欧美国家。

(2) 各类金融机构的业务逐渐趋同。金融机构在业务和组织创新的基础上,逐渐打破了职能分工的界限,实际上的混业经营迫使分业管制被动放松。例如,美国1980年新银行法允许商业银行、储蓄银行、证券商之间进行业务交叉和竞争;日本1981年的新银行法允许商业银行、长期信贷银行、信托银行经办证券业务;英国1986年允许所有金融机构参加证券交易所交易。管制的放松加剧了各类金融机构之间的业务交叉与渗透,进一步模糊了原有的职能分工界限,各种金融机构趋于同质化。

(3) 金融机构的组织形式不断创新。在过去单一制、总分行制的基础上,新推出了连锁制、控股公司制,以及经济上相互独立而业务经营上互助互认,并协调一致的联盟制银行;在分支机构形式上,也创新了全自动化分支点、百货店式分支点、专业店式分支点、金融广场式分支点。

(4) 金融机构的经营管理频繁创新。金融机构通过管理创新不断调整业务结构,开发出多种新型负债和资产业务,中间业务特别是表外业务的比重日益加大,业务手段、业务制度、操作程序、管理制度等被不断革新;金融机构的内部机构设置也在不断创新,旧部门撤并,新部门设立,各部门权限与关系几乎被重新配置;经营管理方法也在推陈出新,如20世纪60年代的负债管理、70年代的资产管理和资产组合管理、80年代的资产负债失衡管理和多元化管理、90年代的全面质量管理和全方位满意管理、CI战略、市场营销管理等,层出不穷。

二、当代金融创新对金融与经济发展的影响

(一) 金融创新对金融和经济发展的推动作用

当代金融创新对金融与经济发展的推动作用,主要是通过以下四个方面来实现的:

(1) 提高了金融机构的运作效率。首先,金融创新通过大量提供具有特定内涵与特性的金融工具、金融服务、交易方式或融资技术等成果,增加了金融商品和服务的效用,从而增强了金融机构的基本功能,提高了金融机构的运作效率。其次,提高了支付清算能力和速度。电子计算机支付清算系统成百倍地提高了支付清算的速度和效率,大大提高了资金周转速度和使用效率。最后,大幅度增加了金融机构的资产和提高了盈利率。金融创新中涌现出来的大量新工具、新交易、新技术、新服务,使金融机构积聚资金的能力大大增强,信用创造的功能得到充分发挥,导致了金融机构所拥有的资金流量和资产

存量急速增长,由此提高了金融机构经营活动的规模报酬,降低了平均成本,加上经营管理方面的各种创新,使金融机构的盈利能力大为增强。

(2) 提高了金融市场的运作效率。首先,提高了市场价格对信息反应的灵敏度,从而提高了价格的合理性和价格机制的作用力。其次,增加了可供选择的金融商品种类。当代创新使大量新型金融工具涌现,投资者选择的余地很大。面对各具特性的众多金融商品,各类投资者很容易实现使自己满意的效率组合。再次,增强了剔除个别风险的能力。金融创新通过提供大量的新型金融工具和融资方式、交易技术,特别是金融市场上的各种避险性创新工具和融资技术,有助于投资者通过分散或转移法,把个别风险减到较小程度。最后,降低了市场交易成本。金融创新通过交易清算电子化及市场组织创新活动,迅速增大了交易量,降低了交易成本与平均成本,使投资收益相对上升。

(3) 增强了金融产业发展能力,包括开拓新业务和新市场的能力、资本增长能力、设备配置或更新能力、经营管理水平和人员素质能力的提高等。从业务开拓能力来看,当代金融制度和组织结构的创新为金融机构开拓新业务、提供新服务提供了必要的制度和组织保障,而金融业务和管理方面的创新则把金融机构的业务开拓能力发挥到最大限度,许多新业务、新服务的配套性、衍生性、连带性需求,使金融机构的创新能力有了更为广阔的发挥空间;从资本增长能力来看,在市场创新和管理创新的推动下,金融机构的盈利能力和筹资能力大大增强,资本增长能力有了较大幅度的提高;从设备配置和更新能力来看,当代金融创新中金融机构设备的现代化配置和更新能力基本上是与资本增长能力同步提高的,而高科技成果的引入为金融机构设备的现代化提供了强有力的技术支撑;从经营管理水平和人员素质能力的提高来看,金融创新使金融机构的经营管理从传统的经验型向现代的科学型转化,优胜劣汰的用人机制,激励性的人事管理,从业人员再培训、轮训和终身教育方式的推广,全面提高了金融机构从业人员的素质,吸引人才的能力大大增强。

(4) 金融对整体经济运作和经济发展的作用大为增强。首先,提高了金融资源的开发与再配置效率。金融创新中出现的金融资源配置市场化和证券化趋势,增加了资金流向的合理性,扩大了可利用的金融资源,导致金融总量快速增长,具有优化金融资源配置的效果。其次,社会投融资的满足度和便利度上升。金融创新通过对现行管制的合理规避,创造新型投融资工具或方式,使各类投融资者实际上都能进入市场参与金融活动,金融业对社会投融资需求的满足能力大为增强;再次,金融业产值迅速增加,大大提高了金融业对经济发展的贡献度。最后,增强了货币的作用效率,用较少的货币就可以实现较多的经济总量,意味着货币的作用和推动力增大。

(二) 金融创新对金融和经济发展的不利影响

金融适度发展是经济实现最优增长的必要条件,但许多金融创新工具在促进金融发展的同时,也会带来新的金融风险并增加金融监管的难度,带来许多新的矛盾和问题,对金融和经济的发展产生不利的影响。

(1) 金融创新使货币供求机制、总量和结构乃至特征发生了深刻变化,降低了货币需求的稳定性,扩大了货币供给的渠道,对金融运作和宏观调控影响重大。金融创新通过金融电子化和金融工具多样化减弱了货币需求,使人们在既定的总资产中以货币形式保有的欲望下降,在经济活动中对货币的使用减少,从而降低了货币在广义货币和金融资产中的比重,同时却增强了对金融资产的需求和对货币的投机性需求动机,影响货币需求的因素变得更为复杂和不确定。在货币供给方面,各类非银行金融机构和复合性金融机构在金融创新中具备了创造存款货币的功能,增加了货币供给主体,新型的金融工具使货币和各种金融资产之间的替代性空前加大,导致货币的定义和计量日益困难和复杂化。由于通货—存款比率、法定存款准备金率、超额准备金率下降而加大了货币乘数,货币供给的内生性削弱了中央银行对货币的控制能力,容易导致货币政策的失效和对金融进行监管的困难。

(2) 金融创新在很大程度上改变了货币政策的决策、操作、传导及其效果,对货币政策的实施产生了一定程度的不利影响。这集中表现为:① 降低了货币政策中介指标的可靠性,给货币政策的决策、操作和预警系统的运转造成较大困难;② 减少了可操作工具的选择性,削弱了存款准备金率和再贴现率的作用;③ 加大了政策传导的不完全性,使货币政策的传导过程离散化、复杂化,政策效果的判定更为困难。

(3) 金融创新在提高金融微观效率和宏观效率的同时,却增加了金融业的系统风险。20世纪80年代以来银行的资产风险和表外业务风险猛增,导致了金融业稳定性下降,金融机构的亏损、破产、倒闭、兼并、重组事件频繁发生,整个金融业处于一种结构调整和动荡不定的状态之中。

(4) 金融创新中出现的许多高收益和高风险并存的新型金融工具和金融交易,如股票指数交易、股票指数期货交易和股票指数期权交易等,以及外汇掉期、利率或货币掉期等,以其高利诱导投资者冒险,吸引了大批投资者和大量资金,在交易量以几何级数放大过程中,价格往往被推高到一个不切实际的高度,虚拟资本急剧膨胀,产生过度投机和泡沫经济,极易引发金融危机。

当代金融创新利弊皆存,既会促进我国金融业向现代成熟金融业发展,是促进经济增长的有利因素,也会对我国金融监管体制提出严峻挑战。能否正确认识和客观评价金融创新对于金融发展和经济发展的积极作用,已成为能否有效利用和充分发挥其能动作用,主动驾驭并把握金融创新的内在规律,最大限度地推动金融、经济发展和社会文明进步的基本前提。同时对于金融创新的负面影响必须加以有效的引导和监管,进行防范和控制,将风险控制在可承受的限度之内。

专栏 12-3

金融科技与金融创新

FSB(Financial Stability Board,金融稳定理事会)将金融科技定义为"技术带动的金融创新",是对金融市场、金融机构以及金融服务供给产生重大影响的新业务模式、新技术应用、新产品服务等,既包括前端产品,又包括后台技术。在国内,比较约定俗成的概念认为金融科技是一种将大数据、云计算、人工智能、区块链等创新技术广泛应用于支付清算、智能投顾、数字货币等多项金融领域的创新方式。金融科技的两大核心技术——区块链和人工智能以云计算和大数据为基础,可以为未来金融体系带来更有效的交易和结算方式、更科学的编码分享和数据分析方法、更安全的风险防控措施。

2016年年初,百度公司开始借助搜索引擎、O2O及地图等业务积累的海量用户数据,采用人工智能系统,为用户提供优质的信贷、资产配置等金融服务。百度金融的风控体系融合人脸识别、声纹识别等先进生物识别技术,用以减少用户在使用安全方面的担忧。百度征信系统借助大数据用以掌握用户人群画像、行为偏好和预测未来征信状况,从而实现秒批远程授信。蚂蚁金服现已大量使用人工智能机器客服,在风险控制方面,蚂蚁金服依据阿里巴巴集团积累的海量数据已研发并投入使用智能风控大脑(CTU)。2014年12月,腾讯旗下的深圳前海微众银行获准开业,该银行无需财产担保,只需通过人脸识别技术和大数据信用评级即可发放贷款。

中国区块链技术发展迅速,但仍处于初级阶段。之前,国内区块链技术研发主要是在学术机构和研发机构中进行,虽然许多关键性技术问题被逐步突破,但区块链技术的发展进度仍远落后于欧美发达国家。现在,中国工业和信息化部也成立了专门的政府研究组织,利用政府资源加速区块链技术的发展。

虽然金融科技有许多优点,然而其发展也会产生负面的影响。特别像中国,金融科技正处在发展的初级阶段,很多意想不到的危机将在此阶段酝酿而成,可能会对未来的金融发展造成不小的负面影响。为此,在推广金融科技的同时,大家要时刻保持着理性、谨慎的态度。

——摘编自:谢林吟,贺翔,赵群.金融科技促进金融创新的机理分析及其在中国的发展[J].宁波大学学报(人文科学版),2017,30(3):87-93

第四节 金融危机及其防范

随着各国金融市场之间的联系不断加强,各种风险在国家之间相互转移、扩散在所难免。金融全球化和金融创新也大大增加了金融风险和金融危机发生的概率。1997—1999年的金融危机从东南亚的泰国突然爆发,这场罕见的危机迅速地席卷东南亚各国,所到之处给各国经济造成巨大创伤。2007年由美国房价下跌导致的次贷危机,使贷款人和投资者遭受巨大损失,让美国经济遭受衰退危险,在经济全球化的推进下,给全球经济增长带来严重负面影响。作为一种趋势,金融全球化一方面为世界经济的发展带来了活力,另一方面,也对各国特别是发展中国家的金融安全形成严峻的挑战。

一、金融危机的概念、分类和特征

(一)金融危机的概念

20世纪70年代以来,金融危机成为西方经济、金融理论界的一个重要研究领域,尤其是20世纪90年代的一系列危机的爆发,使得对金融危机的研究形成一种热潮,产生了许多颇具影响的成果。但是对金融危机还未形成一个公认的定义。

《新帕尔格雷夫经济学大辞典》根据金融危机对经济造成影响的表现,将金融危机定义为:"全部或大部分金融指标——短期利率、资产(证券、房地产、土地)价格、商业破产数和金融机构倒闭数的急剧、短暂和超周期的恶化"。这一定义从三个角度描述了金融危机:① 金融危机是金融状况的恶化;② 这种恶化涵盖了全部或大部分金融领域;③ 这种恶化具有突发性质,是急剧、短暂和超周期的。

1998年,国际货币基金组织(IMF)把金融危机定义为:整个社会的金融系统爆发的危机,它主要表现在金融系统运作过程中包括金融资产价格在内的各种金融指标在短期内发生剧烈的变化,这些金融指标包括汇率、短期利率、证券资产的价格、房地产价格、金融机构倒闭数等。金融危机会让整个金融系统陷入混乱状态,丧失资产分配的功能,从而导致经济动荡或经济危机。

结合以上观点,我们可以将金融危机定义为:由与金融业关系密切行业引发,导致金融系统资金链出现重大问题,造成整个社会金融市场各指标,包括汇率、短期利率、证券资产的价格、房地产价格、金融机构倒闭数等,短期内发生剧烈变化的社会经济现象。

(二) 金融危机的分类

结合以往发生的金融危机实际,按照金融危机发生的周期、成因机制和影响,可以对金融危机做如下分类。

1. 以金融危机爆发与经济周期的关系为标准,对金融危机进行分类

按照金融危机爆发与经济周期的关系不同,可以将金融危机划分为周期性金融危机、超周期性金融危机、自发性金融危机、传导性金融危机和特殊的金融危机。

周期性金融危机是由经济周期波动引发的、伴随着经济危机的爆发而发生的金融危机。之前提到的货币信用危机就是一种周期性金融危机。尽管频频发生的金融危机,似乎已脱离经济周期的轨道,但是它又不能完全脱离经济运动,必然还存在着一种内在联系。由于金融危机具有敏感性和超前性,一般它会表现为经济危机迸发的前兆。超周期性金融危机是由金融体系内在脆弱性引发的金融危机,它不受经济周期波动的制约,在不发生经济危机的情况下也会发生。自发性金融危机是由本国自身经济金融运动引发的金融危机,它是一国经济金融运动导致的本国金融领域失衡。传导性金融危机是别国爆发的金融危机通过金融危机传导机制传播到本国,并对本国经济金融造成类似影响的金融危机。特殊的金融危机是指起因于某些特殊事件,如战争、政变、灾荒、挤兑等造成的金融领域的恶化。

2. 以金融危机的成因机制特点为标准,对金融危机进行分类

按照金融危机发生的成因机制特点,可以将金融危机划分为货币危机、信用危机、证券市场危机、债务危机和银行业危机。

货币危机主要描述的是一国货币大幅贬值的情况。所谓的货币危机,主要是指由于投机性冲击,导致一国货币大幅贬值,或该国政府为保持本国货币的坚挺而被迫大量抛出外汇储备或者大幅提高国内利率水平。信用危机是指社会的信用度迅速降低,过去的授信停

止,新的授信缩减,社会信用量萎缩,支付必须用现金,信用因不能充当支付手段而发生动摇。证券市场危机表现为资本二级市场上的金融资产价格剧烈波动,譬如股票市场、债券市场的金融资产价格发生急剧、短暂和超周期的暴跌。债务危机是指一国由于无力偿还其外债而发生的金融危机,其爆发经常地伴随着资金外逃、汇率贬值和国际借贷条件恶化等现象。银行业危机是指大量银行被挤兑或濒临破产引起严重金融恶化的金融危机。但是在现代商业银行制度下,银行业危机大多源于资产质量恶化而引发的流动性不足。

3. 以金融危机的影响范围为标准,对金融危机进行分类

从影响的地域范围来看,可以将金融危机划分为国内金融危机、区域性金融危机和全球性金融危机。这里重点提一下区域性的概念,它主要是指在地理、经济、金融等方面有密切关系的某些国家,比如亚太、欧盟。从影响的市场来看,可以分为单个市场的危机和复合性危机。从影响的时间长短来看,金融危机可分为短期、中期和长期金融。根据西方关于经济周期的概念,影响时间为 20 个月以内的为短期的金融危机,中期和长期的金融危机影响时间分别为 2～5 年和 5～25 年。

(三)金融危机的主要特征

尽管金融危机爆发的经济环境和历史条件不同,但是金融危机的发生已经显现出了一些一般性的特点。

1. 金融危机爆发的频率在加快

传统的金融危机爆发的频率明显低于现代金融危机。传统金融危机的爆发都是伴随着经济周期的波动。1929 年到 1933 年的金融危机是历史上最深刻最严重的传统金融危机,它就是由经济周期中本身的经济问题爆发所引致的结果。而 20 世纪 90 年代以来,金融危机的频频爆发似乎摆脱了经济周期。随着各个国家经济的发展,金融也得到了迅速的发展,证券化、资本化、货币化不断向前发展,虚拟经济的轨道离实体经济的轨道越走越远。1994 年,因进口替代战略的经济发展模式失败导致国内经济状况的严重恶化,于是墨西哥金融危机爆发。1997 年,因国际投机家的投机行为导致短期内泰铢大幅贬值,诱发东南亚金融危机。2007 年,因低信用债务人大量违约,导致次贷危机发生,并迅速升级为金融危机向全球蔓延。这些金融危机爆发的时间间隔与以往的金融危机爆发的时间间隔有了明显的缩短。

2. 金融危机的传染性越来越强

20 世纪 90 年代以后,随着互联网、通信技术的迅速发展,生产、贸易全球化、国际化进程加快,金融自由化明显,这些都使得现代金融危机的传染速度比传统金融危机更快,传染范围比传统金融危机更广。1992 年欧洲货币危机中,危机迅速蔓延到欧洲各国,在意大利里拉、英国英镑和芬兰马克被迫放弃固定汇率,宣布浮动时,法国、爱尔兰和瑞典等国货币也都承受了投机压力。1994 年墨西哥金融危机爆发后,危机迅速蔓延到巴西和阿根廷等拉美国家。1997 年泰国金融危机爆发后,危机迅速传染到东南亚各国然后再蔓延至全球。将这三次危机做一个对比,很容易看出 1997 年东南亚金融危机传染范围更广,受害程度更深,甚至可以说是引发了一场全球性的金融危机,从发展中国家到发达国家都受到了影响。2007 年爆发的金融危机由于发端于发达国家,发达国家经济开放程度

较高,与世界经济联系紧密,所以,金融危机的影响迅速由发达国家向发展中国家扩散。

3. 金融危机的破坏性更大

这表现为20世纪90年代以来的金融危机普遍造成了严重的经济衰退。墨西哥金融危机爆发后,实际国内生产总值增长率由1994年的4.4%下降到1995年的-6.2%。亚洲金融危机期间,韩国、泰国及其他东南亚国家实际经济增长都出现剧烈调整,1998年,印尼的经济增长率低至-13.7%,马来西亚的经济增长率为-6.7%,韩国的经济增长率为-5.8%,泰国的经济增长率下降到-9.4%。在亚洲金融危机的持续影响下,世界经济进入下行轨道,1998年全球经济增长率从1998年的4.2%下降到2.5%。2007年以来金融危机给美国老百姓造成的危害是严重的,美国失业人数一直在攀升,根据美国劳工部发布的报告,2009年8月和9月失业率已达到6.1%,10月份又上升到6.5%,全国总失业人数高达1 101万人,这是14年来的新纪录。

二、金融危机发生的一般原因与传导机制

(一) 金融危机发生的一般原因

通过研究金融危机爆发的成因机制,人们总结出导致金融危机发生的一般原因的理论,主要有银行危机理论、货币危机理论和经济泡沫理论。

1. 银行危机理论

银行危机理论的基本思想为:真实的或潜在的银行破产致使银行纷纷终止国内债务的偿还,抑或迫使政府提供大规模援助以阻止事态的发展,银行危机极易扩散到整个金融体系,导致金融危机爆发。根据该理论出现的时期不同,可以将它进一步区分为以马克思、费雪、马歇尔等经济学家为代表的早期银行危机理论和以凯恩斯、弗里德曼、斯蒂格利茨和韦斯等经济学家为代表的现代银行危机理论。

(1) 早期银行危机理论。马克思从政治经济学角度探讨银行危机的产生。他认为生产相对过剩的经济危机通常以信用危机和货币危机为先导。金融危机是生产危机的表现和"伴侣",其根源在于制度,即生产的社会性与资本主义私有制之间的矛盾。当这基本矛盾再也难以调和时,就会以危机爆发的形式来暂时强制性地解决,使社会生产力受到巨大破坏。信用危机、货币危机和金融危机不过是其中一个环节。

费雪是最早对市场经济条件下金融危机进行系统性研究的经济学家。1933年,他分析了1837年和1873年发生在美国的大萧条以及始于1929年的全球性经济危机。他认为,银行危机与宏观经济周期紧密相关,过度负债和通货紧缩现象是金融动荡的根本原因。债台高筑引发实际经济下滑,为使经济恢复平衡,债务积累到一定程度就有必要进行清偿;而清偿债务势必导致货币负债的收缩并减缓货币流通速度,从而促使物价、产量和市场信心轮番下降,破产和失业增加。因此,银行危机很大程度上源于经济基础的周期性恶化。

马歇尔认为信用的不当扩张是危机产生的主要原因之一。他指出,随着经济扩张,信用和银行贷款迅速扩张,新的企业不断创建,利润不断提高。此时,即使生性谨慎的企业家,也不肯放弃令人兴奋的投机活动。当人们需靠借款来从事交易时,贷款人就想压缩贷款,

而借款人的借款需求还在膨胀,于是利率高涨,不信任情绪开始滋生。而当银行拒绝贷款使某些大的投机商破产时,就会产生更广泛的破产和恐慌,最终导致银行危机全面爆发。

(2) 现代银行危机理论。与费雪类似,凯恩斯也从经济周期的角度研究银行危机。与以前的经济学家将银行危机产生的原因归结为利率上涨的因素不同,凯恩斯认为一个典型危机产生的原因在于人们的预期和不确定性引起资本边际效率的突然崩溃。凯恩斯的主要贡献是引入了预期和不确定性,认为资产价格、设备投资是不能预测的,一旦剧烈变动,就会引起经济动荡。他从有效需求角度,更确切地说是从投资角度阐述了银行危机爆发的原因。

弗里德曼通过对 1929—1933 年大危机中行业恐慌的原因进行分析,得出了货币政策失误导致银行危机的结论。他认为,物价和产出量是由货币数量决定的,而货币数量取决于货币供给与货币需求。货币需求由于货币乘数相对稳定而成为一个稳定的函数,因而货币数量主要取决于货币供给,而货币供给变动受控于货币政策。因此,货币政策决定物价和产出量。货币政策通过作用于实业界而最终影响银行业。货币政策的失误可以使一些小规模的、局部的金融问题演化为剧烈的、全面的金融动荡。

斯蒂格利茨和韦斯深入研究了借款人和放款人之间的信息不对称而导致的道德风险和逆向选择问题,认为这使得金融资源扭曲配置成为常态,从而银行体系存在脆弱性。一方面,银行信贷既要关注贷款利率,又要注意贷款人的风险,从而银行有根据借款人的平均风险来确定贷款利率的倾向,这样从事更高风险投资的借款人更愿意接受银行的贷款条件,而风险较小的客户则会退出借贷市场。因此借款人的平均风险水平上升,如果银行以提高利率作为风险弥补,则次优的借款人也会退出市场,逆向选择问题加剧,银行的贷款质量进一步下降。另一方面,银行无法高效率、低成本地对借款人的资金使用状况进行监督,这使借款人可能改变资金用途从事高风险的投资、投机活动或对资金的使用效益漠不关心,更有甚者,有些借款人可能有还贷能力却不归还银行贷款,从而出现严重的道德风险问题,使银行资产质量下降。随着这种逆向选择和道德风险的积聚,银行危机的爆发不可避免。

2. 货币危机理论

货币危机理论的主要思想是:受投机冲击导致一国货币大幅度贬值,抑或迫使该国金融当局为保卫本币而动用大量国际储备或急剧提高利率,最终导致金融危机爆发。

货币危机理论可分为三个阶段。在 20 世纪 70 年代中期以前,金本位时期及布雷顿森林体系下的外汇市场总体上比较稳定,严格意义上的货币危机比较少见,因此这一阶段对货币危机的研究是零星的,属于货币危机理论的萌芽阶段。这段时期的研究表现出的主要特点是货币危机尚未成为一个独立的研究主题,一般将货币危机视为经济危机的货币表现,金德尔伯格的"一般危机模型"是这种观点的代表。

20 世纪 70 年代中期至 80 年代中期是货币危机理论的第二阶段,这一阶段产生了第一代货币危机模型——克鲁格曼模型,基本上形成了独立的、比较成熟的货币理论。该模型的基本思路为:一国在实行某种固定汇率制的情况下,如果中央银行为政府财政赤字(包括外贸赤字)融资,则必然会导致国内货币供给量的上升,从而引起信贷过度扩张、通货膨胀率上升和利率下降。这使得投资者产生该国货币贬值的预期,引起资本外流、抛售本币而增加外币的持有量,从而导致外汇市场上该国货币供大于求,产生贬值压力。中央银行为稳定汇率必然进行干预,因而在外汇市场上抛售外币,购入本币,这又会使该国外汇储备急剧下降。如果此时投资者预期政府无法维持固定汇率制,就会对该国货币发动进一步攻击,使政府最终放弃固定汇率制而转向某种浮动汇率制,该国货币大幅贬值,货币危机爆发。因此该模型具有明确的政策含义:货币危机发生的原因是由于宏观经济基本面的恶化,投机冲击只是外在条件。因此货币当局应该实施恰当的货币、财政政策以保持经济基本面的健康运行,从而维持公众对固定汇率制的信心。

20世纪80年代中期至90年代后期,以"预期自致性货币危机"为对象的第二代货币危机模型成为研究的主流。该模型在解释危机发生机制时强调,经济中存在使政府放弃固定汇率的原因(如大量失业的情况下实行扩张的货币政策),也存在使政府捍卫固定汇率的原因(如发展国际贸易和国际投资),政府最终是否捍卫固定汇率则取决于上述两因素的权衡。如果捍卫固定汇率的成本大于收益,则放弃固定汇率成为政府的理想选择。可见危机的发生与政府捍卫固定汇率的成本突然增加有关。但问题是什么原因导致捍卫固定汇率的成本大到足以使政府放弃固定汇率呢?奥伯斯特菲尔德认为,这在很大程度上取决于市场预期,也就是说当市场预期汇率贬值时,政府维持固定汇率的成本就大大增加了,最终使政府放弃固定汇率,货币危机就爆发了。

从1997年东南亚金融危机爆发开始,货币危机理论研究进入第三代模型。与前两代模型相比,这一模型的特点是,它从企业、银行、外国债权人等微观主体的行为角度来探讨危机的成因。第三代模型着眼于微观层次,主要有两个分支:① 道德风险模型。许多经济学家从一国的金融过度和道德风险等因素入手,考察该国金融中介的债务由于得到政府的担保而出现严重的道德风险,使得其国内投资者投资于大于社会最优水平的风险项目,从而出现过度的高风险投资,形成资产价格泡沫并最终导致危机的爆发。② 流动性危机模型。该模型主要采用银行挤兑模型来解释东南亚货币危机。这一模型的基本思想是,银行作为一种金融中介机构,其基本功能就是将不具有流动性的资产转化为流动性的资产,正是这种功能本身使得银行容易遭受挤兑。而货币危机的爆发,主要是由于投资者恐慌所导致的流动性危机。由于恐慌性的资本流出,大量长期投资项目被迫中途变现,从而使企业陷入资不抵债的境地。因此东南亚金融危机并不是亚洲经济应得的惩罚,而是国际金融体系内在不稳定性的证明。在汇率固定且中央银行承担最后贷款人角色的情况下,对银行的挤兑将转化为对中央银行的挤兑,即货币危机。

3. 经济泡沫理论

经济泡沫是指一种资产的价格水平相对于其由经济基础价值决定的理论价格的非平稳偏离,经济泡沫问题涉及经济和社会的各个方面。只有当经济泡沫过多,过度膨胀,严重脱离实体资本和实业发展需要的时候,才会演变成虚假繁荣的泡沫经济。而泡沫经济是指虚拟资本过度增长与相关交易持续膨胀日益脱离实物资本的增长和实业部门的成长,金融证券、地产价格飞涨,投机交易极为活跃的经济现象。泡沫经济寓于金融投机,造成社会经济的虚假繁荣,最后泡沫必定破灭,导致社会震荡,甚至经济崩溃。于是,金融危机爆发。

(二) 金融危机的传导机制

金融危机的传导是指金融危机在国与国之间的传播、扩散,是有关危机研究中的一个重要方面。保罗·马森(Paul Masson,1998,1999)指出危机的传导方式主要有三种:溢出效应、季风效应和羊群效应。

1. 溢出效应

溢出效应是指在全球化的推动下各国经济间形成密切的联系,一国货币危机会传导到同一经济区内具有相似经济结构或经济问题的另一国。溢出效应按溢出渠道分为贸易溢出效应和金融溢出效应。

贸易溢出效应是指一国投机性冲击造成的货币危机使另一个(或几个)与其贸易关系密切的国家的经济基础恶化,从而可能导致另一个(或几个)国家遭受投机性冲击压力。贸易溢出主要是通过价格效应和收入效应实现的,即一国金融危机造成的货币贬值一方面提高了其相对于贸易伙伴国的出口价格竞争力,另一方面通过国内经济(国民收入减少)而减少了向其贸易伙伴国的进口。贸易溢出的价格效应和收入效应不仅体现于有直接的双边贸易关系的国家之间,而且体现于同在第三市场上有价格竞争和收入反映的国家之间,因此贸易溢出可分为直接双边贸易型和间接多边贸易型两种。

金融溢出效应是指一个国家发生投机性冲击导致的货币危机可能造成其市场流动性不足,这就迫使金融中介清算其在其他市场上的资产,从而通过直接投资、银行贷款或资本市场渠道导致另一个与其有密切金融关系的市场的流动性不足,引发另一个国家大规模的资本抽逃行为。此外,当异国出现货币危机时,在该国有投资头寸的投资者通常还会采取措施以减少风险,卖出那些收益率与危机国资产相关的资产,导致相关国家的资本外逃。金融溢出也有直接金融投资型和间接金融投资型两种。直接金融投资型的金融溢出是一个国家发生投机性冲击导致的货币危机造成的市场流动性不足而迫使金融中介清算在与其有直接金融投资联系的另一国家的资产,从而导致或加剧另一国的投机性冲击压力。间接金融投资型的金融溢出是指两个国家间虽无直接的金融投资联系,但均与第三国有联系,一国发生金融危机会引起第三国从这两个国家同时撤资,从而导致另一个本与危机国无直接金融投资关系的国家的投机性冲击压力。

2. 季风效应

季风效应(Monsoonal Effects)是指某一经济区外部某个国家的货币危机对该经济区内所有国家的经济与货币稳定产生影响,尤其是以发达国家为主导的经济全球化对发展中国家的影响。季风效应最早是由马森(Masson,1998)提出的,他把由于共同的冲击产生的传导称为"季风效应",包括主要因工业化国家经济政策的变化以及主要商品价格的变化等全球性的原因导致的新兴市场经济的货币危机或者资本的流进流出。随着全球化程度提高,各国经济波动的同步性和金融波动的全球化成为金融危机国际传导的助推器,一国政策和经济指标的变化,会立刻对他国产生影响,所以季风效应的传导机制是通过全球化这一传导渠道,由于共同的外部冲击而形成的,这种季风效应在现代金融危机的传导中越来越显著。

3. 羊群效应

羊群效应是指一国的货币危机通过对投资者心理预期产生作用,诱导公众对同一经济区内经济健全的另一国发动货币攻击。

IMF 的有关研究认为,当预期是在一种不完全信息及信息不对称的情况下形成时,金融市场的全球化会降低信息搜集的动力而加剧从众效应,导致私人资本流动波动剧烈。受信息不对称及信息加工能力的限制,投资者很难分清楚那些有着某些相同点的国家间的差异。这些共同点可以是地域、文化上的,也可以是经济发展阶段上的。投资者会把一个国家所面临的问题,看作所有国家共同的问题。当一个国家受到冲击时,投资者形成其他具有相同特点的国家也会受到冲击的预期。对于投资者而言,当他得知某一国家遭受冲击时,为了避免损失,他会立即抽走投资在其他有着相同特点的国家的资金。即使某一投资者正确地认识到这些国家的不同情况,如果其他投资者都抽走资金,那么他理性的选择就是尽快抽走资金。这样,由于市场预期的改变,在其他国家的外汇市场上"造成了逃跑性的货币抛售而引发货币危机"。

专栏 12-4

从次贷危机到国际金融危机

从 1999 年开始,美国放松金融监管致使金融生态环境不断出现问题。金融衍生品发生裂变,价值链条愈拉愈长,终于在房地产按揭贷款环节发生断裂,引发了次贷危机。华尔街在对担保债权凭证(CDO)和住房抵押贷款支持债券(MBS)的追逐中,逐渐形成更高的资产权益比率。各家投行的杠杆率变得越来越大,金融风险不断叠加。次贷危机之前美国政府出台的一系列限制进出口的法案和政策,是导致经济环境走弱的重要因素。在进口方面对发展中国家制造各种贸易壁垒,在出口方面又对技术性产品设限,这些政策直接推动了美国物价的上升,减少了美国的就业机会,抑制了美国国内的经济创新动力,这也是金融危机爆发的重要诱因。

2007 年 2 月 13 日美国新世纪金融公司(New Century Finance Corp.)发出 2006 年第四季度盈利预警。汇丰控股为在美次级房贷业务增加了 18 亿美元坏账准备。面对来自华尔街 174 亿美元逼债,作为美国第二大次级抵押贷款公司——新世纪金融在 4 月 2 日宣布申请破产保护,裁减 54% 的员工。8 月 2 日,德国工业银行宣布盈利预警,后来更估计出现了 82 亿欧元的亏损,因为旗下的一个规模为 127 亿欧元的"莱茵兰基金"(Rhineland Funding)以及银行本身少量地参与了美国房地产次级抵押贷款市场业务而遭受了巨大损失。德国央行召集全国银行同业商讨拯救德国工业银行的一揽子计划。美国第十大抵押贷款机构——美国住房抵押贷款投资公司 8 月 6 日正式向法院申请破产保护,成为继新世纪金融公司之后美国又一家申请破产的大型抵押贷款机构。由于次贷风暴,8 月 8 日美国第五大投行贝尔斯登宣布旗下两支基金倒闭。

8月9日,法国第一大银行巴黎银行宣布冻结旗下三支基金,同样是因为投资了美国次贷债券而蒙受巨大损失。此举导致欧洲股市重挫。8月13日,日本第二大银行瑞穗银行的母公司瑞穗集团宣布与美国次贷相关损失为6亿日元。日、韩银行已因美国次级房贷风暴产生损失。据瑞银证券日本公司的估计,日本九大银行持有美国次级房贷担保证券已超过1万亿日元。此外,包括韩国友利银行在内的五家韩国银行总计投资了5.65亿美元的担保债权凭证(CDO)。投资者担心美国次贷问题会对全球金融市场带来强大冲击,于是国际金融危机爆发。金融危机表面看是由住房按揭贷款衍生品中的问题引起的,深层次原因则是美国金融秩序与金融发展失衡,经济基本面出现问题。金融秩序与金融发展、金融创新失衡,金融监管缺位,是美国金融危机爆发的重要原因。一个国家在金融发展的同时要有相应的金融秩序与之均衡。此外,金融生态中的问题,也助长了金融危机进一步向纵深发展。金融生态本质上反映了金融内外部各要素之间有机的价值关系,美国金融危机不仅仅是金融监管的问题,次贷危机中所表现出的社会信用恶化、监管缺失、市场混乱、信息不对称、道德风险等,正是金融生态出现问题的重要表现。

资料来源:根据 http://k.pcauto.com.cn/question/409869.html 资料整理

三、金融危机的防范措施

根据金融危机爆发的原因和传导机制,有效防范金融危机的发生和传播是一项庞大的系统工程。具体应从以下几方面着手:

(一)巩固经济基本面基础

一国好的经济基本面对于预防金融危机的发生是十分重要的。经济基本面不好的国家,一方面自身容易受到投机攻击,从而爆发危机,另一方面当别国发生危机时极易受到传染。因此保持一国经济稳定增长,宏观经济健康运行,国际收支平衡等,是预防金融危机的基础。

(二)建立资产泡沫预警体系

在经济高速发展时期应预防资产泡沫的产生,引导资金流向更有利于社会可持续发展的项目,避免股市和楼市泡沫的产生。证券市场运行的目的是加强对上市公司的外部监督和内部治理,要避免股市泡沫的产生,首先应改造上市公司的运行机制。政府的政策手段和市场上的资金应更多地用于维持现有上市公司的健康发展以及资本市场的稳健运行上,而不是急于为国有企业解决资金困难。

(三)妥善对待金融自由化和资本账户自由化

一国只有在本国经济体系健全,企业制度完善,金融制度稳定,国内银行体系稳健而有效,国内资本市场成熟等这些条件都具备的基础上才能逐步开放资本市场。在开放过程中要采取必要的措施避免大量短期资本流入,短期资本的快进快出容易让不太成熟的新兴市场国家出现问题。而且一国在对外开放时需要国内金融政策有相应的配套改革,比如建立与对外开放相适应的汇率制度等。

(四) 控制外债规模和外债结构，合理利用外资

一国经济的发展应主要依靠国内储蓄，而不是依靠大量举借外债、引入外资。大量外资流入可以填补国内资金缺口，支持大型项目或重点项目的建设。但同时大量外资流入对于外债规模和外债结构管理提出了更高的要求。首先，外债规模必须保持在一个合理或适度的水平。外债规模既要满足本国经济发展的需要，同时外债规模又不能超过本国的偿付能力。此外，对于构成外债结构的各个要素也需进行合理配置，优化组合，尤其是要合理安排短期债务和中长期债务的比例。外债结构管理的最终目的是在减少风险，保证偿还的基础上降低成本。

(五) 维持国际收支平衡、财政收支平衡，保持充足的外汇储备

为追求经济增长率，政府扩大财政支出，导致政府财政赤字，然后通过举借外债来弥补缺口。以出口为导向，拉动经济增长，在这一经济增长模式出现问题后必然导致国际收支逆差，外汇储备减少。一国外债增加和外汇储备的减少都导致抗风险能力下降。一国应在维持国际收支和财政收支平衡的同时，保持充足的外汇储备，提高抗风险能力。

(六) 加强国际合作

任何一个国家在调控本国经济，使用货币政策时，例如提高存款准备金率、大幅加息、大量发行国债等，都有可能使本国企业和金融机构资金紧张，因此需要加强国际间的监管合作。尤其在一国遭到货币攻击，可能导致危机发生时，国际间合作可以加强对危机的监测，多国联手应对，以降低危机的发生及传染的可能性，共同维护区域经济金融的稳定。

专栏 12-5

全球系统重要性金融机构

作为应对 2007 年以来全球金融危机的监管制度反应，二十国集团（G20）的金融稳定性执行机构金融稳定理事会（Financial Stability Board，FSB）2011 年 11 月 4 日在法国戛纳发布了 29 家"全球系统重要性金融机构"（Global Systemically Important Financial Institutions，G-SIFIs）名单。中国银行（Bank of China）成为新兴经济国家唯一入选银行。截至 2015 年 11 月，我国共有 4 家银行入选。2013 年，FSB 公布了首批 9 家全球系统重要性保险机构（G-SII）名单，中国平安保险集团成为发展中国家唯一入选的保险机构。

系统重要性金融机构是指业务规模较大、业务复杂程度较高、一旦发生风险事件将给地区或全球金融体系带来冲击的金融机构。根据二十国集团戛纳峰会通过的协议，这些具有系统重要性的金融机构将被要求额外增加资本金，金融稳定理事会将在每年 11 月对名单进行审查和更新。金融稳定理事会要求进入名单的系统重要性银行须在每年年底以前提交详细计划，说明如果这些银行倒闭，将如何分解自身业务。

> 　　金融稳定理事会将系统重要性金融机构的额外核心一级资本充足率的最低要求划分为五个级别,分别为1%、1.5%、2%、2.5%和3.5%。系统重要性金融机构的重要性越高,则其面临的额外核心一级资本充足率的最低要求也越高。从2016年起,具有系统重要性的银行需要用3年时间逐步达到核心资本要求,其附加资本相当于风险加权资产的比例最低为1%,最大银行的比例可能达到2.5%;在2019年以前须将其核心一级资本充足率提高至比其他银行高出最多3.5个百分点的水平。在2015年的名单中,处在榜单顶端的汇丰银行和摩根大通银行除了满足《巴塞尔协议Ⅲ》的资本要求之外,还须持有2.5%的额外资本;满足2%的额外资本要求的银行有英国巴克莱银行、法国巴黎银行、美国花旗银行和德意志银行;中国四家银行要求持有的额外资本均为1%。
>
> 　　根据巴塞尔委员会制定的国际通用银行风险控制标准《巴塞尔协议Ⅲ》,2013年全球金融机构的核心资本充足率的最低要求将提高至7%。根据金融稳定理事会的规定,具有系统重要性的银行从2019年起,核心资本充足率需要提高至8%~9.5%。
>
> 资料来源:黄达,张杰.金融学[M].4版.北京:中国人民大学出版社,2017:725

【能力训练】

1. 经济货币化的影响因素与发展趋势是什么？应当怎样看待我国经济发展中的货币化问题？

2. 怎样理解现代经济发展中金融的地位和作用？

3. 自己动手搜集、整理一些有关我国金融发展水平的数据,并对我国的金融发展水平做一总体评估。

4. 在发展中国家存在较为普遍的金融抑制,但在发达国家也并非完全不存在,这无不涉及政府对金融业的干预。对于这一问题你认为如何认识才比较全面？

5. 当代金融创新的内容有哪些？请列举几例你所知道的金融创新的具体表现。

6. 试分析金融创新的利弊与作用。

7. 应当如何理解金融全球化的产生背景及其必然性？

8. 金融全球化和自由化不断增强了金融危机的可能性和严重性,但为什么人们并没有据此否定推进金融全球化和金融自由化的方向？你认为我国的金融改革在这方面应当注意哪些问题？

9. 以2007年国际金融危机为例,分析金融危机的成因、危害及防范措施。中国应该从这次危机中吸取怎样的经验和教训？

参 考 文 献

[1] [美]弗雷德里克·S.米什金.货币金融学[M].11版.北京:中国人民大学出版社,2016.

[2] [美]弗雷德里克·S.米什金.货币银行金融市场学[M].北京:中国财政经济出版社,1990.

[3] [美]罗纳德·I.麦金农.经济发展中的货币与资本[M].上海:上海人民出版社,1997.

[4] [美]爱德华·肖.经济发展中的金融深化[M].上海:格致出版社,2015.

[5] [美]保罗·R.克鲁格曼,茅瑞斯·奥伯斯法尔德,马克·J.梅里兹.国际金融[M].10版.北京:中国人民大学出版社,2016.

[6] [美]劳埃德·B.托马斯.货币、银行与金融市场[M].北京:机械工业出版社,1999.

[7] [美]N.格里高利·曼昆.经济学原理[M].7版.北京:北京大学出版社,2015.

[8] [美]兹维·博迪,罗伯特·C.默顿,戴维·L.克利顿.金融学[M].2版.北京:中国人民大学出版社,2018.

[9] 曹凤岐,贾春新.金融市场与金融机构[M].北京:北京大学出版社,2002.

[10] 曹龙骐.货币银行学[M].北京:高等教育出版社,2000.

[11] 曹龙骐.金融学[M].5版.北京:高等教育出版社,2016.

[12] 陈学彬.金融学[M].北京:高等教育出版社,2003.

[13] 陈雨露.国际金融:精编版[M].5版.北京:中国人民大学出版社,2015.

[14] 戴国强.货币金融学[M].上海:上海财经大学出版社,2001.

[15] 戴国强.货币银行学[M].北京:高等教育出版社,2000.

[16] 戴国强.商业银行经营学[M].5版.北京:高等教育出版社,2016.

[17] 邓超.金融理论与实务[M].长沙:湖南人民出版社,2002.

[18] 范从来,姜宁.货币银行学[M].南京:南京大学出版社,2003.

[19] 郭玉梅,吕宝林.货币银行学[M].兰州:甘肃人民出版社,1996.

[20] 何乐年.货币银行学[M].上海:上海财经大学出版社,2001.

[21] 贺瑛.金融概论[M].北京:高等教育出版社,2000.

[22] 胡庆康.现代货币银行学教程[M].5版.上海:复旦大学出版社,2014.

[23] 胡援成,陈燕.货币银行学[M].北京:中国财政经济出版社,1996.

[24] 黄达.货币银行学[M].北京:中国人民大学出版社,2000.

[25] 黄达.金融学[M].4版.北京:中国人民大学出版社,2017.

[26] 黄宪,江春,赵何敏,等.货币金融学[M].武汉:武汉大学出版社,2002.
[27] 纪志宏.金融市场创新与发展[M].北京:中国金融出版社,2018.
[28] 姜波克.国际金融新编[M].5版.上海:复旦大学出版社,2012.
[29] 姜旭朝,于殿江.商业银行经营管理案例评析[M].济南:山东大学出版社,2000.
[30] 蒋先玲.货币银行学[M].北京:对外经济贸易大学出版社,2004.
[31] 孔祥毅.金融理论教程[M].北京:中国金融出版社,2003.
[32] 孔祥毅.中央银行通论[M].2版.北京:中国金融出版社,2002.
[33] 李健.金融创新与发展[M].北京:中国经济出版社,1998.
[34] 李健.金融学[M].2版.北京:高等教育出版社,2014.
[35] 厉以宁.西方经济学[M].北京:高教教育出版社,2000.
[36] 刘俊.新巴塞尔协议的出台与中国的选择[J].金融纵横,2004(1):25-26.
[37] 刘思跃,肖卫国.国际金融[M].2版.武汉:武汉大学出版社,2002.
[38] 刘锡良,曾志耕,陈斌.中央银行学[M].北京:中国金融出版社,1997.
[39] 刘学华.新编货币银行学[M].上海:立信会计出版社,2004.
[40] 刘玉操.国际金融实务[M].大连:东北财经大学出版社,2001.
[41] 刘园.国际金融[M].3版.北京:北京大学出版社,2017.
[42] 龙玮娟,郑道平.货币银行学原理[M].2版(修订本).北京:中国金融出版社,1997.
[43] 陆前进.货币银行学[M].上海:立信会计出版社,2003.
[44] 马君潞,王东胜.金融机构管理[M].大连:东北财经大学出版社,2001.
[45] 马小南.金融学[M].北京:高等教育出版社,2004.
[46] 彭兴韵.金融学原理[M].5版.上海:格致出版社,2013.
[47] 钱荣堃,陈平,马君潞.国际金融[M].天津:南开大学出版社,2002.
[48] 钱晔.金融学教程[M].北京:经济科学出版社,2001.
[49] 秦艳梅.货币银行学[M].北京:经济科学出版社,1999.
[50] 秦艳梅.金融学案例教程[M].北京:经济科学出版社,2002.
[51] 饶育蕾,彭叠峰,盛虎.行为金融学[M].北京:机械工业出版社,2018.
[52] 邵军.国际金融教程[M].北京:首都经济贸易大学出版社,1998.
[53] 沈伟基.货币金融学[M].北京:北京工业大学出版社,2001.
[54] 孙健,赵昕.货币金融学[M].青岛:青岛海洋大学出版社,2000.
[55] 万解秋,贝正新.中央银行概论[M].上海:复旦大学出版社,1999.
[56] 汪争平.国际金融[M].北京:高等教育出版社,2002.
[57] 王广谦.中央银行学[M].北京:高等教育出版社,1999.
[58] 王千红.商业银行经营管理[M].北京.中国纺织出版社,2017.
[59] 王松奇.金融学[M].北京:中国金融出版社,2000.
[60] 王兆星,吴国祥,陈世河.金融市场学[M].3版.北京:中国金融出版社,2004.

[61] 魏华林,林宝清.保险学[M].4版.北京:高等教育出版社,2017.

[62] 吴晓求.证券投资学[M].4版.北京:中国人民大学出版社,2014.

[63] 许树信,周战地.金融学教程[M].北京:中国金融出版社,1998.

[64] 姚长辉.货币银行学[M].北京:北京大学出版社,2002.

[65] 姚遂,李健.货币银行学[M].北京:中国金融出版社,1999.

[66] 易纲,吴有昌.货币银行学[M].上海:上海人民出版社,1999.

[67] 殷孟波.货币金融学[M].北京:中国金融出版社,2004.

[68] 曾康霖.金融经济学[M].重庆:西南财经大学出版社,2002.

[69] 张亦春.货币银行学[M].厦门:厦门大学出版社,1995

[70] 张亦春.金融市场学[M].北京:高等教育出版社,1999.

[71] 张亦春.现代金融市场学[M].北京:中国金融出版社,2002.

[72] 张亦春,郑振龙,林海.金融市场学[M].5版.北京:高等教育出版社,2017.

[73] 郑道平,龙玮娟.货币银行学原理[M].北京:中国金融出版社,2001.

[74] 中国证监会从业资格考试委员会办公室.证券市场基础知识[M].上海:上海财经大学出版社,2001.

[75] 周骏,王学青.货币银行学原理[M].北京:中国金融出版社,1996.

[76] 朱宝宪,赵家和.当代金融市场[M].北京:中国统计出版社,1993.

[77] 左柏云,李建浔.货币银行学[M].北京:中国金融出版社,2000.